MARCUS TULLIUS CICERO

Akademische Abhandlungen
Lucullus

Text und Übersetzung
von
Christoph Schäublin

Einleitung
von
Andreas Graeser und Christoph Schäublin

Anmerkungen
von
Andreas Bächli und Andreas Graeser

Lateinisch - Deutsch

FELIX MEINER VERLAG
HAMBURG

PHILOSOPHISCHE BIBLIOTHEK BAND 479

Die Deutsche Bibliothek – CIP-Einheitsaufnahme

Cicero, Marcus Tullius: Akademische Abhandlungen.
Lucullus : lateinisch – deutsch / Marcus Tullius Cicero. Text
und Übers. von Christoph Schäublin. Einl. von Andreas
Graeser und Christoph Schäublin. Anm. von Andreas Bächli
und Andreas Graeser. – Hamburg : Meiner, 1995
   (Philosophische Bibliothek ; Bd. 479)
   Einheitssacht.: Lucullus
   ISBN 3-7873-1205-6
NE: Bächli, Andreas [Hrsg.]; GT

INHALT

Marcus Tullius Cicero

Lucullus

VORWORT

Dieser Band ist das Produkt einer gemeinschaftlichen Lektüre von Philologen und Philosophen, die sich über mehrere Semester erstreckte. An ihr waren u.a. auch PD Dr. Therese Fuhrer und Prof. Dr. Christoph Eucken, sowie Prof. Dr. Eduard Marbach, Prof Dr. Heinz-Günther Nesselrath und Prof. Dr. Jean-Claude Wolf beteiligt, denen wir für viele wichtige Diskussionsbeiträge danken; Paola Calanchini danken wir für eine kritische Lektüre der ersten Entwürfe.

Zwar haben wir sämtliche Punkte gemeinsam erörtert und in fast allen Fällen sogar einvernehmlich entschieden. Doch schien es uns zweckmäßig, die Schwerpunkte und Anteile (Text, Übersetzung; Einleitung[en], Analyse, Erläuterungen) als solche zu kennzeichnen. Davon unbenommen bleibt die Einsicht, daß Texte wie dieser (und philosophische Texte der Antike überhaupt) weder eine gesonderte ›philosophische‹ noch eine gesonderte ›philologische Behandlung‹ gestatten. So wie die sprachlichen Möglichkeiten im Lichte der Sache präzisiert werden, so wird der systematischen Erörterung durch die Präzisierung der sprachlichen Bedingungen erst ein Rahmen gegeben. Was wir dem Leser bieten wollen, sind eine zuverlässige Übersetzung, ein kritisch überprüfter Text — zahlreiche Punkte hat C. S. in separaten Arbeiten ausführlich diskutiert (siehe Lit.-Verz.) —, sowie Erläuterungen, die einerseits den philosophisch nicht geschulten Leser in den Stand versetzen, sich mit den Inhalten vertraut zu machen, andererseits aber den versierten Leser dazu inspirieren, nach anderen Lösungen und Verständnismöglichkeiten zu suchen. Von einer eigentlichen Diskussion der Sekundärliteratur haben wir Abstand genommen; wesentliche Punkte wurden in der Einleitung (Abschnitte A - L von A. G., M - P von C. S.) kenntlich gemacht. A. G. und C. S. danken A. B. für dessen unermüdlichen Einsatz bei der Endredaktion des Bandes.

Dem Verleger, Herrn Manfred Meiner, danken wir für sein Interesse an unserem Projekt und für die Freiheit, die wir bei der Gestaltung in Anspruch nehmen konnten. Anne Zesiger, Klaus Petrus und Stephan Furrer (am Institut für Philosophie), sowie Therese Fuhrer (am Institut für Klassische Philologie) haben uns in vielfältiger Weise bei den technischen Problemen geholfen. Die Druckvorlage wurde mit Hingabe und Sorgfalt von Renate Burri und Thomas Hidber (am Institut für Klassische Philologie) hergestellt.

Andreas Bächli, Andreas Graeser,
Christoph Schäublin

EINLEITUNG

A. Allgemeines

Die *Akademischen Abhandlungen*[1] eröffnen eine Reihe von Veröffentlichungen, in denen Cicero die griechische Philosophie darstellt.[2] Der Ausdruck ›akademisch‹ nimmt auf die Akademie Bezug, die älteste der vier großen Philosophenschulen Athens. Die Akademie wurde bald nach 388/7 v. Chr. gegründet und 529 unserer Zeitrechnung von Justinian aufgelöst.[3] Daß Cicero seine Darstellung wichtiger philosophischer Thematiken mit einer Vorstellung des Denkens der Schule Platons beginnt, hängt damit zusammen, dass er sich selbst als Akademiker betrachtete und in der Diskussion der Akademie Fragen bezüglich der Möglichkeit von Erkenntnis dominierten; die Erkenntnislehre bildete nicht nur eine der philosophischen Teildisziplinen, sondern gehörte zusammen mit der Logik zu den Grundpfeilern jeder philosophischen Ausbildung überhaupt. Da sich die Diskussion der Akademiker im wesentlichen als Frontstellung gegen die dogmatischen Auffassungen der Stoiker herauskri-

---

[1]Zur Entstehungsgeschichte siehe unten, Abschnitt M.

[2]Siehe im Einzelnen W. Süß: *Cicero. Eine Einführung in seine philosophischen Schriften (mit Ausschluß der staatsphilosphischen Werke)*, Wiesbaden 1965 (*Abh. Ak. Mainz*, Geist.-Soz. Wiss. Kl. 5).

[3]Die näheren Umstände werden allerdings unterschiedlich beurteilt. Manche Autoren bezweifeln, daß es überhaupt zu einer formellen Auflösung der Schule, geschweige denn zu einer Vertreibung der Platoniker gekommen sei. Siehe A. Cameron: »The Last Days of the Academy in Athens«, in: *Proceedings of the Cambridge Philological Society* 195 [15] (1969) S. 7-29 und daran anschließend J. Glucker: *Antiochus and the Late Academy*, Göttingen 1978 (= *Hypomnemata*, Bd. 56) S. 322-329.

stallisiert, ist Ciceros Wahl äußerst glücklich. Denn er kann
seine Leser so mit einer Konstellation konfrontieren, die von der
Sache her an Deutlichkeit nichts zu wünschen übrig läßt. In seiner Jugend hatte er u.a. bei Philon von Larissa[4] studiert, der
110/9 Vorsteher der Akademie war und während des ersten
Mithridatischen Krieges nach Rom kam. Dieses Erlebnis scheint
Ciceros philosophische Einstellung nachhaltig bestimmt zu haben. Daran änderte sich auch dann nichts, als er später, im Jahre
79/8, Antiochos von Askalon[5] hörte, den er ebenfalls sehr
schätzte. Antiochos hatte im Jahre 86 die Nachfolge der
Schulleitung angetreten. Indes handelte es sich hier um mehr als
um eine Nachfolge. Denn Philon und Antiochos vertraten
grundlegend verschiedene Positionen. Zumindest in der Sicht
späterer Zeugnisse stellt sich die Situation so dar, daß es schon
vorher sinngemäß zu einer eigentlichen Spaltung gekommen
war: auf der einen Seite die Akademie Philons, auf der anderen
Seite diejenige des Antiochos. Cicero hat hier für die Seite
Philons votiert und sich zeit seines Lebens — und zumal jetzt,
im Rückblick — als philosophischer Parteigänger Philons empfunden.[6]

[4]Die Zeugnisse über diesen Philosophen hat B. Wisniewski gesammelt:
Philon von Larissa. Testimonia und Kommentar, Wroclaw 1982; vgl. auch
H.J. Mette: »Philon von Larissa und Antiochos von Askalon«, in: *Lustrum*
28/29 (1986/87) S. 9-24.
[5]Die Zeugnisse über diesen Philosophen hat G. Luck gesammelt: *Der
Akademiker Antiochos*, Bern 1953 (= *Noctes Romanae*, Bd. 7); vgl. jetzt
auch H.J. Mette: »Philon von Larissa und Antiochos von Askalon« (s.o.,
Anm. 4), S. 25-63.
[6]Dieser Punkt wird in der Forschung allerdings unterschiedlich beurteilt.
Vermutlich war Cicero keineswegs so dezidiert festgelegt; und möglicher-
weise hat er im Verlaufe seines Lebens verschiedene Positionen vertreten.
Siehe J. Glucker: »Cicero's philosophical affiliations«, in: J.M. Dillon und
A.A. Long (Hrsg.): *The Question of ›Eclecticism‹. Studies in Later Greek
Philosophy*, Berkeley, Cal. 1988, S. 34-69.

B. Die Kontroverse

Die Kontroverse, die Cicero porträtiert, hat sich im Jahr 86 v. Chr. abgespielt: Antiochos erhielt während seines Aufenthaltes in Alexandria zwei Bücher Philons zugesandt (*Lucullus* § 11). Bei diesen Büchern handelte es sich um eine Darstellung jener Gedanken, die Philon in Rom vorgetragen hatte und die Cicero seinerzeit hörte (*Ac. Post.* 1,13). Antiochos hatte Mühe, diese Gedanken als Lehre Philons zu identifizieren. Auch waren ihm keine Akademiker bekannt, die jemals solche Thesen vertreten hätten (*Lucullus* § 11); und er antwortete in einem Buch mit dem Titel *Sosos*, in welchem er Philons Auffassungen attackierte. Der Grund des Dissens läßt sich nicht zuverlässig ausmachen. Sowohl Philons ›Römische Abhandlungen‹ als auch Antiochos' Schrift *Sosos* sind verloren. Doch scheint die Kontroverse in ihrem Kern um die Frage gegangen zu sein, mit welchem Recht die Akademiker ihre These ›Nichts ist erkennbar‹ behaupteten und wie sie die These selbst verstanden.

Philon vertrat wohl die Auffassung, daß dieser Satz seinerseits keineswegs als Behauptung eines Wissens zu verstehen sei, sondern selbst nur als ›überzeugend‹ angesehen werden müsse, hinsichtlich dessen man sich auch irren könne;[7] darüberhinaus scheint Philon die Ansicht vertreten zu haben, daß dieses Verständnis auch die Meinung der Akademiker vor ihm

---

[7]Dieser Gedanke (*sed ut illa habet probabilia non percepta, sic hoc ipsum nihil posse percipi*) findet sich *Lucullus* § 110. Zwar wird er Philon nicht ausdrücklich zugeschrieben. Bezieht man ihn jedoch auf Karneades, so würde er dem in § 148 Gesagten entgegen stehen: *sciatque nihil esse quod comprehendi ... possit*. Doch verfügt der Weise über Wissen, d.h. die These (i.e. das akademische Dogma) *nihil posse percipi* ist mehr als *probabile*, wäre aber Wissen zweiter Ordnung und würde selbst kein *percipere* involvieren. — Der Gedanke in § 110 ist nicht nur mit *Lucullus* § 18 (i.e. es gibt keine Erkenntnis unter Zugrundelegung des stoischen Kriteriums) kompatibel; er läßt sich auch gut mit der Aussage bei Sextus Empiricus, *Pyrrh. Hyp.* 1,235 (s.u.) vereinbaren.

darstelle.[8] Insbesondere hat Philon den Geltungsbereich der akademischen These massiv eingeschränkt; er hat nämlich — dies geht aus Ciceros Berichten selbst nicht hervor — gesagt, daß die Dinge selbst nur unter der Voraussetzung des stoischen Wahrheitskriteriums unerkennbar seien (s.u. Anm. 38). — Falls dies in der Tat Philons Meinung gewesen sein sollte, bliebe wissenswert, ob er auch diese Einschränkung als Teil der normalen akademischen Lehre betrachtete. Vermutlich tat er dies. Anders wäre der Aufruhr, den seine Äußerungen bewirkten,[9] kaum verständlich.

Antiochos hat sowohl die These bezüglich der Existenz nur einer Akademie in Zweifel gezogen[10] als auch den nicht-dogmatischen Charakter der These ›Nichts ist erkennbar‹ bestritten;[11] er selbst brachte die Platonische Schule in die Nähe einer dogmatischen Position. Diese Position wies in manchen Belangen eine verblüffende Nähe zur Stoa auf,[12] welche von den Akademikern ja lange und vehement bekämpft wurde. Antiochos

---

[8]Dies geht aus *Ac. Post.* 1,13 hervor.

[9]M. Frede: »The Skeptic's Two Kinds of Assent and the Question of the Possibility of Knowledge«, in: Ders.: *Essays in Ancient Philosophy*, Oxford 1987, S. 201-222, S. 218, interpretiert die Reaktion der Skeptiker auf Philons Wende als »Aufschrei« unter den dogmatischen Skeptikern.

[10]Dies geht ebenfalls aus *Ac. Post.* 1,13 hervor. — Daß sich Antiochos hier persönlich betroffen fühlen konnte, wäre umsomehr verständlich, als er ja eine Rückwendung zu den ›Alten‹ anstrebte; und eine solche Rückwendung ist nur dann ein sinnvolles Unterfangen, wenn, was Philon bestritt, ein Bruch in der Tradition stattgefunden hatte. Vgl. J. Barnes: »Antiochus of Ascalon«, in: Miriam Griffin und J. Barnes (Hrsg.): *Philosophia Togata. Essays on Philosophy and Roman Society*, Oxford 1989, S. 71.

[11]Dies zeigt sich in *Lucullus* § 29.

[12]Sextus Empiricus, *Pyrrh. Hyp.* 1,235: »Antiochos jedoch hat in die Akademie die Stoa überführt, so daß man von ihm auch gesagt hat, er philosophiere in der Akademie stoisch. Er zeigte nämlich, daß die Dogmen der Stoiker bei Platon zu finden seien« (Übersetzung von M. Hossenfelder: *Sextus Empiricus. Grundriss der pyrrhonischen Skepsis*, Frankfurt a.M. 1968, S. 150).

seinerseits hat diese Position wiederum als jene Auffassung angesehen, welche von den alten Akademikern vertreten worden sei. Offenbar meinte er, mit seiner philosophischen Überzeugung an eine respektable Tradition anzuknüpfen; insbesondere scheint er diese Tradition mit der Philosophie Platons verbunden zu haben.[13] Mithin scheinen im Disput zwischen Antiochos und Philon unterschiedliche Auffassungen bezüglich der eigenen philosophischen Tradition zum Ausdruck zu kommen und verschiedene Überzeugungen über Reichweite und Zuverlässigkeit der Erkenntnis eine Rolle gespielt zu haben. Beide Punkte haben offenbar mit der Frage des Selbstverständnisses der Philosophen in der Schule Platons zu tun.

C. Die skeptische Wende

Die unmittelbaren Nachfolger Platons scheinen sich überwiegend mit Thematiken beschäftigt zu haben, die in den Dialogen eine Rolle spielten und im schulinternen Betrieb diskutiert wurden. Dies waren Auffassungen über die Wirklichkeit und die Stellung des Menschen in ihr. Zwar wäre es zuviel gesagt, wenn man hier von einer einheitlichen Schulmeinung ausgehen würde. Wohl haben zumindest Speusipp, der die Schulleitung von 348/7 bis 339 innehatte und Xenokrates, der von 339 bis 315/4 den Vorsitz führte, durchwegs spekulative Auffassungen vertreten und waren in diesem Sinn durchaus Dogmatiker. Dazu gehörte auch die Vorstellung, daß der Mensch apriorische Einsicht in die ersten Prinzipien gewinnen könne; dazu gehörte ferner die Auffassung von der Unsterblichkeit der Seele. Doch scheinen diese Punkte zunehmend in den Hintergrund getreten

---

[13]Dazu siehe im Einzelnen W. Görler: »Antiochos über die ›Alten‹ und über die Stoa. Beobachtungen zu Cicero, Academici posteriores 1, 24-43«, in: P. Steinmetz (Hrsg.): *Beiträge zur hellenistischen Literatur und ihrer Rezeption in Rom*, Stuttgart 1990, S. 123-139.

zu sein. Denn die späteren Nachfolger, Polemon und Krates, die die Schule zwischen 314/3 und 276/5 bzw. wenige Jahre von 276/5 an leiteten, haben sich mehr bodenständigen Themen zugewendet und, wie die Philosophen in hellenistischer Zeit generell, Fragen der Ethik in den Vordergrund der Diskussion gestellt. Im Zentrum steht dabei die Erörterung dessen, was naturgemäß ist. Gleichwohl hat sich diese Phase dem Urteil späterer Beobachter insgesamt als eine Epoche dargestellt; und so spricht von man von ihr generell als der Alten Akademie.[14]

Von der älteren Akademie abgehoben wird dabei jene Entwicklung, welche die Schule Platons unter der Leitung von Arkesilaos (318-242) und Karneades (213-129) genommen hat. Diese Entwicklung wurde wohl allgemein als Wendung zur Skepsis verstanden. Zwar schien diese Wende in einer Hinsicht nur das zu radikalisieren, was Sokrates[15] mit seiner Feststellung ›Ich weiß, daß ich nichts weiß‹ in die Diskussion brachte.[16] Doch mutet die Devise der akademischen Philosophen härter an: sie hat den Hauch eines negativen Dogmatismus, der mit seiner These ›nichts ist erkennbar‹ am Rande der universalen Wahrheitsskepsis operiert und eine gefährliche Gratwanderung

---

[14]Siehe H.-J. Krämer: *Platonismus und hellenistische Philosophie*, Berlin und New York 1972; ders.: »Die Ältere Akademie«, in: *Grundriß der Geschichte der Philosophie*. Begründet von Friedrich Ueberweg, völlig neubearbeitete Ausgabe. *Die Philosophie der Antike* 3, hrsg. von H. Flashar, Basel und Stuttgart, S. 1-174.

[15]Der Anschluß an bzw. die Rückbesinnung auf Sokrates spielte für das Selbstverständnis der hellenistischen Philosophenschulen eine wichtige Rolle. Siehe A.A. Long: »Socrates in Hellenistic Philosophy«, in: *Classical Quarterly* 38 (1988) S. 150-171.

[16]Dieser Punkt ist auch insofern interessant, als noch von Autoren der Spätantike die Frage aufgeworfen wurde, ob Platon selbst ein Skeptiker oder Dogmatiker war. Siehe H. Tarrant: *Scepticism or Platonism? The Philosophy of the Fourth Academy*, Cambridge 1985, S. 66-88; sowie Julia Annas: »Platon le sceptique«, in: *Revue de Métaphysique et de Morale* 2, (1990), S. 267-291.

zwischen bloßer Kritik der Positionen anderer und perniziöser Selbstaufhebung riskiert.

In den Augen einer Gruppe von Beobachtern stellt sich die Phase nach der Alten Akademie als Neue Akademie dar; dabei gilt jene Richtung, die Antiochos der Schule gab, als Rückwendung zur Alten Akademie. Andere Beobachter wieder scheinen die Entwicklung differenzierter betrachtet zu haben und unterschieden zwischen einer Mittleren Akademie (Arkesilaos bis Hegesinos) und einer Neuen Akdamie (Karneades bis Philon).[17] Eine wiederum andere Beurteilung geht dahin, daß Philons Richtung eine vierte Akademie, die Ausrichtung des Antiochos eine fünfte Akademie repräsentiere.[18]

D. Die Rolle des Arkesilaos

Dieser Philosoph scheint dadurch aufgefallen zu sein, daß er selbst keine Thesen äußerte, geschweige denn rechtfertigte. Vielmehr brachte er andere dazu, Thesen zu vertreten, die er sodann untersuchte und kritisierte. Diese Strategie trat insbesondere in seinem Verhältnis zu seinem ehemaligen Kommilitonen Zenon von Kition hervor, der die stoische Schule gründete; und

---

[17]Zwei- oder Dreiteilungen waren in der Antike übliche Mittel der Periodisierung, die sich auch im Zusammenhang der Betrachtung der Komödie, der Heldendichtung und Rhetorik finden. Siehe H.G. Nesselrath: *Die attische Mittlere Komödie. Ihre Stellung in der antiken Literaturkritik und Literaturgeschichte*, Berlin 1990 (= Untersuchungen zur antiken Literatur und Geschichte, Bd. 36) S. 341-345. Wann genau diese Periodisierungsversuche aufkamen, ist in der Forschung umstritten.

[18]Siehe die Darstellung von C.W. Müller: »Die hellenistische Akademie«, in: *Kleines Wörterbuch des Hellenismus*, hrsg. von H.H. Schmitt und E. Vogt, Wiesbaden 1988, S. 23-47, bes. S. 26.

diese Strategie scheint dann das Verhältnis der Akademie gegenüber der Stoa generell bestimmt zu haben.[19]

Dabei konzentrierte sich die Konfrontation auf Fragen der Erkenntnis. Zenon vertrat die These, daß wir Zugang zur Wirklichkeit haben und die Dinge in angemessener Weise erkennen, und zwar auf dem Wege erkenntnishafter Erscheinungen.[20] Als erkenntnishaft gilt jede Erscheinung, die »von etwas ausgeht, was wirklich ist und gemäß dem, was wirklich ist, geknetet und eingeprägt ist, wie sie nicht von etwas herrühren könnte, was nicht wirklich ist«.[21]

Diese Bestimmung scheint Arkesilaos akzeptiert zu haben; und zwar scheint er sie in dem Sinne als angemessene Bestimmung angesehen zu haben, daß man von Erkenntnis nur da reden könne, wo die Erscheinung selbst den genannten Bedingungen genüge; und Arkesilaos scheint im Disput mit Zenon sogar darauf gedrungen zu haben, die Bedingungen entsprechend strikt zu bestimmen. Nur bestreitet Arkesilaos, daß es Erscheinungen gebe, welche den Bedingungen genügen. Hier konnte er solche Phänomene wie Illusionen und Halluzinationen geltend

[19]So soll Karneades gesagt haben, daß es ihn selbst nicht geben würde, wenn da nicht Chrysipp (i.e. der große Systematiker der Stoa) gewesen wäre (Diog. Laert. 4, 62).

[20]Zur Wiedergabe des griechischen Terminus φαντασία durch ›Erscheinung‹ siehe im Kommentar zum *Lucullus* Anm. 34 zu § 18. Eine gute Diskussion dieser und weiterer Fragen findet sich bei H.v. Staden: »The Stoic Theory of Perception and its Platonic Critics«, in: P.K. Machamer and R.G. Turnbull (Hrsg.): *Studies in Perception. Interrelations in the History and Philosophy of Science*, Columbus, Ohio 1978, S. 96-136, bes. S. 127 Anm.11; vgl. auch Rachel Barney: »Appearances and Impressions«, in: *Phronesis* 37 (1992) S. 283-313.

[21]*S.V.F.* 1,59; 2,65 u.ö. — Bei dem letzten Teil der Definition würde es sich laut *Lucullus* § 77 um einen Zusatz handeln, den Zenon auf Veranlassung des Arkesilaos vorgenommen hätte. Diese Möglichkeit wird von M. Frede diskutiert und bejaht: »Stoics and Sceptics on Clear and Distinct Impressions«, in: M.F.: *Essays in Acient Philosophy*, Oxford 1987, S. 163.

machen und im übrigen auch darauf hinweisen, daß es gleich
aussehende Dinge gibt, die sich von uns nicht zuverlässig
unterscheiden lassen. Damit will Arkesilaos generell Zweifel an
der Möglichkeit von Erkenntnis begründen; und als Folgerung
aus dieser Situation bietet sich ihm nur die Urteilsenthaltung
(ἐποχή) an:[22] Indem wir als Skeptiker den Erscheinungen
nämlich unsere Zustimmung verweigern und uns damit des
Urteils enthalten, gelangen wir gar nicht erst zu dem, was die
Stoiker selbst Erkenntnis nennen.

Hier stellt sich nun die Frage, ob Arkesilaos die These von
der Unmöglichkeit von Erkenntnis als eigene Überzeugung vertrat und so auch die Aufforderung zur Urteilsenthaltung als Teil
seiner eigenen Überzeugungen ins Felde führte, oder ob er diese
Auffassungen einzig und allein als Fragen verstand, denen sich
die Stoiker auf dem Boden ihrer eigenen Annahmen stellen müssen.[23] Diese Frage gewinnt dadurch an Gewicht, daß einige
Zeugnisse von einem internen Dogmatismus des Arkesilaos
sprechen.[24] Danach hätte Arkesilaos die skeptische Position vor

[22]Sextus Empiricus, *Pyrrh. Hyp.* 1,232-234 räumt ein, daß Arkesilaos,
ähnlich wie die Pyrrhoneer, die Urteilsenthaltung (ἐποχή) als Ziel
(τέλος) angesehen habe.

[23]Als dritte Möglichkeit wäre denkbar, daß Arkesilaos ἐποχή sowohl
als Bestandteil seiner eigenen Lehre vertrat als auch meinte, daß die
Annahme erkenntnishafter Erscheinungen die Stoiker zur ἐποχή verpflichte. Aus Diog.Laert. 4,28 geht hervor, daß nach Arkesilaos ἐποχή
durch die Gegensätzlichkeit der Aussagen (λόγοι) bewirkt werde (vgl. *Ac.
Post.* 1,45 und unten, Abschnitt H), was nahelegt, daß er auch unabhängig
von seiner Argumentation gegen Zenons erkenntnishafte Erscheinung die
Unausweichlichkeit der ἐποχή lehrte. — Zur Frage, ob Arkesilaos auch eigene Überzeugungen ins Spiel brachte, vgl. besonders auch A.M. Ioppolo:
»Doxa ed *epoché* in Arcesilao«, in: *Elenchos* 2 (1984) S. 317-363.

[24]Der etwas schillernde Eindruck, den Arkesilaos erweckte, wird von
dem Stoiker Ariston von Chios verspottet: »Vorn ist er Platon, hinten
Pyrrhon, in der Mitte Diodoros [scil. der Logiker]« (*S.V.F.* 1,343-4). Vgl.
Eusebios, *Praep. Ev.* 14,5,13 (= Numenios, fr. 25,21 Des Places); dieser
Text geht auf Numenios' verlorengegangene Schrift »Über den Abfall der
Akademiker« zurück. Zur Diskussion der Sichtweise des Numenios siehe

allem nur nach außen hin vertreten, intern jedoch einen Platonismus propagiert.[25]

Gleichwohl scheint es so, daß Arkesilaos seinerseits dogmatische Vorstellungen in die Waagschale warf. Dies läßt sich da
sehen, wo Arkesilaos mit dem Vorwurf konfrontiert wird, sein
Festhalten an der Forderung nach Urteilsenthaltung bringe
Handlungsunfähigkeit mit sich. Der springende Punkt ist hier
der, daß Handlungen, genauer die Ausführung von Handlungen, die Zustimmung zu Urteilen und damit die Bejahung entsprechender Erscheinungen voraussetzen. Arkesilaos scheint
aber diesen Zusammenhang bestritten zu haben: Er behauptete,
daß Handlungen auch ohne Zustimmung zu Urteilen bzw. zu
den ihnen zugrunde liegenden Erscheinungen vollzogen wer-

M. Frede, »Numenios«, in: *Aufstieg und Niedergang der römischen Welt*,
Teil II Bd. 36,2 hrsg. von W. Haase, Berlin u. New York 1987, S. 1049.

[25]Dazu vgl. C. Lévy: »Scepticisme et dogmatisme dans l'Académie:
›L'ésotérisme d'Arcésilas‹«, in: *Revue des Etudes Latines* 56 (1978) S. 335-
348. — Neben Numenios siehe auch Augustin, *Contra Academicos* 3,38:
»Während nämlich Zenon an seiner eigenen Ansicht über die Welt und vor
allem über die Seele, um derentwillen die wahre Philosophie unermüdlich
tätig ist — Freude hatte, indem er sagte, die Seele sei sterblich, es gebe
nichts außer dieser sinnlich wahrnehmbaren Welt und nichts werde in ihr
bewirkt, außer durch Körperliches — denn auch Gott selbst hielt er für feu-
rige Substanz — hat meiner Meinung nach Arkesilaos sehr klug und
nützlich, da besagtes Übel sich weit verbreitete, die Lehrmeinung der
Akademie tief verborgen und sozusagen wie Gold vergraben, damit
Nachfahren es irgendwann fänden ...« (Übersetzung bei H. Dörrie, *Der
Platonismus in der Antike*, Bd. 1, Stuttgart-Bad Cannstatt 1987, S. 165).
Augustins Verständnis der Akademiker ist sicher nicht in allen Punkten
kongruent (siehe unten, Abschnitt L). Die Vorstellung, daß die ›wahre
Philosophie‹ immer schon da war und wieder gefunden werde, ist
neuplatonisch inspiriert. — Insofern ist auch der Gedanke mit Skepsis zu
betrachten, daß bereits Philon mehr oder weniger offen einen dogmatischen
Kurs eingeschlagen habe und noch vor Antiochos die Pforten der Akademie
wieder öffnete (vgl. a.a.O. 3,41). Vgl. J. Barnes, »Antiochus of Ascalon«
(siehe oben, Anm. 10) S. 92.

den;[26] und er hat seinerseits geltend gemacht, daß sittlich richtiges Handeln auf der Basis bloßer Plausiblitäten vollzogen werden könne und im Nachhinein unter Hinweis auf irgendeine Erwägung gerechtfertigt werde.[27]

[26]Eine Komponente dieser Überlegung kommt bei Plutarch, *Adv. Col.* 1122A-D zum Audruck. Danach hätte Arkesilaos auf das Apraxie-Argument [›Jede Handlung setzt eine Zustimmung voraus; wer nie zustimmt, kann überhaupt nicht handeln‹] geantwortet, daß bei manchen Handlungen keine Zustimmung erforderlich sei. Denn die Erscheinung ($\varphi\alpha\nu\tau\alpha\sigma\acute{\iota}\alpha$) von etwas Zuträglichem ($o\acute{\iota}\kappa\epsilon\widehat{\iota}o\nu$) setze den Handlungsimpuls in Bewegung (1122C). Eine andere Version begegnet uns in dem Cicero-Zeugnis bei Augustin, *Contra Academicos* 2,26: »Das nennen die Akademiker ›überzeugend‹ oder ›wahrscheinlich‹, was uns zum Handeln ohne Zustimmung einzuladen vermag; ›ohne Zustimmung‹ freilich meine ich so, wie wir von dem, was wir tun, nicht meinen, daß es wahr sei oder meinen, wir wüßten es, und gleichwohl handeln«. — Aus Plutarch läßt sich freilich auch herauslesen, daß alle Handlungen ohne Zustimmung erfolgen (a.a.O. 1122B). Dies müßte die Folgerung nahelegen, daß der Handelnde überhaupt jeglicher moralischen Verantwortung enthoben wäre. — Dazu siehe Gisela Striker: »Sceptical Strategies«, in : M. Schofield, M. Burnyeat, und J. Barnes (Hrsg.): *Doubt and Dogmatism. Studies in Hellenistic Philosophy*, Oxford 1980, S. 69.

[27]Vgl. Sextus Empiricus, *Adv.Math.* 7,158. — Der Bericht ist deshalb auffällig, weil Arkesilaos hier den Begriff der sittlich richtigen Handlung ($\kappa\alpha\tau\acute{o}\rho\theta\omega\mu\alpha$) der Stoiker mit jenem Begriff der vernünftigen Rechtfertigung verbindet, der in der stoischen Ethik (vgl. *S.V.F.* 3,493) mit der bloß angemessenen Handlung ($\kappa\alpha\theta\widehat{\eta}\kappa o\nu$) verknüpft ist. Die Implikation wäre also die, daß der Weise nur angemessen handelt. Übrigens spielt auch der Begriff des Vernünftigen ($\epsilon\breve{v}\lambda o\gamma o\nu$) in der stoischen Philosophie eine gewisse Rolle. So etwa beim Versuch der Unterscheidung zwischen ›erkenntnishaft‹ und ›vernünftig‹ (*S.V.F.* 1,624 und 1,625). Im Gegensatz zur erkenntnishaften Erscheinung, daß es sich bei *B* um (ein) *A* handle, besagt die Qualifikation ›vernünftig‹, es sei vernünftig (scil. zu meinen), daß es sich bei *B* um (ein) *A* handle. An anderer Stelle heißt es, daß jene Aussage vernünftig sei, welche Tendenzen habe, wahr zu sein (Diog.Laert. 7,76). Mithin stellt sich die Frage, ob Arkesilaos mit seiner Äußerung zum $\epsilon\breve{v}\lambda o\gamma o\nu$ nur unter äußerem Druck ein Quasi-Kriterium anbieten wollte, oder ob er das, was hier berichtet wird, als Diagnose bezüglich des tatsächlichen Verhaltens des stoischen Weisen vorträgt. Die letztere Auffassung wird von A.A. Long und D.N. Sedley vertreten: *The*

Doch läßt sich auch hier ein anderes Bild zeichnen: Arkesilaos scheint in allen diesen Zusammenhängen den Stoikern auf deren eigenem Terrain begegnen zu wollen. Seine Behauptungen würden mithin nur unter der Voraussetzung stoischer Setzungen und Annahmen gelten. Weder sind sie nur unter der Bedingung verständlich, daß die in Rede stehende Handlungstheorie in irgendeiner Form Teil der Überzeugungen des Arkesilaos ist, noch ist ausgemacht, daß Arkesilaos mit dem Hinweis auf etwaige Rechtfertigungen seinerseits die Vorstellung der Möglichkeit eigentlicher Rechtfertigungen verband.

E. Die Rolle des Karneades

Dieser Denker soll gegen alle wirklichen und angenommenen Theorien argumentiert haben.[28] Das könnte ihn von Arkesilaos unterschieden haben, der in erster Linie gegen die Thesen der Stoiker Front machte. Des weiteren scheint Karneades aber auch grundsätzlich ›für‹ und ›wider‹ argumentiert haben; und es ist unklar, ob er dabei auch eigene Überzeugungen zum Ausdruck brachte. — Seine Erörterungen galten z.B. der Frage, ob der Kosmos, wie die Stoiker meinten, eine vernünftige Realität sei; er argumentierte u.a. gegen die Annahme, daß der Kosmos oder die Sterne göttlicher Natur seien, oder daß es eine providentielle Ordnung gebe. Des weiteren macht er auf Widersprüchlichkeiten im stoischen Gottesbegriff aufmerksam und attackiert auch das Gottesbild der Volksreligion. Im Bereich der Moralphilosophie greift er solche Vorstellungen an, wie daß Gerechtigkeit von Natur aus erstrebt werde und daß Gerechtigkeit und Weisheit einen inneren Zusammenhang aufweisen.

Hellenistic Philosophers, Bd. 1: *Translations of the Principal Sources with Philosophical Commentary*, Cambridge 1987, S. 457.

[28]Vgl. Sextus Empiricus, *Adv.Math.* 7,159.

Freilich gibt es einen Punkt, der gemeinhin als Auffassung des Karneades gilt. Dies ist das Zugeständnis, daß manche Erscheinungen glaubhafter seien als andere und daß diejenige Erscheinung als zuverlässig zu gelten habe, welche als wahr erscheint. Hier nun zeigt sich, daß Karneades möglicherweise für die praktischen Belange so etwas wie einen Wahrheitsersatz in Betracht zog.[29] Insbesondere aber scheint damit auch ein interessanter inhaltlicher Unterschied gegenüber Arkesilaos angezeigt. Denn Arkesilaos sah offenbar keine Diskrepanz zwischen seiner Maxime der Urteilsenthaltung und der Tatsache des Handelns. Karneades hingegen müßte mit der Charakterisierung zuverlässiger Erscheinungen als Kriterium auch zugestanden haben, daß Handlungen auf Grund von Urteils-Entschlüssen zustandekommen.[30]

---

[29]Sextus Empiricus, *Adv.Math.* 7,173, vgl. 169, behauptet, daß die Manifestation ($\check{\epsilon}\mu\varphi\alpha\sigma\iota\varsigma$) von Karneades und seinen Schülern als Wahrheitskriterium behandelt werde. — Diese Art der Betrachtung ist jedoch kaum korrekt; vermutlich handelt es sich nur um eine mißverständliche Zuspitzung, die soviel besagen soll, daß das Glaubhafte ($\pi\iota\theta\alpha\nu\acute{o}\nu$) bei Karneades dasjenige Gewicht erhält, welches bei den Stoikern das Wahrheitskriterium *de facto* hat. Karneades scheint gesagt zu haben, daß die wahrscheinliche Erscheinung nur in seltenen Fällen falsch sei (a.a.O 7,175); des weiteren hat Karneades Grade des Wahrscheinlichen unterschieden: lediglich wahrscheinliche Erscheinungen, solche, bei denen eine zusätzliche Bedingung erfüllt ist, und solche Erscheinungen, die sowohl unwidersprochen ($\dot{\alpha}\pi\epsilon\rho\acute{\iota}\sigma\pi\alpha\sigma\tau o\iota$) als auch durchgeprüft ($\delta\iota\epsilon\xi\omega\delta\epsilon\upsilon\mu\acute{\epsilon}\nu\alpha\iota$ bzw. $\pi\epsilon\rho\iota\omega\delta\epsilon\upsilon\mu\acute{\epsilon}\nu\alpha\iota$) sind.

[30]Das bringt ein Problem mit sich. Denn wenn es erkenntnishafte Erscheinungen nicht gibt und wenn Zustimmungen also nur zu Meinungen führen, der Weise freilich von Meinungen frei sein muß, so setzt sich Karneades mit dem Zugeständnis, daß der Weise gelegentlich zustimmt (*Lucullus* § 67), dem Vorwurf aus, der Weise verfalle der Meinung (vgl. § 59). — Freilich wird auch berichtet, Karneades habe in diesem Punkt keine feste Meinung vertreten (§ 78); und es heißt ausdrücklich, Karneades habe eine des Herkules würdige Tat vollbracht, indem er Meinung und Leichtfertigkeit aus uns herausriß (§ 108). Das Bild ist also zwiespältig. Dazu siehe näher Chr. Schäublin: »Kritisches und Exegetisches zu Ciceros Lucullus«, in: *Museum Helveticum* 49 (1992).

Tatsächlich geht aus einem Bericht über Kleitomachos, dem unmittelbaren Nachfolger Karneades', hervor, daß die Akademiker zwei Bedeutungen von ›Urteilsenthaltung‹ unterschieden hätten.[31] Danach bedeute ›Urteilsenthaltung‹ im einen Fall, daß der Weise keiner Sache zustimme; im anderen Fall bedeute ›Urteilsenthaltung‹ soviel wie, daß der Weise eine Sache weder verneine noch bejahe.

Der Gedanke ist hier wohl der, daß es Fälle gebe, in denen wir uns explizit auf die Behauptung einer Wahrheit festlegen bzw. die entsprechende Zustimmung versagen, und andere, in denen wir uns nicht ausdrücklich festlegen, sondern in der Weise handeln, daß wir uns an dem orientieren, was plausibel erscheint. Möglicherweise haben die Stoiker beide Fälle nicht eigentlich unterschieden. Tatsache ist, daß ihre Verwendung des Begriffes der Zustimmung sowohl den Fall ausdrücklicher als auch den Fall impliziter Zustimmung angeht. Beide Fälle sind aber in der Sicht des Karneades offenbar unterschiedlich zu beurteilen; und so liegt die Vermutung nahe, daß Karneades beide Verwendungen auch dadurch unterschieden wissen wollte, daß er zwei verschiedene Termini verwendete. Denn wenn Cicero hier von *adsensus* einerseits und *adprobatio*[32] andererseits spricht, so scheint ersterer auf Fälle starker bzw. expliziter Zustimmung bezogen zu werden, letztere hingegen auf Fälle impliziter bzw. unausdrücklicher Zustimmung.

---

[31]Siehe hierzu speziell R. Bett: »Carneades' Distinction between Assent and Approval«, in: *The Monist* 73 (1990) S. 3-20.

[32]Ciceros Ausdrucksweise zeigt, daß die schwache Form der Zustimmung (*adprobatio*) mit dem Begriff des *probabile* (πιθανόν) verbunden ist und wohl das Griechische πείθεσθαι aufnehmen soll. (An Stelle von πείθεσθαι gibt es im Griechischen u.a. auch ἕπεσθαι, κατακολουθεῖν; Cicero verwendet auch *sequi*.) Daß πείθεσθαι, wie Gisela Striker (»Sceptical Strategies« [siehe oben, Anm. 26] S. 61, Anm. 21) sagt, der »offizielle akademische Terminus« war, geht aus Sextus Empiricus, *Pyrrh. Hyp.* 1,229-230 hervor.

Hier also mag ein Anhaltspunkt dafür gegeben sein, daß
Karneades mit der Anerkennung eines schwachen Begriffes von
Zustimmung dem Vorwurf zu begegnen sucht, daß der Skeptiker nicht handeln könne. Doch ist damit nicht gesagt, daß sich
Karneades hier auf eine dogmatische Position festlegt. Denn es
ließe sich geltend machen, daß Karneades innerhalb des Ter-
rains stoischer Auffassungen argumentiere.[33] Seine Unterscheidungen würde er danach nur für den Fall ins Spiel bringen, daß
jemand auf dem Boden stoischer Setzungen argumentiert und
diese gegen ihn geltend macht. Hier könnte er sagen, daß man
gemäß dem handle, was subjektiv plausibel anmute.

F. Der Konflikt

Der Konflikt über die Frage des angemessenen Selbstverständnisses der Akademie scheint 87/6 ausgebrochen zu sein, als Antiochos, der sich mit Lucullus in Alexandria aufhielt, ›jene
beiden neuen Bücher‹ Philons zu Gesicht bekam, in denen
Philon bestritt, daß es zwei Akademien (i.e. eine alte und eine
neue) gäbe. Diese These kam aus heiterem Himmel und erschien
einigen Leuten offenbar als Provokation: man sprach sogar von
offener Lüge. Nun wissen wir weder, wann Philon zu diesen
Gedanken fand, noch ist klar, welche Überlegungen Philon auf

---

[33]Zumindest nach einer Quelle (scil. Metrodor von Lampsakos, erwähnt
im *Index Herculanensis* , col. 26) soll Karneades von allen mißverstanden
worden sein: Karneades habe nämlich gemeint, daß alles unerkennbar sei.
Metrodor, der von Cicero, *Lucullus* § 16 als gut versierter Schüler (vgl. *De
Or.* 1,45) des Karneades geschildert wird, soll, nach Augustin *Contra
Academicos* 3,41 der erste akademische Philosoph gewesen sein, der zugab,
daß die Akademiker ihre These von der Unerkennbarkeit der Dinge nicht
dogmatisch verstanden, sondern lediglich als Waffe gegen die Stoiker verwendeten. — Diese Sichtweise wäre derjenigen ähnlich, die Philon zugeschrieben wird.

diesen Gedanken brachten.[34] Auf der anderen Seite wissen wir auch nicht, ob Antiochos' Umkehr überhaupt etwas mit den Vorlesungen Philons zu tun hatte.[35] Es ist jedoch auch nicht einsichtig, inwiefern Antiochos seinerseits annehmen durfte, mit seinen Thesen tatsächlich den Geist der Alten Akademie zu stärken bzw. aufleben zu lassen. Denn wenn es so war, daß Antiochos weder zwischen Platon und Aristoteles noch insbesondere zwischen Platons Nachfolger Speusipp, Xenokrates, Polemon und Krates, einerseits, und den Schülern des Aristoteles, andererseits, einen Unterschied sah, so könnte dies moderne Betrachter kaum überzeugen.[36] Insbesondere zweifelhaft ist die Vorstellung, daß jenes Vertrauen, das die Stoiker in die erkenntnishaften Erscheinungen setzten, wirklich der Intuition Platons und dessen Schüler entspricht.

Hier scheint die Auffassung Philons, so bizarr sie zunächst anmuten mag, fast plausibler. Denn Platon selbst läßt in den Dialogen für die Thesen argumentieren, daß wir über Dinge der

[34]Bei Cicero heißt es — diese These wird allerdings Lucullus, dem Sprecher des Antiochos, in den Mund gelegt —, daß Philon gewisse Neuerungen einführte, um so den Attacken auf die Akademiker zu entgehen (*Lucullus* § 18).

[35]Cicero selbst erwähnt in seiner Antwort auf Lucullus' Rede (*Lucullus* § 69-70) nichts, was in diese Richtung deutet; die Tatsache, daß Antiochos sich von Philon trennte, wird hier damit in Zusammenhang gebracht, daß Antiochos eigene Schüler hatte. — Es ist interessant zu sehen, daß Cicero bei der Charakterisierung der psychologischen Motivation dieser Abkehr — Antiochos habe die Ballung der Gegnerschaft gegen die Akademie nicht ertragen (*non potuisse sustinere* [§ 70]) — jenen Punkt akzentuiert, den Lucullus im Hinblick auf Philon geltend machte (*sustinere vix poterat* [§ 18]). Vgl. J. Barnes, »Antiochus of Ascalon« (siehe oben, Anm. 10) S. 68, Anm. 72.

[36]Hier ist allerdings zu bemerken, daß die Darstellungen im *Lucullus* auf der einen Seite und in den *Academica posteriora* auf der anderen Seite keineswegs identisch sind. Insbesondere der Peripatos wird in den *Academica posteriora* schärfer als Form der Sezession charakterisiert. Vgl. W. Görler: »Antiochos von Askalon über die ›Alten‹ und die Stoa« (siehe oben, Anm. 13) S. 132-133.

Welt der Erfahrung zu keinem Wissen gelangen können.[37] Er
betont ferner, daß die Dinge der Erfahrung allenfalls in wahren
Meinungen erfaßt werden können; und wenn Platon sagt, daß
sich menschliche Wesen mit Streben nach Weisheit begnügen
müssen, scheint er die Vorstellung eines authentischen Wissens
überhaupt als schwer oder nicht erfüllbares Ideal angesehen zu
haben. Insofern gibt es Punkte, die Philons generelle Einschätzung stützen könnten. Indes finden sich bei Platon zahlreiche Stellen, an denen von Wissen und Wahrheit die Rede ist;
und Philon selbst soll ja behauptet haben, daß die Dinge ihrer
Natur nach nicht unerkennbar seien. Unerkennbar seien sie nur,
wenn man das stoische Wahrheitskriterium zugrunde lege.[38]
Dies scheint gegen die generelle Einschätzung zu sprechen.
Auch müßte Philons Stellungnahme implizieren, daß auch
Arkesilaos, den Antiochos als Abweichler ansah, und Karneades diese Einschätzung geteilt haben oder gegebenenfalls zu
ähnlichen Einschätzungen gelangt wären. Diese Auffassung läßt
sich naturgemäß nicht beweisen. Was Arkesilaos und Karneades wirklich dachten, bleibt im Dunkeln; und zumindest für

---

[37]Siehe den Überblick bei A. Graeser: »Platons Auffassung von Wissen
und Meinung in Politeia V«, in: *Philosophisches Jahrbuch* 98 (1991) S.
365-388.

[38]Sextus Empiricus, *Pyrrh. Hyp.* 1,235: »Die Anhänger Philons behaupten, die Dinge seien zwar hinsichtlich des stoischen Kriteriums, d.h.
der erkennenden Vorstellung, unerkennbar, hinsichtlich der Natur der Dinge
selbst aber seien sie erkennbar« (Übersetzung nach M. Hossenfelder [siehe
oben, Anm. 12] S. 150). Hier stellt sich die Frage, wie der griechische
Ausdruck ὅσον ἐπί (›hinsichtlich‹, ›gemessen an‹) genauer zu verstehen
ist: vgl. dazu H. Tarrant: »Agreement and the Self-Evident in Philo of
Larissa«, in: *Dionysius* 5 (1981) S. 66-97, bes. S. 88: »Philo's view is
that things are as apprehensible as nature requires, but not apprehensible
enough for a Stoic.« (Zu dem terminologischen Gebrauch dieses Ausdrucks
siehe J. Brunschwig: »La formule ›hoson epi to logo‹ chez Sextus
Empiricus«, in: A.-J. Voelke [Hrsg.]: *Le Scepticisme antique,* Lausanne
1990 [= *Cahiers de la Revue de théologie et de philosophie,* Bd. 15] S. 107-
121). Des weiteren stellt sich die Frage, ob der Ausdruck ›erkennbar‹
(καταληπτόν) von Philon selbst verwendet wurde.

Karneades ist anschaulich bezeugt, daß selbst enge Freunde
nicht ausfindig zu machen vermochten, was er selbst wirklich
meinte. Nun gestand Arkesilaos dem Vernünftigen und Karneades dem Plausiblen eine gewisse Leitfunktion zu. Doch heißt
dies nicht, daß sie eigentliche Theorien bezüglich des Vernünftigen bzw. des Plausiblen entwickelt haben müßten. Denn
es ließe sich argumentieren, daß diese Auffassungen jeweils auf
dem Boden stoischer Annahmen artikuliert wurden und so
eigentlich für denjenigen gelten sollten, der seinerseits von stoischen Auffassungen ausging. In diesem Sinn hätte Karneades
nur zu zeigen versucht, daß derjenige Stoiker, der Wissensansprüche erhebt, allenfalls mehr oder weniger gut begründete
Meinungen habe. Falls dies die Auffassung des Karneades war,
so hätte Philon mit der Behauptung, daß der Satz ›Nichts ist
erkennbar‹ plausibel bzw. überzeugend sei, selber eine eigene
These vertreten; und falls er eine solche These vertrat und für sie
argumentierte, so würde dies dann eine Abweichung von
Karneades' Linie bedeuten.

G. Die akademische und die pyrrhonische Skepsis

Der Konflikt innerhalb der Akademie mag dazu beigetragen haben, daß Änesidem, ein Akademiker, der im ersten Jahrhundert
v.Chr. lebte, die Seiten wechselte; und zwar soll er zur skeptischen Schule Pyrrhons übergetreten sein. Diese Schule findet
bei Cicero keine Erwähnung. Dies ist umso erstaunlicher, als
Änesidem seine acht Bücher ›Pyrrhonische Erörterungen‹ einem
Kommilitonen aus der Akademie gewidmet hat, der seinem Namen nach — Tubero — ein Freund Ciceros gewesen sein
könnte.[39]

---

[39]Auch dieser Punkt ist kontrovers, vgl. C.J. de Vogel: *Greek
Philosophy, A Collection of Texts with Notes and Explanations*. Bd. 3:
The Hellenistic-Roman Period, Leiden 1964, S. 219. Die Annahme, daß es

Pyrrhon (365-275) selbst ist Cicero sehr wohl ein Begriff. Denn er nennt ihn im Zusammenhang der Erörterungen unserer Kenntnis von Gut und Schlecht. Doch gibt er nicht zu erkennen, daß Pyrrhon in der Debatte über die Möglichkeit von Erkenntnis eine gewichtige Rolle gespielt haben könnte. Dies mag dafür sprechen, daß Pyrrhon selbst tatsächlich keine besondere Rolle spielte und daß die übliche Rede von der Pyrrhonischen Skepsis als Rückprojektion anzusehen ist. So legt gerade Sextus Empiricus, ein Arzt im Zweiten nachchristlichen Jahrhundert, dem wir die einzige vollständige Darstellung der Pyrrhonischen Skepsis verdanken, im übrigen auch keinen Wert auf historische Verbindlichkeiten. Ob Pyrrhon selbst[40] die Auffassungen hatte, die der Schule zugeschrieben werden, ist für Sextus Empiricus eine Frage von sekundärer Bedeutung; überhaupt ist keineswegs klar, zu welchem Zeitpunkt das, was unter der Bewegung der pyrrhonischen Skepsis verstanden wird, eigentlich Gestalt gewann. Vielleicht war Änesidem der *spiritus rector* und Begründer der Schulrichtung.[41]

sich um den Freund Ciceros handle, vertritt J. Barnes: »Antiochus of Ascalon«, (siehe oben, Anm. 10) S. 95. Er vertritt ferner die Auffassung, daß Änesidemus sein Buch nicht vor 85 geschrieben haben könne.

[40]Die Nachrichten über Pyrrhon hat F. Decleva Caizzi gesammelt und kommentiert: *Pirrone. Testimonianze*, Napoli 1981. — Laut dem Bericht seines Schülers Timon (bei Eusebius, *Praep. Ev.* 14,18,1-5) soll Pyrrhon gesagt haben, daß »die Dinge gleichermaßen indifferent (ἀδιάφορα), unmeßbar (ἀστάθμητα) und unbeurteilbar (ἀνεπίκριτα) seien und deshalb weder die Wahrnehmungen (αἰσθήσεις) noch die Meinungen (δόξαι) wahr oder falsch seien. Deshalb solle man ihnen nicht trauen [...]« An diesen Thesen (siehe A.A. Long und D.N. Sedley: *The Hellenistic Philosophers*, Bd.1 [siehe oben, Anm. 27] S. 14-15 und S. 16-17) fällt auf, daß Pyrrhon von der Beschaffenheit der Dinge auf unsere Erkenntnis geschlossen hat und in Bezug auf die Wirklichkeit selbst also dogmatische Auffassungen vertrat. Siehe dazu die Diskussion bei A. Bächli: *Untersuchungen zur pyrrhonischen Skepsis*, Bern und Stuttgart 1990 (= *Berner Reihe Philosophischer Studien*, Bd. 10) S. 73-77.

[41]Änesidem formulierte (nach Photios, *Bibl.*, Cod. 212, 169b38-170a3) den Unterschied zwischen Pyrrhoneern und Akademikern folgendermaßen:

Auf der anderen Seite wird bereits Arkesilaos mit Pyrrhon in Verbindung gebracht. Dies hängt wohl damit zusammen, daß die skeptische Wendung der Akademie zur Urteilsenthaltung unmotiviert erschien und ohne die Annahme eines Einflusses Pyrrhons undeutbar anmutete. So scheint es Autoren gegeben zu haben, die keinen Unterschied zwischen den Akademikern, auf der einen Seite, und den Pyrrhoneern, auf der anderen Seite, zu erkennen vermochten. Selbst Sextus Empiricus bekundet Mühe, den Unterschied zwischen den Phyrrhonisten und den Akademikern deutlich zu machen. Dabei wurde dieser Punkt als aufklärungsbedürftig empfunden. Dies geht u.a. auch daraus hervor, daß Plutarch eine Schrift darüber verfaßt haben soll; und Gellius weist darauf hin, daß es hier um eine »alte und von vielen griechischen Schriftstellern behandelte Frage«[42] gehe.

»Die Akademiker sind Dogmatiker und setzen das eine ohne Zweifel, anderes heben sie ohne Amphibolie auf; die Pyrrhoneer aber sind Aporetiker und von jeder Meinung befreit, jedenfalls hat keiner von ihnen weder gesagt, daß alles unerkennbar, noch daß es erkennbar ist, sondern daß es nicht eher von der einen Art als von der anderen ...« (Übersetzung bei A. Bächli: *Untersuchungen zur pyrrhonischen Skepsis* [siehe oben, Anm. 40] S. 44). — An späterer Stelle vermerkte Änesidem, daß die Akademiker — und zumal die zeitgenössischen Vertreter der Schule — gelegentlich mit den Stoikern einer Meinung seien und sich in Wirklichkeit als Stoiker entpuppen, die mit Stoikern kämpfen (Photios, *Bibl.* 170a14-15). Dieser Hinweis läßt sich kaum als Polemik gegen Antiochos deuten. Denn dieser hatte mit den Stoikern wohl keinen Streit. Deshalb mag es naheliegen, hier eine Attacke auf Philon zu vermuten. Insbesondere der Hinweis, daß die Akademiker viele Dinge bestimmten und behauptete, sie diskutierten nur über die erkenntnishaften Erscheinungen (170a20-22), könnte in diese Richtung weisen (vgl. J. Barnes: »Antiochus of Ascalon« [siehe oben, Anm. 10] S. 93). Dies würde umsomehr gelten, wenn (wie Sextus Empiricus, *Pyrrh. Hyp.* 1,235 [siehe oben, Anm. 38] berichtet) Philon gemeint hätte, daß die Dinge selbst an und für sich erkennbar seien.

[42] Gellius, *Noctes Atticae* 11,5,6.

Der eigentliche Unterschied zwischen beiden Richtungen scheint in der Einschätzung des Status der Argumente begründet zu gewesen zu sein.[43] Die Anhänger der Akademie scheinen im wesentlichen so vorgegangen zu sein, daß sie die Prämissen der Gegner übernahmen und von hieraus zu Schlußfolgerungen gelangten, die sich gegen die relevanten Thesen der Gegner wenden ließen und die Unmöglichkeit von Erkenntnis etablierten. Dabei versuchten sie, ihre These dadurch zu verallgemeinern, daß sie z.B. die Theorie der Stoiker als die einzig mögliche Erkenntnistheorie auszeichneten; und mit der Bestreitung dieser Erkenntnistheorie waren dann gleichzeitig alle Theorien eliminiert. Anders beschränkten sich die Pyrrhoneer darauf, mitzuteilen, was sich ihnen zeigt. Weder brachten sie begriffliche Setzungen ins Spiel, noch ließen sie sich auf Behauptungen ein, die über den Bereich der Phänomene hinausweisen. Indem sie ihre Äußerungen auf Gegenstände einschränkten, sofern sie sich zeigen, berichten sie jeweils nur, was sich ihnen im Augenblick zeigt, und vermeiden jeden Anspruch auf objektive Gültigkeit. Mithin kann der Pyrrhoneer auch dem Vorwurf ausweichen, er müsse diese oder jene Vorstellung für wahr halten.

Dies heißt nicht, daß die Pyrrhoneer überhaupt keine Meinungen hätten. Sie haben nur keine Überzeugungen, die sie mit Wahrheitsanspruch vertreten würden. Der Sinn von Meinung, den sie als Element einer Selbstbeschreibung akzeptiert haben könnten, müßte auf ein undogmatisches Meinen hinauslaufen.[44] Ob und inwiefern eine solche Haltung überhaupt

---

[43]Dies arbeitet Gisela Striker heraus: »Über den Unterschied zwischen den Pyrrhoneern und den Akademikern«, in: *Phronesis* 26 (1981) S. 153-171.

[44]Auch dieser Punkt ist in der Forschung kontrovers. Siehe jetzt A. Bächli: *Untersuchungen zur pyrrhonischen Skepsis* (siehe oben, Anm. 40). 64 mit Anm. 113; H.-U. Flückiger: *Sextus Empiricus. Grundriß der pyrrhonischen Skepsis Buch I — Selektiver Kommentar*, Bern und Stuttgart 1990 (= *Berner Reihe Philosophischer Studien* Bd. 11) S. 15-20.

lebbar ist, mag bezweifelt werden. Auch David Hume, der beide skeptische Richtungen miteinander konfrontiert und von der einen als gemäßigter und von der anderen als harter Skepsis spricht, empfand die pyrrhonische Skepsis als eigentliche Bedrohung: Nur ein Naturinstinkt entreiße uns den Fängen dieser Skepsis.[45]

H. Die Art des Argumentierens

Die akademischen Philosophen standen in dem Ruf, gegen alles zu argumentieren bzw. Argumente für und wider anzuführen. Beides ist offensichtlich nicht dasselbe.[46] Im einen Fall geht es darum, eine beliebige These ›P‹ als falsch zu erweisen; im anderen Fall kommt es darauf an zu zeigen, daß sich sowohl für ›P‹ als auch für das kontradiktorische Gegenteil ›Nicht-P‹ Gründe geltend machen lassen. Nun können beide Strategien konvergieren. Denn gegen ›P‹ argumentieren heißt ›Nicht-P‹

---

[45]Vgl. *Eine Untersuchung über den menschlichen Verstand*, übersetzt von R. Richter, mit einer Einleitung herausgegeben von J. Kulenkampff, Hamburg 1984 (= Philosophische Bibliothek, Bd. 35) S. 193-197 [Abschnitt XII: ›Über die akademische oder skeptische Philosophie‹]. Zu Humes Rezeption des Pyrrhonismus siehe die Arbeiten von R.H. Popkin, bes. »David Hume: His Pyrrhonism and His Critique of Pyrrhonism«, in: *The Philosophical Quarterly* 1 (1951) S. 385-407, abgedruckt in R.P.: *The High Road to Pyrrhonism*, hrsg. von R.A. Watson u. James E. Force, San Diego 1980 (= *Studies in Hume and Scottish Philosophy*, Bd. 2) S. 103-132 und »David Hume and the Pyrrhonian Controversy«, in: *The Review of Metaphysics* 6 (1952) S. 68-81, abgedruckt in: *The High Road to Pyrrhonism*, S. 133-147. Daß Hume selbst sein Vorbild für die Akademische Skepsis in der Philosophie Philons sah, wie er sie durch Cicero kennenlernte, ist eine These, die Th. A. Olshewsky vertritt: »The Classical Roots of Hume's Skepticism«, in: *Journal of the History of Ideas* 52 (1991) S. 269-289 bes. S. 284.

[46]Dieser Unterschied war zur Zeit Ciceros wohl schon verdunkelt; vgl. A.A. Long, »Diogenes Laertius, Life of Arcesilaus«, in: *Elenchos* 7 (1986) S. 446.

stützen. Doch sind beide Strategien insofern verschieden, als Argumentationen gegen alles — so zumindest im Selbstverständnis der akademischen Skeptiker — wohl von den jeweiligen Prämissen und Annahmen der in Rede stehenden Position ausgehen müssen.[47] Anders nehmen Argumente für und wider Annahmen als Gründe in Anspruch, die ihrerseits Teil einer anderen philosophischen Ausrichtung sind bzw. sein können.

Beispiel für das Vorgehen ersterer Art ist Arkesilaos' Attacke gegen Zenons These von der Erfassung ($\kappa\alpha\tau\dot\alpha\lambda\eta\psi\iota\varsigma$) als Kriterium der Wahrheit;[48] Beispiel für das Vorgehen letzterer Art ist — im Kontext der Frage, ob es buchstäblich gleiche

[47]Dieses Verfahren nennt Aristoteles in den *Sophistischen Widerlegungen* »peirastisch«, 165b3-6: Dialektisch sind jene Argumente, welche von dem aus, was allgemein angenommen wird, zum Gegenteil [dessen, was der Antipode behauptet] schließen. Peirastisch hingegen sind jene Argumente, welche von dem ausgehen, was der Antwortende selber meint. — Aristoteles ordnet Sokrates dem peirastischen Vorgehen zu: »deswegen pflegte Sokrates Fragen zu stellen und keine Antworten zu geben; denn er gestand ein, über kein Wissen zu verfügen« (183b7-8). Siehe G. Vlastos: *Socrates. Ironist and Moral Philosopher*, Cambridge 1991, S. 94.

[48]Sextus Empiricus, *Adv. Math.* 7, 153-155: »[...] indem er (scil. Arkesilaos) zeigte, daß das Erfassen kein Kriterium zwischen Wissen und Meinung ist. Denn was sie ›Erfassen‹ nennen und ›Zustimmung zu einer erkenntnishaften Erscheinung‹, vollzieht sich entweder im Weisen oder im Toren. Aber wenn es sich im Weisen vollzieht, handelt es sich um Wissen, und wenn im Toren, dann um Meinung, und neben diesen ist nichts außer dem bloßen Namen gewonnen. Wenn aber Erfassung Zustimmung zu einer erkenntnishaften Erscheinung ist, so ist sie nicht-existent; erstens weil die Zustimmung nicht auf die Erscheinung geht, sondern auf Aussagen ($\pi\rho\dot{o}\varsigma$ $\lambda\dot{o}\gamma o\nu$) (denn Zustimmungen gehören zu Aussagen [$\dot\alpha\xi\iota\dot\omega\mu\alpha\tau\alpha$]): und zweitens weil sich keine wahre Erscheinung von solcher Art findet, welche nicht auch falsch sein könnte, wie durch viele und verschiedene Beispiele erhellt. Wenn jedoch die erkenntnishafte Erscheinung nicht existiert, gibt es auch kein Erfassen, denn dieses war ja Zustimmung zur erkenntnishaften Erscheinung. Wenn es aber kein Erfassen gibt, wird alles unerfaßbar sein. Sind aber alle Dinge unerfaßbar, so wird folgen, auch nach den Stoikern, daß der Weise einhält.«

Dinge in der Welt gebe, welche nicht auseinander gehalten werden können (*Lucullus* §§ 55 ff.) — der Hinweis auf die Annahmen des Atomismus Demokrits. Ähnlich sind die Hinweise der Akademiker auf die früheren Naturphilosophen zu beurteilen. Diese hatten überwiegend die Möglichkeit der Erkenntnis in Abrede gestellt, und ihre Erwägungen lassen sich als Gründe für eine skeptische Grundhaltung und entsprechend gegen die Annahme eines erkenntnistheoretischen Realismus anführen.

Doch worauf hat es der akademische Skeptiker abgesehen? Cicero legt Wert auf die Feststellung, daß die Verwendung von Argument und Gegenargument nur ein Ziel habe, nämlich »etwas hervorzulocken und gleichsam herauszupressen, das entweder wahr sein könnte oder doch der Wahrheit möglichst nahe kommt« (*Lucullus* § 7).[49] Diese Auffassung bzw. Selbsteinschätzung der Denkweise der Akademiker scheint mit derjenigen Erwartung zu kollidieren, die Arkesilaos hegte: »Dieser Philosoph nämlich diskutierte gegen die Thesen aller Philosophen und brachte sehr viele von ihren Auffassungen ab; und da sich bei jeder Angelegenheit gleichgewichtige Vernunftsgründe auf den entgegengesetzten Seiten finden lasse, brachte er es dazu, daß man sich leicht der Zustimmung auf der einen wie der anderen Seite enthielt« (*Ac. Post.* 1,45). Freilich hatte

---

[49]Dies ist der Grundtenor Ciceros: er sei keiner dogmatischen Position verpflichtet, sondern suche bei jeder philosophischen Frage das ›am meisten Wahrscheinliche‹ (*Tusc. Disp.* 4,7; *De Div.* 2,150) und hüte sich, über das Hinauszugehen, was wahrscheinlich ist (*Tusc. Disp.* 2,5). Vgl. *De Off.* 2,8: »Was sollte mich also hindern, dem, was mir einleuchtend scheint, zu folgen, das Gegenteil nicht gutzuheißen, die Anmaßung einer festen Behauptung zu meiden und der Leichtfertigkeit zu entgehen, die sich mit Weisheit am wenigsten verträgt? Gegen alles aber wird von den Philosophen unserer Richtung deshalb geredet, weil eben dieses Einleuchtende nicht aufstrahlen könnte, wenn nicht ein Streit der Standpunkte von beiden Seiten aus ausgefochten worden wäre. Aber das ist in unseren *Academica* sorgfältig genug, wie ich meine, entwickelt worden.« — Siehe S. Gersh: *Middle Platonism and Neoplatonism in Latin Tradition*, Bd. 1, Notre Dame, Ind. 1986, S. 58-59.

Arkesilaos auch ein Motiv, — für ihn gab es nichts Beschämenderes, als wenn Zustimmung und Billigung dem Erkennen und Erfassen vorauseilten (a.a.O. § 45). Mithin scheint sich Arkesilaos in erster Linie der Vermeidung des Irrtums, Cicero hingegen der Wahrheitsfindung verschrieben zu haben.

Dabei liegt nahe, daß Ciceros Attitüde hier von seiner Einschätzung des Tuns eines Staatsmannes und Redners bestimmt wurde. Denn Lucullus hat keine Scheu, die Behauptung »um das Wahre zu finden, müsse man gegen alles und für alles sprechen« (*Lucullus* § 60) zu ironisieren; und er charakterisiert Cicero als einen Mann, der für sich selbst, in seiner Eigenschaft als Staatsmann, in Anspruch nimmt, die verborgensten Dinge aufgedeckt und über sie sichere Erkenntnis gewonnen zu haben (a.a.O. § 62). Nun hatte Philon seinerzeit in Rom, als Cicero bei ihm hörte, auch Rhetorik unterrichtet;[50] und in der rhetorischen Tradition selbst dürfte Argument und Gegenargument seit langem einen festen Platz gefunden haben.[51] Im Übrigen sieht Cicero seine Zielvorstellung — daß es um das am meisten Wahrscheinlich gehe — ebenso wie das der Erreichung dieses Ziels angemessene Verfahren bei Sokrates gegeben.[52]

[50]In seiner Schrift *De Fato* kommentiert Cicero seine Sicht dieser Verbindung von Philosophie und Rhetorik folgendermaßen: »Denn mit der Art von Philosphie, der ich mich angeschlossen habe, hat der Redner eine enge Verbindung« (§ 3). — Die persönliche Komponente in Ciceros Einschätzung der Philosophie betont W. Burkert: »Cicero als Platoniker und Skeptiker. Zum Platonverständnis der ›Neuen Akademie‹«, in: *Gymnasium* 72 (1965) S. 182.

[51]Siehe generell L. Sichirollo: *Dialegesthai — Dialektik. Von Homer bis Aristoteles*, Hildesheim 1966, S. 34 ff.

[52]*Tusc. Disp.* 1,8. — Ob und in welchem Maße Sokrates hier tatsächlich als *spiritus rector* zu gelten hat, läßt sich schwer beurteilen. Denn vom historischen Sokrates ist so gut wie nichts bekannt, und die für Cicero und andere Denker maßgebliche Orientierung stellen die Dialoge Platons dar. Nur gilt es hier, zumindest aus heutiger Sicht, einen Unterschied zwischen dem Vorgehen des Sokrates in den frühen Dialogen, auf der einen Seite, und dem Vorgehen des Sokrates in den mittleren und

I. Die Einschätzung des Argumentierens

Nun scheint es zwischen den Schülern selbst zu einem Disput bezüglich der Frage der Berechtigung des Einsatzes bestimmter Argumentations-Techniken gekommen zu sein. So vertrat Chrysipp in seiner Schrift *Über den Gebrauch der Vernunft* die Auffassung, daß die Vernunft ($\lambda\acute{o}\gamma o\varsigma$) nur zum Zwecke der Wahrheitsfindung und der systematischen Ordnung von Erkenntnissen eingesetzt werden dürfe, nicht aber zum gegenteiligen Zweck, obschon dies viele täten. — Plutarch, der diese Angabe überliefert, vermutet, daß sich Chrysipp hier kritisch gegen diejenigen wende, »welche sich des Urteils enthalten« (*De Stoic. Repugn.* 1037B); und Plutarch scheint die Kritisierten hier insoweit in Schutz zu nehmen, als er erläuternd fortfährt: »freilich argumentieren jene, ohne daß sie eine Erkenntnis hätten, nach beiden Seiten, dies in der Erwartung, daß, wenn überhaupt etwas erfaßbar ist, die Wahrheit nur oder vorwiegend auf diesem Wege ein Erfassen ihrer selbst gewährt« (a.a.O. 1037 C). Hierbei unterstellt Plutarch, daß die Skeptiker zur Strategie des Für- und Wider-Argumentierens solange berechtigt seien, als sie selbst keine Erkenntnis haben. Doch ist unklar, inwieweit Plutarch damit zugleich eine Auffassung anführt, die Chrysipp selbst akzeptieren müßte. Der Schulgründer Zenon scheint das Verfahren des Für- und Wider-Argumentierens generell abgelehnt zu haben, und zwar mit dem Argument, daß der erste Sprecher seine These entweder bewiesen habe oder nicht. Im ersten Fall erübrige sich eine Argumentation zugunsten der Gegen-These, im anderen Fall gebe es nichts, wogegen argumentiert werden müßte (a.a.O. 1034 E).

späteren Dialogen, auf der anderen Seite, zu beobachten (vgl. dazu G. Vlastos: *Socrates* [siehe oben, Anm. 47] Kpt. 2 [›Socrates contra Socrates in Plato‹]). Der Sokrates der mittleren Dialoge vertritt Thesen und äußert Wissensansprüche, der Sokrates der frühen Dialoge tut dies nicht.

Chrysipp hingegen hat sich, nach dem Zeugnis Plutarchs, nicht prinzipiell gegen das Verfahren gewandt. Doch scheint er hier u.a. einen Unterschied zwischen Akademikern, auf der einen, und Stoikern, auf der anderen Seite, betont zu haben: »Während er denen, die sich in allen Dingen des Urteils enthalten, die Inanspruchnahme des Verfahrens nicht verwehrt, zieht er für die Ausbildung jener, die gemäß erkannter Wahrheiten leben sollen, die Beschäftigung mit den Gegenthesen sehr wohl in Betracht, — doch nur, um deren Plausibilität zu erschüttern und die eigenen Schüler gegen das Vorgehen der Kritiker zu immunisieren[53] (a.a.O. 1036 A). Konkret empfiehlt er, Gegenargumente bzw. Gegenthesen zwar — wie das auch ein Parteienanwalt vor Gericht tut — zu erwähnen, doch nicht für diese zu argumentieren, sondern jeweils mit dem Hinweis der Falschheit anzuführen (a.a.O. 1036 D). — Anders scheint sich Chrysipp allerdings im Disput mit philosophischen Gegnern verhalten zu haben. Hier hat er Thesen verfochten, die denen entgegengesetzt waren, welche er selbst billigte und als wahr erachtete. Dieses Vorgehen wurde ihm verübelt (a.a.O. 1036 B u.ö.).

Nun läßt sich geltend machen, daß Chrysipp in solchen Fällen seinerseits dialektisch argumentierte. Danach wäre er einer These ›P‹ also in der Weise begegnet, daß er für ›Nicht-P‹ plädierte und dabei von Annahmen ausging, welche weithin akzeptiert wurden und in diesem Sinn als akzeptabel gelten konnten (ἔνδοξα). Nur wären dies möglicherweise Annahmen, die er selbst für falsch hielt. Umgekehrt sind Fälle von der Art denkbar, daß Chrysipp eine eigene kontroverse These in der Weise verteidigte, daß er als Voraussetzung einen Gedanken zugrundelegte, den er selbst nicht behaupten mußte, der aber von den

---

[53]Das Bild vom Sich-Wappnen und Sich-Ausrüsten (a.a.O. 1036A) wird an späterer Stelle deutlich: es geht darum, daß der Stoiker nicht in seinem Erfassen (κατάληψις) abgelenkt werde (a.a.O. 1036D). Daß dies alles mit großer Sorgfalt zu geschehe habe, zeigt das Zitat 1036E.

akademischen Antipoden nicht bestritten werden konnte.[54]
Schließlich scheint Chrysipp — womöglich gegen seine eigene
Maxime, daß die Vernunft nicht als Waffe für unangemessene
Zwecke eingesetzt werden dürfe (siehe oben) — auch in solchen
Fällen Für- und Wider-Argumente lanciert zu haben, die ein der-
artiges Verfahren eigentlich nicht gestatteten. So zitiert Plutarch
aus einem Traktat mit dem Titel *Physikalische Thesen*: »Selbst
wenn Leute etwas erkannt haben, wird es möglich sein, eine
Gegenattacke zu führen, indem man auf einen innewohnenden
Angriffspunkt abstellt, und hier, wo sie keinen der beiden
Punkte erfaßt haben, nach beiden Seiten hin zu sprechen«
(a.a.O. 1037 B). Zwar ist der Sinn des Gesagten und zumal der
größere Zusammenhang nicht klar.[55] Falls Chrysipp hier nicht
etwa die Verletzbarkeit der eigenen Studenten vor Augen hat,
die sich von ihrer Erkenntnis leicht abbringen lassen, müßte er
primär an andere dogmatische Philosophen gedacht haben.
Denn die akademischen Skeptiker würden für sich selbst nicht
in Anspruch nehmen, etwas erfaßt zu haben. Doch wie dem
auch sein mag, — Chrysipp braucht hier nicht in einem

---

[54]Dies ist der Fall, wo Chrysipp (bei Philon, *De Aetern. Mundi* 47-51)
zeigt, daß körperliche Verringerung im Gegensatz zu dem, was seine
Kritiker geltend machen, nicht den Verlust der Identität ausmache, sondern
gemäß ihrer eigenen Betrachtung als notwendige Bedingung des Erhaltens
von Identität anzusehen sei. Vgl. die Analyse von *S.V.F.* 2,397 bei D.
Sedley: »The Stoic Criterion of Identitiy«, in: *Phronesis* 27 (1982) S. 255-
275.

[55]Wenn »sie« hier auf 1036 E bezogen wird, so wäre denkbar, daß
Chrysipp an die Hörer in der stoischen Schule denkt (vgl. 1036 A). — Ein
anderes Verständnis des im Griechischen Gesagten bietet die Übersetzung
von K. Hülser: *Die Fragmente zur Dialektik der Stoiker. Neue Sammlung
der Texte mit deutscher Übersetzung und Kommentaren.* Bad Cannstatt
1987, Bd. 1, S. 371: »Es wird möglich sein, daß man selbst dann, wenn
man von etwas eine Erkenntnis hat, für die entgegengesetzten Positionen
argumentiert, indem man die Verteidigung entwickelt, die der Gegenstand
erlaubt, und daß man andererseits dann, wenn man keine Erkenntnis von
einer der Alternativen hat, für jede Seite die in ihr liegenden Möglichkeiten
darlegt.«

Gegensatz zu seiner eigenen Maxime gesehen zu werden. Denn das Für- und Wider- Argumentieren betrifft hier zumindest auf der Basis des oben angezeigten Textverständnisses, einen bestimmten Punkt innerhalb der Argumentation ›P‹, z.B. ›M‹. Falls ›M‹ als problematisch erwiesen werden kann, und ›M‹ und ›Nicht-M‹ also gleichermaßen möglich erscheinen und der Antipode weder ›M‹ noch ›Nicht-M‹ erkannt hat, droht ›P‹ durch ›Nicht-P‹ erschüttert zu werden.

K. Die Reichweite der Skepsis

Angesichts der Heftigkeit der Kontroversen zwischen Stoikern und Akademikern stellt sich die Frage nach Umfang und Intensität der Skepsis. Diese Frage wird in Ciceros Abhandlung nicht formell angesprochen. Der ganze Kontext vermittelt freilich den Eindruck, daß die kritisierten Stoiker die skeptischen Vorstöße als Attacke auf die Möglichkeit des Lebens überhaupt empfanden[56] und daß die Akademiker mit der Behauptung, nichts sei erkennbar (*Lucullus* § 18),[57] ihrerseits — zumindest in den Augen der Stoiker — nicht mehr und nicht weniger als eine universale Wahrheitsskepsis intendierten. Damit hätten sie allerdings auch ihre eigene These eingeschlossen und wären dem Vorwurf der Selbstaufhebung ausgesetzt.

---

[56]Vgl. Diog. Laert, 9,104 im Hinblick auf Vorwürfe an die pyrrhonische Skepsis: »Die Dogmatiker wieder sagen, daß sie [i.e. die Skeptiker] sogar das Leben aufheben, indem sie all das hinauswerfen, worin das Leben besteht.« — Derselbe Vorwurf (i.e. »Aufhebung des Lebens«) wird von epikureischer Seite her gegenüber den nicht-epikureischen Philosophen erhoben (vgl. Plutarch, *Adv. Col.* 1108F, 1113A u.v.ö.). — Generell scheinen Vorwürfe dieser Art, die auch von Cicero erwähnt werden, auf die Behauptung hinauszulaufen, daß bestimmte philosophische Maximen, wie die der Urteilsenthaltung, mit der Anerkennung seiner selbst als lebendes Wesen inkompatibel seien.

[57]Vgl. Sextus Empiricus, *Pyrrh. Hyp.* 1,200.

Doch haben die akademischen Skeptiker kaum eine skeptische Theorie vertreten.

Nun erfährt die Frage nach Umfang und Intensität der akademischen Skepsis eine interessante Komplikation. Denn Augustin versichert, daß Karneades die Erkenntnisskepsis nur auf Punkte bezogen habe, »die die Philosophie angehen und daß er sich um das Übrige nicht kümmere« (*Contra Academicos* 2,11).[58] Eine derartige Distinktion findet sich weder bei Cicero noch in anderen Quellen über die Philosophie der Akademiker; und so bleibt der Sinn dieser Unterscheidung auch klärungsbedürftig. Handelt es sich um eine Unterscheidung von Bereichen oder um eine Unterscheidung von Perspektiven? Im ersten Falle hätten wir es mit einer Trennung von Gegenstandsbereichen zu tun, die ihrerseits unterschiedliche Zugangsweisen erfordern würden; im anderen Falle ginge es um verschiedene Fragen, die nicht *per se* auch verschiedene Gegenstandsbereiche betreffen müßten. Die Hinweise bei Augustin scheinen eher in die erstere Richtung zu weisen. Denn Karneades' Einschränkung des Geltungsanspruches der akademischen Skepsis auf Belange der Philosophie (a.a.O. 3,23) bzw. Belange der Philosophen (a.a.O. 3,22) betrifft hier Gegenständlichkeiten einer bestimmten Art wie z.B. den Kosmos, dem bestimmte Eigenschaften zu- oder abzusprechen seien. Sie betrifft offenbar nicht Sachverhalte solcher Art, wie daß ein Mensch weiß, daß er keine Ameise ist. Mithin betrifft sie Gegenstände einer bestimmten Art, die als philosophische Gegenstände eingebürgert sind und nur innerhalb der Philosophie einen eigentlichen Status als Gegenstand haben.

Hier zeigt sich nun eine gewisse Parallele zu jener Art von Unterscheidung, die zu irgendeinem Zeitpunkt bei den Konkurrenten im Bereich der pyrrhonischen Skepsis Gestalt gewonnen

---

[58]Vgl. 3,22: *dicamus ea nos nescire, quae inter philosophos inquiruntur, cetera ad nos non pertinere*; 3,23: [an Karneades gewandt] *nihil ais in philosophia posse percipi.*

hat. Denn die Pyrrhoneer legten Wert auf die Feststellung, daß sich ihre ἐποχή nur auf die unklaren Sachverhalte beziehe (τὰ ἄδηλα), — Dinge, die in den sogenannten Wissenschaften behandelt würden. So betont Sextus im *Grundriß*, daß der Skeptiker »keinem der verborgenen Dinge zustimmt.« Diese Feststellung (1,13) dient hier als Begründung der Mitteilung: »vielmehr behaupten wir, nicht zu dogmatisieren, in dem Sinne, in dem einige ›Dogma‹ Zustimmung zu irgendeiner der in den Wissenschaften erforschten Sachen nennen« (a.a.O. 1,19); und dabei scheinen die Pyrrhoneer in erster Linie an unsichtbare Gegenstände von der Art der Atome und Poren gedacht zu haben. Von hieraus betrachtet liegt die Überlegung nahe, daß die Pyrrhoneer mit der Trennung von offenbaren Dingen und nicht-offenbaren Dingen bzw. Dingen, die nicht Gegenstand der Wissenschaften sind und solchen die es sind,[59] eine Unterscheidung vor Augen hatten, die wie die des Karneades (laut Augustin) auf einer Unterscheidung von Bereichen basiert.

Doch ist unklar, wo bei den Pyrrhoneern die Grenzlinie wirklich verlief. War hier eine Unterscheidung zwischen Bewußtseinszuständen auf der einen Seite und gegenständlich gerichteten Wahrnehmungen auf der anderen Seite maßgeblich? Wenn die Pyrrhoneer anhand des Beispiels des Honigs geltend machen, daß dieser zwar süß *erscheint*, indes nicht klar sei, ob

---

[59]Vgl. Sextus Empiricus, *Pyrrh. Hyp.* 1,13; *Adv. Math.* 8,316. — Die Unterscheidung selbst wird von Sextus *Pyrrh. Hyp.* 2,97 den dogmatischen Philosophen zugeschrieben, wobei diese, wie auch schon Epikur, Dinge als nichtoffenbar betrachteten, welche erschlossen werden können. — A. Bächli: *Untersuchungen zur pyrrhonischen Skepsis* (siehe oben, Anm. 40), S. 32 weist zurecht darauf hin, daß die pyrrhonischen Skeptiker ihre skeptische Zurückhaltung jedoch keinesfalls auf jene Gegenstände beschränkten, die im Sinne der Dogmatiker von Natur aus nichtoffenbar sind (φύσει ἄδηλα): »Da sämtliche von den Dogmatikern untersuchten Sachverhalte kontrovers und in diesem Sinn nichtoffenbar sind, sieht sich der Skeptiker genötigt, sein Urteil zurückzuhalten.«

er auch süß *ist*,[60] so liegt hier die Überlegung nahe, daß den Pyrrhoneern eine Unterscheidung von Perspektiven bzw. Fragen vor Augen stand; und es wäre die unterschiedliche Art der Fragestellung, die auch unterschiedliche Gegenstände kreiert. Tatsächlich scheint die Annahme einer Unterscheidung von Perspektiven dem Anliegen der pyrrhonischen Skepsis gut Rechnung zu tragen. Denn die Pyrrhoneer lassen sich ja, so auch im Bereich der Ethik, von der Frage leiten, ob die Dinge, die erscheinen, wirklich so *sind*, wie sie *erscheinen*.[61] Aber auch der Position der Akademiker wäre mit der Anerkennung einer Unterscheidung von Perspektiven gedient. Denn die Philosophen befassen sich in ihrer Disziplin keineswegs nur mit Gegenständen, die *per se* außerhalb des Bereiches der normalen Erfahrung angesiedelt sind. Vielmehr ist es die Art der Betrachtung, die das in Zweifel zieht, was in der alltäglichen Erfahrung selbst unproblematisch ist.[62]

---

[60]Vgl. Diog.Laert. 9,104 und Sextus Empiricus, *Pyrrh.Hyp.* 1,20. Der Zusammenhang bei Sextus zeigt, und zwar durch die Verwendung des Ausdrucks »soweit es die Vernunft angeht« (siehe oben, Anm. 38), daß hier eine zweifache Betrachtung von Dingen berücksichtigt wird, die stets da ins Gewicht fällt, wo wir uns auf irgendwelche Gegenstände in der Welt richten. Danach gilt, daß wir in der Innensicht der alltäglichen Erfahrung keine Skrupel haben, die Tatsache, daß uns ein Gegenstand als *F* erscheint, so zu paraphrasieren, daß wir sagen, der in Rede stehende Gegenstand sei *F*. Als Philosophen müssen wir freilich bedenken, daß es eine Sache ist, zu sagen »*X* ist *F*« (nämlich *an sich*, unabhängig von unserer Betrachtung), eine andere, zu sagen »*X* erscheint als *F*« (nämlich *für uns*, d.h. in Beziehung auf ein wahrnehmendes Subjekt).

[61]Diese Unterscheidung spielt bei den Pyrrhoneern eine wichtige Rolle (vgl. A. Bächli: *Untersuchungen zur pyrrhonischen Skepsis* [siehe oben, Anm. 40], S. 52 u.ö.), obschon nicht klar ist, mit welchem Recht sie für die Verwendung dieser Unterscheidung argumentieren könnten. Die Unterscheidung selbst involviert nämlich Voraussetzungen doktrinärer Art: vgl. A. Graeser: »Bemerkungen zum antiken Skeptizismus«, in: *Allgemeine Zeitschrift für Philosophie* 3 (1978) S. 32.

[62]Daß die Akademiker in der Tat so gedacht haben, könnte auch aus dem Zeugnis über Änesidem (bei Photios, *Bibl.* 170a26 ff) hervorgehen. Der

Daß die akademischen Skeptiker mit ihrer These, alles sei unerkennbar, nicht einen speziellen Bereich von Gegenständen vor Augen hatten, sondern Gegenstände überhaupt, sofern diese in das Blickfeld der Philosophie rücken, scheint auch aus der Tatsache hervorzugehen, daß sie die Attacke gegen die Anerkennung der erkenntnishaften Erscheinung als Kriterium unter Hinweis auf die Problematik alltäglicher Gegenstandserfahrung führten. Hier brachten sie die Stoiker in Bedrängnis; und hier ließ sich auch die Kraft philosophischer Kritik besonders wirkungsvoll dartun. Doch beschränkte sich die Kritik der Akademiker nicht auf die Ebene der Gegenstandserfahrung im engeren Sinn, wie auch die stoischen Philosophen ihrerseits die Erkenntnisansprüche nicht auf den Bereich empirischer Gegebenheiten beschränkten. Wenn auch hier generell von Erkenntnis in Begriffen der $\kappa\alpha\tau\acute{\alpha}\lambda\eta\psi\iota\varsigma$ gesprochen wird und davon, daß die Dinge erfaßbar ($\kappa\alpha\tau\alpha\lambda\eta\pi\tau\acute{\alpha}$) bzw. nicht erfaßbar ($\acute{\alpha}\kappa\alpha\tau\acute{\alpha}\lambda\eta\pi\tau\alpha$) seien, stellt sich allerdings die Frage, mit welchem Recht dies geschieht und wie sinnvoll die Verwendung dieser Begriffe dann noch ist. Denn die Stoiker definierten Erkenntnis ja als Zustimmung zu einer erkenntnishaften Erscheinung; und um erkenntnishafte Erscheinungen handelt es sich in den Fällen, wo der Gegenstand selbst, der den Eindruck verursacht, exakt abgebildet wird. Nun läßt sich aber kaum jede Erkenntnis als Eindruck im prägnanten Sinn charakterisieren. Weder wird schlechtweg jede Erkenntnis so produziert, daß ein Gegenstand auf die Seele wirkt; noch werden in allen Fällen überhaupt Gegenstände abgebildet. Insofern scheint die Rede von

Text, der umstritten ist, läßt sich so deuten, daß Änesidem den Akademikern die Position zuschrieb, wonach die Dinge »allgemein« (i.e. im nicht-philosphischen Sinn) erkennbar seien und nur »speziell« (i.e. im philosophischen Sinn) Probleme aufwerfen. — Wenn Änesidem hier einen Akademiker vor Augen hatte, so wahrscheinlich am ehesten Philon. Dieser gestand ja zu, daß die Dinge hinsichtlich ihrer Natur erkennbar seien, unerkennbar seien sie nur hinsichtlich des stoischen Kriteriums (siehe oben, Anm. 38).

Erkenntnis als Erfassung hier problematisch. Vielleicht haben die Stoiker das Wort hier nur noch in sehr lockerer Analogie zum »Handvergleich« Zenons (vgl. *Lucullus* § 145) verwendet. Vielleicht sahen sie aber auch in dieser Verwendung kein besonderes Problem. Denn sie konnten argumentieren — und die Epikureer haben dies im Prinzip ähnlich getan —, daß höherstufige Erkenntnis auf der Grundlage von Gegenstandserkenntnis erwachse und auf diese zurückgeführt werden könne. In diesem Sinne konnten sie sagen, daß eine beliebige Erkenntnis dann als Fall echter κατάληψις gerechtfertigt werden könne, wenn sie ihrerseits auf Erkenntnisse reduzierbar sei, welche durch entsprechende erkenntnishafte Erscheinungen verbürgt werden. Dies würde im Übrigen auch erklären, weshalb die akademischen Kritiker soviel Energie in die Destruktion der erkenntnishaften Erscheinung investierten.

L. Zur Nachwirkung der ›Akademischen Abhandlungen‹

Als Cicero seine *Akademischen Abhandlungen* publizierte, war die Kontroverse zwischen den akademischen Skeptikern und den Stoikern längst abgeflacht. Spekulative Tendenzen befanden sich auf dem Vormarsch; und weder die akademische noch die pyrrhonische Skepsis haben den Gang der weiteren Philosophie sichtbar beeinflußt.[63] Insbesondere läßt sich kaum sagen, daß Ciceros Publikation erst des *Lucullus* und dann der *Academica posteriora* irgendein Echo fand.[64] Doch spielt das Denken der

---

[63]Das heißt freilich nicht, daß die skeptischen Argumentationen einfach vergessen wurden oder keine Rolle mehr spielten. Selbst spekulative Denker wie Plotin setzten sich mit der Skepsis auseinander: siehe R.T. Wallis: »Scepticism and Neoplatonism«, in: *Aufstieg und Niedergang der römischen Welt. Teil II: Principat*, Bd. 36.2: *Philosophie*, hrsg. v. W. Haase, Berlin u. New York 1987, S. 911-954.

[64]Siehe Ch. Schmitt: *Cicero Scepticus. A Study of the Influence of the Academica in the Renaissance*, Den Haag 1972, S. 23.

sog. Neueren Akadmie bei Laktanz eine gewisse Rolle.[65] Nur sieht Laktanz diese Art von Denken in erster Linie als wirkungsvolle Waffe gegen die Philosophie und deren Wahrheitsansprüche. Allenfalls als Vorbereitung auf den übernatürlichen Offenbarungsakt transzendenter Wahrheit hat die Skepsis eine wichtige Funktion.[66] Doch eignet der Philosophie selbst kein Wissen (*scientia*); und wenn das so ist, ist die Philosophie insgesamt ausgelöscht (*extincta*).[67] Anders nehmen sich die Dinge bei Augustin aus. Erstens sah Augustin, zumindest zu jener Zeit, da er den Dialog *Contra Academicos* verfaßte, noch keine prinzipielle Trennungslinie zwischen Philosophie und christlichem Glauben;[68] und zweitens porträtiert er das Denken der skeptischen Akademie als lebendige Option. Dies mag wesentlich mit der autobiographischen Situation Augustins zusammenhängen, für den die Skepsis ein Durchgangsstadium darstellte. Doch ist fraglich, in welchem Maße Augustin die ursprüngliche philosophische Konstellation noch versteht.[69] So hält er Zenons Definition selbst für wahr; und er bietet Beispiele, die den Bedingungen genügen sollen, welche das zenonische Kriterium nennt. Eines davon betrifft Gewißheiten von der Art »Ich weiß, daß ich eine Weißempfindung habe« (3,26); ein anderes betrifft Disjunktionen von der Art ›P oder Nicht-P‹ (3,23). Nur haben Wahrheiten dieser Art bei der Kontroverse

---

[65]Siehe Ch. Schmitt: *Cicero Scepticus* (siehe oben, Anm. 64), S. 27.

[66]Dieser Punkt wurde vor allem von Philon von Alexandrien betont (*De Fuga* §§ 126-140). Siehe Antonie Wlosok: *Laktanz und die philosophische Gnosis. Untersuchungen zur Geschichte und Terminologie der gnostischen Erlösungsvorstellung*, Heidelberg 1960 (= *Abh. Ak.d.Wiss.*, Philos.-hist. Kl. 2), S. 94.

[67]*Divinae Institutiones* 3,6,20 u.v.ö.

[68]Vgl. E. König: *Augustinus Philosophus. Christlicher Glaube und philosophisches Denken in den Frühschriften Augustins*, München 1970.

[69]Siehe A. Graeser: »Augustin: Gegen die Akademiker«, in: Ders.: *Interpretationen. Hauptwerke der antiken Philosophie*, Stuttgart 1992, Kpt. XII.

zwischen den Akademikern und den Stoikern keine Rolle gespielt. Dies hat auch seinen guten Grund. Denn im einen Fall haben wir es mit Gewißheiten zu tun, die an subjektive Zustände gebunden sind und nicht als Urteile über das Sein der Gegenstände in der Welt gelten können.[70] Im anderen Fall geht es um Wahrheiten, die nichts mit der Welt zu tun haben. In keinem dieser Fälle handelt es sich um Erkenntnisse, die gemäß einer erkenntnishaften Erscheinung bestehen und als Abbildung außenweltlicher Gegebenheiten betrachtet werden können. — Augustins Rezeption der akademischen Skepsis steht bereits im Horizont neuzeitlicher philosophischer Interessen. Immerhin hat Augustins Behandlung der akademischen Skepsis im Mittelalter auch das Interesse an Ciceros Darstellung wachgehalten; und bis zur Wiederentdeckung der Darstellung der pyrrhonischen Skepsis aus der Feder des Sextus Empiricus[71] blieben Ciceros Abhandlungen die eigentliche Quelle skeptischer Tradition.

M. Entstehungsgeschichte und Erhaltungszustand

Es ist hier nicht der Ort, die verwickelte — überdies noch immer nicht in allen Punkten restlos aufgehellte — Entstehungsgeschichte der *Academici libri* in ihrer ganzen Breite erneut aufzurollen. Immerhin, die großen Umrisse sind klar;[72] und werden

---

[70]Mit dem Hinweis, daß wir uns hier nicht irren können, *weil* es sich um subjektive Zustände handelt, betritt Augustin philosophisches Neuland: vgl. M.F. Burnyeat: »Idealism and Greek Philosophy. What Descartes saw and Berkeley missed«, in: *The Philosophical Review* 91 (1982) S. 26.

[71]Neben Ch. Schmitt: *Cicero Scepticus* (siehe oben, Anm. 64) siehe vor allem R.H. Popkin: *The History of Scepticism from Erasmus to Spinoza*, Berkeley u. Los Angeles 1979 (1. Aufl. 1968).

[72]Die Zeugnisse finden sich bequem zusammengestellt in: *M. Tulli Ciceronis Paradoxa Stoicorum, Academicorum reliquiae cum Lucullo, Timaeus, De natura deorum, De divinatione, De fato*, ed. O. Plasberg, fasc. 1, Leipzig 1908, S. 28ff.; ferner in der Praefatio zur ›editio minor‹: *M.*

Lucullus in der richtigen Perspektive lesen will, d.h. mit dem Bewußtsein, daß es sich um einen vom Verfasser nicht eigentlich autorisierten Text handelt, muß zumindest einige wesentliche Fakten in Betracht ziehen.[73]

Cicero hat sich sein Leben lang mit Fragen der Philosophie befaßt,[74] sei es lesend, sei es in der unmittelbaren Auseinandersetzung mit zeitgenössischen Vertretern der verschiedenen Schulen (so gewährte er dem Stoiker Diodotos während Jahren — bis zu dessen Tod 59 v. Chr. — Gastrecht in seinem Haus [*Lucullus* § 115]). Tatsächlich bedeutete Philosophie für ihn stets mehr als nur gerade die Kenntnis einiger handlicher Lehrmeinungen, und allein vor dem Hintergrund einer umfassenden Vertrautheit mit der Materie wird denn auch die Geschwindigkeit verständlich, mit welcher der vielgeforderte Politiker und Prozeßredner seine ehrgeizigen schriftstellerischen Pläne in die Tat umzusetzen vermochte. Diese gingen dahin, den Römern die Grundprobleme der griechischen Philosophie nahezubringen, d.h. mit Umsicht und eingängig die Positionen herauszuarbeiten, die von den einzelnen Richtungen und Schulen in der jahrhundertealten Diskussion je eingenommen worden waren. Indes sollte die Lektüre seiner Werke nicht nur Belehrung gewähren, sondern auch literarischen Genuß: zweifelsfrei stand für den Redner Cicero, der nie ein origineller Denker sein wollte, von Anfang an fest, daß der Erfolg seines Unternehmens sich letztlich auf der formal-stilistischen Ebene entscheiden

Tullius Cicero, Academicorum reliquiae cum Lucullo, rec. O. Plasberg, Stuttgart 1980 (= Nachdruck der 1. Aufl. Leipzig 1922) S. IIIff.; vgl. ferner J. S. Reid: *M. Tulli Ciceronis Academica*, Hildesheim / Zürich / New York 1984 (1. Auflage London 1885), S. 28ff. und R. Philippson: Art. »M. Tullius Cicero«, in: *RE* 7A (1939) Sp. 1128ff.

[73]Zu Ciceros Leben vgl. M. Fuhrmann: *Cicero und die römische Republik. Eine Biographie*, 3. Aufl. Zürich / München 1990.

[74]Dazu ist noch immer lesenswert (zumal aufgrund der in souveränem Überblick gebotenen Belege) H. Fuchs: »Ciceros Hingabe an die Philosophie«, in: *Museum Helveticum* 16 (1959) S. 1-28.

werde. Denn in der Tat hatte seit der ›klassischen‹ Zeit (Platon, Aristoteles, Theophrast) kaum mehr ein griechischer Philosoph über die Kraft der Darstellung verfügt, die ihm selbst zu Gebote stand — von den Lateinern ganz zu schweigen.[75]

Nachdem Cicero ein erstes Mal um die Mitte der fünfziger Jahre, fast noch beiläufig, als philosophischer Schriftsteller hervorgetreten war (mit dem Dialog *De re publica*; überdies, in seiner Optik, mit *De oratore*, ebenfalls einem Dialog), faßte er in einer zweiten Phase nun wirklich ein systematisches Unternehmen ins Auge. Den äußeren Anstoß dazu boten ihm, freilich ungewollt, die politischen Umstände. Caesar hatte im Bürgerkrieg (seit 49 v.Chr.) seinen Gegenspieler Pompeius — der als Verteidiger der herkömmlichen Senatspolitik angetreten war — besiegt (bei Pharsalos in Thessalien, Sommer 48) und in mehreren Feldzügen auch dessen Anhänger überwunden. Spätestens seit der Schlacht bei Munda (Spanien, März 45) herrschte er unangefochten als Diktator mit fast absoluter Gewalt. Für einen Politiker wie Cicero, der an die Möglichkeit geglaubt hatte, die alte Republik aus ihrer Agonie herauszuführen und in erneuerter Form am Leben zu erhalten, gab es zunächst kaum mehr etwas zu tun. Anderseits entsprach es nicht seiner Art, im Müßiggang einfach dem Elend zu verfallen. Vielmehr stellte sich der einstmals so bewunderte (und auch nicht uneitle) ›Vater des Vaterlands‹ eine neue und, wie er glaubte, gewissermaßen auch ›politisch‹ sinnvolle Aufgabe (so jedenfalls stilisiert er, wo er sich dazu äußert, seine Absichten

---

[75]Eigenen Kriterien unterliegt natürlich die Beurteilung des Lehrgedichtes des Lukrez; Cicero hat sich dazu in einem vielumstrittenen Satz geäußert *Ad Quint. fr.* 2,10 (9),3. Dazu, in ausführlicher Begründung einer Konjektur, G. Jachmann: »Lucrez im Urteil des Cicero«, in: *Athenaeum* N.S. 45 (1967) S. 89-118, jetzt in: *Ausgewählte Schriften*, Beitr. z. Klass. Phil. 128, Königstein / Ts. 1981, S. 152-181. Gegen jede Veränderung des Textes wendet sich — zu Recht — D. R. Shackleton Bailey: *Cicero: Epistulae ad Quintum fratrem et M. Brutum*, Cambridge 1980, S.190f.

zuhanden der Leser). Wenn er schon nicht unmittelbar auf den äußeren Gang der Ereignisse Einfluß nehmen konnte, wollte er der *res publica* zumindest mit denjenigen Mitteln dienen, die ihm noch freistanden, und seine Mitbürger in einem Bereich fördern, wo sie offenkundig an einem Defizit litten und er selbst sich als ›Fachmann‹ verstehen durfte: Rom sollte ein philosophisches Schrifttum erhalten, das über den intellektuellen und moralischen ›Nutzen‹ hinaus auch seiner Größe und Würde angemessen war.

Dank Ciceros ausgedehnter Korrespondenz — zumal mit seinem intimen Freund und Vertrauten Atticus — wissen wir zuweilen fast Tag für Tag über sein Befinden und die Dinge Bescheid, die ihn beschäftigten. Das Frühjahr 45, als Caesar sich eben in Spanien seiner letzten Gegner entledigte, sah ihn zu allem staatlichen Elend hin auch bezüglich seiner privaten und persönlichen Verhältnisse in einem Zustand schwerer Erschütterung: Wahrscheinlich im Verlauf des Jahres 46 hatte er sich, nach über dreißigjähriger Ehe, von seiner Gattin Terentia getrennt; kurz danach kam es zur Scheidung seiner geliebten Tochter Tullia von ihrem Gatten Dolabella — und dann das Schlimmste: im Februar 45 starb Tullia an der Geburt eines Sohnes. Auf seinen Landgütern (bei Astura, Tusculum und Arpinum) suchte er einige Zeit nach dem Begräbnis Linderung und Vergessen in fast hektischer literarischer Betätigung.

Als erstes entstand eine eigentliche *Consolatio* (›Trostschrift‹); das (heute verlorene) Werk variiert die lange Tradition seiner Gattung insofern, als in ihm der Autor nicht andern gut zuspricht, sondern sich selbst Trost spendet. Fast gleichzeitig scheint Cicero mit den Vorarbeiten begonnen zu haben, die schließlich zu den *Academici libri* führten. Wenn freilich nicht alles trügt, wurde zunächst der später so wirkungsmächtige und — unverständlicherweise — nach Augustins Zeit trotzdem verlorene *Hortensius* vollendet, ein ›Lob der und Aufruf zur Philosophie‹ (*protrepticus*) in Dialogform. Genauere chronologische

Angaben fehlen zwar, doch ist seine Existenz im *Lucullus*
offenkundig bereits vorausgesetzt (§§ 6 und 61). Und die nahe
Zusammengehörigkeit des *Hortensius* auf der einen, des
ebenfalls verlorenen *Catulus* und des — wohl mehr zufällig —
erhaltenen *Lucullus* auf der andern Seite wird auch dadurch
nahegelegt, daß Cicero in den drei Dialogen dasselbe ›Personal‹
in vergleichbaren Umständen agieren läßt (Catulus, Hortensius,
Lucullus und sich selbst). Das heißt: der *protrepticus* (*Hortensius*) und die erste Fassung der *Academici libri* (*Catulus* und
Lucullus) bilden gemeinsam fast so etwas wie eine Trilogie. Das
leuchtet insofern auch ohne weiteres ein, als die allgemeine Er-
munterung, sich den Forderungen der Philosophie zu stellen,
durchaus sinnvoll in eine grundsätzliche Erörterung der
Möglichkeit (philosophischer) Erkenntnis münden mochte. In
der Folge indes gingen die Wege auseinander; denn der *Hortensius* konnte anscheinend so bestehen bleiben, wie er war,
während Cicero zur Einsicht gelangte, daß die *Academici libri*
einer tiefgreifenden Umarbeitung bedurften.

Diese Notwendigkeit ergab sich aus der Tatsache — die
schlechterdings nicht zu bestreiten war —, daß den drei römischen Rednern und Politikern, mit denen zusammen Cicero die
beiden Gespräche in der literarischen Fiktion geführt haben will,
die notwendigen (philosophischen) Voraussetzungen einfach
nicht angedichtet werden konnten. Zwar durften sie — gemessen an den allgemeinen Verhältnissen — keineswegs als ›ungebildet‹ gelten; doch hätte ihnen wohl niemand ernstlich die
Fähigkeit oder gar die Erfahrung zugetraut, sich ausgerechnet an
einer Diskussion über die diffizilen Fragen der Erkenntnislehre
zu beteiligen. In einem ersten Anlauf freilich versuchte Cicero
das ursprüngliche Konzept zu retten, indem er die beiden Dialoge mit ›neuen Einleitungen‹ versah (*Ad Att.* 13,32,3 *nova
prohoemia*), welche die philosophische Kompetenz der Titelhelden (Catulus und Lucullus) unterstreichen und also deren Wahl
als Sprecher rechtfertigen sollten: die Einleitung des *Lucullus*,

die wir heute lesen (zumindest die §§ 1-4), dürfte mit diesem überarbeiteten Vorspann identisch sein.

Etwa Mitte Mai 45 scheinen der *Catulus* und der *Lucullus* fertig vorgelegen zu haben; gegen Ende des gleichen Monats bereits erhielten sie ihre ›neuen Einleitungen‹. Doch damit war Cicero immer noch nicht zufrieden. Offenkundig ließen sich die drei *nobiles* als ›Sprachrohre‹ für Karneades (Catulus) und Antiochos (Lucullus und, eher in einer Nebenrolle, Hortensius) nicht halten. Anderseits machte Atticus angelegentlich darauf aufmerksam, daß Varro dringend die Widmung eines Werkes erhoffe und erwarte, so wie der bedeutende Gelehrte seinerseits seit langem in Aussicht gestellt hatte, er werde Cicero etwas ›Großes und Gewichtiges‹ dedizieren (*Ad Att.* 13,12,3). Zunächst einmal freilich schrieb Cicero die *Academici libri* eilends in der Weise um, daß er Cato und Brutus als Sprecher einführte und — höchst wahrscheinlich — seiner eigenen Person beigesellte (*Ad Att.* 13,16; es fehlt eine Angabe über die genaue Rollenverteilung): dieser Runde konnte zumindest niemand die erforderlichen Fähigkeiten zu einer Erörterung eher ›esoterischer‹ Probleme absprechen. Trotzdem waren letzte Zweifel anscheinend nicht ausgeräumt; vielmehr machte sich Cicero unverzüglich (in der gleichen zweiten Junihälfte) daran, endlich die Fassung herzustellen, die nach seinem erklärten Willen in die Öffentlichkeit hinausgehen und bestehen bleiben sollte: Aus den anfänglich zwei Büchern (*Catulus* und *Lucullus*) wurden deren vier; die Rollen des Lucullus und des Hortensius fielen in der einen Person Varros zusammen (diesem war ohnehin, wie man wußte, eine gewisse Affinität zu Antiochos' Lehre eigen), während Cicero seinerseits natürlich weiterhin den Akademiker ›skeptischer‹ Observanz darstellte, infolge des Wegfalls des ›reinen Karneadeers‹ Catulus jetzt aber ebenfalls allein stand (*Ad Fam.* 9,8 sagt er, er selbst habe ›die Rolle Philons‹ übernommen: er spielt sie bereits in der ersten Fassung). Am Ende wurde, wie auch in andern Dialogen, noch Freund Atticus

eingeführt und als dritter Teilnehmer am Gespräch mit einigen
— vermutlich bescheidenen, die Szenerie betreffenden —
Beiträgen ausgezeichnet. Gesamthaft betrachtet scheint Cicero
sich nicht völlig auf die Auswechslung des ›Personals‹ beschränkt, sondern in der Tat eine maßvolle Umarbeitung vorgenommen zu haben. Diese betraf zwar schwerlich den philosophischen Gehalt; doch konnte er im Rückblick immerhin sagen,
daß das Werk ›umfangreicher‹ (*grandiores*) geworden sei, obwohl er ›vieles weggelassen‹ habe (*Ad Att.* 13,13,1; vgl.
13,14,2; 13,16). Vielleicht darf man vermuten, daß infolge der
personellen Reduzierung eine gewisse Zuspitzung auf die
Kontroverse zwischen Antiochos und Philon, repräsentiert
durch Varro und Cicero, stattgefunden hat (*Ad Fam.* 9,8).

Auch nach Vollendung der neuen vier *Academici libri* und
nach der Herstellung einer fehlerfreien Reinschrift befielen
Cicero immer wieder ungute Gefühle, wenn ihm Varro als
Adressat in den Sinn kam. Endlich jedoch, in der ersten Juli-
hälfte, raffte er sich auf und verfaßte eine sorgfältig abgezirkelte
Widmungsepistel (*Ad Fam.* 9,8). Atticus war es dann, der dem
langen Zögern ein Ende bereitete und das Werk tatsächlich
Varro auch zugehen ließ (*Ad Att.* 13,35,2; 13,44,2). Einmal
›veröffentlicht‹ indes, galt nur noch diese letzte Fassung: wann
immer Cicero in der Folge die *Academici libri* erwähnt, spricht
er von den ›vier Büchern‹ (*Tusc. Disp.* 2,4; *De Nat. Deor.*
1,11; *De Div.* 2,1). Gegen Ende des 1. Jh.n.Chr. wußte der
Redelehrer Quintilian zumindest noch davon, daß Cicero mehr
als einmal ›Bücher, die bereits herausgegeben waren, mit anderen, später geschriebenen, außer Kraft gesetzt habe‹ (*Inst. Or.*
3,6,64); ob er allerdings den *Catulus* und den *Lucullus*, die er
ausdrücklich als Beispiele dafür nennt, auch selbst noch gelesen
hat, läßt sich seinen Worten nicht entnehmen. Was anderseits
Augustin anbelangt, dessen Frühdialog *Contra Academicos*
durch Ciceros *Academici libri* angeregt und explizit als Antwort
auf sie gedacht ist, so besteht eine gewisse Wahrscheinlichkeit,

daß ihm nur noch die ›varronische‹ Fassung zur Verfügung gestanden hat.[76]

Und dann sorgte die Ungunst (oder die Gunst?) der Überlieferung dafür, daß alles ganz anders herauskam als geplant. Von den autorisierten vier Büchern letzter Hand blieb nur gerade etwa die Hälfte des *ersten* Buches erhalten (*Ac. Post.*), während die erste Ausgabe in zwei Büchern — der eigentlich kein Weiterleben zugedacht war — zumindest in der Form eines vollständigen Buches, des *zweiten*, die Jahrhunderte überdauert hat (*Ac. Prior. = Lucullus*). Angesichts dieses Befunds wird ein Interpret folgendes in Betracht ziehen müssen: 1. Die kläglichen Überreste der letzten Fassung enthalten kostbare Informationen, die unbedingt zu berücksichtigen sind (besonders aufschlußreich ist Varros Darstellung [§§ 19-42] der akademischen ›Urlehre‹ bezüglich Ethik, Physik und Dialektik und ihrer ›Anpassung‹ durch den stoischen Schulgründer Zenon — aus der Sicht des Antiochos [§ 35 *sicut solebat Antiochus*][77]). 2. Einen adäquaten Eindruck davon, wie Cicero die verschiedenen Standpunkte und Betrachtungsweisen miteinander konfrontiert hat, vermittelt jedoch allein der vollständig gerettete *Lucullus* — dies um so mehr, als in ihm die Diskussion, die angeblich am Vortag stattgefunden hatte (im *Catulus*), vertieft und zu einem vorläufigen Ende geführt wird. 3. Die Anstöße, die Cicero zu seinen Umarbeitungen bewogen haben, sind für den modernen, und zumal für den philosophisch interessierten, Leser insofern weniger gravierend, als er in der Regel nur über sehr vage Vorstellungen von den philosophischen Fähigkeiten oder

[76]Vgl. Reid, a.a.O. S. 168; H. Hagendahl: *Augustine and the Latin Classics*, Göteborg 1967, S. 498. Der Umstand, daß trotzdem Anklänge an den *Lucullus* vernehmbar sind, würde sich so erklären, daß die betreffenden Passagen irgendwie auch in die zweite Fassung eingegangen wären. Mit einer Benutzung auch des *Lucullus* rechnet freilich M. Testard: *Saint Augustin et Cicéron*, Paris 1958, S. 209f.

[77]Dazu vgl. W. Görler: »Antiochos über die ›Alten‹ und über die Stoa« (siehe oben, Anm. 13), ferner oben, Anm. 36.

Unzulänglichlichkeiten römischer *nobiles*, wie Catulus oder
Lucullus, verfügen dürfte. Darum wird ihn die einigermaßen
unwahrscheinliche Rollenverteilung, die der Autor seinen Zeitgenossen glaubte ersparen zu müssen, nicht von der Sache
ablenken; und er kann sich, zumindest in ›literarischer‹ Hinsicht, ohne weiteres mit der ›Urfassung‹ zufrieden geben. 4.
Anderseits hat Cicero in so fliegender Eile an der Herstellung
der verschiedenen Fassungen gearbeitet, daß wesentliche Eingriffe — von Fall zu Fall — in die philosophische Substanz im
Grunde undenkbar sind. Auch hinsichtlich der verwendeten
›Vorlagen‹ dürfte sich während des betreffenden Monats kaum
etwas geändert haben. — Am Ende hängt also wohl wenig davon ab, aus welcher Fassung die erhaltenen Teile der *Academici
libri* stammen — wenn es denn zu einer Verstümmelung überhaupt kommen mußte. Ja, den Umständen entsprechend sind
wir vielleicht mit dem intakten *Lucullus* sogar besonders gut
bedient: von ihm jedenfalls hat die Diskussion auszugehen.

N. Szenerie und Anlage von ›Catulus‹ und ›Lucullus‹

Als ›dramatisches Datum‹ der beiden Dialoge haben wir uns
wohl zwei aufeinanderfolgende Sommertage der Jahre 62 oder
61 v.Chr. vorzustellen. Dies ergibt sich daraus, daß einerseits
Ciceros Konsulat (63 v.Chr.) bereits zurückliegt (*Lucullus* §
62) und anderseits Catulus, der älteste Gesprächsteilnehmer,
Ende 61 oder zu Beginn des Jahres 60 v.Chr. gestorben ist.
Den äußeren Rahmen bildet der Golf von Neapel, wo viele der
römischen Herren ihre Landgüter besaßen. Am ersten Tag war
die Gesellschaft in einer der Villen des Catulus zusammengekommen (ihm gehörten eine bei Cumae und eine bei Pompeji,
vgl. *Lucullus* § 80): dort fand eben das Gespräch statt, das der
Catulus wiedergibt. Den folgenden Tag verbrachte man in der

Villa des Hortensius bei Bauli und führte die Unterhaltung, die den *Lucullus* ausmacht (*Lucullus* § 9).

Cicero verlegt die Gespräche also in die Zeit zurück, da er sich — kurz nach dem Konsulat, nach der Niederschlagung der revolutionären Umtriebe Catilinas — auf dem Höhepunkt seiner ungewöhnlichen Laufbahn fühlen durfte und in der Tat auch weithin als ›Retter des Vaterlandes‹ gepriesen wurde. Es herrscht eine gelöste Atmosphäre, die nichts von den Bedrängnissen spüren läßt, unter denen er während der Abfassung der Dialoge so sehr litt. Dazu trägt auch bei, daß er sich mit einem Kreis wirklich Gleichgesinnter umgibt: mit *nobiles*, die ihm seinerzeit aufgrund völliger Übereinstimmung in den politischen Vorstellungen und Zielen verbunden gewesen waren — mit Männern überdies, die damals unbestritten als die ›Häupter‹ (*principes*) des Senats zu gelten hatten (auf einem andern Blatt steht, daß die wahren Machtverhältnisse gerade eben einen dramatischen Umbruch durchliefen: das Jahr 60 sollte den Triumvirat zwischen Pompeius, Crassus und Caesar bringen). Von den vier Unterrednern ist Cicero selbst mit seinen etwa 45 Jahren der jüngste. Altersmäßig am nächsten steht ihm Q. Hortensius Hortalus (Konsul 69 v.Chr.), den er vor etwa einem Jahrzehnt als ›König des Forums‹ abgelöst hatte. Besteht wirklich ein Zusammenhang zwischen den *Academici Priores* und dem *Hortensius*, so wäre der große Redner (zumindest in der Fiktion) erst vor kurzem zur Philosophie ›bekehrt‹ worden.[78] Am andern Ende der Skala befindet sich Hortensius' Schwager Q. Lutatius Catulus (Konsul 78 v.Chr.), ein Mann von Verdiensten, auf den seine Zeitgenossen als »Muster eines guten und klugen Bürgers, als einen redlichen Hüter der Freiheit und Ordnung« blickten und von dem Cicero immer nur mit der allergrößten

---

[78]Vgl. Chr. Schäublin: »Konversionen in antiken Dialogen?«, in: *Catalepton*. FS für B. Wyss, Basel 1985, S. 117-131.

Hochachtung spricht.[79] Gleichsam seine philosophische ›Legitimation‹ empfängt Catulus durch seinen gleichnamigen Vater (Konsul 102 v.Chr.): dieser genoß über seinen Tod hinaus den Ruf einer weit überdurchschnittlichen Bildung und soll insbesondere ein hervorragender Kenner griechischer Literatur und Philosophie gewesen sein.[80] Cicero hatte ihm im Dialog *De oratore*, der im Jahre 91 v.Chr. spielt, ein Denkmal gesetzt, indem er ihm die Rolle des »Alterspräsidenten« (Münzer) für den zweiten Tag übertrug, und auf ihn beruft sich denn auch der Sohn für seine genaue Kenntnis dessen, was Karneades ›wirklich‹ gemeint habe und inwiefern Philons Sicht der Dinge irrig sei (*Lucullus* §§ 12.18.148).

In der Mitte steht L. Licinius Lucullus (geboren um 117 v.Chr.); über ihn muß deswegen etwas weiter ausgeholt werden, weil Cicero in der Einleitung des nach ihm benannten Dialogs einige Hinweise zu seiner Person und zu seinem Leben gibt, offenbar in der Absicht, ihn als Sprecher zu ›rechtfertigen‹ (s.o.).[81] Etwa 101 v.Chr. war sein Vater (Prätor 104 v.Chr.) in einen Unterschlagungsprozeß verwickelt worden; zusammen mit seinem jüngeren Bruder nahm Lucullus Rache am Ankläger, einem Servilius *augur*, indem er ihn wegen Verletzung der Amtspflicht vor Gericht zog und seine Verurteilung durchsetzte. Als Quästor ging er im Jahre 87 nach Griechenland, um unter Sulla am Krieg gegen Mithridates teilzunehmen. In diese Phase seines Lebens (86) fällt die Expedition nach Ägypten — er sollte als Proquästor für den bedrängten Sulla eine Flotte beschaffen —, auf die er Antiochos mitnahm und in deren Verlauf

---

[79]Über ihn vgl. F. Münzer: Art. »Lutatius« (8), in: *RE* 13,2 (1927) Sp. 2082-2094, das Zitat Sp. 2085 unten.

[80]Über ihn vgl. F. Münzer: Art. »Lutatius« (7), in: *RE* 13,2 (1927) Sp. 2072-2082.

[81]Einen bei aller Knappheit vollständigen Überblick vermittelt M. Gelzer: Art. »Licinius (Lucullus)« (104), in: *RE* 13,1 (1926) Sp. 376-414; ausführlich jetzt A. Keaveney: *Lucullus: a life*, London / New York 1992.

angeblich, in Alexandria, das berühmte Gespräch über Philons ›Römische Abhandlungen‹ stattfand. Auch nach Sullas Rückkehr (84) blieb Lucullus im Osten, ohne sich freilich kriegerisch sonderlich hervorzutun (*Lucullus* § 2 *in Asiae pace*). Zum Ädil für 79 wurde er noch vor seiner Rückkehr (80) gewählt, und in der Folge durfte er, dank eines Sondergesetzes, bereits im Jahre 78 die Prätur antreten. Nachdem er die nächsten Jahre (vermutlich bis 75) als Proprätor in Afrika verbracht hatte, gelangte er 74 v.Chr. zum Konsulat. In dessen Verlauf bedurfte es einiger Schachzüge, bis ihm Cilicia als Provinz und damit der Oberbefehl im erneut ausgebrochenen Krieg gegen Mithridates zufielen. Wenn Cicero freilich feststellt (*Lucullus* § 2), er sei dazu ohne militärische Erfahrung von Rom aufgebrochen und habe sich die nötigen Kenntnisse erst auf der Reise angeeignet, so erweist sich diese Behauptung, blickt man auf Lucullus' vorangegangenes Leben zurück, als rühmende Untertreibung. In der Tat aber führte er seine Feldzüge gegen Mithridates und dessen Schwiegersohn Tigranes, den König von Armenien, mit Umsicht und nicht ohne Erfolg. Zu seiner Geleitschaft gehörte übrigens erneut Antiochos (*Lucullus* § 61); dieser sprach mit besonderer Anerkennung vom Sieg über Tigranes bei Tigranocerta im Jahre 69 (Plutarch, *Luc.* 28,8). Überdies gelang es Lucullus, die zerrütteten finanziellen Verhältnisse der Provinz Asia zu stabilisieren und dauerhaft neu zu ordnen (*Lucullus* § 3). Die dazu erforderlichen Maßnahmen jedoch verschafften ihm in Rom nicht nur Freunde, und am Ende wurde er denn auch um die Früchte seiner Anstrengungen gebracht: man enthob ihn nach acht Jahren des Kommandos, den Krieg sollte Pompeius beenden. Ja, einmal heimgekehrt (66) mußte er volle drei Jahre auf die Gewährung eines Triumphes warten, bis ins Konsulat seines politischen Freundes Cicero. Seinerseits stand er dem Konsul anläßlich der catilinarischen Wirren treu zur Seite (*Lucullus* §§ 3.62). Danach freilich zeigte er sich, bis zu seinem Tod (etwa 57 v.Chr.), kaum mehr in der Öffentlichkeit. — In mancher Hinsicht verkörperte der im Grunde wohl rechtschaffene Lucullus die römische Nobilität mit allen ihren Stärken und Schwächen; im Andenken der Nachwelt lebt er weiter als unendlich reicher, vielleicht als gebildeter und kunstsinniger — auf jeden Fall aber als fast schon sprichwörtlich genußfähiger Mann.

Über den Ablauf des erhaltenen *Lucullus* braucht hier nicht eigens gehandelt zu werden.[82] Was anderseits den verlorenen *Catulus* anbelangt, so enthält der *Lucullus* immerhin einige aufschlußreiche Rückverweisungen:[83] So steht Catulus zu Beginn des zweiten Dialogs unter dem Eindruck, daß die fragliche Materie am Vortag im wesentlichen erschöpft worden sei (die Hauptpunkte müssen also bereits zur Sprache gekommen sein); er erwartet nur noch die Einlösung eines Versprechens, das von Lucullus, vermutlich in einer kürzeren Stellungnahme, geäußert worden ist: den genauen Bericht des Ohrenzeugen über das, was Antiochos selbst vor Jahren — in Alexandria — gegen die berüchtigten ›Römischen Abhandlungen‹ Philons vorgebracht habe. Mit seiner spontan zustimmenden Reaktion auf diesen Wunsch des Catulus gibt zunächst einmal Hortensius zu erkennen, daß er es gewesen ist, der im *Catulus* für Antiochos gesprochen hat, freilich erst tastend und einigermaßen oberflächlich (*Lucullus* § 10). In der Tat muß Lucullus dann (im *Lucullus*) fast die ganze Grundlagenarbeit noch verrichten und z.B. die meisten Begriffe neu einführen (a.a.O. §§ 17f.). Konkret scheint Hortensius behauptet zu haben, zumindest der Satz *nihil posse percipi* sei ein *perceptum* (a.a.O § 28). Nun hat der philosophisch unerfahrene Redner seinen bescheidenen Beitrag schwerlich in einem langen Vortrag geleistet; und anderseits fiel die ›Titelrolle‹ am Ende Catulus zu. Daraus wird man schließen dürfen, daß eben Catulus und Cicero selbst die Hauptsprecher

[82]Dazu vgl. die »Analyse des Aufbaus«.

[83]Reid (siehe oben, Anm. 72) S. 39-46 verwertet sie zu einer detaillierten Rekonstruktion.

des ersten Tages gewesen sind (von einer eigentlichen Rede des Lucullus hören wir nichts — abgesehen davon, daß sie angesichts der von ihm am zweiten Tag gehaltenen völlig unwahrscheinlich wäre). Trifft dies aber zu, so zeichnet sich zumindest die Gesamtausrichtung des *Catulus* einigermaßen ab.

Anders als im *Lucullus*, wo Ciceros Aufgabe darin besteht, Philons ›skeptische‹ Position gegen die ›dogmatische‹ des Antiochos (vertreten durch Lucullus) zu rechtfertigen, muß er sich im *Catulus* vornehmlich gegen Angriffe gewehrt haben, die vom ›Titelhelden‹ — unter Berufung auf den Vater — im Namen des älteren ›Skeptikers‹ Karneades vorgetragen worden sind. Es wären also, was für einen ciceronischen Dialog doch ungewöhnlich ist, zwei ›Skeptiker‹ gegeneinander angetreten und hätten darüber diskutiert, wie die ›Geschichte‹ der Akademie zu beurteilen und wie die skeptische Urteilsenthaltung richtig zu verstehen sei. Denn die Vorwürfe des Catulus dürften beide Thesen Philons betroffen haben: sowohl diejenige bezüglich der Existenz nur einer Akademie als auch diejenige bezüglich des nicht-dogmatischen Charakters des Satzes ›Nichts ist erkennbar‹.[84] Jedenfalls kann Lucullus sagen, daß Catulus am Vortag ›über die zwei Bücher Philons‹ gesprochen (a.a.O. § 11), ferner daß Antiochos in seiner Abrechnung mit den ›Römischen Abhandlungen‹ gewissermaßen die Äußerungen des älteren Catulus wiederholt (a.a.O. § 12) und daß dieser, immer den Worten des Sohnes zufolge, Philon sogar der Lüge bezichtigt habe (a.a.O. § 18). Und anerkennend hat Catulus anscheinend, nach einer ›karneadeischen‹ Unterteilung der Sinneswahrnehmungen (a.a.O. § 42), als eigene und wesentliche Auffassung des Karneades entwickelt, daß es ein *probabile*, ein *veri simile* gebe, dessen der Weise sich in seiner Lebensführung wie in seinen philosophischen Erörterungen bedienen könne (a.a.O. § 32).[85]

---

[84]Siehe oben, Abschnitt B.
[85]Siehe oben, Abschnitt E.

Dieses ›Plausible‹ verdiene sogar eine gewisse Form der
›Zustimmung‹, solange er, der Weise, sich nur bewußt bleibe,
daß es ihm nicht zu einem wirklichen ›Erfassen‹, sondern
bestenfalls zu einem ›Meinen‹ (*opinari*) verhelfe (a.a.O. §
59.148). Leider ist es nicht möglich, aufgrund der wenigen
Hinweise, die der *Lucullus* bietet, Ciceros Antwort auch nur an-
nähernd zu rekonstruieren. Aus den Vorwürfen, die Lucullus
am Anfang seiner Rede erhebt, geht gerade noch hervor, daß
Cicero mit der angeblich überwiegend ›skeptischen‹ Tradition
der älteren griechischen Philosophie argumentiert haben muß
(a.a.O. §§ 13-15). Ferner hat er wohl irgendwo die Verwendung des lateinischen Begriffs *notitia* für griechisch ἔννοια em-
pfohlen (a.a.O. § 22) und überdies ausführlich, wenn auch
scheints ohne zwingenden Anlaß, die Vertrauenswürdigkeit der
Sinneswahrnehmungen bestritten (a.a.O. § 79). — Weitergehende Vermutungen über den *Catulus* sind zweifellos möglich,
doch gelangen sie kaum über den Bereich der Spekulation hinaus.

O. Quellen des ›Lucullus‹ und Ciceros eigener Beitrag

Selbstverständlich war Cicero mit den Problemen, die er in den
Academici libri aufrollt, seit langem vertraut. Anderseits bedurfte er — auch darüber herrscht wohl Einigkeit — für die Abfassung des Werks gewisser schriftlicher Vorlagen und Hilfsmittel.
Diese im einzelnen heute namhaft zu machen, bereitet allerdings
erhebliche Schwierigkeiten, und zwar aus mehreren Gründen.
Zum einen ist Cicero selbst sehr zurückhaltend in der Nennung
der von ihm gelesenen und verwerteten Bücher; und im Gedanken an die antike Praxis des Zitierens stellt sich überdies nicht
selten der Verdacht ein, daß die von ihm genannten Bücher mit
den tatsächlich gelesenen und verwerteten nicht identisch seien.
Zum andern sollte man sich Ciceros Arbeitsweise auch nicht

allzu unselbständig und mechanisch vorstellen. Ganz gewiß ist er nicht so verfahren, daß er jeweils für die Entwicklung z.B. eines epikureischen Gedankengangs einfach eine epikureische Vorlage, für die stoische und die peripatetische Antwort einen passenden stoischen und einen peripatetischen Traktat zur Hand genommen und aus dem Griechischen übersetzt — und daß er die resultierenden lateinischen Textstücke dann mehr oder weniger äußerlich miteinander verbunden hätte. Seine Dialoge weisen eine Gliederung und einen eigenen Zug auf, die sich nicht erklären ließen, wenn ihm nicht mehr eingefallen wäre, als kurzerhand verschiedenartige und erst noch schlecht korrespondierende ›Flicken‹ zusammenzunähen. Kein Wunder also, daß die modernen Versuche der ›Analyse‹ selten zu Ergebnissen gelangt sind, die auf die Dauer zu überzeugen vermochten. Insgesamt ist denn auch wenig von der Zuversicht und der Hingabe übriggeblieben, womit das 19. Jahrhundert ›Quellenforschung‹ betrieben hat.

Was nun den *Lucullus* betrifft,[86] so liegt auf der Hand, daß der Vortrag des ›Titelhelden‹ letztlich auf Äußerungen des Antiochos zurückgehen muß. Und ausdrücklich wird in der Tat der *Sosos* erwähnt, mit dem Antiochos auf Philons ›Römische Abhandlungen‹ geantwortet habe (*Lucullus* § 12).[87] Ob deswegen freilich gefolgert werden darf, Lucullus ›rekapituliere‹ durchweg oder zumindest in der ersten Hälfte seiner Rede (§§ 13-39) den *Sosos*, steht keineswegs fest — vielmehr: gegen diese Annahme erheben sich sogar stärkste Zweifel.[88] Denkbar wäre jedenfalls auch die Benutzung ganz anderer Werke des Antiochos — abgesehen davon, daß Cicero mit dessen

---

[86]Die letzte umfassende Quellenbehandlung stammt von Glucker, a.a.O. (siehe oben, Anm. 3) S. 391ff. Sie leidet daran, daß Glucker fast noch etwas mit Vorstellungen des 19. Jahrhunderts zu Werke gegangen ist; vgl. Chr. Schäublin: *Museum Helveticum* 49 (1992) S. 42, bes. Anm. 2 und 3.

[87]Siehe oben, Abschnitt B.

[88]Vgl. Barnes: »Antiochus of Ascalon« (siehe oben, Anm. 10) S. 66f.

Auffassungen ohnehin seit Jahren völlig vertraut war. Und nicht
weniger verwickelt sind die Verhältnisse im Falle von Ciceros
eigenen Ausführungen. Natürlich geben sie die ›skeptische‹
Sicht der Dinge wieder, und da Cicero sich sein Leben lang als
Schüler Philons verstanden hat, dürfte er diesem auch im wesentlichen gefolgt sein. Allerdings verweist er — mit der einen
Ausnahme der verlorenen ›Römischen Abhandlungen‹ (a.a.O. §
11) — nirgends auf ein bestimmtes Buch des Lehrers; und zumindest beachtenswert ist, daß er bezüglich dessen, was Karneades ›wirklich‹ gemeint habe, dazu neigt, eher dem Bericht
des Kleitomachos als den Deutungen Philons oder Metrodors
Glauben zu schenken (a.a.O. § 78). Ja, Kleitomachos (und
nicht Philon) ist es am Ende, über den wir die genauesten
Angaben erhalten. So soll die karneadeische Einteilung der *visa*
(a.a.O. § 99) aus der Schrift Περὶ ἐποχῆς (*De sustinendis
adsensionibus*) eben des Kleitomachos stammen, und zwar aus
dem ersten der insgesamt vier Bücher (a.a.O. § 98). Und
demselben Kleitomachos werden anscheinend auch die wichtigen Bemerkungen über das karneadeische ›Plausible‹ und über
die zwei Formen der ›Urteilsenthaltung‹[89] verdankt (a.a.O. §§
103f.): sie seien einem Buch entnommen, das der Philosoph
dem römischen Dichter Lucilius gewidmet habe (a.a.O. § 102;
übrigens ist hier, gewissermaßen um der bibliographischen
Vollständigkeit willen, beiläufig erwähnt, daß vor Lucilius
schon ein L. Censorinus mit einer solchen ›Einführungsschrift‹
bedacht worden sei). Schließlich will Cicero sogar über die berühmte Philosophengesandtschaft des Jahres 155 v.Chr. bei
Kleitomachos gelesen haben (a.a.O. § 137).[90] Das alles wirkt
zunächst sehr solide, sehr sorgfältig zubereitet und ohne
weiteres glaubhaft. Trotzdem ist, wie in ähnlich gelagerten

---

[89]Siehe oben, Abschnitt E.
[90]Dabei hatte er diesbezüglich erst kürzlich gewisse Einzelheiten bei
Atticus erfragen müssen: *Ad Att.* 12,23,2. Hat der Freund wohl in seiner
Antwort das Buch des Kleitomachos erwähnt?

Fällen, nicht auszuschließen, daß Cicero lediglich Informationen aus zweiter Hand weitergibt.[91] Und man muß darum zumindest in Betracht ziehen, daß tatsächlich Philon, dessen eigene Bücher gleichsam unterschlagen werden, allein als Vermittler ›skeptischer‹ *placita* gedient hat. Ein solches Vorgehen würde durchaus antiker Praxis entsprechen — und wenn irgendwo, so war Cicero von Jugend auf in Philons Werk und Denken heimisch, auch aufgrund mündlicher Unterrichtung.

Wie dem auch sei: der *Lucullus* erweckt kaum je den Eindruck, als seien in ihm einfach griechische ›Quellen‹ — in lateinischer Übersetzung — aneinandergereiht worden.[92] Dagegen spricht insbesondere der Umstand, daß die beiden Reden — diejenige des Lucullus und Ciceros eigene — sehr bedacht, fast schon Punkt für Punkt, aufeinander abgestimmt sind.[93] Ciceros ausgeprägter Gestaltungswille äußert sich ferner etwa in der Art und Weise, wie er die Umgebung in die Argumentation miteinbezieht. So veranschaulicht er in seinem Vortrag die Schwäche und die Unzuverlässigkeit des menschlichen Sehvermögens, indem er die Mitunterredner dazu auffordert, über den Golf von Neapel hinweg nach fernen Villen auszuspähen, die Fische im Wasser zu betrachten oder sich bewußt zu machen, daß das Schiff, das sie gerade vor Augen haben, nicht stillsteht, sondern tatsächlich in Fahrt ist (*Lucullus* §§ 80f.; vgl. auch § 125). Auf Ciceros Konto gehen überdies natürlich alle Verweise auf ›Römisches‹: wenn er sich von Lucullus dafür tadeln läßt, daß er (im *Catulus*) mit der angeblichen ›Skepsis‹ der älteren

---

[91]So bleibt z.B. durchaus ungewiß, ob Cicero das in *De divinatione* mehrfach erwähnte ›Traumbuch‹ Chrysipps tatsächlich selbst eingesehen hat; wie steht es anderseits mit Poseidonios, den er mehr nur beiläufig erwähnt?

[92]Etwas seltsam klingt vielleicht der Anfang von § 30: *sequitur disputatio copiosa* ... Unwillkürlich fragt man sich, ob ›Lucullus‹ gewissermaßen einen Hinweis auf die Disposition der Vorlage gibt, mit der Cicero gerade arbeitet.

[93]Dies zu zeigen, ist von Fall zu Fall Aufgabe der Anmerkungen.

griechischen Philosophen argumentiert habe, und dem Gegner
den Vergleich mit aufrührerischen, ›popularen‹ Volkstribunen in
den Mund legt (a.a.O. § 13; Ciceros direkte Antwort darauf §
72); oder wenn er seinerseits am Ende Lucullus mit einem aufrührerischen Volkstribunen vergleicht, einem Gracchus oder
einem Clodius (Schließung der Verkaufsbuden), und ihm ausmalt, wie eine ›Volksversammlung‹ aller *artifices* dann doch
gegen ihn, den vermeintlichen ›Volksfreund‹, aufstehen müßte
(a.a.O. § 144). In diesen Zusammenhang gehört auch die
abschließende Berufung auf die Weisheit der römischen Ahnen,
die in ihren Gerichtsverfahren im Grunde schon immer ›skeptische Urteilsenthaltung‹ praktiziert hätten (a.a.O. § 146). Und
ganz ›ciceronisch‹ mutet schließlich an, wie Lucullus und er
selbst ihre Auffassungen mit Belegen aus der älteren lateinischen Dichtung (Ennius, Pacuvius) zu stützen versuchen
(a.a.O. §§ 51f. 88-90).

Indes, Ciceros ›Eigenstes‹ liegt hier, im *Lucullus*, wie auch
sonst vermutlich in der überlegten, eingängigen Darbietung
eines schwierigen Gegenstands, in dessen sprachlicher Meiste-
rung und im eleganten ›rhetorischen‹ Duktus, der das Werk von
Anfang bis Ende durchzieht. Denn weder Lucullus noch gar er
selbst bieten trockene ›Lehrvorträge‹; vielmehr halten sie
wirkliche ›Reden‹, mit allem, was dazugehört — und dazu
gehören durchaus auch gewisse Weisen der Argumentation
(z.B. daß man auf die Person des Gegners zielt: a.a.O. §§ 69-
71). Nicht von ungefähr kommt denn auch Ciceros Bekenntnis,
er sei vor seiner ›Rede‹ mindestens so aufgeregt gewesen wie
jeweils in einem größeren Prozeß (a.a.O. § 64). Und bezeich-
nenderweise sehnt er sich geradezu danach, die ›technische‹
Erörterung der Erkenntnismöglichkeit im engeren Sinne endlich
hinter sich zu wissen und auf ein freies Feld zu gelangen, wo er
seiner Redegewalt keine Zügel mehr anzulegen braucht (a.a.O.

§§ 98.112).[94] Vom philosophischen Standpunkt aus betrachtet mögen solche Wünsche verwerflich sein; zum Vergnügen des Lesers trägt ihre Erfüllung auf jeden Fall bei.

P. Überlieferung des ›Lucullus‹

Der *Lucullus* gehört zum sogenannten ›Leidener Corpus‹;[95] diese Teilsammlung von Philosophica Ciceros umfaßt acht Schriften und verdankt ihren Namen dem Umstand, daß zwei der karolingischen Handschriften, die sie überliefern, sich in der ›Bibliotheek der Rijksuniversiteit‹ zu Leiden befinden. Es zeichnen sich zwei Familien ab, die auf einen gemeinsamen Archetypus zurückgehen. Auf der einen Seite steht, als bester Codex überhaupt, der Vossianus Latinus F. 86 (B) aus dem 9. Jahrhundert (in Leiden). Der andere Zweig wird — für den *Lucullus* — vertreten durch den Vossianus Latinus F. 84 (A), ebenfalls aus dem 9. Jahrhundert (und ebenfalls in Leiden), ferner durch den Vindobonensis 189 (V), ebenfalls aus dem 9. Jahrhundert (in Wien). Freilich bricht in V der Text des *Lucullus* im § 104 ab (mit den Worten *aut etiam aut non*); für den Rest des Werks pflegt man zur Kontrolle den Parisinus Latinus 17812 (N) aus dem 12. Jahrhundert (in Paris) heranzuziehen, da er eine große Nähe zu V aufweist und als dessen Nachkomme zu gelten hat. In seltenen Fällen ist schließlich der einflußreiche Laurentianus 257 (F) aus dem 9. Jahrhundert (in Florenz) zu berücksichtigen, obwohl er — im Falle des *Lucullus* — eine Abschrift des erhaltenen A darstellt.

Für die vorliegende Ausgabe wurden keine eigenen Kollationen durchgeführt; vielmehr sind die im Kritischen Apparat

---

[94]Dazu vgl. Chr. Schäublin, *Museum Helveticum* 50 (1993) S. 162 Anm. 14.

[95]Vgl. R. H. Rouse, in: *Texts and Transmission. A Survey of the Latin Classics*, ed. by L. D. Reynolds, Oxford 1983, S. 124-128.

enthaltenen Informationen den einschlägigen Editionen entnommen (insbesondere Plasbergs ›editio maior‹). Ziel des Apparats ist es, dem Leser deutlich zu machen, auf welcher Grundlage der gedruckte Text beruht, und insbesondere zu zeigen, wo von der gesamten handschriftlichen Überlieferung abgewichen werden muß (und zumeist seit Jahrhunderten abgewichen worden ist).

ANALYSE DES AUFBAUS

I. Prolog (§§ 1-9)

Mit dieser Schrift soll Lucullus, der einige Zeit mit dem Akademiker Antiochos von Askalon verbracht und dessen Auffassungen im Gedächtnis bewahrt hat, auch für seine von der Öffentlichkeit bisher nicht wahrgenommenen philosophischen Qualitäten geehrt werden (§§ 1-6). Cicero rechtfertigt seinen eigenen akademischen Standpunkt mit dem Hinweis auf die Schwierigkeiten, die sowohl die Dinge selbst, als auch die Schwäche der menschlichen Erkenntnis dem Erkennen in den Weg stellen. Seine Untersuchungen haben den Zweck, etwas herauszufinden, was der Wahrheit möglichst nahe kommt. Der Vorteil seiner Position ist, daß er als Akademiker keinem doktrinären Zwang unterworfen ist (§§ 7-9).

I. Ciceros Einleitung zur Rede des Lucullus (§ 10)

Anknüpfung an die Unterredung des Vortages (den verlorenen Dialog *Catulus*), die durch Lucullus' Darstellung der Auffassungen des Antiochos noch vertieft werden soll.

II. Rede des Lucullus (§§ 10-62)

. *Prolog (§ 10)*
Obwohl die von Lucullus vertretene Position in der Unterredung des Vortages ins Wanken gebracht worden sei, scheint sie

ihm doch völlig richtig zu sein; er hält sich in seiner Darstellung
an die Behandlung der Sache durch Antiochos.

2.   *Einleitung: Historischer Hintergrund (§§ 11-17)*
A)   Dramatischer Hintergrund (§ 12)
      Heraklit von Tyros, Schüler des Kleitomachos und des
Philon, argumentiert gegen Antiochos, Antiochos gegen die
Akademiker. Anlaß: Antiochos' »Sosos«, eine Streitschrift ge-
gen Philons »Römische Bücher«, in denen Philon über die
Lehre der Akademie die Unwahrheit gesagt habe. Lucullus will
Antiochos' Argumentation gegen Philon übergehen und sich auf
die Widerlegung des Arkesilaos und des Karneades beschrän-
ken.
B)   Angebliche Vorläufer der Skepsis (§§ 13-15)
      Zu Unrecht berufen sich die Akademiker auf große
Vorläufer; der Skeptizismus der vorplatonischen Philosophen ist
ein isoliertes Phänomen; Sokrates und Platon waren keine
Skeptiker. Die Lehren der bedeutenden Philosophenschulen
(Akademie, Peripatos, Stoa) bilden eine Einheit.
C)   Zur Geschichte der akademischen Skepsis (§§ 16-17)
      Nach Arkesilaos, der mit seiner Polemik gegen Zenon die
Klarheit der Dinge verdunkeln wollte, wurden die alten Lehren
weiterentwickelt. Arkesilaos' Denkweise wurde erst von Kar-
neades und dessen Schüler zum Abschluß gebracht.

3.   *Argumentation gegen die Akademiker (§§ 17-60)*
A)   Antiochos und Philon: Die Widerlegung der Skepsis (§§ 17-18)
a)   Verschiedene Positionen gegen die Akademiker:
      Manche halten es für unangebracht, gegen die Akademiker
zu argumentieren, da sich evidente Sachverhalte wie das ›Erfassen‹ nicht argumentativ aufzeigen lassen und daher nicht
definiert werden müssen. Einige meinen, die Argumente der
Akademiker gegen die Evidenz müßten widerlegt werden (§

17). Die meisten halten Definitionen evidenter Dinge für einen geeigneten Untersuchungsgegenstand (§ 18).

b) Widerlegung Philons

Antiochos hat Philon widerlegt, der behauptet hatte, nichts könne erfaßt werden, wenn als erfaßbar Erscheinungen gelten sollen, wie sie Zenon definiert hatte. Entgegen der Absicht von Philons Kritik werde dadurch das Kriterium der Wahrheit aufgehoben. Die Definition Zenons muß also gegen die Akademiker verteidigt werden (§ 18).

B) Widerlegung der These »Nichts kann erfaßt werden« (§§ 19-36)

a) Konsequenzen der These für Wahrnehmen, Denken und Handeln (§§ 19-36)

1. Zuverlässigkeit der Sinne: normale und gesunde Sinne sind zuverlässig. Durch Kunst und Übung werden sie geschärft. Die Kyrenaiker haben den ›inneren Sinn‹ als Kriterium der Wahrheit bezeichnet (§§ 19-21).

2. Begriffliches Denken wäre nicht möglich, wenn die Begriffe entweder falsch wären oder von solchen Erscheinungen stammten, die nicht von falschen unterschieden werden könnten (§§ 21-22).

3. Erinnerung, auf der Philosophie, Lebensführung und die Künste beruhen, wäre undenkbar (§ 22).

4. Kunst gibt es nicht ohne Erfassen; andernfalls ließe sich der Laie nicht vom Fachmann unterscheiden (§ 22).

5. Ethische Konsequenzen (§§ 23-25): Tugend ist Wissen, d.h. festes und unveränderbares Begreifen; die Festigkeit der tugendhaften Haltung zeigt also, daß vieles erfaßt werden kann (§ 23). Weisheit im Sinne der Lebenskunst läßt keinen Zweifel zu hinsichtlich des höchsten Gutes, auf das alle Handlungen bezogen sind. Weisheit hat als Prinzip des Strebens die Übereinstimmung mit der Natur; das mit der Natur Übereinstimmende muß als solches erscheinen und erfaßt werden (§§ 24-25).

6. Argumente, die sich auf die Fundierung des Philosophierens beziehen (§§ 26-29): Die Philosophie der Akademiker

läuft philosophischer Vernunft zuwider, denn erstens kann die Unbestimmtheit der Dinge nur Ausgangspunkt, nicht Resultat philosophischer Forschung sein und zweitens wird sie nicht wissenschaftlich bewiesen, da die Erscheinungen, auf die die Prämissen eines entsprechenden Argumentes Bezug nehmen, nicht als wahr gelten (§§ 26-27). — Weisheit kann nur beanspruchen, wer auch die Unverrückbarkeit ihrer Lehrsätze gelten läßt. Für die Akademiker jedoch ist kein Lehrsatz unumstößlich oder als wahr einsehbar (§ 27). — Der akademische Lehrsatz »Nichts kann erfaßt werden« ist als Fundament eines philosophischen Systems ungeeignet. Antiochos kritisiert Karneades, weil dessen Lehre der Akzeptabilität der Erscheinungen die Erfaßbarkeit dieses Lehrsatzes bedingte, was einen Widerspruch darstellte. Lehrsätze sowohl bezüglich des Wahrheitskriteriums wie bezüglich des höchsten Gutes müssen unumstößlich sein, das heißt aber: erfaßt (§§ 28-29).

b) Teleologische Begründung der Argumentation in §§ 19-29 (§§ 30-31)

1. Die Funktionen der Sinne und des Geistes sind Teil des natürlichen Planes. Die Sinne des Menschen sind auf das Erfassen der Dinge hin angelegt, und der Geist, die Quelle der Sinne, hat eine natürliche Kraft, die er auf dasjenige richtet, wodurch er in Bewegung gesetzt wird, das er erfaßt mittels Bildung von Begriffen und mit Hilfe des Gedächtnisses (§ 30).

2. Da der Geist des Menschen im höchsten Maß zur Kenntnis der Dinge und für die Beständigkeit des Lebens geeignet ist, muß er die Dinge auch erfassen können. Er bedient sich der Sinne als Werkzeuge; die Ausbildung der Künste und der Philosophie selbst dient letztlich der Tugend, nach der sich das ganze Leben richtet. Die These der Akademiker zerstört das, was das Leben ausmacht (§ 31).

c) Kritik der Plausibilitäts-Lehre (§§ 32-36)

1. Lucullus unterscheidet zwischen denjenigen, die alles für ungewiß erklären und denjenigen, die zwischen dem Nicht-Er-

faßbaren und dem Ungewissen unterscheiden. Die Kritik bezieht sich auf letztere, die Plausibles gelten lassen und sich dessen in Lebensführung und Forschung als Regel bedienen (§ 32).

2. Die Anwendbarkeit einer solchen Regel setzt die Unterscheidbarkeit von Wahrem und Falschem voraus, was die Akademiker bestreiten. Man kann jedoch nicht einerseits behaupten, man könne sich auf die Sinne verlassen, und andererseits den Erscheinungen das eigentümliche Merkmal des Wahren absprechen. Wenn es plausible Erscheinungen geben soll, kann ihnen nicht jegliches Merkmal abgehen, mittels dessen man zwischen wahr und falsch unterscheiden könnte (§§ 33-34).

3. Die Unterscheidung gewisser Akademiker zwischen evidenten bzw. wahren und erfaßbaren Erscheinungen wird zurückgewiesen: Man kann nicht an der Evidenz der Eindrücke festhalten und zugleich behaupten, die Beschaffenheit des Verursachenden oder die Art der Verursachung sei ungewiß. Begriffe wie Farbe, Körper, Argument, Sinn, Evidenz könnten nicht mehr angewendet werden (§ 34). Außerdem hätte die Unterscheidung zur Folge, daß sich Behauptungen ohne Rücksicht auf das Bestehen oder Nicht-Bestehen der behaupteten Sachverhalte rechtfertigen ließen (§ 35).

4. Unhaltbarkeit der Theorie des *probabile*: α) Denjenigen Erscheinungen, zwischen denen kein Unterschied besteht, wird allen gleichermaßen Glaubhaftigkeit abgesprochen, sodaß auch deren »genaue Prüfung« nichts hilft. β) Wer sich auf die Erscheinungen verläßt, muß das Zeichen des Wahren kennen; denn man kann nicht einer Erscheinung trauen und es gleichzeitig für möglich halten, daß sie falsch ist (§§ 35-36).

C) Widerlegung der These »Keiner Sache ist zuzustimmen«
    (§§ 37-60)

a) Position des Antiochos (§§ 37-39)
        1. Erfassen impliziert Zustimmung (§ 37).

2. Handeln, und damit Zustimmung, gehört zum Begriff des Lebewesens; Zustimmung ist in unserer Gewalt (§ 37).

3. Zustimmung zu einer evidenten Sache ist irresistibel: das Lebewesen kann nicht anders als das erstreben, was sich ihm als naturgemäß zeigt (§ 38).

4. Ohne Zustimmung wären weder Gedächtnis, noch Begriffe, noch Künste möglich (§ 38).

5. Das Element der Freiwilligkeit geht demjenigen ab, der zu nichts seine Zustimmung gibt; denn Tugend setzt Zustimmung ebenso voraus wie Laster, und weder Tugend noch Laster ist in der Gewalt dessen, der keiner Sache zustimmt. Ganz allgemein kann er nicht handeln, denn Handeln setzt Zustimmung voraus (§§ 38-39).

b)   Methodische Voraussetzungen der Akademiker (§§ 40-42)

1. Die ›Kunst‹ der Akademiker bezüglich der Erscheinungen ist auf zwei Grundsätze zurückführbar: α) Was so erscheint, daß auch anderes auf dieselbe Weise erscheinen kann, ohne daß zwischen beidem ein Unterschied ist, von dem kann nicht das eine erfaßt werden, das andere nicht. β) Zwischen Erscheinungen besteht sowohl dann kein Unterschied, wenn sie in allen ihren Teilen gleichartig sind, als auch dann, wenn sie nicht auseinandergehalten werden können (§ 40).

2. Beweis der These »Nichts kann erfaßt werden« (§§ 40-42): a) Von den Erscheinungen sind die einen wahr, die anderen falsch; b) Was falsch ist, kann nicht erfaßt werden; c) Was als wahr erscheint, ist alles so beschaffen, daß es in derselben Weise auch als falsch erscheinen kann; d) Sind Erscheinungen von solcher Art, daß zwischen ihnen kein Unterschied ist, dann kann nicht die eine der beiden erfaßt werden, die andere nicht. Konklusion: Es gibt keine Erscheinung, die erfaßt werden kann (§ 40).

3. b) und d) halten die Akademiker für nicht kontrovers, a) und c) werden verteidigt (§ 41). Ihre Behauptung, daß nichts erfaßt werden könne, bezieht sich α) auf das, was direkt durch

die Sinne erfaßt wird; β) auf das, was mittelbar aufgrund von Sinneswahrnehmung und der Erfahrung erfaßt wird; γ) auf das, was aufgrund von Vernunft und Vermutung erfaßt wird. Da alle Erscheinungen so beschaffen sind, daß in ihnen Wahres und Falsches ununterscheidbar verbunden sind, können sie nicht erfaßt werden (§ 42).

c) Kritik der Voraussetzungen (§§ 43-44)

1. Die Argumentation der Akademiker enthält einen Widerspruch: Wenn die Bestimmungen nicht eher wahr als falsch sein sollen, kann auch nicht sinnvoll von »Bestimmungen« gesprochen werden. Entweder ist eine Bestimmung wahr von (gattungsmäßig) verschiedenen Dingen — was nicht möglich ist —, oder dasjenige, wovon eine Bestimmung wahr ist, kann erfaßt werden (§ 43).

2. Der Beweis der akademischen These ist widersprüchlich: Die Folgerung kann nur als wahr eingesehen werden, wenn die Wahrheit der Prämissen akzeptiert ist; das hieße aber zugeben, daß der Eindruck ihrer Falschheit nicht von derselben Art sein könne wie der Eindruck ihrer Wahrheit (§ 44).

3. Die Thesen »Einige Erscheinungen sind falsch« und »Zwischen falschen und wahren Erscheinungen besteht kein Unterschied« sind unvereinbar (§ 44).

d) ›Scheinargumente‹ der Akademiker und ihre Kritik (§§ 45-60).

Grundsatz der Kritik: Gegenüber den Akademikern muß an den evidenten Erkenntnissen festgehalten werden (§ 45). Dazu muß man in der Lage sein, erstens für die Evidenz zu argumentieren, und zweitens die Gegenargumente zu entkräften (§ 46).

1. ›Sorites‹-Argumente (§§ 47-48).

α) Vieles kann erscheinen, was nicht existiert, wobei der Geist auf dieselbe Weise bewegt wird, wie wenn der Gegenstand existiert. Nun gehen nach den Stoikern gewisse Erscheinungen von Gott aus (Träume, Orakel, etc.); diese Erscheinungen sind falsch; warum macht Gott solche Erscheinungen zu plausiblen, nicht aber solche, die der Wahrheit nahekommen? Kann er dies aber, warum dann nicht auch solche, die nur schwer unterscheidbar sind? Wenn aber solche, warum dann nicht auch solche, zwischen denen überhaupt kein Unterschied besteht? (§ 47)

β) Der Geist bewegt sich von sich aus, wenn man sich z.B. Dinge einbildet; daher ist es wahrscheinlich, daß der Geist so bewegt wird, daß er nicht nur nicht unterscheiden kann, ob die Erscheinungen wahr oder falsch sind, sondern daß überhaupt kein Unterschied zwischen ihnen besteht (§ 48).

γ) Es gibt Erscheinungen, die falsch, aber plausibel sind: warum dann nicht auch solche, die nicht leicht unterscheidbar sind, warum nicht solche, zwischen denen keinerlei Unterschied besteht? (§ 48)

2. Kritik (§§ 49-51)

α) Beim Sorites kommt es darauf an, ob die einzelnen Schritte der Argumentation zugestanden werden oder nicht; nicht zugestanden wird, daß Gott alles kann, oder es täte, wenn er es könnte (§§ 49-50).

β) Ähnliches ist nicht unbedingt auch schwer unterscheidbar, geschweige denn nicht unterscheidbar bzw. dasselbe. Ähnlichkeit verschiedenartiger Erscheinungen hebt den Artunterschied nicht auf (§ 50).

γ) Grundlosen Erscheinungen mangelt die Evidenz (§ 51).

3. Die Akademiker behaupten, insofern die Dinge erschienen, sähen sie im Schlaf gleich aus wie im wachen Zustand. Kritik: Wesen und Integrität von Geist und Sinnen sind bei Schlafenden und Wachenden, etc. verschieden (§ 52).

4. Die Akademiker können sich nicht darauf berufen daß der Weise sich im Wahn zurückhalte; denn wenn zwischen den Erscheinungen kein Unterschied bestünde, würde sich der Weise entweder stets oder dann niemals zurückhalten (§ 53).

5. Die akademische Argumentation führt zu einer Konfusion der Dinge und stürzte, falls unwidersprochen, die Gegner selbst in Konfusion (§ 53).

6. Wenn es zwischen Erscheinungen Wahnsinniger und Gesunder keinen Unterschied gäbe, würde — gegen den Willen der Akademiker — alles zu Ungewissem, da niemand seinen Sinnen trauen könnte (§ 54).

7. Die Akademiker stehen im Widerspruch zur Natur der Dinge: es gibt zwischen den Dingen keine Gleichheit ohne Unterschied in irgendeiner Hinsicht (§ 54).

8. Akademisches Argument für die Gleichheit der Dinge: wenn es — nach Demokrit — unzählige Welten gibt, die sich völlig gleichen, dann gibt es auch in dieser Welt Dinge, die sich völlig gleichen (§ 55). Dieses Argument verstößt gegen das Prinzip, daß individuelle Dinge individuelle Eigenschaften haben. Durch Gewöhnung können ähnliche Dinge unterschieden werden; Ähnlichkeit ist nicht Gleichheit (§ 56).

9. Der Weise verfügt über eine Kunst, Wahres von Falschem zu unterscheiden; wo ihm dies nicht möglich ist, enthält er sich des Urteils (§ 57). Es gibt eine Regel, womit man solche Erscheinungen als wahr beurteilen kann, die nicht falsch sein können; daran muß man sich halten, um nicht die Unterscheidung von wahr und falsch aufzugeben (§ 58).

10. Die Behauptung der Akademiker, nicht zwischen den Erscheinungen selbst bestehe ein Unterschied, sondern zwischen ihrem Aussehen, ist absurd, werden doch die Erscheinungen aufgrund ihres Aussehens beurteilt (§ 58).

11. Absurd ist die Aussage der Akademiker, sie folgten dem *probabile*, »wenn keine Hinderungsgründe vorliegen«. Hinderungsgründe wären α), wenn das Wahre sich nicht vom Falschen unterscheidet und β), wenn es kein Merkmal des Wahren gibt. Daraus ergibt sich die Zurückhaltung der Zustimmung, worin Arkesilaos konsequenter war als Karneades, denn man kann nicht akzeptieren, was nicht erkannt ist. Während Karneades zugibt, daß der Weise gelegentlich Meinungen hat, ist Antiochos überzeugt, daß der Weise keine bloßen Meinungen habe (§ 59).

12. Schließlich behaupten die Akademiker, daß sie um der
Wahrheit willen *pro* und *contra* alles reden, damit man sich der
Vernunft bediene und nicht bloß der Autorität folge. Doch die
Annahme der These »Nichts kann erfaßt werden« könnte nur
aufgrund von Autorität erfolgen (§ 60).

4. *Schlußwort des Lucullus (§§ 61-62)*
Lucullus zeigt sich erstaunt, daß Cicero sich für die Annahme
der akademischen Philosophie entschieden hat, habe er doch die
Philosophie Hortensius gegenüber hochgelobt und selbst als
Redner verborgene Dinge ans Licht gebracht.

IV. Überleitung Ciceros (§§ 62-63)

Catulus nimmt die Bemerkung des Lucullus auf, der ein Miß-
verhältnis zwischen Ciceros akademischer Skepsis und den si-
cheren Erkenntnissen, zu denen er als Redner glaubte gelangt zu
sein, angedeutet hatte (§ 63).

V. Rede Ciceros (§§ 64-146)

1. *Prolog (§ 64)*

2. *Verteidigung der akademischen Position (§§ 65-146)*
A) Die akademische These »Nichts kann erfaßt werden« (§§ 65-98)
a) Der Weise und der Skeptiker (§§ 65-71)
    1. Selbstcharakterisierung Ciceros: Cicero hält sich nicht aus
Rechthaberei an die Neue Akademie, er ist der Wahrheitssuche
verpflichtet. Die Philosophie der Alten ist seinem Naturell näher
als die der Stoiker. Er ist selbst kein Weiser, sondern ein
»großer Meiner«, akzeptiert aber die stoische Auffassung vom

Weisen, wonach dieser keine Meinungen habe; darin ist er sich mit Lucullus [§ 59] einig (§§ 65-66).

2. Argument des Arkesilaos: a) Wenn der Weise irgendeinmal zustimmt, wird er einmal meinen; b) Der Weise wird nie meinen: c) Der Weise wird keiner Sache zustimmen. Karneades konzedierte manchmal als zweite Prämisse b'): Der Weise wird einmal zustimmen, woraus c') folgt: Der Weise wird auch meinen. Die Stoiker und Antiochos halten a) für falsch (§ 67).

3. Ciceros Position: Selbst wenn etwas erfaßt werden kann, wird sich der Weise zurückhalten, denn Wahres und Falsches liegen eng beieinander und Zustimmung ist eine gefährliche Gewohnheit. Wenn nichts erfaßt werden kann, und der Weise keine Meinungen haben soll, dann muß er jede Zustimmung zurückhalten (§ 68).

b) Inkonstanz des Antiochos (§§ 69-71)

Als Schüler Philons hatte er bestritten, daß es eine Unterscheidungsmöglichkeit von Wahrem und Falschem gebe. Unter dem Einfluß der Stoiker bekämpfte er diese Auffassung; warum berief er sich dann ausgerechnet auf die Alte Akademie? Sein Sinneswandel bestätigt die akademische These, daß nichts in unserem Geist vom Wahren so gekennzeichnet ist, daß es nicht in derselben Weise auch vom Falschen sein könnte.

c) Die Autoritäten der Skeptiker (§§ 72-78) [§§ 13-16]

1. Vorplatonische Philosophen wie Anaxagoras und Demokrit sind noch radikalere Skeptiker als die Akademiker. Auch Sokrates und Platon zählen zu den Autoritäten, da sie glaubten, nichts könne gewußt werden (§ 75) [§ 15]. Selbst auf Chrysipp könnten die Skeptiker verweisen, der viel gegen Sinne und Gewohnheit geschrieben hatte, schließlich auf die Kyrenaiker (§ 76) [§ 20].

2. Der Streitpunkt: Arkesilaos bekämpfte Zenons Definition, weil er die Wahrheit finden wollte [§ 16]. Er war mit Zenon darin einig, daß der Weise keine Meinungen habe. Hinsichtlich Zenons Definition des Erfaßbaren als Erscheinung, die von

dem, was ist, so, wie es ist, eingeprägt ist, bestand Arkesilaos
auf einem Zusatz, der ausschließe, daß eine Erscheinung, die
von dem herrührt, was ist, von solcher Art sei, daß sie auch von
dem herrühren könnte, was nicht ist. Daß es eine derartige Erscheinung nicht gebe, ist die Hauptthese der Akademiker,
während die Frage, ob der Weise Meinungen habe, zumindest
für Karneades kontrovers gewesen zu sein scheint. Doch wenn
Erfassen und Meinen aufgehoben sind, dann auch die Zustimmung (§§ 76-78).

d)   Durch die Sinne kann nichts erfaßt werden (§§ 79-90)

1. Unzuverlässigkeit der Sinne [§ 19]. Bei optischen Illusionen ist feststellbar, daß das, was erscheint, nicht ist. Der Hinweis auf Epikurs These der Wahrheit aller Sinneswahrnehmungen kann Lucullus' Position nicht stützen, da ein Stoiker wahre
von falschen Erscheinungen unterscheiden können muß (§§ 79-
80). Warum soll man sich mit der ›Integrität‹ seiner Sinne zufrieden geben? Bei den optischen Illusionen handelt es sich um
falsche Erscheinungen; daß man eine Erklärung dafür geben
kann, macht die Sinne nicht zu wahren Zeugen (§§ 80-81). Die
Sonne, die uns klein erscheint, ist ein weiteres Beispiel für die
Unzuverlässigkeit der Sinne (§ 82).

2. Beweis der These »Nichts kann erfaßt werden« (§ 83)
[§§ 40-42]: a) Es gibt falsche Erscheinungen; b) Falsche Erscheinungen können nicht erfaßt werden; c) Von Erscheinungen, zwischen denen kein Unterschied besteht, kann nicht
eine erfaßt werden, die andere nicht; d) Es gibt keine von den
Sinnen ausgehende wahre Erscheinung, der nicht eine andere
beigestellt ist, die von ihr nicht unterschieden ist und die nicht
erfaßt werden kann; daraus folgt e) Keine sinnliche Erscheinung
kann erfaßt werden. b) und c) werden von allen zugestanden; a)
wird nur von Epikur bestritten.

3. Argumente für die Prämisse d) (§§ 84-90)
α) Es gibt kein Kennzeichen des Wahren (§§ 84-87):

Wenn jemand als sein Zwilling erscheint, kann diese Erscheinung nicht erfaßt werden, da die wahre Erscheinung durch kein Merkmal von der falschen unterschieden ist. Wenn diese Unterscheidung aufgehoben ist und etwas erscheint, das nicht ist, kann niemand aufgrund eines Merkmals erkannt werden, das nicht falsch sein kann. Selbst wenn es in der Natur keine so große Ähnlichkeit gibt, kann sie doch erscheinen (§§ 84-85). — Die stoische These, alles gehöre seiner eigenen Art an, nichts sei dasselbe wie ein anderes [§ 54], läßt sich widerlegen, ist aber für die Streitfrage nicht relevant; es wird nicht behauptet, daß die Dinge nicht unterschieden sind, sondern nur, daß sie nicht auseinandergehalten werden können. — Selbst wenn die Ähnlichkeit unter Menschen nicht so groß ist, wie steht es mit Artefakten? Gibt es einen Spezialisten für Abdrücke von Siegelringen wie es einen Spezialisten für Hühnereier geben soll (§§ 85-86) [§ 57]? — Wenn der Künstler an einem Kunstwerk mehr sieht als der Laie, so ist dies nur aufgrund einer Kunstfertigkeit möglich, über die die wenigsten verfügen. — Was schließlich die »Kunstfertigkeit der Natur« im Hinblick auf den Geist des Menschen [§ 30] angeht, so ist dieser Begriff in diesem Zusammenhang völlig unklar (§§ 86-87).

β) Zwischen wahren und falschen Erscheinungen besteht hinsichtlich der Art und Weise ihrer Billigung kein Unterschied. Erscheinungen Schlafender, Betrunkener oder Wahnsinniger sind dann, wenn sie erscheinen, nicht schwächer als solche Wachender, Nüchterner oder Normaler. Beispiele aus Dichtung und Mythologie zeigen, daß zwischen wahren und falschen Erscheinungen hinsichtlich der Zustimmung des Geistes kein Unterschied besteht (§§ 87-90) [§§ 47-53].

c) Durch die Vernunft kann nichts erfaßt werden (§§ 91-98)

1. Charakterisierung der Dialektik: Die Dialektik ist die Kunst der Beurteilung von wahr und falsch. Das Gebiet der Dialektik ist der Bereich der Philosophie. Die Dialektik ist aber nicht zuständig für Fragen der Physik oder Ethik, sondern sie

befaßt sich nur mit der Gültigkeit logischer Verbindungen (§ 91).

2. Der Sorites (§§ 92-94) [§ 49]
Die Verwendung des Sorites hat damit zu tun, daß die Natur keine Grenze gesetzt hat, sodaß man mit Bestimmtheit sagen könnte, etwas sei viel, wenig, groß, klein, lang, kurz, etc. (§ 92). Chrysipps »Stillhalten« täuscht nicht darüber hinweg, daß es keine Antwort gibt auf die Frage, welches die letzte Zahl ist, die noch als »wenig« bezeichnet werden kann, bzw. die erste Zahl, die als »viel« bezeichnet werden muß. Warum sollte dieser Art der Argumentation irgend eine Frage unzugänglich sein? (§ 93). Vor dem Bereich des Unklaren innezuhalten ist kein Ausweg; denn wenn klar ist, daß Neun wenig ist, gilt dies auch für Zehn, etc. Die Dialektik hilft also nicht gegen den Sorites (§ 94).

3. Das Bivalenzprinzip und das Paradox des Lügners (§§ 95-97)
Daß jede Aussage entweder wahr oder falsch ist, ist das Fundament der Dialektik. Ist das Paradox des Lügners wahr oder falsch? Nach stoischer Theorie ist es »inexplikabel«; ist demnach das Bivalenzprinzip nicht allgemein? Das Paradox ist ein Schluß derselben Art wie der folgende: »Wenn du sagst, es sei Tag und die Wahrheit sagst, ist es Tag; nun sagst du, es sei Tag und sagst die Wahrheit: also ist es Tag« —, denn er läßt sich so formulieren: »Wenn du sagst, daß du lügst und die Wahrheit sprichst, lügst du; nun sagst du, daß du lügst und sprichst die Wahrheit: also lügst du.« Die Akademiker gewähren den Stoikern keine »Ausnahme« für »inexplikable« Aussagen.

4. Die Skeptiker und die Dialektik (§§ 97-98)
Im Unterschied zu Epikur, der bestritt, daß die Disjunktion »Entweder wird Hermarchos morgen leben oder er wird nicht leben« notwenig wahr sei, folgen die Akademiker der stoischen Dialektik. Sie urteilen, daß entweder beide Schlüsse — sowohl

»Wenn es Tag ist, ist es Tag«, als auch »Wenn du lügst, lügst du« — wahr sind, oder weder der eine noch der andere.

B) Die akademische These »Keiner Sache ist zuzustimmen« (§§ 98-115)

a) Die glaubhaften Erscheinungen (§§ 99-105)

1. Die Unterscheidung glaubhafter von erkenntnishaften Erscheinungen (§ 99): Nach Kleitomachos unterschied Karneades zwischen erkenntnishaften bzw. nicht-erkenntnishaften Erscheinungen, einerseits, und glaubhaften bzw. nicht-glaubhaften Erscheinungen, andererseits. Die akademischen Argumente gegen die Evidenz der Sinneswahrnehmungen betreffen nicht die glaubhaften, sondern nur die erkenntnishaften Erscheinungen; solche existieren nicht.

2. Das praktische Kriterium der Skeptiker (§§ 99-102) Das rationale Verhalten des Weisen im Leben beruht auf der Glaubhaftigkeit der Erscheinungen. Kriterium ist die glaubhafte Erscheinung, der nichts im Wege steht (§ 99). Der stoische Weise orientiert sich im Leben an glaubhaften Erscheinungen, die nicht erkenntnishaft sind und denen er nicht zustimmt, die aber dem Wahren ähnlich sind (§ 100). Aufgrund seiner natürlichen Beschaffenheit erscheint ihm vieles wahr, ohne das Merkmal der Erkenntnishaftigkeit an sich zu haben; falls die Erscheinung ungehindert ist, wird er handeln, aber nicht zustimmen. Denn wie die Stoiker sind die Akademiker der Meinung, daß manche Sinneserscheinungen falsch sind. Wenn es in diesem Punkt Meinungsverschiedenheiten gibt, dann zwischen den Stoikern und Epikur (§ 101). Doch scheint diese Antwort Antiochos nicht zu genügen (§ 102).

3. Skeptische Zustimmung (§§ 102-105) Nach Antiochos bestreiten die Akademiker die Evidenz der Sinneswahrnehmungen, Kleitomachos aber bezeugt das Gegenteil. Wenn eine Erscheinung glaubhaft ist, sei sie deswegen nicht auch schon erkenntnishaft, weil viele falsche Erscheinungen glaubhaft seien; die Akademiker beseitigten die Sinne nicht,

sondern behaupteten nur, die Erscheinungen verfügten nicht über ein Kennzeichen der Wahrheit (§§ 102-103). Kleitomachos unterschied zwei Bedeutungen des Zurückhaltens der Zustimmung: α) der Weise stimmt überhaupt keiner Sache zu, β) er anerkennt oder verwirft, bejaht oder verneint nichts. Der Weise legt sich auf α) fest und behält die Möglichkeit, wann immer ihm etwas glaubhaft oder unglaubhaft erscheint, bejahend oder verneinend zu antworten. Die Akademiker rechnen mit solchen Erscheinungen, durch die sie zum Handeln bewegt werden, und solchen, nach denen sie im dialektischen Gespräch antworten. Nur solche glaubhaften Erscheinungen werden ›gebilligt‹, die durch nichts gehindert werden (§ 104). Der Einwand, daß die Skeptiker die Evidenz der Sinneswahrnehmungen aufheben, ist also nicht berechtigt (§ 105).

b)   Widerlegung der Einwände (§§ 106-111)

1. Wenn die Erscheinungen nicht erfaßt werden, gebe es α) kein Gedächtnis und β) keine Kunst [§ 22]. — *Ad* α) Diese Behauptung hat absurde Konsequenzen: wenn alles, was man im Gedächtnis behalten kann, wahr wäre, dann wären z.B. die Lehren Epikurs wahr, was ein Stoiker nicht akzeptieren kann. — *Ad* β) Das Argument besagt nichts gegen Künste, die auf Vermutung, nicht auf Wissen, beruhen (§§ 106-107).

2. [§§ 37-39] α) Es sei unmöglich, keiner Sache zuzustimmen. — Wenn man eine These annehmen oder ablehnen kann, kann man sie auch bezweifeln. Panaitios selbst z.B. hat die Wahrsagerei bezweifelt (§ 107). β) Wer keiner Sache zustimmt, kann nicht handeln, denn in den Sinneserscheinungen selbst ist bereits Zustimmung involviert. — Auch als Stoiker kann man nur dem Glaubhaften folgen, wenn man z.B. eine Schiffsreise unternimmt (§§ 108-109).

3. Wer die Existenz erkenntnishafter Erscheinungen bestreite, bringe die Ordnung des Lebens durcheinander und mache alles zu Nicht-Offenbarem [§§ 53-54; § 29]. — Das Dogma, »Nichts kann erfaßt werden«, ist bloß glaubhaft [§ 29], wie al-

les, was dem Akademiker als Kriterium dient. Insofern etwas nicht-offenbar ist, ist es nicht glaubhaft. Es besteht ein Unterschied zwischen Fragen bezüglich nicht-offenbarer Sachverhalte [§ 32], und Fragen bezüglich moralischen Verhaltens (§§ 109-110).

    4. Im Argument der Akademiker bestehe ein Widerspruch zwischen den Prämissen a) — Falsche Erscheinungen unterscheiden sich nicht von wahren — und d) — Es gibt falsche Erscheinungen [§ 44]. — Dies ist nicht der Fall, denn die Akademiker behaupten nicht, es gebe nichts Wahres (§ 111).

c)   Weisheit und die Weisen (§§ 112-115)

    1. Die beiden Hauptthesen, um die es im Streit zwischen Stoikern und Akademikern geht, nämlich a) daß nur das erfaßt werden kann, was wahr ist von solcher Art, daß es nicht falsch sein kann, und b) daß der Weise nichts meint, wurden von keinem Philosophen vor Zenon vertreten. Deshalb wäre auch einem Akademiker oder Peripatetiker die Negation der These b) nicht problematisch gewesen, da er ja die These a) nicht vertrat. Weshalb also glaubte Antiochos, sich auf die Alte Akademie berufen zu können? (§§ 112-113).

    2. Wie kann man verlangen, nichts zuzustimmen, das man nicht erfaßt hat, also nicht zu meinen, und gleichzeitig dogmatische Theorien auf dem Gebiet der Physik oder Ethik entwickeln? Denn von den sich widersprechenden Theorien kann nur eine wahr sein (§§ 114-115).

C)   Die drei Teile der Weisheit (§§ 116-146)

A)   Physik (§§ 116-128)

a)   Fragestellung (§§ 116-117)

    Gegenstand der Untersuchung sind Theoreme bezüglich der gesamten Natur, wobei von denjenigen Zweigen der Wissenschaft abgesehen wird, die nur auf Vermutung basieren. Philosophische Argumente sind keine geometrischen Beweise, deren Konklusionen notwendig sind (§ 116). Die Annahme der Meßbarkeit der Sonne steht im Gegensatz zur Annahme ihrer Göttlichkeit. Der Weise mißtraut also dem geometrischen Beweis der Größe der Sonne; umso weniger wird er den Argumenten der Philosophen glauben. Der Nicht-Weise weiß nicht, welcher Sekte der Naturphilosophen er folgen soll, da er nur eine wählen könnte, über die Prinzipien der Dinge aber ein Dissens besteht (§ 117).

b)   Der Dissens der Philosophen (§§ 118-126)

1. Die Prinzipien der Naturphilosophie: Nach Thales ist Wasser das Prinzip, nach Anaximander das Unbegrenzte, etc. (§ 118).

2. Das Verhältnis von Gott und Welt (§§ 119-121): Die stoischen Thesen über die Regierung der Welt und ihren Untergang sind vielleicht wahr, lassen sich aber nicht ›begreifen‹ und sind nicht Gemeingut der Philosophen (§ 119). Der Akademiker stellt als Zweifelnder die stoischen Theorien in Frage, bzw. stellt den Behauptungen der Stoiker andere gegenüber; bald kommt ihm die eine, bald die andere Theorie plausibler vor (§§ 120-121).

3. Die Fragen der Naturphilosophie und die Schwäche des menschlichen Geistes (§§ 122-124). — Diese Dinge sind alle im Verborgenen und dem menschlichen Geiste nicht zugänglich. Der Mensch kennt nicht einmal seinen eigenen Körper; wie könnte er dann etwas in Erfahrung bringen über die Lage der Erde, die Beschaffenheit des Mondes, die Erdbewegung oder die Größe der Sonne? (§§ 122-123). Was die Seele betrifft, gibt es sowohl hinsichtlich ihrer Existenz wie ihrer Natur entgegengesetzte Aussagen. Während der stoische Weise hier eine bestimmte Meinung hat, weiß der akademische Weise nicht einmal, was ihm am Plausibelsten erscheint (§ 124).

4. Der akademische Philosoph und der Dissens der Philosophen (§§ 125-126). Antiochos erwartet, daß man seine eigene Philosophie annimmt. Zum einen jedoch enthält diese Elemente, die nicht einmal plausibel sind, z.B. die Wahrsagekunst betreffend oder die Schicksalslehre. Zum andern sind

die Stoiker unter sich selbst zerstritten, z.B. bezüglich der Frage nach dem höchsten Gott. Die akademische Haltung ist intellektuell redlicher.

c) Der akademische und der stoische Weise (§§ 127-128)

Trotz allem haben die Fragen der Naturphilosophie einen guten Sinn; die Betrachtung der Natur entspricht dem Wesen des Menschen und läßt ihn das Menschliche geringachten. Während jedoch der stoische Weise auf Zustimmung und Glauben ausgerichtet ist, begnügt sich der akademische Weise damit, nichts leichtfertig zu glauben und freut sich, wenn er in diesen Dingen etwas dem Wahren Ähnliches gefunden hat.

B) Ethik (§§ 128-141)

a) Vorbemerkung (§ 128)

In dem Maße, in dem die Stoiker als Naturphilosophen über die Gegenstände der Naturphilosophie mit großer Bestimmtheit Behauptungen aufstellen, verlieren sie ihre Autorität in solchen Fragen, die weniger dunkel sind.

b) Dissens bezüglich des höchsten Gutes (§§ 129-131)

1. Die bereits seit langem aufgegebenen Lehren (§§ 129-130). Zu den aufgegebenen Lehren zählt die des Zenon-Schülers Herillos, der das höchste Gut in das Wissen setzt und damit Platon näher steht als Zenon; eine ähnliche Auffassung vertreten die Megariker (§ 129). Die Lehre des Zenon-Schülers Ariston sollte aber nicht für überholt gelten, da dieser mit größerer Konsequenz als Zenon die Ansicht vertrat, daß es kein Gut außer der Tugend gebe (§ 130).

2. Die lange dominierenden Lehren (§ 131). Zu diesen zählt die Lustlehre der Kyrenaiker und die damit unvereinbare Lustlehre Epikurs; Kalliphons Verbindung der Lust mit dem sittlich Guten; die von Antiochos geteilte altakademische Auffassung, wonach das Gute im sittlich guten Leben und im Genuß der primären natürlichen Dinge besteht; Karneades' Ansicht, gedacht als Antithese zur stoischen, wonach das Gute im Genuß

der primären natürlichen Dinge besteht; schließlich diejenige Zenons, der wiederum das sittlich Gute betont.

c)   Der Akademiker und der Dissens der Philosophen (§§ 132-141)
1. Unvereinbarkeit der altakademischen und der stoischen Ethik (§ 132). Cicero selbst neigt der stoischen Lehre zu; diese ist jedoch mit der altakademischen Lehre unvereinbar; Antiochos verkörpert diesen Widerspruch. Der Skeptiker hält sich gegenüber beiden Positionen zurück.

2. Dissens zwischen Antiochos und der Stoa (§§ 133-134). Antiochos verwirft die stoische These der Gleichwertigkeit aller Verfehlungen; beide Positionen scheinen jedoch dem Skeptiker gleichgewichtig (§ 133). Außerdem bestreitet Antiochos, daß das glückliche Leben allein durch die Tugend gewährleistet wird. Seine Position ist inkonsequent, während Zenons Lehre die Natur überfordert. Dem Skeptiker scheint bald dies, bald jenes plausibler (§ 134).

3. Dissens zwischen Antiochos und der Alten Akademie (§§ 135-137). In manchem stimmt Antiochos mit den Stoikern überein, bringt sich aber damit in Gegensatz zur altakademischen Ansicht, besonders hinsichtlich der Emotionen (§ 135). Bezüglich der sog. *Paradoxa* haben die Alten niemals die Ansicht vertreten, daß nur der Weise wahrhaft Bürger, etc., sei. Ein Skeptiker könnte sie, im Unterschied zu Antiochos und den Stoikern, nach eigenem Gutdünken verteidigen (§§ 136-137).

4. Nur drei Ansichten sind bezüglich des höchsten Gutes möglich (§§ 138-140). Nach Chrysipp kann das höchste Gut nur dreierlei sein: das sittlich Gute, die Lust oder eine Verbindung von beiden (§ 138). Cicero kann weder die erste noch die zweite Möglichkeit vorbehaltlos annehmen und die von Karneades verteidigte Verbindung beider erscheint ihm absurd (§ 139). Es bleibt nur die Unvereinbarkeit der beiden ersten Möglichkeiten (§ 140).

5. Schlußbetrachtung (§ 141). All diese Argumente bewegen auch den Skeptiker, doch der Unterschied zu seinem dog-

matischen Gegner, der von keiner Vernunftüberlegung von seiner Meinung abgebracht werden kann, besteht darin, daß der Skeptiker nicht glaubt, daß es etwas gibt, dem er ohne Gefahr des Irrtums zustimmen kann; denn die wahren Erscheinungen sind von den falschen nicht geschieden, zumal da die Dialektik kein Instrument zu ihrer Unterscheidung ist.

Γ)   Logik (§§ 142-146)

a)   Der Stoizismus des ›Akademikers‹ Antiochos (§§ 142-143)

Auf dem Gebiet der Erkenntnistheorie ist Antiochos eindeutig Stoiker, nicht Akademiker, da Platon das Wahrheitskriterium nicht wie jene in die Sinne legte, sondern in das Denken. Warum nannte er sich dann »Akademiker«, und warum sollen die Akademiker den Stoikern folgen, die ja unter sich zerstritten sind?

b)   Es gibt kein Wissen, nur Vermutung (§§ 144-146)

Nach Zenon verfügt nur der Weise über sicheres Wissen; doch gibt es den Weisen? Zenons Handvergleich besagt, daß nur der Weise etwas wirklich ›erfaßt‹ hat (§§ 144-145). Lucullus' Einwand bezüglich der Kunst [§ 22] lautete aber, daß es ohne ›Erfassen‹ keine Kunst gäbe. Darauf läßt sich nun entgegnen, daß es ohne Wissen im Sinne Zenons keine Kunst gäbe, was offensichtlich unsinnig ist. Die Skeptiker heben nur das Wissen auf, das es nicht gibt, und halten das ›Glaubhafte‹ für zureichend (§ 146).

VI.   Schluß (§§ 147-148)

Catulus bekennt sich zur Meinung seines Vaters, die dieser Karneades zugeschrieben habe: Der Weise wird seine Zustimmung zu etwas nicht Erfaßtem geben, d.h. er wird meinen, jedoch einsehen, daß er meint und wissen, daß nichts erfaßt werden kann.

AUSWAHLBIBLIOGRAPHIE

A. Textausgaben

M. Tulli Ciceronis scripta quae mansuerunt omnia, fasc. 42: Academicorum reliquiae [*Ac Post.*] cum Lucullo [*Luc.*], rec. O. Plasberg; Editio stereotypa editionis prioris, Stuttgart 1966 (1. Aufl. 1922).

M. Tulli Ciceronis Academica. The text revised and explained by James S. Reid, Hildesheim, Zürich, New York 1984 (1. Aufl. 1885).

Marcus Tullius Cicero: Hortensius, Lucullus, Academici libri. Lateinisch-deutsch, herausgegeben, übersetzt und kommentiert von Laila Zimmermann-Straume, F. Broemser und O. Gigon, München und Zürich 1990.

Cicero: De Natura Deorum, Academica; with an English translation by H. Rackham, Cambridge, Mass. and London 1979 (Loeb Classical Library). [*De Nat. Deor.*]

Diogenes Laertius: Leben und Meinungen berühmter Philosophen, Buch I-X. Hamburg 1967 (Philosophische Bibliothek 53/4). [*Diog. Laert.*]

Diogenes Laertius: Lives of Eminent Philosophers. Translation by R.D. Hicks. Vol. 1: London 1972; vol. 2 1970 (Loeb Classical Library).

Plutarch's Moralia XIII, Part II, with an English translation by H.F. Cherniss, London and Cambridge, Mass. 1976 (Loeb Classical Library). [*De Stoic. Rep.*; *De Comm. Not.*]

Plutarch's Moralia XIV, with an English translation by B. Einarson and P.H. DeLacy, London and Cambridge, Mass. 1967 (Loeb Classical Library). [*Adv. Colot.*]

Sextus Empiricus I-IV, with an English translation by R.G. Bury, London and Cambridge, Mass., 1. Aufl. 1933-1936 (Loeb Classical Library): Vol. 1: Outlines of Pyrrhonism, London 1976 [*Pyrrh. Hyp.*]; vol. 2: Against the Logicians (=Adversus Mathematicos 7 und 8), London 1983; vol. 3: Against the Physicists (=Adversus Mathematicos 9 und 10); Against the Ethicists (=Adversus Mathematicos 11), London 1968; vol. 4: Against the Professors (=Adversus Mathematicos 1-6) [*Adv. Math.*], London 1971.

Sextus Empiricus: Grundriß der pyrrhonischen Skepsis. Einleitung und Übersetzung von M. Hossenfelder. Frankfurt a.M. 1968.

B. Fragmentsammlungen

Decleva Caizzi, Fernanda: *Pirrone. Testimonianze*, Napoli 1981.

Diels, H. und Kranz, W.: *Die Fragmente der Vorsokratiker*. Berlin 1954 [*DK*].

Döring, K.: *Die Megariker. Kommentierte Sammlung der Testimonien*, Amsterdam 1972 (*Studien zur antiken Philosophie*, Bd. 2).

Fortenbaugh, W. W. (et al.): *Theophrastus of Eresus. Sources for his Life, Writings, Thought and Influence*. 2 Bde. Leiden 1992 (= *Philosophia Antiqua* 54, 1/2).

Hülser, K. H.: *Die Fragmente zur Dialektik der Stoiker. Neue Sammlung der Texte mit deutscher Übersetzung und Kommentaren*. 4 Bde. Stuttgart u. Bad Cannstatt 1987-1988.

Long, A.A. und Sedley D.: *The Hellenistic Philosophers*. Bd. 1: *Translations of the Principal Sources with Philosophical Commentary*; Bd. 2: *Greek and Latin Texts with Notes and Bibliography*, Cambridge 1987.

Mannebach, E.: *Aristippi et Cyrenaicorum Fragmenta*, Leiden 1961.

Mette, H. J.: »Zwei Akademiker heute: Krantor und Arkesilaos«, in: *Lustrum* 26 (1984) S. 57-94.

– : »Weitere Akademiker heute: von Lakydes bis zu Kleitomaches«, in: *Lustrum* 27 (1985) S. 38-148.

Usener, H.: *Epicurea* , Leipzig 1927 [*Us.*].

von Arnim, H.: *Stoicorum Veterum Fragmenta*, 3 Bde. (1. Aufl. Leipzig 1903-1905), Index, hrsg. von M. Adler, (1. Aufl. Leipzig 1924); Neuaufl. Stuttgart 1978-1979 [*S.V.F.*].

Wehrli, F.: *Die Schule des Aristoteles. Texte und Kommentare* , 10 Bde. Basel 1944-1959.

C. Abhandlungen und Zeitschriftenaufsätze

Alleemudder, A.: *A Philosophical Commentary on Cicero*, Academica Priora II, 1-62. PhD.-Diss. University of London 1979 (Microfilm).

Annas, Julia: *The Hellenistic Theory of Mind*. Cambridge 1992.

Annas, Julia und Barnes, J.: *The Modes of Scepticism. Ancient Texts and Modern Interpretations*, Cambridge 1985.

Barnes, J.: *The Toils of Scepticism*, Cambridge 1990.

Barney, Rachel: »Appearences and Impressions«, in: *Phronesis* 37 (1992) S. 283-313.

Bächli, A.: *Untersuchungen zur pyrrhonischen Skepsis*, Bern und Stuttgart 1990 (= *Berner Reihe philosophischer Studien* Bd. 10).

Bett, R.: »Carneades' Pithanon: A Reappraisal of its Role and Status«, in: *Oxford Studies in Ancient Philosphy* 7 (1989) S. 59-94.

Bett, R.: »Carneades' Distinction Between Assent and Approval«, in: *The Monist* 73 (1990) S. 3-21.

Döring, K.: »Die kleinen Sokratiker und ihre Schulen bei Sextus Empiricus«, in: *Elenchos* 13 (1992) S. 83-118.

Ebert, Th.: *Dialektiker und frühe Stoiker bei Sextus Empiricus. Untersuchung zur Entstehung der Aussagelogik*, Göttingen 1991 (*Hypomnemata* 95).

Flückiger, H.U.: *Sextus Empiricus. Grundriß der pyrrhonischen Skepsis I — Selektiver Kommentar*, Bern u. Stuttgart 1990 (= *Berner Reihe philosophischer Studien*, Bd. 11)

Forschner, M.: *Die stoische Ethik*. Stuttgart 1981.

— : »Eine Korrektur des Poseidonios-Bildes«, in: *Philosophische Rundschau* 39 (1992) S. 379-329.

Frede, M.: *Essays in Ancient Philosophy*, Oxford 1987.

— : »Doxographie, historiographie philosophique et historiographie historique de la philosophie«, in: *Revue de Métaphysique et de Morale*, 3 (1992) S. 311-325.

Fuhrer, Therese: »Das Kriterium der Wahrheit in Augustins *Contra Academicos*«, in: *Vigilae Christianae* 46 (1992) S. 257-275.

— : »Der Begriff *veri simile* bei Cicero und Augustin«, in: *Museum Helveticum* 50 (1993) S. 107-125.

Glucker, J.: *Antiochus and the Late Academy*, Göttingen 1978 (= *Hpomnemata* 56).

Görler, W.: »Antiochos von Askalon über die ›Alten‹ und über die Stoa. Beobachtungen zu Cicero, Academici posteriores 1,24-43«, in: *Beiträge zur Hellenistischen Literatur und ihrer Rezeption in Rom*, hrsg. von P. Steinmetz, Stuttgart 1990, S. 123-139.

— : »Ein sprachlicher Zufall und seine Folgen. ›Wahrscheinliches‹ bei Karneades und Cicero«. In: *Zum Umgang mit Fremdsprachlichkeit in der griechisch-römischen Antike*, hrsg. v. P. Steinmetz, K. Sier und J. Werner, Stuttgart 1991 (= *Palingenesia* Bd. 36) S. 150-161.

Graeser, A.: *Interpretationen. Hauptwerke der Philosophie. Antike*, Stuttgart 1992.

Hossenfelder, M.: *Epikur*, München 1991 (Beck'sche Reihe Große Denker)

Inwood, B.: *Ethics and Human Action in Early Stoicism*, Oxford 1985.

Ioppolo, Anna Maria: »Doxa ed *epoché* in Arcesilao«, in: *Elenchos* 2 (1984) S. 317-363.

— : *Opinione e scienza. Il dibattito tra Stoici e Academici nel III e nel II secolo a. C.*, Bibliopolis 1986 (=Elenchos Bd. 12).

Jordan, W.: *Ancient Concepts of Philosophy*, London u. New York 1990 (= *Issues in Ancient Philosophy*, hrsg. von M. Schofield).

Lévy, C.: *Cicero Academicus. Recherches sur les Académiques et sur la philosophie Cicéronienne*, Rom 1992.

Long, A.A.: »Diogenes Laertius, Life of Arcesilaus«, in: *Elenchos* 7 (1986) S. 431-449.

– : »Socrates in Hellenistic Philosophy«, in: *The Classical Quarterly* 38 (1988) S. 150-171.

MacKendrick, P.: *The Philosophical Books of Cicero* , London 1989.

Mansfeld, J.: »A Theophrastean Excursus on God and Nature and its Aftermath in Hellenistic Thought«, in: *Phronesis* 37 (1992) S. 314-335.

McKirahan, Voula T.: »The Cyrenaic Theory of Knowledge«, in: *Oxford Studies in Ancient Philosophy* 10 (1992) S. 161-192.

Neuhausen, K.A.: »Academicus Sapiens. Zum Bild des Weisen in der Neuen Akademie«, in: *Mnemosyne* 40 (1987) S. 353-390.

Nussbaum, Martha: »Skeptic Purgatives. Therapeutic Arguments in Ancient Skepticism«, in: *Journal of the History of Philosophy* 29 (1991) S. 521-550.

Olshewsky, Th. M.: »The Classical Roots of Hume's Skepticism«. In: *Journal of the History of Ideas* 52 (1991) S. 269-289.

Popkin, R.H.: *The History of Scepticism from Erasmus to Spinoza*, Berkeley Cal. 1979 (1. Aufl. 1968).

Reckermann, A.: »Ciceros Theorie rhetorischer Rationalität«, in: *Synthesis Philosophica* 10 (1990) S. 507-530.

Ronnick, M. V.: *Cicero's Paradoxa Stoicorum. A Commentary, an Interpretation and a Study of its Influence*, Frankfurt a. M. 1991 (= *Studien zur Klassischen Philologie*, Bd. 62).

Schäublin, Chr.: »Kritisches und Exegetisches zu Ciceros ›Lucullus‹«, in: *Museum Helveticum* 49 (1992) S. 41-52.

– : »Kritisches und Exegetisches zu Cicero's ›Lucullus‹ II«, in: *Museum Helveticum* (50) S. 158-159.

Schmitt, Ch.: *Cicero Scepticus. A Study of the Influence of the Academica in the Renaissance*, Den Haag 1972.

Sedley, D.N.: »The End of the Academy«, in: *Phronesis* 26 (1981) S. 67-75.

– : »The Stoic Criterion of Identity«, in: *Phronesis* 27, (1982) S. 255-75.

Sorabji, R.: »Perceptual Content in the Stoics«, in: *Phronesis* 35 (1990) S. 307-314.

Striker, Gisela: »Kriterion tes aletheias«, Göttingen 1974, (= *Nachrichten der Akademie der Wissenschaften in Göttingen* , Phil.hist. Kl. 2, 47-110).

– : »Über den Unterschied zwischen den Pyrrhoneern und den Akademikern«, in: *Phronesis* 26 (1981) S. 153-169.

– : »Following Nature: A Study in Stoic Ethics«, in: *Oxford Studies in Ancient Philosophy* 9 (1991), S. 1-74.

Tarán, L.: »Cicero's Attitude Towards Stoicism and Scepticism in the *De Natura Deorum*«. In: *Florilegium Columbianum. Essays in Honor of Paul Oskar Kristeller* 1987, S. 1-22.

Tarrant, H.: *Scepticism or Platonism? The Philosophy of the Fourth Academy*, Cambridge 1985 (= Cambridge Classical Studies).

van Staden, H.: »The Stoic Theory of Perception and its ›Platonic‹ Critics«, in: P.K. Machamer und R.G. Turnbull (Hrsg.), *Studies in Perception. Interrelations in the History of Philosophy and Science,* Columbus, Ohio 1978, S. 96-136.

Vlastos, G.: *Socrates. Ironist and Moral Philosopher,* Cambridge 1991.

Williams, M.: »Scepticism without Theory«, in: *The Review of Metaphysics* 41, (1988) S. 547-588.

D. Sammelbände

Barnes, J., Brunschwig, J., Burnyeat, M. und Schofield, M. (Hrsg.): *Science and Speculation. Studies in Hellenistic Theory and Practice,* Cambridge and Paris 1982.

Brunschwig, J. (Hrsg.): *Les Stoiciens et leur Logique,* Paris 1978

Brunschwig, J. und Nussbaum, Martha (Hrsg.): *Passions and Perceptions. Studies in Hellenistic Philosophy of Mind.* Cambridge 1993.

Burnyeat, M. (Hrsg.): *The Skeptical Tradition,* Berkeley, Cal. und Los Angeles, Cal. 1983.

Dillon, J.M. und Long, A.A. (Hrsg.): *The Question of ›Eclecticism‹. Studies in Later Greek Philosophy,* Berkeley, Cal. 1988.

Everson, S. (Hrsg.): *Epistemology,* Cambridge 1990 (= *Companions to ancient thought* Bd. 1).

– : *Psychology,* Cambridge 1991 (= Companions to ancient thought, Bd.2)

Fortenbaugh, W. W. u. Steinmetz, P. (Hrsg.): *Cicero's Knowledge of the Peripatos,* New Brunswick 1989 (= *Rutgers University Studies in Classical Humanities* , Bd. 4).

Hospers, J. (Hrsg.): *Hellenistic Ethics* , La Salle, Ill. 1990 (= The Monist, Bd. 73, Nr. 1).

Griffin, Miriam und Barnes, J. (Hrsg.): *Philosophia Togata. Essays on Philosophy and Roman Society.* Oxford 1989.

Long, A.A. (Hrsg.): *Problems in Stoicism,* London 1971.

Popkin, R. u. Schmitt, Ch. B. (Hrsg.): *Scepticism from the Renaissance to the Enlightenment.* Wiesbaden 1987 (= *Wolfenbütteler Forschungen,* Bd. 35).

Schofield, M. Burnyeat, M. und Barnes, J. (Hrsg.): *Doubt and Dogmatism. Studies in Hellenistic Epistemology,* Oxford 1980.

Schofield, M. und Striker, Gisela (Hrsg.): *The Norms of Nature. Studies in Hellenistic Ethics,* Cambridge und Paris 1986.

Rist, J.M. (Hrsg.): *The Stoics,* Berkeley, Cal. und Los Angeles, Cal. 1978 (= Major Thinkers Series, Bd. 1)

Swartz, R.M. (Hrsg.): *Perceiving, Sensing and Knowing,* Garden City, N.J. 1965.

Voelke, A.-J. (Hrsg.): *Les Scepticisme Antique. Perspectives Historiques et Systématiques*, Genf, Lausanne u. Neuenburg 1990 (= *Cahiers de la Revue de Théologie et de Philosophie*, Bd. 15)

–   : *Le Stoicisme* . Brüssel 1991 (= *Revue internationale de philosophie* 45, fasc. 3).

MARCUS TULLIUS CICERO

Akademische Abhandlungen
Lucullus

Verzeichnis der Handschriften

Bezüglich der älteren Ausgaben sei auf das Verzeichnis in Plasbergs ›editio minor‹ (1980 = 1922) S. XXVIIf. verwiesen (Notae).

[1] Magnum ingenium L. Luculli magnumque optimarum artium studium, tum omnis liberalis et digna homine nobili ab eo percepta doctrina, quibus temporibus florere in foro maxume potuit, caruit omnino rebus urbanis. ut enim [urbanis] admodum
5 adulescens cum fratre pari pietate et industria praedito paternas inimicitias magna cum gloria est persecutus, in Asiam quaestor profectus ibi permultos annos admirabili quadam laude provinciae praefuit; deinde absens factus aedilis, continuo praetor (licebat enim celerius legis praemio), post in Africam, inde ad
10 consulatum; quem ita gessit, ut diligentiam admirarentur omnes, ingenium agnoscerent. post ad Mithridaticum bellum missus a senatu non modo opinionem vicit omnium, quae de virtute eius erat, sed etiam gloriam superiorum.

[2] Idque eo fuit mirabilius, quod ab eo laus imperatoria non
15 admodum ‹ex›pectabatur, qui adulescentiam in forensi opera, quaesturae diuturnum tempus Murena bellum in Ponto gerente in Asiae pace consumpserat. sed incredibilis quaedam ingenii magnitudo non desideravit indocilem usus disciplinam. itaque cum totum iter et navigationem consumpsisset partim in percon-

---

4 urbanis¹ *Ven.*²: humanis *codd.*   urbanis² *omis.* V   11
agnoscerent *codd.*: prudentes agnoscerent *Reitzenstein*   15 expectabatur
Rom.: spectabatur *codd.*

[1] Die kraftvolle Begabung des L. Lucullus, seine kraftvolle Aneignung der edelsten Bestrebungen, ferner die ganze von ihm erworbene Gelehrsamkeit — wie sie einem Freien angemessen und eines ausgezeichneten Menschen würdig ist —: alle diese Vorzüge mußten zu einer Zeit, da sie sich in der Öffentlichkeit am nachhaltigsten hätten entfalten können, ohne die Umgebung der Hauptstadt auskommen. Sowie er nämlich als noch ganz junger Mann — zusammen mit seinem Bruder, den gleiche Sohnesliebe und gleicher Fleiß auszeichneten — aufs ruhmvollste den Feind seines Vaters verfolgt hatte, ging er als Quästor nach Asien und verwaltete dort die Provinz in einer Weise, die ihm bewundernde Anerkennung einbrachte. In Abwesenheit wurde er danach Ädil, gleich anschließend Prätor (das konnte schneller als üblich geschehen, weil das Gesetz es gestattete); später nach Afrika, von dort zum Konsulat: dieses übte er so aus, daß jedermann seine Sorgfalt bewunderte, seine Begabung anerkannte. Nachher wurde er vom Senat mit der Führung des Krieges gegen Mithridates betraut, und dabei übertraf er nicht nur die Vorstellung, die man allgemein von seiner Tüchtigkeit hegte, sondern auch den Glanz der Früheren.

[2] Das war um so erstaunlicher, als man von ihm nicht eigentlich Ruhmestaten eines Feldherrn erwartete, hatte er doch seine Jugend in der Arbeit auf dem Forum, die längste Zeit seiner Quästur — als Murena am Pontus Krieg führte — im Friedenszustand der Provinz Asien hingebracht. Indes verlangte die in ihrer Art unglaubliche Größe seiner Begabung nicht nach jener Zucht, die kein Lehrer, sondern die Erfahrung vermittelt. Nein, nachdem er die ganze Reise, zu Land und zu Wasser, darauf verwendet hatte, teils bei Sachverständigen sich Rat zu

tando a peritis partim in rebus gestis legendis, in Asiam factus
imperator venit, cum esset Roma profectus rei militaris rudis.
habuit enim divinam quandam memoriam rerum — verborum
maiorem Hortensius; sed quo plus in negotiis gerendis res quam
5 verba prosunt, hoc erat memoria illa praestantior. quam fuisse in
Themistocle, quem facile Graeciae principem ponimus, singularem ferunt; qui quidem etiam pollicenti cuidam se artem ei memoriae, quae tum primum proferebatur, traditurum respondisse
dicitur oblivisci se malle discere (credo, quod haerebant in me-
10 moria, quaecumque audierat et viderat). tali ingenio praeditus
Lucullus adiunxerat etiam illam, quam Themistocles spreverat,
disciplinam; itaque ut litteris consignamus, quae monimentis
mandare volumus, sic ille in animo res insculptas habebat.

[3] Tantus ergo imperator in omni genere belli fuit, proeliis
15 oppugnationibus navalibus pugnis totiusque belli instrumento et
adparatu, ut ille rex post Alexandrum maxumus hunc a se
maiorem ducem cognitum quam quemquam eorum, quos le-
gisset, fateretur. in eodem tanta prudentia fuit in constituendis
temperandisque civitatibus, tanta aequitas, ut hodie stet Asia
20 Luculli institutis servandis et quasi vestigiis persequendis. sed
etsi magna cum utilitate rei publicae, tamen diutius, quam

holen, teils historische Berichte zu lesen, gelangte er als bereits fertiger Feldherr nach Asien: von Rom aufgebrochen war er als militärischer Laie. Das war möglich, weil er über ein Gedächtnis für Tatsachen verfügte, das menschliches Maß fast überstieg — für Worte dagegen war dasjenige des Hortensius größer; da es jedoch beim Handeln mehr auf Tatsachen als auf Worte ankommt, dementsprechend höher zu bewerten war ein Gedächtnis von jener Art. Ein solches, und zwar eines von herausragender Güte, war angeblich dem Themistokles eigen, den ich ohne weiteres als bedeutendsten Mann Griechenlands einstufe. Als ihm überdies einer versprach, er werde ihm die Mnemotechnik beibringen, die damals gerade entwickelt wurde, da soll er ihm geantwortet haben, er möchte lieber das Vergessen lernen — ich glaube deswegen, weil alles in seinem Gedächtnis hängenblieb, was er hörte und sah. Mit einer solchen Begabung war auch Lucullus ausgezeichnet; doch hatte er damit noch eigens die Lehre verbunden, von der Themistokles nichts hatte wissen wollen. Ja, wie wir schriftlich aufzeichnen, was wir der Erinnerung überantworten wollen, ebenso trug jener die Tatsachen in seinen Geist eingekerbt.

[3] Kein Wunder, daß er sich als großer Feldherr in jeder Art von Kriegsführung erwies: in Feldschlachten, der Erstürmung von Städten, Seegefechten, ferner in allen Fragen betreffend Rüstung und Ausstattung für einen Krieg — so daß jener König (nach Alexander der größte!) eingestehen mußte, Lucullus sei nach seiner Erfahrung ein größerer General als irgendeiner von denen, die er aus seiner Lektüre kenne. Ebenso verfügte er über eine solche Klugheit hinsichtlich der Verfassung und Einrichtung von Staaten, über eine solche ausgleichende Gerechtigkeit, daß Asien noch heute daran festhält, die Verfügungen des Lucullus zu bewahren und gleichsam seinen Spuren zu folgen. Dies mag unserm Staat zwar großen Nutzen gebracht haben; trotzdem weilte Lucullus mit seiner durchschlagenden Tüchtigkeit, seiner durchschlagenden Begabung länger in der Fremde,

vellem, tanta vis virtutis atque ingenii peregrinata afuit ab oculis
et fori et curiae. quin etiam cum victor a Mithridatico bello rever-
tisset, inimicorum calumnia triennio tardius, quam debuerat,
triumphavit; nos enim consules introduximus paene in urbem
5 currum clarissimi viri. cuius mihi consilium et auctoritas quid
tum in maximis rebus profuisset, dicerem, nisi de me ipso dicendum esset, quod hoc tempore non est necesse; ita privabo
potius illum debito testimonio, quam id cum mea laude commu-
nicem.

10 [4] Sed quae populari gloria decorari in Lucullo debuerunt, ea
fere sunt et Graecis litteris celebrata et Latinis. nos autem illa ex-
terna cum multis, haec interiora cum paucis ex ipso saepe co-
gnovimus. maiore enim studio Lucullus cum omni litterarum
generi tum philosophiae deditus fuit, quam, qui illum ignora-
15 bant, arbitrabantur, nec vero ineunte aetate solum sed et pro
quaestore aliquot annos et in ipso bello, in quo ita magna rei militaris esse occupatio solet, ut non multum imperatori sub ipsis
pellibus otii relinquatur. cum autem e philosophis ingenio scien-
tiaque putaretur Antiochus, Philonis auditor, excellere, eum se-
20 cum et quaestor habuit et post aliquot annos imperator, quique
esset ea memoria, quam ante dixi, ea saepe audiendo facile co-

---

14 generi *Ven.*^{2} : genere *codd.*   21 quam *codd.*: qua *Bentley*

als ich mir eigentlich gewünscht hätte, und wir konnten ihn weder auf dem Forum noch in der Kurie erleben. Mehr noch: als er siegreich aus dem Mithridatischen Krieg heimkehrte, erreichten es seine Feinde mit ihren Umtrieben, daß er erst mit dreijähriger Verspätung den geschuldeten Triumph feiern durfte. Ich selbst nämlich bin es mehr oder weniger gewesen, der als Konsul dem Feldherrenwagen des strahlenden Mannes den Einzug in die Stadt ermöglicht hat. Gerne führte ich aus, welche Hilfe mir damals von seinem Rat und seiner Persönlichkeit in gewichtigsten Angelegenheiten zugekommen ist; doch dazu müßte ich von mir selbst sprechen, was im Augenblick nicht angebracht ist. Also will ich ihm lieber das geschuldete Zeugnis vorenthalten, als daß ich es mit meinem eigenen Lob verbinde.

[4] Nun, was den Preis anbelangt, mit dem es Lucullus für sein öffentliches Wirken auszuzeichnen galt, so kommt er im wesentlichen in griechischen und lateinischen Schriften zur Geltung. Ich selbst dagegen hatte vielfach die Gelegenheit, zusammen mit vielen jene äußeren Leistungen, zusammen mit wenigen die im folgenden genannten mehr verborgenen Anlagen ganz unmittelbar kennenzulernen. Mit größerem Eifer nämlich als die glaubten, die ihn nicht kannten, gab Lucullus sich allgemein literarischen Neigungen hin, insbesondere aber der Philosophie, und dies nicht nur in seiner Jugend, sondern auch einige Jahre lang als Proquästor und sogar noch im Krieg: dann also, wenn üblicherweise die Beschäftigung mit militärischen Angelegenheiten so sehr im Vordergrund steht, daß einem Feldherrn — erst recht unter den Bedingungen des Lagerlebens — nicht viel Freizeit übrigbleibt. Da aber Antiochos, der Schüler Philons, im Rufe stand, aus der Schar der Philosophen dank seiner Begabung und seinem Wissen hervorzuragen, hatte er diesen in seinem Gefolge, sowohl als Quästor wie auch einige Jahre später als Feldherr; und da ihm ein solches Gedächtnis eigen war, wie ich es eben geschildert

gnovit, quae vel semel audita meminisse potuisset. delectabatur
autem mirifice lectione librorum, de quibus audiebat.

[5] Ac vereor interdum, ne talium personarum, cum amplifi-
care velim, minuam etiam gloriam. sunt enim multi, qui omnino
5 Graecas non ament litteras, plures, qui philosophiam, reliqui,
qui, etiam si haec non inprobent, tamen earum rerum disputatio-
nem principibus civitatis non ita decoram putent. ego autem,
cum Graecas litteras M. Catonem in senectute didicisse accepe-
rim, P. autem Africani historiae loquantur in legatione illa nobili,
10 quam ante censuram obiit, Panaetium unum omnino comitem
fuisse, nec litterarum Graecarum nec philosophiae iam ullum
auctorem requiro.

[6] Restat, ut iis respondeam, qui sermonibus eius modi
nolint personas tam graves inligari. quasi vero clarorum virorum
15 aut tacitos congressus esse oporteat aut ludicros sermones aut
rerum conloquia leviorum. etenim si quodam in libro vere est a
nobis philosophia laudata, profecto eius tractatio optimo atque
amplissimo quoque dignissima est, nec quicquam aliud [ut] videndum est nobis, quos populus Romanus hoc in gradu
20 conlocavit, nisi ne quid privatis studiis de opera publica
detrahamus. quod si, cum fungi munere debebamus, non modo
operam nostram umquam a populari coetu removimus,

18 ut *del. A²V²*

habe, eignete er sich durch häufiges Hören mit Leichtigkeit an, was er sogar nach einmaligem Hören hätte behalten können. Ganz ungewöhnliches Vergnügen aber bereitete ihm stets die Lektüre von Büchern, über die er gerade den Lehrer sprechen hörte.

[5] Allerdings befürchte ich zuweilen, daß es mir bei solchen Gestalten folgendermaßen ergeht: ich möchte ihren Glanz steigern und setze ihn tatsächlich herab. Es gibt nämlich viele Menschen, die mit griechischer Literatur allgemein, noch mehr, die insbesondere mit der Philosophie nichts zu tun haben wollen; die übrigen mißbilligen zwar die genannten Bestrebungen nicht, sind aber doch der Meinung, daß die Beschäftigung mit solchen Dingen sich für führende Politiker nicht eigentlich schicke. Demgegenüber ist überliefert, daß M. Cato noch im Alter angefangen habe, sich die griechische Literatur anzueignen; und historische Werke sprechen davon, daß P. Africanus auf jene erinnerungswürdige Gesandtschaftsreise, die er vor seiner Censur unternahm, überhaupt als einzigen persönlichen Begleiter den Panaitios mitgenommen habe: angesichts dessen brauche ich nach keinem Fürsprecher mehr Ausschau zu halten, weder für die griechische Literatur noch für die Philosophie.

[6] Dagegen gilt es jetzt noch denen zu antworten, die nicht möchten, daß so bedeutende Gestalten in derartige Gespräche verwickelt werden: als ob ein Gebot bestände, daß berühmte Männer, kommen sie zusammen, zu schweigen oder oberflächliche Reden zu führen oder sich über unwichtige Gegenstände zu unterhalten hätten. In der Tat: wenn ich in einem bestimmten Buch die Philosophie wahrheitsgemäß gepriesen habe, dann steht die Beschäftigung mit ihr gerade den Hervorragendsten und Größten am meisten zu; und wir, die wir vom römischen Volk an diesen erhöhten Platz gestellt worden sind, haben nur gerade darauf zu achten, daß wir nicht zugunsten unserer privaten Neigungen die Arbeit in der Öffentlichkeit einschränken. Als ich indes noch eine Aufgabe zu erfüllen hatte, lenkte ich mein

sed ne litteram quidem ullam fecimus nisi forensem, quis
reprendet otium nostrum, qui in eo non modo nosmet ipsos
hebescere et languere nolumus sed etiam, ut ‹quam› plurimis
prosimus, enitimur? gloriam vero non modo non minui sed
5 etiam augeri arbitramur eorum, quorum ad populares
inlustrisque laudes has etiam minus notas minusque pervolgatas
adiungimus.

[7] Sunt etiam, qui negent in iis, qui ‹in› nostris libris dispu-
tent, fuisse earum rerum, de quibus disputatur, scientiam. qui
10 mihi videntur non solum vivis sed etiam mortuis invidere.

Restat unum genus reprehensorum, quibus Academiae ratio
non probatur. quod gravius ferremus, si quisquam ullam disciplinam philosophiae probaret praeter eam, quam ipse sequeretur;
nos autem quoniam contra omnes, qui ‹se scire arbitrantur›, di-
15 cere, quae videntur, solemus, non possumus, quin alii a nobis
dissentiant, recusare. quamquam nostra quidem causa facilis est,
qui verum invenire sine ulla contentione volumus idque summa
cura studioque conquirimus. etsi enim omnis cognitio multis est
obstructa difficultatibus eaque est et in ipsis rebus obscuritas et
20 in iudiciis nostris infirmitas, ut non sine causa antiquissimi et
doctissimi invenire se posse, quod cuperent, diffisi sint, tamen
nec illi defecerunt neque nos studium exquirendi defatigati relin-
quemus.

---

3 quam *add. Schäublin coll. De div. 2,1*   8 in *add. Asc.*   14 se scire
arbitrantur *add. Halm (cf. p. 12,4)*: docere se profitentur *Plasberg*

Bemühen nie von der Gesamtheit des Volkes ab; ja sogar was ich schrieb, hatte stets nur mit meiner Arbeit auf dem Forum zu tun: wer wird da meine Muße tadelnswert finden? In ihr geht es mir schließlich nicht nur darum, daß ich selbst nicht stumpf und schlaff werde, sondern ich strenge mich überdies an, möglichst vielen zu nützen. Der Glanz aber — glaube ich — wird nicht herabgesetzt, sondern im Gegenteil gemehrt im Falle der Leute, deren öffentliche und deutlich sichtbare Ruhmestitel ich mit den erwähnten weniger bekannten und weniger verbreiteten verbinde.

[7] Ferner bestreiten einige, daß die Männer, die in meinen Dialogen auftreten, über Kenntnisse in den Bereichen verfügt hätten, denen die Dialoge gelten. Wer so redet, zeigt bösen Willen — scheint mir — nicht nur gegen Lebende, sondern sogar gegen Tote.

Es bleibt schließlich noch eine letzte Art von Kritikern: diese können die Denkweise der Akademie nicht gutheißen. Über sie grämte ich mich mehr, wenn denn irgend jemand überhaupt irgendeine philosophische Lehre gutheiße — außer derjenigen, der er selbst anhängt. Da wir selbst indes gegen alle, die ein Wissen für sich beanspruchen, vorzubringen pflegen, was uns ›scheint‹[1], können gerade wir keinen Einspruch dagegen erheben, daß andere unsere Auffassung nicht teilen. Unser eigener Fall freilich bereitet keine Schwierigkeiten: völlig frei von verkrampfter Streitsucht wollen wir die Wahrheit finden,[2] und nach ihr forschen wir mit einem Höchstmaß an Hingabe und Eifer. Denn es ist zwar alles Erkennen mit vielen Schwierigkeiten verbaut, und solche Dunkelheit liegt über den Dingen selbst, eine solche Schwäche kennzeichnet unsere Urteile über sie, daß mit gutem Grund die ältesten und gelehrtesten Männer an der Möglichkeit verzweifelten, das zu finden, wonach sie strebten. Trotzdem sind sie nicht abtrünnig geworden, und auch wir werden unseren Forschungseifer nicht aus Ermüdung preisgeben.

Neque nostrae disputationes quicquam aliud agunt, nisi ut in
utramque partem dicendo et audiendo eliciant et tamquam expri-
mant aliquid, quod aut verum sit aut ad id quam proxime acce-
dat; [8] nec inter nos et eos, qui se scire arbitrantur, quicquam
5 interest, nisi quod illi non dubitant, quin ea vera sint, quae defendunt, nos probabilia multa habemus, quae sequi facile, adfirmare vix possumus. hoc autem liberiores et solutiores sumus,
quod integra nobis est iudicandi potestas nec, ut omnia, quae
praescripta [et quibus] et quasi imperata sint, defendamus, ne-
10 cessitate ulla cogimur. nam ceteri primum ante tenentur adstricti,
quam, quid esset optimum, iudicare potuerunt; deinde infirmis-
simo tempore aetatis aut obsecuti amico cuidam aut una ali-
quoius, quem primum audierunt, oratione capti de rebus inco-
gnitis iudicant et, ad quamcumque sunt disciplinam quasi tem-
15 pestate delati, ad eam tamquam ad saxum adhaerescunt. [9] nam
quod dicunt omnia se credere ei, quem iudicent fuisse sapientem, probarem, si id ipsum rudes et indocti iudicare potuissent
(statuere enim, qui sit sapiens, vel maxime videtur esse sapientis
[sed ut potuerunt] omnibus rebus auditis, cognitis etiam reli-
20 quorum sententiis). iudicaverunt aut‹em› re semel audita ‹et› ad
unius se auctoritatem contulerunt; sed nescio quo modo plerique
errare malunt eamque sententiam, quam adamaverunt, pugnacis-

9 et quibus *omis. Rom.*   19 sed ut potuerunt *del. Schäublin*: sapientis).
sed ut potuerint, potuerunt omnibus *Lambinus* sapientis). sed ut potuerint,
aut, ut debuerunt, omnibus *vel* sed ut potuerint, aut omnibus *Plasberg*
20 autem *Lambinus*: aut *codd.*   et *add. Schäublin*: atque *Lambinus*

In der Tat verfolgen unsere Untersuchungen nur gerade ein Ziel:[3] Indem sie beide Seiten berücksichtigen — in der Darlegung wie in der Anhörung —, wollen sie etwas hervorlocken und gleichsam herauspressen, das entweder wahr ist oder der Wahrheit doch möglichst nahe kommt. [8] Anderseits besteht zwischen uns und denen, die ein Wissen für sich in Anspruch nehmen, nur insofern ein Unterschied, als sie nicht an der Wahrheit dessen zweifeln, was sie vertreten, während wir über viel Glaubhaftes[4] verfügen, nach dem wir uns ohne weiteres richten, das wir aber schwerlich mit Sicherheit behaupten können. Deswegen aber sind wir freier und unabhängiger, weil unsere Möglichkeit, selbst zu urteilen, unangetastet bleibt;[5] uns zwingt keinerlei Notwendigkeit, alles zu vertreten, was uns vorgegeben und gleichsam auferlegt ist. Die andern nämlich sind erstens gebunden und sitzen fest, bevor sie auch nur in die Lage gekommen sind zu entscheiden, was das Beste sei; zweitens schließen sie sich in einem Lebensalter, dem die erforderliche Selbständigkeit am meisten fehlt, entweder an irgendeinen Freund an, oder sie lassen sich fangen durch eine einzige Rede eines beliebigen Menschen, unter dessen Zuhörer sie zuerst geraten sind: dann entscheiden sie über Dinge, die sie nicht erkannt haben; und gegen welche Lehre auch immer sie wie von einem Sturm getrieben worden sind, daran klammern sie sich fest wie an einen Felsen. [9] Ihre Behauptung nämlich, alles glaubten sie dem, den sie als ›weise‹ beurteilten, würde ich gutheißen, wenn sie eben dies so ganz ohne Bildung und Unterrichtung hätten beurteilen können (denn festzustellen, wer ›weise‹ ist, scheint ganz besonders dem ›Weisen‹ vorbehalten zu sein, unter Berücksichtigung aller Voraussetzungen und in Kenntnis der Auffassungen auch der andern). Entschieden aber haben sie, nachdem sie sich eine Sache ein einziges Mal angehört hatten, und sie haben sich gleich der Autorität eines einzigen anvertraut. Aber irgendwie ziehen es die meisten eben vor, in die Irre zu gehen und die Auffassung, die sie einmal liebge-

sime defendere quam sine pertinacia, quid constantissime
dicatur, exquirere.

Quibus de rebus et alias saepe nobis multa quaesita et disputata sunt et quondam in Hortensi villa, quae est ad Baulos, cum
5 eo Catulus et Lucullus nosque ipsi postridie venissemus, quam
apud Catulum fuissemus. quo quidem etiam maturius venimus,
quod erat constitutum, si ventus esset, Lucullo in Neapolitanum
mihi in Pompeianum navigare. cum igitur pauca in xysto locuti
essemus, tum eodem in spatio consedimus.

10 [10] Hic Catulus 'etsi heri' inquit 'id, quod quaerebatur,
paene explicatum est, ut tota fere quaestio tractata videatur, tamen expecto ea, quae te pollicitus es, Luculle, ab Antiocho audita dicturum.' — 'equidem' inquit Hortensius 'feci plus, quam
vellem; totam enim rem, Catul‹e, Lucull›o integram servatam
15 oportuit. et tamen fortasse servata est; a me enim ea, quae in
promptu erant, dicta sunt; a Lucullo autem reconditiora desi-
dero.' — tum ille 'non sane,' inquit 'Hortensi, conturbat me ex-
pectatio tua, etsi nihil est iis, qui placere volunt, tam adversa-
rium; sed quia non laboro, quam [quam] valde ea, quae dico,
20 probaturus sim, eo minus conturbor. dicam enim nec mea nec
ea, in quibus ‹non›, si non fuerint, vinci me malim quam vin-
cere. sed mehercule, ut quidem nunc se causa habet, etsi hesterno sermone labefacta est, mihi tamen videtur esse verissima.

14 Catule Lucullo *Plasberg*: Catulo *codd.*   19 quam *del. Rom.*   21
non *add. Plasberg secutus B[1], qui quidem* non[2] *omisit*

wonnen haben, höchst kämpferisch zu verteidigen, statt daß sie
ohne Rechthaberei untersuchen, welche Aussage am meisten in
sich gefestigt ist.

Solchen Fragen widmeten wir auch sonst häufig längere
Untersuchungen und Erörterungen, insbesondere aber einmal in
der Villa des Hortensius bei Bauli, als Catulus, Lucullus und
ich selbst dorthin gekommen waren: das war am Tage, nachdem
wir uns bei Catulus getroffen hatten. Dorthin kamen wir sogar
recht frühzeitig, weil Lucullus und ich uns vorgenommen hatten, bei gutem Wind zu unsern Gütern zu segeln: er in die
Gegend von Neapel, ich von Pompeji. Zunächst also unterhiel-
ten wir uns ein wenig in der Halle; dann ließen wir uns gleich
im selben Raum nieder.

[10] Catulus begann: »Zwar wurde gestern die Frage, um die
sich unser Gespräch drehte, nahezu geklärt, so daß der Gegenstand fast insgesamt als abgehandelt gelten darf; trotzdem bin
ich gespannt, Lucullus, auf die Einlösung deines Versprechens:
du werdest darlegen, was du bei Antiochos gelernt habest.« —
»Tatsächlich«, fiel Hortensius ein, »habe ich für meine Person
mehr getan, als ich eigentlich wollte; denn der ganze Gegenstand, Catulus, hätte unangetastet für Lucullus aufbewahrt werden sollen. Nun, vielleicht ist er trotzdem aufbewahrt worden;
ich habe ja nur gerade vorgebracht, was unmittelbar zur Hand
lag, während ich mir von Lucullus Überlegungen erhoffe, die
tiefer greifen.« — Darauf antwortete Lucullus: »Deine Erwartung, Hortensius, beunruhigt mich nicht übermäßig, auch wenn
es für Leute, die auf Beifall bedacht sind, nichts Lästigeres gibt;
aber da ich mich nicht darum sorge, wie gut es mir gelingt, für
meine Darlegungen Zustimmung zu gewinnen, deshalb lasse ich
mich erst recht nicht beunruhigen. Was ich sagen will, stammt
nämlich nicht von mir, und es ist nicht von der Art, daß ich —
sollte es nicht zutreffen — nicht lieber besiegt werden als siegen
möchte. Aber bei Gott: wie die Sache sich jetzt darstellt, so
scheint sie mir, auch wenn sie infolge des gestrigen Gesprächs

agam igitur, sicut Antiochus agebat. nota enim mihi res est; nam
et vacuo animo illum audiebam et magno studio, eadem de re
etiam saepius: ut etiam maiorem expectationem mei faciam,
quam modo fecit Hortensius.' cum ita esset exorsus, ad audien-
5 dum animos ereximus.

   [11] At ille 'cum Alexandriae pro quaestore' inquit 'essem,
fuit Antiochus mecum, et erat iam antea Alexandriae familiaris
Antiochi Heraclitus Tyrius, qui et Clitomachum multos annos et
Philonem audierat, homo sane in ista philosophia, quae nunc
10 prope dimissa revocatur, probatus et nobilis; cum quo [et]
Antiochum saepe disputantem audiebam — sed utrumque leni-
ter; et quidem isti libri duo Philonis, de quibus heri dictum a
Catulo est, tum erant allati Alexandriam tumque primum in
Antiochi manus venerant; et homo natura lenissumus (nihil enim
15 poterat fieri illo mitius) stomachari tamen coepit. mirabar; nec
enim umquam ante videram. at ille Heracliti memoriam inplorans
quaerere ex eo, viderenturne illa Philonis aut ea num vel e Philone vel ex ullo Academico audivisset aliquando. negabat; Philonis
tamen scriptum agnoscebat; nec id quidem dubitari poterat, nam
20 aderant mei familiares, docti homines P. et C. Selii et Tetrilius
Rogus, qui se illa audivisse Romae de Philone et ab eo ipso duo

6 essem *Rom.*: issem *codd.*   10 et *omis. A^1V*

ins Wanken geriet, trotzdem die volle Wahrheit[6] für sich zu
haben. Ich will also vorgehen, wie Antiochos vorzugehen
pflegte. Denn der Gegenstand ist mir bekannt, folgte ich doch
stets mit unvoreingenommenem Sinn und großer Hingabe
seinem Vortrag, über das gleiche Thema sogar wiederholt. Und
so wecke ich denn hinsichtlich meiner Person noch größere
Erwartungen, als Hortensius sie eben geweckt hat.« — Nach
dieser Einleitung konzentrierten wir uns ganz aufs Zuhören.

[11] Er aber sagte: »Als ich als Proquästor in Alexandria
weilte, war Antiochos in meinem Gefolge; und schon zuvor befand sich in Alexandria Heraklit aus Tyros, ein Freund des
Antiochos. Viele Jahre lang war er ein Schüler des Kleitomachos und des Philon gewesen und hatte sich trefflich bewährt
und ausgezeichnet in der Richtung der Philosophie, die jetzt —
obwohl beinahe außer Kraft gesetzt — wieder zum Leben
erweckt wird. Oft hörte ich zu, wenn Antiochos mit ihm
diskutierte — aber beide verhielten sich dabei ganz freundlich;
und tatsächlich waren damals die zwei Bücher Philons, über die
gestern Catulus gesprochen hat, nach Alexandria gebracht worden und eben zu der Zeit erstmals in die Hände des Antiochos
gelangt. Zwar zeichnete diesen ein freundliches Wesen aus (ja
man hätte sich nichts Sanfteres vorstellen können als ihn); trotzdem begann er, sich zu ärgern. Ich mußte mich wundern, hatte
ich ihn doch niemals zuvor so gesehen. Er aber rief das Erin-
nerungsvermögen Heraklits an und fragte ihn, ob die Schriften
den Eindruck erweckten, als stammten sie von Philon, oder ob
er solche Dinge irgendeinmal sei es von Philon, sei es von sonst
einem Akademiker gehört habe.[7] Heraklit verneinte dies, wollte
aber dennoch Philon als Verfasser anerkennen. Und daran
konnte es in der Tat keinen Zweifel geben, denn mit uns waren
noch P. und C. Selius, überdies Tetrilius Rogus, Freunde von
mir und sehr gebildete Männer: sie behaupteten, sie hätten die
fraglichen Lehren in Rom von Philon selbst vernommen und die
betreffenden zwei Bücher von seinem eigenen Exemplar

illos libros dicerent descripsisse. [12] tum et illi dixit Antiochus,
quae heri Catulus commemoravit a patre suo dicta Philoni, et alia
plura; nec se tenuit, quin contra suum doctorem librum etiam
ederet, qui Sosus inscribitur.

5   Tum igitur, et cum Heraclitum studiose audirem contra
Antiochum disserentem et item Antiochum contra Academicos,
dedi Antiocho operam diligentius, ut causam ex eo totam co-
gnoscerem. itaque conplures dies adhibito Heraclito doctisque
conpluribus et in iis Antiochi fratre Aristo et praeterea Aristone
10   et Dione, quibus ille secundum fratrem plurumum tribuebat,
multum temporis in ista una disputatione consumpsimus. sed ea
pars, quae contra Philonem erat, praetermittenda est; minus enim
acer est adversarius is, qui ista, quae sunt heri defensa, negat
Academicos omnino dicere; etsi enim mentitur, tamen est adver-
15   sarius lenior. ad Arcesilan Carneademque veniamus.'

[13] Quae cum dixisset, sic rursus exorsus est: 'primum mihi
videmini,' (me autem nomine appellabat) 'cum veteres physicos
nominatis, facere idem, quod seditiosi cives solent, cum aliquos
ex antiquis claros viros proferunt, quos dicant fuisse populares,
20   ut eorum ipsi similes esse videantur. repetunt ii a P. Valerio, qui
exactis regibus primo anno consul fuit; commemorant reliquos,
qui leges populares de provocationibus tulerint, cum consules

---

5 et cum *codd.*: cum et *Goerenz*   20 ii a *Davies*: iam *codd.*   iam a
Lambinus

abgeschrieben. [12] Darauf tat Antiochos Heraklit gegenüber
jene Äußerungen, die Catulus' gestriger Erwähnung zufolge
von seinem Vater an Philons Adresse gerichtet worden sind,
und noch andere mehr; ja er konnte sich nicht einmal davor
zurückhalten, gegen seinen Lehrer ein Buch zu veröffentlichen:
es trägt den Titel ›Sosos‹.[8]

Damals also hörte ich mit Hingabe zu, wie Heraklit gegen
Antiochos argumentierte, und ebenso, wie Antiochos gegen die
Akademiker;[9] mit besonderer Aufmerksamkeit allerdings achtete
ich auf Antiochos, um von ihm Aufschluß über den ganzen
Fragenkomplex zu erhalten. So verwandten wir denn während
mehrerer Tage viel Zeit auf diese eine Untersuchung; beigezo-
gen wurden Heraklit und einige weitere Gelehrte, unter ihnen
Antiochos' Bruder Aristos und außerdem Ariston und Dion, auf
welche jener nächst seinem Bruder am meisten hielt. Der Teil
freilich, der sich mit der Widerlegung Philons befaßte, soll hier
beiseitegelassen werden; ein weniger angriffiger Gegner nämlich ist der, welcher in Abrede stellt, daß die Akademiker solches überhaupt lehrten, wie es gestern vertreten worden ist.[10] Er
sagt damit zwar die Unwahrheit; trotzdem ist er ein harmloserer
Gegner. Arkesilaos vielmehr und Karneades wollen wir uns
vornehmen.«

[13] Nach diesen Worten setzte er folgendermaßen zu einer
zweiten Einleitung an: »Erstens einmal kommt es mir so vor, als
verhieltet ihr euch (dabei wandte er sich namentlich an mich) mit
eurer Nennung der alten Naturphilosophen[11] genau so, wie das
aufrührerische Bürger zu tun pflegen, indem sie aus der Schar
der Alten auf einige hervorragende Männer zeigen und von ihnen behaupten, sie seien ›Volksfreunde‹ gewesen: auf diese
Weise möchten sie den Eindruck erwecken, selbst ihnen ähnlich
zu sein. Dabei holen sie aus bis zu P. Valerius, der nach der
Vertreibung der Könige im ersten Jahr Konsul war; ferner erwähnen sie die andern, die als Konsuln ›volksfreundliche‹
Gesetze über Berufungsrechte eingebracht hätten; schließlich

essent; tum ad hos notiores, C. Flaminium, qui legem agrariam
aliquot annis ante secundum Punicum bellum tribunus plebis
tulerit invito senatu et postea bis consul factus sit, L. Cassium,
Q. Pompeium. illi quidem etiam P. Africanum referre in eundem
5   numerum solent; duo vero sapientissimos et clarissimos fratres,
P. Crassum et P. Scaevolam, aiunt Tib. Graccho legum auctores
fuisse, alterum quidem, ut videmus, palam, alterum, ut suspi-
cantur, obscurius. addunt etiam C. Marium; et de hoc quidem
nihil mentiuntur. horum nominibus tot virorum atque tantorum
10   expositis eorum se institutum sequi dicunt.

[14] Similiter vos, cum perturbare ut illi rem publicam sic vos
philosophiam bene iam constitutam velitis, Empedoclen
Anaxagoran Democritum Parmeniden Xeno‹phanen›, Platonem
etiam et Socratem profertis. sed neque Saturninus, ut nostrum
15   inimicum potissimum nominem, simile quicquam habuit veterum illorum, nec Arcesilae calumnia conferenda est cum
Democriti verecundia. et tamen isti physici raro admodum, cum
haerent aliquo loco, exclamant quasi mente incitati (Empedocles
quidem, ut interdum mihi furere videatur) abstrusa esse omnia,
20   nihil nos sentire, nihil cernere, nihil omnino, quale sit, posse re-
perire; maiorem autem partem mihi quidem omnes isti videntur
nimis etiam quaedam adfirmare plusque profiteri se scire, quam
sciant.

13 Xenophanen Platonem *Victorius*: xeno platonem *codd.*

gelangen sie zu den Näheren und Bekannteren: zu C. Fla-
minius, der einige Jahre vor dem 2. Punischen Krieg als
Volkstribun wider den Willen des Senats ein Ackergesetz
eingebracht habe und danach zweimal Konsul geworden sei,
überdies zu L. Cassius und Q. Pompeius. Ja, auch den P.
Africanus pflegen sie in die gleiche Reihe zu stellen; und zwei
ausnehmend kluge und angesehene Männer, die Brüder P.
Crassus und P. Scaevola, sollen sogar nach ihrer Behauptung
den Tib. Gracchus zu seinen Gesetzen angestiftet haben — der
eine, wie man nachlesen kann, in aller Öffentlichkeit, der
andere, wie sie vermuten, mehr im Geheimen. Auch den C.
Marius fügen sie hinzu, und was diesen betrifft, so sagen sie
tatsächlich die Wahrheit. Diese Männer also — so viele und so
bedeutende — zählen sie namentlich auf und behaupten dann,
deren Politik setzten sie fort.

[14] Ganz ähnlich geht ihr vor: Da ihr die mittlerweile wohl
verfaßte Philosophie in Aufruhr versetzen wollt — wie jene den
Staat —, zeigt ihr auf[12] Empedokles, Anaxagoras, Demokrit,
Parmenides, Xenophanes, auch auf Platon und Sokrates. Aber
Saturninus — um in erster Linie meinen eigenen Feind zu nennen — hatte nichts an sich, was ihn jenen Alten ähnlich machte,
und ebensowenig darf man das Ränkespiel des Arkesilaos[13] mit
der Bescheidenheit eines Demokrit vergleichen. Dabei ist es
immerhin so, daß die genannten Naturphilosophen in ganz seltenen Fällen, wenn sie irgendwo nicht weiterkommen, ein Ge-
schrei erheben, wie wenn sich ihr Geist in einem Zustand ge-
steigerter Erregung befände (Empedokles gar scheint mir zuweilen völlig außer sich zu sein): tief versteckt (sagen sie dann)
sei alles, nichts nähmen wir mit unsern Sinnen, nichts mit dem
Verstand wahr, überhaupt nichts könnten wir hinsichtlich der
Beschaffenheit der Dinge herausfinden. Doch zum größern Teil
— dies ist jedenfalls mein Eindruck — stellen alle diese Männer
sogar übers Maß hinaus feste Behauptungen auf und nehmen

[15] Quod si illi tum in novis rebus quasi modo nascentes haesitaverunt, nihilne tot saeculis summis ingeniis maxumis studiis explicatum putamus? nonne cum iam philosophorum disciplinae gravissimae constitissent, tum exortus est — ‹ut› in
5 optuma re publica Tib. Gracchus, qui otium perturbaret — sic Arcesilas, qui constitutam philosophiam everteret et in eorum auctoritate delitisceret, qui negavissent quicquam sciri aut percipi posse? quorum e numero tollendus est et Plato et Socrates, alter, quia reliquit perfectissimam disciplinam, Peripateticos et Acade-
10 micos nominibus differentes re congruentes, a quibus Stoici ipsi verbis magis quam sententiis dissenserunt, — Socrates autem de se ipse detrahens in disputatione plus tribuebat iis, quos volebat refellere; ita cum aliud diceret atque sentiret, libenter uti solitus est ea dissimulatione, quam Graeci εἰρωνείαν vocant; quam ait
15 etiam in Africano fuisse Fannius, idque propterea vitiosum in illo non putandum, quod idem fuerit in Socrate.

[16] Sed fuerint illa vetera, si voltis, incognita: nihilne est igitur actum, quod investigata sunt, postea quam Arcesilas Zenoni, ut putatur, obtrectans nihil novi reperienti sed emendanti
20 superiores inmutatione verborum, dum huius definitiones labe-

---

4 exortus *Rom.*: exorsus *codd.*   ut *add. Ven.*[2]   14 est *Rom.*: esset *codd.*

ein reicheres Wissen für sich in Anspruch, als sie tatsächlich besitzen.

[15] Wenn jene aber damals — unter den Bedingungen des Anfangs — gleichsam wie Neugeborene sich nicht zu helfen vermochten: glauben wir deswegen, daß nichts seither in so vielen Jahrhunderten, von klügsten Köpfen, bei größter Hingabe aufgedeckt worden sei? Ist es nicht eher so: Bereits hatten sich die gewichtigsten Philosophien gebildet; da trat — ja, wie in unserm vorzüglichen Staat Tib. Gracchus auftrat, um den innern Frieden zu stören, so trat damals Arkesilaos auf, um die wohl verfaßte Philosophie umzustürzen, und dies, indem er sich hinter der Autorität derer verschanzte, die bestritten hätten, daß irgend etwas gewußt oder erfaßt werden könne. Ihnen darf man weder Platon noch Sokrates zurechnen:[14] jenen nicht, weil er eine vollkommen ausgearbeitete Philosophie hinterlassen hat, nämlich die der Peripatetiker und der Akademiker, die sich ja nur hinsichtlich ihrer Namen unterscheiden, in der Sache aber übereinstimmen (von ihnen sind die Stoiker ihrerseits zwar abgewichen, aber mehr in ihren Begriffen als in den Lehrmeinungen). Sokrates dagegen setzte sich selbst in der Unterhaltung herab und gestand denen mehr zu, die er tatsächlich widerlegen wollte. Da er also anderes zum Ausdruck brachte als er dachte, bediente er sich gerne jener Form der Verstellung, welche die Griechen ›Ironie‹ nennen. Fannius behauptet, auch Africanus habe darüber verfügt, und deswegen dürfe man ihm dies nicht als Fehler anrechnen, weil es ebenso dem Sokrates eigen gewesen sei.

[16] Immerhin, jene alten Lehren beruhen vielleicht, wenn ihr so wollt, nicht auf wahrer Erkenntnis: ist deswegen aber danach nichts geschehen hinsichtlich ihrer weiteren Verfolgung — zumal seit Arkesilaos?[15] Dieser schmähte, wie man glaubt, den Zenon, der ja doch gar nichts Neues herauszufinden,[16] sondern nur die Früheren durch Vertauschung der Begriffe zu verbessern bestrebt war; und indem er Zenons Definitionen ins

factare volt, conatus est clarissimis rebus tenebras obducere?
cuius primo non admodum probata ratio (quamquam floruit cum
acumine ingeni tum admirabili quodam lepore dicendi) proxime
a Lacyde solo retenta est, post autem confecta a Carneade. qui
5 est quartus ab Arcesila; audivit enim Hegesinum, qui Euandrum
audierat, Lacydi discipulum, cum Arcesilae Lacydes fuisset. sed
ipse Carneades diu tenuit, nam nonaginta vixit annos, et qui illum audierant, admodum floruerunt. e quibus industriae plurimum in Clitomacho fuit (declarat multitudo librorum), ingenii
10 non minus in Hagnone, in Charmada eloquentiae, in Melanthio
Rhodio suavitatis; bene autem nosse Carneaden Stratoniceus
Metrodorus putabatur. iam Clitomacho Philo vester operam
multos annos dedit. Philone autem vivo patrocinium Academiae
non defuit.
15   [17] Sed quod nos facere nunc ingredimur, ut contra Academicos disseramus, id quidam e philosophis, et ii quidem non
mediocres, faciundum omnino non putabant, nec vero esse
ullam rationem disputare cum iis, qui nihil probarent, Anti-
patrumque Stoicum, qui multus in eo fuisset, reprehendebant;
20 nec definiri aiebant necesse esse, quid esset cognitio aut perceptio aut, si verbum e verbo volumus, conprehensio, quam
κατάλημψιν illi vocant; eosque, qui persuadere vellent esse aliquid, quod conprehendi et percipi posset, inscienter facere di-

---

4 confecta *Manutius*: conficta *codd*.   10 Hagnone *Christ*: hac nonne
A¹VB¹ hoc quam *A²B²*   22/23 aliquid *F²*: aliquod *AVB*

Wanken bringen wollte, versuchte er Sachverhalte, die völlig
klar zutageliegen, mit Dunkelheit zu überziehen. Gleich zu
Beginn fand seine Denkweise nicht eben viel Zustimmung
(obwohl Schärfe des Geistes, fast mehr noch ein bewunderns-
werter Zauber im Sprechen ihn auszeichnete); in der unmittelbaren Folge jedenfalls wurde sie nur gerade von Lakydes[17] beibe-
halten, später freilich von Karneades zur Vollendung gebracht,
Arkesilaos' viertem Nachfolger: Karneades nämlich war ein
Schüler des Hegesinos,[18] der seinerseits bei Euandros[19] studiert
hatte, dem Schüler des Lakydes; der aber war ein Schüler des
Arkesilaos gewesen. Selbst hatte Karneades die Schulleitung
lange Zeit inne, wurde er doch neunzig Jahre alt, und seine
Schüler brachten es zu beträchtlicher Geltung. Von ihnen verfügte Kleitomachos über den größten Fleiß (davon zeugt die
Menge seiner Bücher), über nicht geringere Begabung Hagnon,[20] Sprachgewalt Charmadas,[21] Liebenswürdigkeit Melan-
thios von Rhodos;[22] besonders gut aber soll den Karneades Metrodoros von Stratonikeia[23] gekannt haben. Von Kleitomachos
ließ sich danach euer Philon viele Jahre lang unterrichten; und
zu Philons Lebzeiten hatte die Akademie noch ihren Verteidiger.[24]

[17] Was ich jetzt freilich zu tun anfange — einen Vortrag zu
halten gegen die Akademiker —, davon dachten einige
Philosophen[25] (und keineswegs mittelmäßige!), man sollte es
überhaupt bleibenlassen; in der Tat gebe es keinen vernünftigen
Grund[26], sich mit solchen Leuten auseinanderzusetzen, die
nichts guthießen; und den Stoiker Antipatros pflegten sie eben
deswegen zu kritisieren, weil er sich vielfach damit beschäftigt
hatte. Namentlich behaupteten sie, es müsse nicht definiert werden, was ›Erkenntnis‹ sei oder ›Erfassen‹ oder — wenn wir's
wörtlich haben wollen — ›Begreifen‹,[27] wofür jene $\kappa\alpha\tau\dot\alpha$-
$\lambda\eta\mu\psi\iota\varsigma$[28] sagen; und sie stellten überdies fest, daß die, welche
durchsetzen wollten, es gebe etwas, das ›begriffen‹ oder ›er-
faßt‹ werden könne, durchaus unwissenschaftlich vorgingen —

cebant, propterea quod nihil esset clarius ἐναργείᾳ — ut
Graeci; perspicuitatem aut evidentiam nos, si placet, nominemus
fabricemurque, si opus erit, verba, nec hic sibi' (me appellabat
iocans) 'hoc licere soli putet — sed tamen orationem nullam pu-
5 tabant inlustriorem ipsa evidentia reperiri posse, nec ea, quae
tam clara essent, definienda censebant. alii autem negabant se
pro hac evidentia quicquam priores fuisse dicturos, sed ad ea,
quae contra dicerentur, dici oportere putabant, ne qui fallerentur.
[18] plerique tamen et definitiones ipsarum etiam evidentium
10 rerum non inprobant et rem idoneam, de qua quaeratur, et homines dignos, quibuscum disseratur, putant.

Philo autem, dum nova quaedam commovet, quod ea sustinere vix poterat, quae contra Academicorum pertinaciam dice-
bantur, et aperte mentitur, ut est reprehensus a patre Catulo, et,
15 ut docuit Antiochus, in id ipsum se induit, quod timebat. cum
enim ita negaret quicquam esse, quod conprehendi posset (id
enim volumus esse ἀκατάληπτον), si illud esset, sicut Zeno
definiret, tale visum (iam enim hoc pro φαντασίᾳ verbum satis
hesterno sermone trivimus) — visum igitur inpressum effictum-
20 que ex eo, unde esset, quale esse non posset ex eo, unde non
esset (id nos a Zenone definitum rectissime dicimus; qui enim

---

1 enargia *Budaeus*: senergea *codd.*   19/20 effictumque *Ven.*[2]: effectumque
codd.

deswegen, weil nichts deutlicher sei als die ἐνάργεια (so
sagen die Griechen; unsererseits könnten wir, wenn es beliebt,
von ›Anschaulichkeit‹ oder ›Evidenz‹ sprechen, und wir könnten, wo nötig, ebenfalls Begriffe zimmern; der da — scherzend
nannte er meinen Namen — soll nur nicht glauben, dies stehe
allein ihm frei): auf jeden Fall aber glaubten sie, daß sich keine
sprachliche Äußerung finden lasse, die einleuchtender sei als die
›Evidenz‹ selbst,[29] und sie vertraten die Auffassung, was so
deutlich sei, müsse nicht definiert werden. Andere wiederum
verwahrten sich dagegen, daß sie von sich aus irgend etwas zugunsten dieser ›Evidenz‹ vorgebracht haben würden; doch
dachten sie,[30] daß man sich zu den Argumenten, die dagegen
geltend gemacht würden, äußern müsse, damit niemand in die
Irre gehe. [18] Die meisten indes billigen einerseits Definitionen
gerade auch von den Dingen, die ›evident‹ sind,[31] und anderseits sind sie davon überzeugt, daß der Gegenstand sich für eine
Untersuchung eigne und daß die Leute es verdienten, daß man
sich mit ihnen auseinandersetze.

Während Philon aber gewisse Neuerungen einführen wollte
(er vermochte nämlich die Vorwürfe kaum zu ertragen, die man
gegen die Hartnäckigkeit der Akademiker richtete), sagte er offenkundig die Unwahrheit (dafür ist er denn auch von Vater
Catulus getadelt worden) und verwickelte sich, wie Antiochos
gezeigt hat,[32] eben darin, wovor er sich fürchtete. Er bestritt
nämlich, daß es etwas gebe, das begriffen werden könne (damit
übersetzen wir ἀκατάλημπτον) in dem Fall,[33] daß es sich
dabei — nach Zenons Definition — um eine solche ›Erscheinung‹[34] handle (dieses Wort als Wiedergabe von φαντασία
haben wir in unserer gestrigen Unterhaltung schon hinlänglich
eingebürgert) — nochmals also: um eine ›Erscheinung‹, [uns]
so aufgeprägt und dem Gegenstand, von dem sie stammt, so
nachgebildet, wie sie nicht [nachgebildet] sein könnte einem
Gegenstand, von dem sie nicht stammt.[35] Diese Definition Zenons, behaupte ich, ist vollkommen richtig:[36] wie nämlich

potest quicquam conprehendi, ut plane confidas perceptum id
cognitumque esse, quod est tale, quale vel falsum esse possit?)
— hoc cum infirmat tollitque Philo, iudicium tollit incogniti et
cogniti; ex quo efficitur nihil posse conprehendi. ita inprudens
5 eo, quo minime volt, revolvitur. quare omnis oratio contra
Academiam suscipitur a nobis, ut retineamus eam definitionem,
quam Philo voluit evertere; quam nisi optinemus, percipi nihil
posse concedimus.

[19] Ordiamur igitur a sensibus. quorum ita clara iudicia et
10 certa sunt, ut, si optio naturae nostrae detur et ab ea deus aliqui
requirat, contentane sit suis integris incorruptisque sensibus an
postulet melius aliquid, non videam, quid quaerat amplius. nec
vero hoc loco expectandum est, dum de remo inflexo aut de
collo columbae respondeam; non enim is sum, qui, quidquid vi-
15 detur, tale dicam esse, quale videatur; Epicurus hoc viderit et alia
multa. meo autem iudicio ita est maxima in sensibus veritas, si et
sani sunt ac valentes et omnia removentur, quae obstant et inpe-
diunt. itaque et lumen mutari saepe volumus et situs earum
rerum, quas intuemur, et intervalla aut contrahimus aut didu-
20 cimus, multaque facimus usque eo, dum aspectus ipse fidem
faciat sui iudicii. quod idem fit in vocibus in odore in sapore, ut
nemo sit nostrum, qui in sensibus suo cuiusque generis iudi-

---

22 suo *Schäublin, Mus. Helv. 49,1992,46sq.*: sui *codd.*

könnte man irgend etwas so begreifen, daß man sich restlos darauf verlassen kann, es[37] sei erfaßt und erkannt, wenn es von der Art ist, daß es sogar falsch sein könnte.[38] Indem Philon also dies[39] entkräften und aus der Welt schaffen will, schafft er die Unterscheidung zwischen Nicht-Erkanntem und Erkanntem aus der Welt; und daraus ergibt sich dann, daß nichts begriffen werden kann. So treibt es ihn am Ende aufgrund mangelnder Vorsicht eben zu der Auffassung, mit der er eigentlich nichts zu tun haben will.[40] — Deshalb[41] unternehme ich es jetzt, in umfassender Weise gegen die Akademie zu sprechen, um jene Definition zu retten, die Philon umstürzen wollte; sollte es mir nicht gelingen, sie zu sichern, dann muß ich zugeben, daß man nichts erfassen kann.

[19] So wollen wir denn mit den Sinnen anfangen. Ihre Urteile[42] sind vollkommen deutlich und gewiß; ja, gäbe man unserer Wesensbeschaffenheit die Wahl, und fragte sie irgendein Gott, ob sie mit ihren Sinnen — in unversehrtem und unverdorbenem Zustand — zufrieden sei oder ob sie um etwas Besseres bitte, dann könnte ich mir nicht vorstellen, was sie darüber hinaus erstreben sollte. Wartet freilich nicht darauf, daß ich in diesem Zusammenhang mich über ›das geknickte Ruder‹ oder ›den Hals der Taube‹ äußere; denn ich bin nicht für die Behauptung zu haben, daß alles, was erscheint, so sei, wie es erscheint: damit und mit vielem andern mag Epikur sich befassen.[43] Nach meinem Urteil indes vermitteln die Sinne ein Höchstmaß an Wahrheit[44] unter der Bedingung, daß sie gesund sind und wirkungskräftig und daß alles ferngehalten wird, was ihnen entgegensteht und sie behindert. So verlangen wir doch häufig, daß Beleuchtung und Lage der Dinge, die wir betrachten, geändert werden; wir verkleinern und vergrößern die Abstände und kehren so lange vielerlei vor, bis das Hinblicken selbst Vertrauen in sein eigenes Urteil schafft. Ebenso verhält es sich bei Stimmen, beim Geruch, beim Geschmack; ja, am Ende gibt es niemand unter uns, der im Falle seiner Sinne ein schärferes Urteil ver-

cium requirat acrius. [20] adhibita vero exercitatione et arte, ut
oculi pictura teneantur, aures cantibus, quis est, quin cernat,
quanta vis sit in sensibus? quam multa vident pictores in umbris
et in eminentia, quae nos non videmus; quam multa, quae nos
5 fugiunt in cantu, exaudiunt in eo genere exercitati, qui primo in-
flatu tibicinis Antiopam esse aiunt aut Andromacham, cum id
nos ne suspicemur quidem. nihil necesse est de gustatu et odo-
ratu loqui, in quibus intellegentia, etsi vitiosa, est quaedam tamen. quid? de tactu, et eo quidem, quem philosophi interiorem
10 vocant aut doloris aut voluptatis, in quo Cyrenaici solo putant
veri esse iudicium, quia sentiatur — [21] potestne igitur quisquam dicere inter eum, qui doleat, et inter eum, qui in voluptate
sit, nihil interesse? aut ita qui sentiet, non apertissime insaniat?

Atqui qualia sunt haec, quae sensibus percipi dicimus, talia
15 secuntur ea, quae non sensibus ipsis percipi dicuntur sed quodam modo sensibus, ut haec: 'illud est album, hoc dulce, cano-
rum illud, hoc bene olens, hoc asperum': animo iam haec tene-
mus conprehensa non sensibus. 'ille' deinceps 'equus est, ille
canis'; cetera series deinde sequitur maiora nectens, ut haec,
20 quae quasi expletam rerum conprehensionem amplectuntur: 'si
homo est, animal est mortale rationis particeps.' quo e genere

langte als das, welches jeder einzelnen Sinnesart eigen ist. [20] Kommen aber erst noch Übung und ein ausgebildeter Kunstverstand hinzu, so daß die Augen sich von Malerei, die Ohren von Musik fesseln lassen: wer stellte dann nicht fest, was für ein Vermögen in den Sinnen steckt? Wie vieles sehen Maler in den Schattenpartien und in der plastischen Hervorhebung, was wir selbst nicht sehen; wie vieles, was uns entgeht, hören diejenigen in der Musik, die darin geübt sind: beim ersten Ton, den ein Flötist bläst, geben sie an, daß es sich um die ›Antiopa‹ oder die ›Andromacha‹ handle, während wir etwas Derartiges noch nicht einmal zu vermuten wagten. Ich brauche jetzt nicht über das Schmecken und Riechen zu sprechen; mag das in ihnen enthaltene Erkenntnisvermögen auch fehlerhaft sein, so gibt es doch eines. Hinsichtlich des Tastsinns ferner, und zwar desjenigen, den die Philosophen ›den inneren‹ nennen — er meldet Schmerz oder Lust, und die Kyrenaiker glauben, in ihm allein sei die Unterscheidung der Wahrheit angelegt, weil es sich dabei um eine unmittelbare Erfahrung handle[45] —: [21] kann da jemand behaupten, zwischen einem, der Schmerz empfinde, und einem, der im Zustand der Lust sei, gebe es keinen Unterschied? Oder ist, wer so denkt, wohl nicht offenkundig geisteskrank?

Und doch: dem entsprechend, was man nach unserer Behauptung mit den Sinnen erfaßt, folgt das, was nicht — wie man sagt — mit den Sinnen selbst erfaßt wird, sondern ›gewissermaßen mit den Sinnen‹, wie z. B.: ›Jenes ist weiß, dies süß, wohlklingend jenes, dies gut riechend, dies rauh.‹[46] Mit dem Geist nun begreifen wir solches und halten es fest, nicht mit den Sinnen.[47] Der nächste Schritt:[48] ›Dies ist ein Pferd, dies ein Hund.‹ Und dann folgt die übrige Reihe,[49] die Größeres verknüpft, wie der folgende Satz, der gleichsam ein vollständiges Begreifen der Dinge in sich schließt: ›Wenn er ein Mensch ist, ist er ein sterbliches und vernunftbegabtes Lebewesen.‹ Von dieser Art[50] sind die Vorstellungen von den Din-

nobis notitiae rerum inprimuntur, sine quibus nec intellegi quicquam nec quaeri ‹nec› disputari potest. [22] quod si essent
falsae notitiae (ἐννοίας enim notitias appellare tu videbare) — si
igitur essent eae falsae aut eius modi visis inpressae, qualia visa
5 a falsis discerni non possent, quo tandem his modo uteremur,
quo modo autem, quid cuique rei consentaneum esset, quid repugnaret, videremus? memoriae quidem certe, quae non modo
philosophiam sed omnis vitae usum omnesque artes una maxime
continet, nihil omnino loci relinquitur. quae potest enim esse
10 memoria falsorum, aut quid quisquam meminit, quod non animo
conprehendit et tenet? ars vero quae potest esse, nisi quae non
ex una aut duabus sed ex multis animi perceptionibus constat?
quam si subtraxeris, qui distingues artificem ab inscio? non
enim fortuito hunc artificem dicemus esse, illum negabimus, sed
15 cum alterum percepta et conprehensa tenere videmus, alterum
non item. cumque artium aliud eius modi genus sit, ut tantum
modo animo rem cernat, aliud, ut moliatur aliquid et faciat, quo
modo aut geometres cernere ea potest, quae aut nulla sunt aut
internosci a falsis non possunt, aut is, qui fidibus utitur, explere
20 numeros et conficere versus? quod idem in similibus quoque artibus continget, quarum omne opus est in faciendo atque agen-
do. quid enim est, quod arte effici possit, nisi is, qui artem trac-
tabit, multa perceperit?

2 nec *add. Plasberg*

gen, die sich uns eingeprägen: ohne sie läßt sich nichts verstehen, nichts untersuchen, nichts erörtern.[51] [22] Wären die Vorstellungen freilich falsch[52] (mich dünkte, daß du das Wort ›Vorstellung‹ für griechisch ἔννοια verwendest) — wären sie also falsch oder aufgeprägt von solchen Erscheinungen, die ihrer Art nach von falschen nicht unterschieden werden könnten: auf welche Weise sollten wir uns ihrer dann bedienen? Auf welche Weise vermöchten wir überdies auszumachen, was mit jedem Gegenstand übereinstimmt, was ihm widerstreitet? Für das Gedächtnis jedenfalls, von dem allein nicht nur die Philosophie, sondern die ganze Lebensführung und alle Künste ganz wesentlich abhängen, bleibt dann restlos kein Raum mehr übrig. Denn wie könnten wir — bezogen auf Falsches — überhaupt von einem Gedächtnis sprechen?[53] Oder erinnert man sich nicht eben daran, was man mit dem Geist begriffen hat und festhält? Wie könnten wir erst recht von einer Kunst sprechen? — es sei denn, sie beruhe darauf, daß der Geist nicht nur ein- oder zweimal, sondern vielfach etwas erfaßt hat. Beseitigst du aber die Kunst, wie willst du dann den Fachmann vom Laien unterscheiden? Nicht obenhin bezeichnen wir doch diesen als Fachmann, jenen nicht; vielmehr stellen wir beim einen fest, daß er über Erfaßtes und Begriffenes verfügt, beim andern nicht gleichermaßen. Nun verhält es sich bei der einen Art von Künsten doch so, daß sie nur gerade mit dem Verstand einen Sachverhalt durchdringt, bei der andern, daß sie etwas ins Werk setzt und schafft: wie könnte angesichts dessen ein Geometer das durchdringen, was es gar nicht gibt[54] oder sich von Falschem nicht unterscheiden läßt? Oder wie vermöchte ein Saitenspieler den Rhythmus zu erfüllen und Verse zu schaffen? Das gleiche trifft auch auf die verwandten Künste zu, deren ganze Aufgabe darin besteht, zu schaffen und tätig zu sein. Was nämlich könnte mit einer Kunst bewirkt werden, wenn der, der diese Kunst handhabt, nicht vieles erfaßt hat?

[23] Maxime vero virtutum cognitio confirmat percipi et conprendi multa posse. in quibus solis inesse etiam scientiam dicimus, quam nos non conprehensionem modo rerum, sed eam
stabilem quoque et immutabilem esse censemus, itemque sapi-
5 entiam artem vivendi, quae ipsa ex sese habeat constantiam. ea
autem constantia, si nihil habeat percepti et cogniti, quaero, unde
nata sit aut quo modo. quaero etiam: ille vir bonus, qui statuit
omnem cruciatum perferre, intolerabili dolore lacerari potius,
quam aut officium prodat aut fidem, cur has sibi tam graves le-
10 ges inposuerit, cum, quam ob rem ita oporteret, nihil haberet
conprehensi percepti cogniti constituti. nullo igitur modo fieri
potest, ut quisquam tanti aestimet aequitatem et fidem, ut eius
conservandae causa nullum supplicium recuset, nisi iis rebus
adsensus sit, quae falsae esse non possint. [24] ipsa vero sapi-
15 entia, si se ignorabit, sapientia sit necne, quo modo primum
obtinebit nomen sapientiae? deinde quo modo suscipere aliquam
rem aut agere fidenter audebit, cum certi nihil erit, quod sequatur? cum vero dubitabit, quid sit extremum et ultimum bonorum,
ignorans, quo omnia referantur, qui poterit esse sapientia? atque
20 etiam illud perspicuum est, constitui necesse esse initium, quod
sapientia, cum quid agere incipiat, sequatur, idque initium esse
naturae accommodatum. nam aliter adpetitio (eam enim volumus
esse ὁρμήν), qua ad agendum impellimur et id adpetimus, quod

[23] Im höchsten Maße freilich bestätigt die den Tugenden eigene Erkenntnis[55], daß vieles erfaßt und begriffen werden kann. Allein in den Tugenden, behaupten wir, ist auch Wissen enthalten, und was dieses betrifft, so bin ich der Meinung, es erschöpfe sich nicht im Begreifen, sondern setze ein gefestigtes und unveränderliches Begreifen voraus; ebenso ist in ihnen die Weisheit im Sinne der Lebenskunst enthalten, die aus sich selbst ihre Festigkeit bezieht. Wenn diese Festigkeit aber nichts aufweist, was erfaßt und erkannt ist, dann muß ich fragen, woraus sie entstanden ist oder wie. Ich frage überdies,[56] warum der viel berufene ›gute Mann‹ — der beschlossen hat, jede Marter zu ertragen und von unerträglichem Schmerz sich eher zerreißen zu lassen als das sittlich Gebotene oder die Treuepflicht preiszugeben —: warum er sich so schwere Gesetze auferlegt hat, obgleich er nichts von einem Grund, weswegen das so sein muß, begriffen, erfaßt, erkannt oder festgestellt haben soll. Unmöglich kann also jemand Gerechtigkeit und Treue so hoch schätzen, daß er um der Bewahrung dieser Werte willen sich keiner Qual entzieht — es sei denn, er habe ihnen deshalb zugestimmt, weil sie nicht falsch sein können.[57] [24] Vollends die Weisheit: wenn sie von sich selbst nicht weiß, ob sie Weisheit ist oder nicht, wie wird sie da zunächst einmal den Namen ›Weisheit‹ für sich in Anspruch nehmen dürfen? Wie wird sie es ferner wagen, mit Selbstvertrauen etwas zu unternehmen oder auszuführen, wenn es denn nichts Gewisses gibt, wonach sie sich richten könnte? Wenn sie aber nicht zu entscheiden vermag, was das äußerste und letzte Gute sei, weil sie nicht weiß, worauf alles sich bezieht:[58] wie können wir da überhaupt von Weisheit sprechen?[59] Überdies ist doch klar, daß ein Erstes[60] festgelegt werden muß, nach dem die Weisheit sich richtet, wenn sie etwas auszuführen beginnt, und daß dieses Erste mit der Natur übereinstimmt. Denn anders kann das Streben (mit diesem Wort geben wir griechisch ὁρμή wieder), wodurch wir zum Handeln veranlaßt werden und das erstreben,

est visum, moveri non potest. [25] illud autem, quod movet, prius oportet videri eique credi; quod fieri non potest, si id, quod visum erit, discerni non poterit a falso. quo modo autem moveri animus ad adpetendum potest, si id, quod videtur, non
5 percipitur, adcommodatumne naturae sit an alienum? itemque si, quid officii sui sit, non occurrit animo, nihil umquam omnino aget, ad nullam rem umquam inpelletur, numquam movebitur. quod si aliquid aliquando acturus est, necesse est id ei, verum quod occurrit, videri.

10 [26] Quid quod, si ista vera sunt, ratio omnis tollitur quasi quaedam lux lumenque vitae? tamenne in ista pravitate perstabitis? nam quaerendi initium ratio attulit, quae perfecit virtutem, cum esset ipsa [ratio] confirmata quaerendo. quaestio autem est adpetitio cognitionis quaestionisque finis inventio; at nemo in-
15 venit falsa, nec ea, quae incerta permanent, inventa esse possunt, sed cum ea, quae quasi involuta ante fuerunt, aperta sunt, tum inventa dicuntur: sic et initium quaerendi et exitus perci-piundi et conprendendi tenet‹ur›. itaque argumenti conclusio, quae est Graece ἀπόδειξις, ita definitur: 'ratio, quae ex rebus
20 perceptis ad id, quod non percipiebatur, adducit.'

---

13 ratio *del. Reitzenstein*   16 involuta ante *Halm*: involuptate ante B^1
involuptate A^1V^1 involuta A^2B^2 18 tenetur *Bentley*: tenet *codd.*

was erschienen ist, nicht in Bewegung gesetzt werden.[61] [25] Das aber, was die Bewegung auslöst, muß zunächst einmal erscheinen, und man muß ihm Glauben schenken; dazu besteht keine Möglichkeit, wenn das, was erscheint, von etwas Falschem nicht unterschieden werden kann. Wie könnte der Geist ferner zu dem genannten Streben in Bewegung gesetzt werden, wenn das, was erscheint, nicht im Hinblick darauf erfaßt wird, ob es mit der Natur übereinstimmt oder mit ihr nichts zu tun hat? Ebensowenig wird der Geist jemals irgend etwas überhaupt ausführen, wenn ihm nicht vorkommt, worin das sittlich Gebotene für ihn besteht: zu nichts wird er jemals angetrieben, niemals wird er in Bewegung versetzt. Sollte er aber irgendeinmal irgend etwas ausführen wollen, dann muß ihm das, was ihm als wahr vorkommt, auch so erscheinen[62].

[26] Wie steht es ferner damit, daß alle Vernunft — sie, die das Leben gleichsam erhellt und erleuchtet — aus der Welt geschafft wird, wenn eure Auffassung zutrifft: werdet ihr trotzdem in eurer Verkehrtheit ausharren? Die Vernunft hat doch den Anstoß zum Forschen gegeben; sie ist es, welche die Sittlichkeit zur Vollkommenheit geführt hat, nachdem sie selbst aufgrund ihres Forschens Festigkeit erlangt hatte. Forschen ist aber nichts anderes als Streben nach Erkenntnis; und sein Ende und Ziel erreicht das Forschen im Finden.[63] Nun spricht niemand von ›Finden‹ im Falle von Falschem,[64] und was stets ungewiß bleibt, von dem kann man nicht sagen, es sei ›gefunden‹; vielmehr verwenden wir den Begriff ›gefunden‹ dann, wenn das, was zuvor gleichsam verhüllt gewesen ist, sich tatsächlich eröffnet hat. Auf diese Weise hält man sowohl am Anstoß — dem Forschen — als auch am Ergebnis — dem Erfassen und Begreifen — fest. Und deshalb wird der Schluß eines Beweisgangs[65] — auf griechisch einer $\dot{\alpha}\pi\acute{o}\delta\epsilon\iota\xi\iota\varsigma$ — folgendermaßen definiert: er sei ›ein Denkverfahren, das von erfaßten Dingen zu dem hingeleitet, was man nicht zu erfassen pflegte‹.

[27] Quod si omnia visa eius modi essent, qualia isti dicunt, ut ea vel falsa esse possent neque ea posset ulla notio discernere, quo modo quemquam aut conclusisse aliquid aut invenisse dicemus, aut quae esset conclusi argumenti fides? ipsa autem phi-
5 losophia, quae rationibus progredi debet, quem habebit exitum? sapientiae vero quid futurum est? quae neque de se ipsa dubitare debet neque de suis decretis (quae philosophi vocant δόγματα), quorum nullum sine scelere prodi poterit; cum enim decretum proditur, lex veri rectique proditur, quo e vitio et amicitiarum
10 proditiones et rerum publicarum nasci solent. non potest igitur dubitari, quin decretum nullum falsum possit esse sapientis neque satis sit non esse falsum, sed etiam stabile fixum ratum esse debeat, quod movere nulla ratio queat; talia autem neque esse neque videri possunt eorum ratione, qui illa visa, e quibus
15 omnia decreta sunt nata, negant quicquam a falsis interesse.

[28] Ex hoc illud est natum, quod postulabat Hortensius, ut id ipsum saltem perceptum a sapiente diceretis, nihil posse percipi. sed Antipatro hoc idem postulanti, cum diceret ei, qui adfirmaret nihil posse percipi, consentaneum esse unum tamen il-
20 lud dicere percipi posse [consentaneum esse], ut alia non pos-

20 consentaneum esse del. *Manutius, prius (l. 19) Plasberg sequens plurimos*

[27] Wenn aber alle Erscheinungen — entsprechend der Behauptung eurer Akademiker — von der Art wären, daß sie sogar falsch sein könnten und daß keine Prüfung sie zu unterscheiden vermöchte: wie dürften wir da sagen, jemand habe einen Schluß gezogen oder etwas gefunden, oder welchen Verlaß[66] gäbe es auf einen zum Schluß gebrachten Beweisgang? Überdies die Philosophie selbst, die doch mit Hilfe von Denkverfahren sich vorwärts bewegen muß: zu welchem Ergebnis wird sie je gelangen? Wie wird es schließlich um die Weisheit bestellt sein? Sie darf weder an sich selbst zweifeln noch an ihren Lehrsätzen (die Philosophen sprechen von $\delta\acute{o}\gamma\mu\alpha\tau\alpha$), denn es ist nicht möglich, auch nur einen von ihnen zu verraten, ohne daß man sich schuldig macht. Verrät man nämlich einen Lehrsatz, so verrät man das Gesetz von Wahrheit und Richtigkeit,[67] und genau aus diesem Fehlverhalten pflegt dann der Verrat von Freundschaften und ganzer Staaten hervorzugehen. Also kann es keinen Zweifel[68] daran geben, daß kein Lehrsatz falsch[69] sein kann, wenn er von einem Weisen stammt; ferner daß es nicht genügt, wenn ein Lehrsatz einfach nicht falsch ist, sondern daß er auch beständig, fest und gültig sein muß — von der Art, daß kein Denkverfahren ihn zu erschüttern vermag. Was aber solche Lehrsätze enthalten, das kann es nicht geben, und es kann nicht erscheinen[70] nach der Denkweise derer, die behaupten, jene Erscheinungen, aus denen alle Lehrsätze hervorgegangen sind,[71] unterschieden sich in nichts von falschen Erscheinungen.

[28] Daraus ist jene Forderung hervorgegangen, die Hortensius sich zu eigen machte: daß ihr Akademiker zugeben müßtet, eben dies zumindest sei vom Weisen erfaßt, daß nichts erfaßt werden könne. Diese gleiche Forderung erhob Antipater; als er freilich den Satz aufstellte: ›Wer behauptet, daß nichts erfaßt werden kann, muß in Übereinstimmung mit sich selbst zugeben, daß dieses eine jedenfalls erfaßt werden kann, auch wenn die gleiche Möglichkeit für anderes nicht besteht‹ — als er

sent, Carneades acutius resistebat. nam tantum abesse dicebat,
ut id consentaneum esset, ut maxime etiam repugnaret. qui enim
negaret quicquam esse, quod perciperetur, eum nihil excipere;
ita necesse esse ne id ipsum quidem, quod exceptum non esset,
5 conprendi et percipi ullo modo posse.

[29] Antiochus ad istum locum pressius videbatur accedere.
quoniam enim id haberent Academici decretum (sentitis enim
iam hoc me δόγμα dicere), nihil posse percipi, non debere eos
in suo decreto sicut in ceteris rebus fluctuari, praesertim cum in
10 eo summa consisteret: hanc enim esse regulam totius philosophiae, constitutionem veri falsi cogniti incogniti; quam rationem
quoniam susciperent docereque vellent, quae visa accipi oporteret, quae repudiari, certe hoc ipsum, ex quo omne veri falsique
iudicium esset, percipere eos debuisse. etenim duo esse haec
15 maxima in philosophia, iudicium veri et finem bonorum, nec
sapientem posse esse, qui aut cognoscendi esse initium ignoret
aut extremum expetendi, ut, aut unde proficiscatur aut quo per-
veniendum sit, nesciat; haec autem habere dubia nec iis ita
confidere, ut moveri non possint, abhorrere a sapientia pluri-
20 mum. hoc igitur modo potius erat ab his postulandum, ut hoc
unum saltem, percipi nihil posse, perceptum esse dicerent. sed
de inconstantia totius illorum sententiae — si ulla sententia

12 visa *Halm*: vis *codd.*

diesen Satz aufstellte, wollte ihm Karneades besonders scharfsinnig entgegentreten. Er behauptete nämlich, die gemeinte
Übereinstimmung sei in einem solchen Maße nicht gegeben,
daß es sogar zu einem eigentlichen Widerspruch komme. Wer
nämlich bestreite, daß es etwas gebe, das erfaßt werde, der
lasse keine Ausnahme gelten; deshalb könne notwendigerweise
eben auch das nicht begriffen und erfaßt werden, was nicht als
Ausnahme geltend gemacht worden sei.

[29] Antiochus seinerseits, dünkte uns, ging diese Behauptung besonders wirkungsvoll[72] an: Da nämlich die Akademiker
als ›Lehrsatz‹ anerkennten — ich verwende dieses Wort jetzt,
wie ihr merkt, für griechisch δόγμα —, daß nichts erfaßt werden könne, dürften sie nicht, wie sonst, hinsichtlich ihres eigenen Lehrsatzes auf einen festen Standpunkt verzichten,[73] um so
weniger, als die Hauptsache eben daran hänge: für die ganze
Philosophie diene schließlich als Maßstab die Feststellung von
›wahr, falsch, erkannt, nicht erkannt‹. Da sie diese Voraussetzung gelten ließen und sich anheischig machten zu lehren,[74]
welche Erscheinungen man annehmen müsse, welche zurückweisen, hätten sie doch eben dies erfassen müssen, woran das
Urteil über ›wahr‹ und ›falsch‹ insgesamt gebunden sei. Denn
in der Tat stellten einerseits das Urteil über ›wahr‹, anderseits
das äußerste Gute[75] die beiden wichtigsten Elemente der Philosophie dar; und es sei nicht möglich, daß einer weise sei, der
übersehe, daß es einen Ausgangspunkt des Erkennens gebe
oder ein Ziel für das Streben, so daß er am Ende nicht wisse,
wovon er ausgehe oder wohin er gelangen müsse. Diese Einsichten dem Zweifel zu unterwerfen und ihnen nicht so zu vertrauen, daß sie nicht erschüttert werden könnten, vertrage sich
am allerwenigsten mit der Weisheit.[76] Unter diesen Umständen
hätte man also vielmehr die Forderung an die Akademiker
richten müssen, sie sollten zugeben, daß wenigstens dieses eine
erfaßt sei, daß nichts erfaßt werden könne. — Doch über die
mangelnde Folgerichtigkeit[77] ihrer ganzen Auffassung dürfte,

cuiusquam esse potest nihil adprobantis — sit, ut opinor, dictum satis.

[30] Sequitur disputatio copiosa illa quidem sed paulo ab-
strusior (habet enim aliquantum a physicis, ut verear, ne maio-
5 rem largiar ei, qui contra dicturus est, libertatem et licentiam;
nam quid eum facturum putem de abditis rebus et obscuris, qui
lucem eripere conetur?) — sed disputari poterat subtiliter,
quanto quasi artificio natura fabricata esset primum animal
omne, deinde hominem maxime; quae vis esset in sensibus,
10 quem ad modum primum visa nos pellerent, deinde adpetitio ab
his pulsa sequeretur, tum ut sensus ad res percipiendas inten-
deremus. mens enim ipsa, quae sensuum fons est atque etiam
ipsa sensus est, naturalem vim habet, quam intendit ad ea, quibus movetur. itaque alia visa sic arripit, ut iis statim utatur, alia
15 quasi recondit, e quibus memoria oritur; cetera autem similitu-
dinibus construit, ex quibus efficiuntur notitiae rerum, quas
Graeci tum ἐννοίας tum προλήμψεις vocant; eo cum accessit
ratio argumentique conclusio rerumque innumerabilium multitudo, tum et perceptio eorum omnium apparet et eadem ratio per-
20 fecta his gradibus ad sapientiam pervenit. [31] ad rerum igitur
scientiam vitaeque constantiam aptissima cum sit mens hominis,
amplectitur maxime cognitionem, et istam κατάληψιν (quam,

---

10 primum *Halm*: prima *codd.*   primo *Lambinus*   14/15 alia quasi
Faber: aliqua sic *codd.*

meine ich, genug gesagt sein — wenn man denn im Falle dessen, der nichts gutheißt, überhaupt von einer ›Auffassung‹ sprechen kann.

[30] Es folgt eine besonders gehaltreiche Gedankenentwicklung[78] — sie befaßt sich freilich mit entlegeneren Dingen, denn einiges darin ist von den Naturphilosophen bezogen. Deshalb befürchte ich, daß ich dem, der Widerspruch erheben will, auch größere Freiheit und Willkür zugestehe; denn wie wird einer — stellen wir uns vor — mit verborgenen und dunklen Gegenständen umgehen, wenn er das Licht überhaupt zu beseitigen versucht? Immerhin bestände die Möglichkeit, in scharfsinniger Entwicklung darzulegen, mit welcher — man möchte sagen: — Kunstfertigkeit[79] die Natur zunächst[80] jedes Lebewesen gebildet hat, dann vor allem den Menschen; welches Vermögen in den Sinnen steckt; wie zunächst Erscheinungen uns treffen, wie darauf — von diesen ausgelöst — das Streben folgt, und wie wir schließlich unsere Sinne darauf ausrichten, die Dinge zu erfassen. Denn vollends der Geist[81], Quelle der Sinne und selbst auch ein Sinn, verfügt über ein natürliches Vermögen, das er auf die Dinge ausrichtet, durch die er in Bewegung versetzt wird. In der Folge zieht er die einen Erscheinungen auf die Weise an sich, daß er sich ihrer unverzüglich bedient; andere legt er gleichsam zurück: aus ihnen entsteht das Gedächtnis; die restlichen stellt er aufgrund von Ähnlichkeiten zusammen,[82] und daraus ergeben sich dann die Vorstellungen von den Dingen: die Griechen sprechen bald von ἔννοιαι, bald von προλήψεις.[83] Wenn dazu überdies die Vernunft hinzutritt, ferner logisches Schließen und die unabsehbare Menge[84] der Dinge, dann zeichnet sich ein Erfassen von alledem ab, und die gleiche Vernunft wird vollkommen und gelangt über die genannten Stufen zur Weisheit. [31] Da nun der menschliche Geist im höchsten Maße zu einem Wissen von den Dingen tauglich ist und zur Festigkeit der Lebensführung, zieht er mit größtem Verlangen die Erkenntnis an sich und begehrt die κατάλημψις

ut dixi, verbum e verbo exprimentes conprensionem dicemus)
cum ipsam per se amat (nihil enim est ei veritatis luce dulcius)
tum etiam propter usum. quocirca et sensibus utitur et artes ef-
ficit quasi sensus alteros et usque eo philosophiam ipsam corro-
5 borat, ut virtutem efficiat, ex qua re una vita omnis apta sit. ergo
ii, qui negant quicquam posse conprendi, haec ipsa eripiunt vel
instrumenta vel ornamenta vitae, vel potius etiam totam vitam
evertunt funditus ipsumque animal orbant animo, ut difficile sit
de temeritate eorum perinde, ut causa postulat, dicere.

10 [32] Nec vero satis constituere possum, quod sit eorum
consilium aut quid velint. interdum enim, cum adhibemus ad eos
orationem eius modi, si ea, quae disputentur, vera sint, tum
omnia fore incerta, respondent: 'quid ergo istud ad nos? num
nostra culpa est? naturam accusa, quae in profundo veritatem, ut
15 ait Democritus, penitus abstruserit.' alii autem elegantius, qui
etiam queruntur, quod eos insimulemus omnia incerta dicere,
quantumque intersit inter incertum et id, quod percipi non possit, docere conantur eaque distinguere. cum his igitur agamus,
qui haec distingunt; illos, qui omnia sic incerta dicunt ut, stel-
20 larum numerus par an impar sit, quasi desperatos aliquos relinquamus. volunt enim (et hoc quidem vel maxime vos animad-

(die wir — wie gesagt — in wörtlicher Übersetzung ›Begreifen‹
nennen können): teils um ihrer selbst willen (nichts nämlich ist
für ihn erstrebenswerter als das Licht der Wahrheit), aber auch
besonders wegen ihres Nutzens. Deshalb bedient er sich
einerseits der Sinne, bringt anderseits die Künste hervor —
gleichsam zweite Sinne — und verleiht gerade der Philosophie
soweit Kraft, daß sie die Tugend hervorbringt, von der allein
die ganze Lebensführung abhängt. Diejenigen also, die bestreiten, daß irgend etwas begriffen werden könne, bringen
eben das, was der Lebensführung dient oder sie schmückt,
gewaltsam zum Verschwinden, oder vielmehr: sie zerstören
sogar die Möglichkeit der Lebensführung von Grund auf und
berauben das Lebewesen selbst gerade dessen, was sein Leben
ausmacht. Im Hinblick darauf fällt es schwer, über ihre Verant-
wortungslosigkeit so zu sprechen, wie die Sache es eigentlich
erforderte.

[32] Anderseits[85] vermag ich nicht hinlänglich zu bestimmen,
worin ihre Absicht besteht oder was sie wollen. Denn wenn wir
ihnen zuweilen Formulierungen von der Art entgegenhalten:
›Sollten eure Behauptungen zutreffen, so muß alles unklar sein‹
— dann pflegen sie zu antworten: ›Was geht das uns an? Sind
etwa wir daran schuld? Mit der Natur geh' ins Gericht, weil sie
die Wahrheit — mit Demokrit zu sprechen — in einem Abgrund
völlig versenkt hat.‹ Andere freilich verfahren sachgerechter: sie
beklagen sich sogar darüber, daß wir ihnen unterstellten, sie bezeichneten alles als ›unklar‹; und dann versuchen sie darzulegen, wie groß der Unterschied sei zwischen ›Unklarem‹ und
dem, was nicht erfaßt werden könne,[86] und diese Begriffe auseinanderzuhalten. Mit ihnen also wollen wir verhandeln, die
diese Dinge auseinanderhalten (jene dagegen, die alles ebenso
als unklar bezeichnen wie die Frage, ob die Zahl der Sterne gerade sei oder ungerade,[87] mögen gewissermaßen als hoffnungs-
lose Fälle beiseite bleiben). Nun, sie vertreten die Auffassung
(und ich mußte feststellen, daß sie euch damit jedenfalls stark

vertebam moveri) probabile aliquid esse et quasi veri simile, eaque se uti regula et in agenda vita et in quaerendo ac disserendo. [33] quae ista regula est veri et falsi, si notionem veri et falsi propterea, quod ea non possunt internosci, nullam habemus?
5 nam si habemus, interesse oportet ut inter rectum et pravum sic inter verum et falsum. si nihil interest, nulla regula est, nec potest is, cui est visio veri falsique communis, ullum habere iudicium aut ullam omnino veritatis notam. nam cum dicunt hoc se unum tollere, ut quicquam possit ita videri, ut non eodem
10 modo falsum etiam possit [ita] videri, cetera autem concedere, faciunt pueriliter. quo enim omnia iudicantur sublato, reliqua se negant tollere: ut, si quis quem oculis privaverit, dicat ea, quae cerni possent, se ei non ademisse. ut enim illa oculis modo agnoscuntur sic reliqua visis, sed propria veri, non communi
15 veri et falsi nota. quam ob rem sive tu probabilem visionem sive [in]probabilem et quae non inpediatur, ut Carneades volebat, sive aliud quid proferes, quod sequare: ad visum illud, de quo agimus, tibi erit revertendum. [34] in eo autem si ‹veri› erit communitas cum falso, nullum erit iudicium, quia proprium in

---

9 ita videri *codd.*: ita verum videri *Baiter, Plasberg*   10 ita *del. Lambinus*
16 probabilem *Faber*: inprobabilem *codd.*   18 veri *add. Schäublin, Mus.*
Helv. 49,1992,44

beeindruckt haben), es gebe etwas, das glaubhaft und gleichsam wahrscheinlich sei,[88] und dieses diene ihnen als Maßstab,[89] sowohl bei der Lebensführung als auch beim Untersuchen und Erörtern. [33] Indes, was taugt ein solcher Maßstab zur Bestimmung des Wahren und des Falschen unter der Bedingung, daß wir über keine Vorstellung vom Wahren und vom Falschen verfügen — deswegen, weil sich kein Unterschied erkennen läßt? Verfügen wir nämlich über eine solche Vorstellung, so muß es einen Unterschied geben: wie zwischen Geradem und Krummem, so zwischen Wahrem und Falschem. Gibt es aber keinen Unterschied, so gibt es auch keinen Maßstab; denn es ist ausgeschlossen, daß einer, für den die Erscheinung[90] des Wahren eine Gemeinschaft[91] hat mit der des Falschen, über irgendeine Möglichkeit zur Unterscheidung oder überhaupt irgendein Zeichen zur Erkenntnis der Wahrheit[92] verfügt. Zwar behaupten [die Akademiker], nur dies Eine[93] ließen sie nicht gelten, daß nämlich irgend etwas so erscheinen könne, daß es nicht auf die gleiche Weise auch als Falsches erscheinen könnte; den Rest[94] räumten sie ein. Dabei verfahren sie aber wie Kinder: Sie setzen das außer Kraft, womit alles unterschieden wird, und behaupten, den Rest ließen sie gelten: das ist, wie wenn man einen seiner Augen beraubte und sagte, die Objekte des Sehens habe man ihm ja nicht weggenommen. Wie man diese nämlich nur mit den Augen erkennt, so den besagten ›Rest‹ aufgrund von Erscheinungen, wobei freilich ein Kennzeichen vorhanden sein muß, das dem Wahren eigen ist, nicht eines, in dem eine Gemeinschaft herrscht zwischen ›Wahrem‹ und ›Falschem‹. Du magst also eine ›glaubhafte Erscheinung‹ vorweisen, oder eine ›glaubhafte Erscheinung, der nichts entgegensteht‹[95] (damit versuchte es Karneades), oder sonst irgend etwas, wonach du dich richtest: am Ende wirst du doch zu jener ›Erscheinung‹ zurückkehren müssen, um die sich unsere Diskussion dreht. [34] Wenn nun in der Erscheinung eine Gemeinschaft des Wahren mit dem Falschen herrscht, kann es keine Unter-

communi signo notari non potest. sin autem commune nihil erit,
habeo, quod volo; id enim quaero, quod ita mihi videatur
verum, ‹ut› non possit item falsum videri.

Simili in errore versantur, cum convicio veritatis coacti per-
5 spicua a perceptis volunt distinguere et conantur ostendere esse
aliquid perspicui, verum illud quidem et inpressum in animo atque mente, neque tamen id percipi ac conprendi posse. quo enim
modo perspicue dixeris album esse aliquid, cum possit accidere,
ut id, quod nigrum sit, album esse videatur? aut quo modo ista
10 aut perspicua dicemus aut inpressa subtiliter, cum sit incertum,
vere inaniterne ‹animus› moveatur? ita neque color neque corpus
nec veritas nec argumentum nec sensus neque perspicuum ullum
relinquitur. [35] ex hoc illud iis usu venire solet, ut, quicquid
dixerint, a quibusdam interrogentur: 'ergo istuc quidem perci-
15 pis?' sed qui ita interrogant, ab iis inridentur. non enim urguent,
ut coarguant neminem ulla de re posse contendere nec adse-
verare sine aliqua eius rei, quam sibi quisque placere dicit, certa
et propria nota.

Quod est igitur istuc vestrum probabile? nam si, quod cuique
20 occurrit et primo quasi aspectu probabile videtur, id confirmatur,
quid eo levius? [36] sin ex circumspectione aliqua et accurata
consideratione, quod visum sit, id se dicent sequi, tamen exitum

---

3 ut *add.* *V²*   4 convicio *Madvig*: convincio *V¹* convintio *A¹* convictio *B¹*
11 inaniterne *Ald.*: inaniterve *codd.*   animus *add. Manutius*

scheidung geben, da das Eigene anhand eines gemeinschaftlichen Zeichens nicht festgestellt werden kann. Gibt es aber keine Gemeinschaft, so bin ich am Ziel; denn mein Forschen gilt dem, was mir in der Weise als Wahres erscheint, daß es mir nicht ebenso als Falsches erscheinen könnte.

Auf einem ähnlichen Irrweg[96] befinden sie sich, wenn sie unter Zwang — weil die Wahrheit sich lauthals zur Wehr setzt — einen Unterschied zwischen ›Anschaulichem‹ und ›Erfaßtem‹ feststellen wollen und zu zeigen versuchen, daß es etwas ›Anschauliches‹ gibt: es sei zwar ›wahr‹ und der Seele wie dem Geist aufgeprägt, könne aber trotzdem nicht erfaßt und begriffen werden. Wie nämlich ließe sich behaupten, etwas sei ›gemäß der Anschaulichkeit‹ weiß, wo doch der Fall eintreten kann, daß etwas Schwarzes weiß zu sein scheint?[97] Oder wie sollen wir von den genannten Dingen sagen, sie seien ›anschaulich‹ oder ›genau aufgeprägt‹, wo doch unklar ist, ob der Geist wahrheitsgemäß oder grundlos in Bewegung versetzt wird? So bleiben denn schließlich weder Farbe noch Körper[98] noch Wahrheit noch Beweisgang noch Sinne noch irgend etwas ›Anschauliches‹ übrig. [35] Und in der Folge pflegt es den Akademikern zu widerfahren, daß sie nach jeder ihrer Aussagen von gewissen Leuten gefragt werden: ›Also, dies jedenfalls erfaßest du?‹ Doch die so fragen, werden von ihnen nur ausgelacht. Denn sie bestehen nicht auf einer Widerlegung des Satzes, daß man nichts feststellen noch behaupten könne, wenn die Sache, die einer je vertritt, nicht gewissermaßen ein klares und eigenes Kennzeichen aufweist.[99]

Was also ist von eurer sogenannten ›Glaubhaftigkeit‹ zu halten? Wenn das sich bestätigt, was einem jeden gerade vorkommt und gleichsam auf den ersten Blick ›glaubhaft‹ erscheint[100] — was besäße da ein noch geringeres Gewicht? [36] Sollten sie dagegen behaupten, sie richteten sich nach einer Erscheinung nur aufgrund umsichtiger Prüfung und sorgfältiger Betrachtung,[101] so werden sie trotzdem keinen Ausweg finden.

non habebunt, primum quia iis visis, inter quae nihil interest,
aequaliter omnibus abrogatur fides; deinde, cum dicant posse
accidere sapienti, ut, cum omnia fecerit diligentissimeque cir-
cumspexerit, existat aliquid, quod et veri simile videatur et absit
5 longissime ‹a› vero, ‹ne› si magnam partem quidem, ut solent
dicere, ad verum ipsum aut quam proxime accedant, confidere
sibi poterunt. ut enim confidant, notum iis esse debebit insigne
veri; quo obscuro et oppresso quod tandem verum sibi videbuntur attingere? quid autem tam absurde dici potest, quam cum ita
10 locuntur: 'est hoc quidem illius rei signum aut argumentum, et
ea re id sequor; sed fieri potest, ut id, quod significatur, aut
falsum sit aut nihil sit omnino.'

   Sed de perceptione hactenus; si quis enim ea, quae dicta sunt,
labefactare volet, facile etiam absentibus nobis veritas se ipsa de-
15 fendet.

   [37] His satis cognitis, quae iam explicata sunt, nunc de adsensione atque adprobatione, quam Graeci συγκατάθεσιν vocant, pauca dicemus, non quo non latus locus sit, sed paulo ante
iacta sunt fundamenta. nam cum vim, quae esset in sensibus,
20 explicabamus, simul illud aperiebatur, conprendi multa et percipi
sensibus, quod fieri sine adsensione non potest. deinde cum inter ‹in›animum et animal hoc maxime intersit, quod animal agit

---

5 a *add. A²V²B²*   ne *add. Madvig*   22 inanimum *Ven.²:* animum *codd.*

Denn erstens wird sämtlichen Erscheinungen, zwischen denen
kein Unterschied besteht, gleichermaßen der Kredit entzogen.
Ferner weisen sie auf die folgende Möglichkeit hin: auch wenn
der Weise alles vorgekehrt und eine höchst umsichtige Prüfung
vorgenommen habe, ergebe sich doch nur etwas, das einerseits
dem Wahren ähnlich erscheine, anderseits vom Wahren denkbar
weit entfernt sei. Angesichts dessen werden sie kein Zutrauen
zu sich selbst haben können — nicht einmal wenn sie ›zum
großen Teil‹ (wie sie selbst zu sagen pflegen)[102] oder so nahe
wie möglich an das Wahre herankommen sollten. Damit sie
nämlich Zutrauen haben könnten, müßte ihnen zuvor das
Kennzeichen des Wahren bekannt sein;[103] an welches Wahre indes — stellen sie sich vor — vermöchten sie zu rühren, solange
dieses Kennzeichen im Dunkeln und unterdrückt bleibt? Was
schließlich klingt unsinniger als der folgende Ausspruch: ›Das
da ist gewiß ein Zeichen oder ein Argument für die und die
Sache, und deshalb richte ich mich danach; möglicherweise
freilich ist das, wofür das Zeichen steht,[104] falsch, oder es existiert überhaupt nicht.‹[105]
   Dies mag zum Thema des ›Erfassens‹ genügen; sollte nämlich jemand das Gesagte umstoßen wollen, so wird die
Wahrheit mühelos sich selbst verteidigen, auch wenn wir nicht
anwesend sind.
   [37] Nachdem wir das bisher Erklärte hinlänglich zur
Kenntnis genommen haben, will ich jetzt einiges Wenige über
die ›Zustimmung‹ und ›Anerkennung‹ sagen, welche die
Griechen συγκατάθεσις nennen. Die Kürze ist nicht dadurch
bedingt, daß es sich um einen schmalen Bereich handelte; vielmehr wurden die Voraussetzungen dafür gerade vorher schon
geschaffen. Denn als ich zu erklären versuchte, welches
Vermögen in den Sinnen steckt, sollte zugleich deutlich geworden sein, daß vieles begriffen und erfaßt wird eben mit den
Sinnen: das aber ist nur aufgrund einer ›Zustimmung‹ möglich.[106] Da ferner Unbelebtes und ein Lebewesen sich insbeson-

aliquid (nihil enim agens ne cogitari quidem potest, quale sit),
aut ei sensus adimendus est aut ea, quae est in nostra potestate
sita, reddenda adsensio. [38] et vero animus quodam modo
eripitur iis, quos neque sentire neque adsentiri volunt. ut enim
5 necesse est lancem, in libram ponderibus inpositis, deprimi sic
animum perspicuis cedere. nam quo modo non potest animal
ullum non adpetere id, quod adcommodatum ad naturam adpa-
reat (Graeci id οἰκεῖον appellant), sic non potest obiectam rem
perspicuam non adprobare. quamquam si illa, de quibus dispu-
10 tatum est, vera sunt, nihil attinet de adsensione omni‹no› loqui:
qui enim quid percipit, adsentitur statim. Sed haec etiam secuntur, nec memoriam sine adsensione posse constare nec notitias
rerum nec artes; idque, quod maximum est, ut sit aliquid in nostra potestate, in eo, qui rei nulli adsentietur, non erit. [39] ubi
15 igitur virtus, si nihil situm est in ipsis nobis? maxime autem absurdum vitia in ipsorum esse potestate neque peccare quemquam
nisi adsensione, hoc idem in virtute non esse, cuius omnis constantia et firmitas ex iis rebus constat, quibus adsensa est et quas
adprobavit. omninoque ante videri aliquid, quam agamus, ne-
20 cesse est eique, quod visum sit, adsentiamur. quare, qui aut visum aut adsensum tollit, is omnem actionem tollit e vita.

---

10 omnino F^2: omni *AVB*   20 adsentiamur *Asc.*: adsentiatur *codd.*
adsentiri *Lambinus*

dere dadurch voneinander unterscheiden, daß das Lebewesen handelt (denn handelte es nicht, so könnte man sich darunter nicht einmal etwas vorstellen), muß man ihm entweder die Sinneswahrnehmung absprechen oder auch jene Zustimmung verleihen, die in unserer freien Verfügungsgewalt liegt.[107] [38] In der Tat wird denen gewissermaßen der Lebensgeist entrissen, die nach der Behauptung der Akademiker weder wahrnehmen noch zustimmen. Wie nämlich notwendigerweise die Schale sich senkt,[108] wenn Gewichte auf die Waage gelegt werden, ebenso gibt der Lebensgeist notwendigerweise dem Anschaulichen nach. Denn wie es nicht sein kann, daß irgendein Lebewesen *nicht* danach strebt, was sich als seiner Natur angemessen herausstellt (die Griechen nennen es οἰκεῖον), ebenso kann es nicht sein, daß ein Lebewesen etwas ihm Entgegentretendes, das anschaulich ist, *nicht* anerkennt.[109] Freilich: trifft das vorhin Erörterte zu, so brauchen wir über die Zustimmung überhaupt nicht zu sprechen; wer nämlich etwas erfaßt, stimmt auf der Stelle zu.[110] Und dann schließt sich auch das folgende an: daß es ohne Zustimmung weder Erinnerung geben kann noch Vorstellungen von den Dingen noch Künste; und was doch das Wichtigste ist im Hinblick darauf, daß etwas in unserer freien Verfügungsgewalt liegt,[111] muß demjenigen abgehen, der zu nichts seine Zustimmung gibt. [39] Wo also bleibt die Tugend, wenn nichts uns selbst anheimgestellt ist? Vollends unsinnig[112] wäre schließlich die Auffassung, daß die Laster in unserer freien Verfügungsgewalt liegen und daß niemand sich verfehlt ohne Zustimmung, daß andererseits dieselbe Bedingung für die Tugend nicht gelten soll, deren ganze Festigkeit und Kraft auf den Dingen beruht, denen sie zugestimmt und die sie anerkannt hat.[113] Und überhaupt muß doch zuerst etwas erscheinen, bevor wir handeln, und wir müssen dem zustimmen, was erschienen ist.[114] Also: wer entweder Erscheinung oder Zustimmung beseitigt, beseitigt alles Handeln aus dem Leben.[115]

[40] Nunc ea videamus, quae contra ab his disputari solent.
sed prius opus est totius eorum rationis quasi fundamenta co-
gnoscere. conponunt igitur primum artem quandam de his, quae
visa dicimus, eorumque et vim et genera definiunt, in his
5 ‹quaerentes›, quale sit id, quod percipi et conprendi possit,
totidem verbis quot Stoici. deinde illa exponunt duo, quae quasi
contineant omnem hanc quaestionem: quae ita videantur, ut
etiam alia eodem modo videri possint nec in iis quicquam intersit, non posse eorum alia percipi alia non percipi. nihil interesse
10 autem non modo, si omni ex parte eiusdem modi sint, sed etiam,
si discerni non possint. quibus positis unius argumenti conclusione tota ab his causa conprenditur. conposita autem ea
conclusio sic est: 'eorum, quae videntur, alia vera sunt alia falsa;
et quod falsum est, id percipi non potest; quod autem verum vi-
15 sum est, id omne tale est, ut eiusdem modi falsum etiam possit
videri'; et quae visa sint eius modi, ut in iis nihil intersit, non
posse accidere, ut eorum alia percipi possint, alia non possint;
'nullum igitur est visum, quod percipi possit.'

[41] Quae autem sumunt, ut concludant id, quod volunt, ex
20 his duo sibi putant ‹facile› concedi (neque enim quisquam re-
pugnat); ea sunt haec: quae visa falsa sint, ea percipi non posse;

---

2 opus est *Stangl*: potestis *codd.*   opus erit *Halm, alii alia*   5 quaerentes
add. Schäublin, Mus. Helv. 49,1992,44sq.   20 facile *add. Schäublin*

[40] Jetzt aber wollen wir prüfen, was sie dem Gesagten entgegenzustellen pflegen. Zunächst freilich gilt es, gewissermaßen die Grundlagen ihrer ganzen Denkweise[116] in Augenschein zu nehmen. Erstens einmal zimmern sie aus den ›Erscheinungen‹ — wie wir sie nennen — so etwas wie ein System:[117] sie umschreiben, was die Erscheinungen zu leisten vermögen, und teilen sie in Klassen ein (dabei untersuchen sie die Beschaffenheit dessen, was man erfassen und begreifen könne)[118] — alles in der gleichen Ausführlichkeit wie die Stoiker. Anschließend entwickeln sie jene beiden Gesichtspunkte, um die sich gewissermaßen unsere ganze Untersuchung dreht: (1) Wenn etwas so erscheine, daß auch anderes auf die gleiche Weise erscheinen könne und daß dazwischen kein Unterschied bestehe, in einem solchen Fall sei es nicht möglich, daß die einen Dinge erfaßt, die andern nicht erfaßt würden. (2) Kein Unterschied bestehe aber nicht nur dann, wenn die Dinge in jeder Beziehung von der gleichen Art seien, sondern auch dann, wenn sie nicht auseinandergehalten werden könnten.[119] Das also stellen sie fest, und dann handeln sie die ganze Frage in einem einzigen Beweisgang ab; dieser Beweis wiederum setzt sich aus den folgenden Teilen zusammen: ›Von den Erscheinungen sind die einen wahr, die andern falsch;[120] ferner: was falsch ist, kann nicht erfaßt werden,[121] was anderseits in bezug auf Wahres erschienen ist, ist in jedem Fall so beschaffen, daß es von der gleichen Art auch in bezug auf Falsches erscheinen kann.‹[122] Ferner: für Erscheinungen, die von der Art seien, daß kein Unterschied bestehe, könne nicht zutreffen, daß man sie teils erfassen könne, teils nicht: ›Folglich gibt es keine Erscheinung, die man erfassen kann.‹ [123]

[41] Was nun die Voraussetzungen anbelangt, mit denen sie den von ihnen angestrebten Beweis führen wollen, so meinen sie, es würden ihnen deren zwei ohne weiteres eingeräumt (denn niemand leistet Widerstand); dabei handelt es sich um die folgenden: Falsche Erscheinungen[124] könnten nicht erfaßt wer-

et alterum: inter quae visa nihil intersit, ex iis non posse alia talia
esse, ut percipi possint, alia, ut non possint. reliqua vero multa
et varia oratione defendunt, quae sunt item duo: unum, quae videantur, eorum alia vera esse alia falsa; alterum, omne visum,
5 quod sit a vero, tale esse, quale etiam a falso possit esse. [42]
haec duo proposita non praetervolant, sed ita dilatant, ut non
mediocrem curam adhibeant et diligentiam. dividunt enim in
partes et eas quidem magnas, primum in sensus, deinde in ea,
quae ducuntur a sensibus et ab omni consuetudine, quam ob-
10 scurari volunt; tum perveniunt ad eam partem, ut ne ratione
quidem et coniectura ulla res percipi possit. haec autem universa
concidunt etiam minutius. ut enim de sensibus hesterno sermone
vidistis, item faciunt de reliquis, in singulisque rebus, quas in
minima dispertiunt, volunt efficere iis omnibus, quae visa sint,
15 veris adiuncta esse falsa, quae a veris nihil differant; ea cum talia
sint, non posse conprendi.

[43] Hanc ego subtilitatem philosophia quidem dignissimam
iudico, sed ab eorum causa, qui ita disserunt, remotissimam.
definitiones enim et partitiones et horum luminibus utens oratio,
20 tum similitudines dissimilitudinesque et earum tenuis et acuta
distinctio fidentium est hominum illa vera et firma et certa esse,
quae tutentur, non eorum, qui clament nihilo magis vera illa esse

9 quam *codd.*: quae *Davies*   19 horum *codd.*: harum *Lambinus, sed cf.*
Reid ad loc.

den; und zum andern: im Falle von Erscheinungen, zwischen denen kein Unterschied bestehe, könnten nicht die einen so sein, daß man sie erfassen könne, die andern so, daß dies nicht möglich sei. Die restlichen Voraussetzungen (ebenfalls deren zwei) rechtfertigen sie in ausführlichen und vielgestaltigen Darlegungen. Die eine besagt, daß von den Erscheinungen die einen wahr seien, die andern falsch;[125] die zweite, daß jede Erscheinung, die von etwas Wahrem stamme, so sei, daß sie auch von etwas Falschem stammen könne.[126] [42] An diesen beiden Sätzen flattern sie nicht einfach vorüber, sondern sie führen sie breit aus und verwenden darauf ganz ungewöhnlich viel Sorgfalt und Genauigkeit. So nehmen sie eine Gliederung nach Bereichen vor, und zwar nach Hauptbereichen: zuerst kommen die Sinne, darauf das, was man von den Sinnen ableitet und von der gewohnheitsmäßigen Erfahrung:[127] gerade sie wollen sie verdunkeln; schließlich gelangen sie zu dem Bereich, in dem es ihnen darum geht, daß nicht einmal aufgrund methodischen Deutens irgend etwas erfaßt werden könne. Diese allgemeinen Bereiche nun zerschlagen sie in noch kleinere Einheiten. Wie ihr es nämlich hinsichtlich der Sinne im gestrigen Gespräch erlebt habt, ebenso verfahren sie mit dem Rest: anhand der Einzelbereiche, die sie ihrerseits kleinstmöglich unterteilen, wollen sie den Beweis erbringen, daß in allen Erscheinungen mit dem Wahren auch Falsches verbunden[128] sei, das sich vom Wahren in nichts unterscheide; und da dies so sei, sei ein ›Begreifen‹ nicht möglich.

[43] Nach meinem Urteil steht eine solche Genauigkeit der Philosophie gewiß sehr wohl an, doch entspricht sie in keiner Weise der Sache derer, die so argumentieren. Denn Definitionen und Gliederungen und Erörterungen, die sich der genannten Mittel zur Erhellung bedienen, ferner Ähnlichkeiten und Unähnlichkeiten und deren feine und scharfe Unterscheidung: all dies paßt zu Leuten, die zuversichtlich glauben, daß wahr, fest und klar sei, was sie vertreten,[129] nicht zu solchen, die in

quam falsa. quid enim agant, si, cum aliquid definierint, roget
eos quispiam, num illa definitio possit in aliam rem transferri
quamlubet? si posse dixerint, quid [enim] dicere habeant, cur illa
vera definitio sit? si negaverint, fatendum sit, quoniam [vel illa]
5 vera definitio transferri non possit in falsum, quod ea definitione
explicetur, id percipi posse; quod minime illi volunt. eadem dici
poterunt in omnibus partibus.

[44] si enim dicent ea, de quibus disserent, se dilucide
perspicere nec ulla communione visorum inpediri, conprendere
10 ea se fatebuntur; sin autem negabunt vera visa a falsis posse
distingui, qui poterunt longius progredi? occurretur enim, sicut
occursum est. nam concludi argumentum non potest nisi iis,
quae ad concludendum sumpta erunt, ita probatis, ut falsa
eiusdem modi nulla possint esse. ergo si rebus conprensis et
15 perceptis nisa et progressa ratio hoc efficiet, nihil posse
conprendi, quid potest reperiri, quod ipsum sibi repugnet
magis? cumque ipsa natura accuratae orationis hoc profiteatur,
se aliquid patefacturam, quod non appareat, et quo id facilius
adsequatur, adhibituram et sensus et ea, quae perspicua sint,

3 enim del. Asc.²   4 vel illa del. Kayser   15 nisa Manutius: visa codd.

die Welt setzen wollen, die fragliche Sache sei ebensogut falsch wie wahr.[130] Wie nämlich würden sie sich verhalten, wenn jemand sie hinsichtlich der Definition irgendeiner Sache fragte, ob die betreffende Definition sich auf eine beliebige andere Sache[131] übertragen lasse? Räumen sie die Möglichkeit ein — was vermöchten sie dann noch anzuführen, weswegen jene Definition wahr sein soll? Bestreiten sie dagegen die Möglichkeit, so müssen sie wohl zugeben (schließlich kann eine wahre Definition nicht auf etwas Falsches übertragen werden!),[132] daß das, was durch die fragliche Definition erklärt wird, in der Tat erfaßt werden kann:[133] damit aber wollen diese Leute sich keineswegs abfinden.[134] Dasselbe kann man dann bezüglich aller Bereiche vorbringen.

[44] Behaupten die Akademiker nämlich, sie hätten von dem, worüber sie sprechen wollen, eine deutliche Anschauung[135] und keinerlei Gemeinschaft der Erscheinungen stehe ihr entgegen, so werden sie damit zugeben, daß sie die betreffenden Dinge begreifen; bestreiten sie dagegen, daß wahre Erscheinungen von falschen unterschieden werden können — wie werden sie dann imstande sein, weiter voranzuschreiten? Man wird ihnen nämlich genau so entgegentreten, wie wir ihnen eben entgegengetreten sind. So ist es etwa nicht möglich, einen Beweis zu seinem Schluß zu bringen, wenn die Voraussetzungen, mit denen man ein Argument führt, nicht auf solche Weise gutgeheißen sind, daß es falsche Voraussetzungen von der gleichen Art nicht geben kann.[136] Wenn also eine Gedankenfolge einerseits so voranschreitet, daß sie sich auf Begriffenes und Erfaßtes stützt, und anderseits das Ergebnis gewinnen will, daß nichts begriffen werden kann — was ließe sich da finden, das in höherem Maße mit sich selbst im Widerstreit läge?[137] Ferner nimmt eine ausgefeilte sprachliche Äußerung[138] ihrem Wesen nach folgendes für sich in Anspruch: sie werde etwas ans Licht bringen, was nicht zutage liegt; und um dieses Ziel leichter zu erreichen, werde sie die Sinne beiziehen und das, was anschaulich sei. Was soll man

qualis est istorum oratio, qui omnia non tam esse quam videri
volunt? maxime autem convincuntur, cum haec duo pro congru-
entibus sumunt tam vehementer repugnantia, primum, esse
quaedam falsa visa (quod cum volunt, declarant quaedam esse
5 vera), deinde ibidem, inter falsa visa et vera nihil interesse. at
primum sumpseras, tamquam interesset: ita priore posterius,
posteriore superius convincitur.

[45] Sed progrediamur longius et ita agamus, ut nihil nobis
adsentati esse videamur, quaeque ab iis dicuntur, sic persequa-
10 mur, ut nihil in praeteritis relinquamus. primum igitur perspicuitas illa, quam diximus, satis magnam habet vim, ut ipsa per
sese ea, quae sint, nobis ita, ut sint, indicet. sed tamen, ut ma-
neamus in perspicuis firmius et constantius, maiore quadam
opus est vel arte vel diligentia, ne ab iis, quae clara sint ipsa per
15 sese, quasi praestrigiis quibusdam et captionibus depellamur.
nam qui voluit subvenire erroribus Epicurus iis, qui videntur
conturbare veri cognitionem, dixitque sapientis esse opinionem a
perspicuitate seiungere, nihil profecit; ipsius enim opinionis
errorem nullo modo sustulit.

20 [46] Quam ob rem, cum duae causae perspicuis et evidenti-
bus rebus adversentur, auxilia totidem sunt contra conparanda.

---

7 convincitur *Plasberg*: coniungitur *codd.*

angesichts dessen von dem Gerede der Leute da denken, die
darauf bestehen, daß alles im Grunde nicht ›sei‹, sondern vielmehr nur ›erscheine‹?[139]— Die entscheidende Widerlegung freilich geht davon aus, daß die Akademiker[140] zwei Voraussetzungen machen, die sie für miteinander vereinbar halten, während
zwischen ihnen doch ein ganz scharfer Widerspruch besteht:
Die erste besagt, es gebe so etwas wie falsche Erscheinungen
(indem sie dies behaupten, machen sie gleichzeitig deutlich, daß
gewisse Erscheinungen wahr sind); die zweite (im gleichen
Zusammenhang geäußerte), zwischen falschen und wahren
Erscheinungen bestehe kein Unterschied. Deine erste Voraussetzung indes hatte einen solchen Unterschied gleichsam in sich
geschlossen: also wird durch die erste die zweite widerlegt,
durch die zweite die frühere.[141]

[45] Doch nun wollen wir weiter voranschreiten, wohl darauf achtend, daß wir nicht den Eindruck von Selbstgefälligkeit
erwecken; und wir wollen den Äußerungen der Akademiker so
nachgehen, daß wir nichts beiseite lassen. Zunächst also jene
›Anschaulichkeit‹ (wie wir sie genannt haben):[142] sie verfügt
über ein Vermögen, das groß genug ist, selbst und von sich aus
uns das, was ist, so anzuzeigen, wie es ist. Wollen wir uns
freilich an das Anschauliche mit der gebotenen Festigkeit und
Beständigkeit halten, so bedarf es dazu einer besonders ausge-
bauten Kunstlehre und besonderer Sorgfalt; andernfalls verlieren wir eben das, was selbst und von sich aus deutlich ist, infolge von Tricks und Fangschlüssen aus den Augen.[143] So versuchte etwa Epikur den Täuschungen, welche die Möglichkeit
der Erkenntnis scheinbar beeinträchtigen, so zu begegnen, daß
er behauptete, es sei die Aufgabe des Weisen, das Meinen von
der Anschaulichkeit abzukoppeln; damit aber hatte er keinen
Erfolg, denn es gelang ihm auf keine Weise, jene Täuschung
aufzuheben, die im Meinen selbst enthalten ist.[144]

[46] Nun sind es zwei Umstände, die das Anschauliche und
Evidente beeinträchtigen, und dementsprechend gilt es, sich

adversatur enim primum, quod parum defigunt animos et in-
tendunt in ea, quae perspicua sunt, ut, quanta luce ea circumfusa
sint, possint agnoscere; alterum est, quod fallacibus et captiosis
interrogationibus circumscripti atque decepti quidam, cum eas
5 dissolvere non possunt, desciscunt a veritate. oportet igitur et
ea, quae pro perspicuitate responderi possunt, in promptu habere (de quibus iam diximus) et esse armatos, ut occurrere possimus interrogationibus eorum captionesque discutere: quod
deinceps facere constitui.

10 [47] Exponam igitur generatim argumenta eorum, quoniam
ipsi etiam illi solent non confuse loqui. primum conantur ostendere multa posse videri esse, quae omnino nulla sint, cum animi
inaniter moveantur eodem modo rebus iis, quae nullae sint, ut
iis, quae sint. 'nam cum dicatis' inquiunt 'visa quaedam mitti a
15 deo velut ea, quae in somnis videantur quaeque oraculis auspi-
ciis extis declarentur' (haec enim aiunt probari a Stoicis, quos
contra disputant) — quaerunt, quonam modo falsa visa quae
sint, ea deus efficere possit probabilia, quae autem plane
[proxume] ad verum accedant, efficere non possit; aut si ea quo-
20 que possit, cur illa non possit, quae — ‹etsi› perdifficiliter —
internoscantur tamen; et si haec, cur non, inter quae nihil sit omnino. [48] 'deinde cum mens moveatur ipsa per sese, ut et ea

---

1 adversatur *Ald.*: adversantur *codd.*   3 sint *Davies*: sunt *codd.*   19
proxume *del. Durand*   accedant *Lambinus*: accedunt *codd.*   20 etsi *add.*
Schäublin, coll. Luc. 20

zwei Gegenmittel zu beschaffen. Eine Beeinträchtigung geht erstens davon aus, daß man sich geistig nicht hinreichend auf das, was anschaulich ist, einläßt und ausrichtet: jedenfalls nicht so, daß man erkennen könnte, von wieviel Licht es umflossen ist. Die zweite besteht darin, daß einige Leute sich durch trügerische und verfängliche Fragen in die Irre führen und täuschen lassen: indem sie keine Lösung finden können, kehren sie der Wahrheit den Rücken. Also muß man einerseits das zur Hand haben, was zugunsten der Anschaulichkeit vorgebracht werden kann (darüber habe ich bereits gesprochen),[145] und anderseits so gewappnet sein, daß wir in der Lage sind, den Fragen der Akademiker entgegenzutreten und ihre Fangschlüsse zu zerschlagen (das will ich in der Folge unternehmen).

[47] Ich werde also ihre Argumente schön der Reihe nach darlegen, da ja auch sie selbst sich durchaus ordnungsgemäß auszudrücken pflegen: Erstens versuchen sie die Möglichkeit zu erweisen, daß vieles zu sein scheint, was tatsächlich gar nicht ist: der Geist nämlich werde, grundlos, in Bewegung versetzt gleichermaßen von den Dingen, die überhaupt nicht sind, wie von denen, die sind.[146] ›Wenn ihr behauptet, fahren sie fort, es würden gewisse Erscheinungen von Gott gesandt,[147] zum Beispiel solche, wie sie im Zustand des Schlafs auftauchen, ferner wie sie sich in Orakeln, Auspizien und Eingeweiden darstellen‹ (derartiges nämlich, behaupten sie, halten die Stoiker für glaubhaft, und diesen gilt ihr Angriff): ja dann fragen sie, wie Gott Erscheinungen, die falsch sind, glaubhaft[148] machen kann; weswegen er anderseits die gleiche Leistung für die Erscheinungen nicht zu erbringen vermag, die deutlich an das Wahre herankommen; oder wenn er es auch für diese vermag, weswegen nicht für jene, die sich — wenn auch unter größter Mühe — immerhin auseinanderhalten lassen; und wenn selbst für diese, weswegen nicht für die, zwischen denen überhaupt kein Unterschied besteht. [48] ›Da ferner der Geist sich selbst und von sich aus bewegt‹[149] — das läßt sich den Dingen entnehmen,

declarant, quae cogitatione depingimus, et ea, quae vel dormien-
tibus vel furiosis videntur, nonne perquam veri simile sit sic
etiam mentem moveri, ut non modo non internoscat, vera illa
visa sint anne falsa, sed ut in iis nihil intersit omnino?' — ut si
5 qui tremerent et exalbescerent vel ipsi per se motu mentis aliquo
vel obiecta terribili re extrinsecus, nihil ut esset, qui distingue-
retur tremor ille et pallor, neque ut quicquam interesset ‹inter›
intestinum et oblatum. 'postremo si nulla visa sunt probabilia,
quae falsa sint, alia ratio est; sin autem sunt, cur non etiam, quae
10 non facile internoscantur, cur non, ut plane nihil intersit? praesertim cum ipsi dicatis sapientem in furore sustinere se ab omni
adsensu, quia nulla in visis distinctio appareat.'

[49] Ad has omnes visiones inanes Antiochus quidem et per-
multa dicebat et erat de hac una re unius diei disputatio. mihi au-
15 tem non idem faciundum puto, sed ipsa capita dicenda. et primum quidem hoc reprehendendum, quod captiosissimo genere
interrogationis utuntur, quod genus minime in philosophia probari solet, quom aliquid minutatim et gradatim additur aut demi-
tur: soritas hoc vocant, quia acervum efficiunt uno addito grano,
20 vitiosum sane et captiosum genus. sic enim ascenditis: 'si tale

2 nonne perquam veri simile *Schäublin*: non inquam veri simile *codd.*
nonnumquam, veri simile *Madvig*   non intellegitis quam veri simile *coni.*
Plasberg   7 inter *add. A²*   19 quia *Lambinus*: qui *codd.*

die wir uns in Gedanken ausmalen oder die uns im Schlaf oder im Wahn erscheinen —: dürfte es da nicht im höchsten Maße wahrscheinlich sein, daß der Geist sich auch unter der Voraussetzung bewegt, daß er nicht nur nicht zu unterscheiden vermag, ob die betreffenden Erscheinungen wahr sind oder falsch, sondern daß zwischen ihnen tatsächlich kein Unterschied besteht?‹ — wie wenn man zum Beispiel zitterte oder sich verfärbte, sei es von selbst aufgrund irgendeiner Bewegung des Geistes, sei es infolge einer Schreckeinwirkung von außen, und es gäbe dabei kein Kennzeichen, wonach sich das betreffende Zittern oder die Blässe bestimmen ließen, und es gäbe keinen Unterschied zwischen dem, was sich im Innern abspielt, und dem, was von außen herantritt.[150] ›Sollten schließlich keine Erscheinungen glaubhaft sein, falls sie falsch sind, dann tritt eine andere Beweisführung ein;[151] sollten es aber einige sein,[152] weshalb dann nicht auch die, welche sich nicht leicht unterscheiden lassen; weshalb nicht unter der Voraussetzung, daß ganz einfach kein Unterschied besteht?[153]— ihr Stoiker behauptet doch selbst, der Weise enthalte sich im Wahn[154] jeder Zustimmung, weil dann kein Unterscheidungsmerkmal an den Erscheinungen sichtbar werde.‹

[49] Mit allen diesen ›grundlosen‹ Erscheinungen[155] setzte sich Antiochos zwar ausführlich auseinander, und die Erörterung dieses einen Gegenstands füllte einen ganzen Tag. Ich jedoch — denke ich — brauche nicht ebenso zu verfahren; vielmehr genügt es, die eigentlichen Hauptpunkte hervorzuheben. Und zunächst einmal ist tadelnswert, daß die Akademiker sich einer höchst verfänglichen Art der Befragung bedienen. Diese Art findet üblicherweise im Bereich der Philosophie keine Billigung: sie besteht darin, daß etwas in kleinsten Einheiten und schrittweise hinzugefügt oder weggenommen wird.[156] Dabei spricht man von *soritai* (›Haufenschlüssen‹),[157] weil sie einen ›Haufen‹ entstehen lassen durch Hinzufügung eines einzigen Korns — eine durchaus fehlerhafte und verfängliche Art!

visum obiectum est a deo dormienti, ut probabile sit, cur non
etiam, ut valde veri simile? cur deinde non, ut difficiliter a vero
internoscatur? deinde ut ne internoscatur quidem? postremo ut
nihil inter hoc et illud intersit?' huc si perveneris me tibi primum
5 quidque concedente, meum vitium fuerit; sin ipse tua sponte
processeris, tuum.

[50] Quis enim tibi dederit aut omnia deum posse aut ita facturum esse, si possit? quo modo autem sumis, ut, si quid cui
simile esse possit, sequatur, ut etiam difficiliter internosci pos-
10 sit, deinde ut ne internosci quidem, postremo ut eadem sint? et si
lupi canibus similes, eosdem dices ad extremum? et quidem ho-
nestis similia sunt quaedam non honesta et bonis non bona et ar-
tificiosis minime artificiosa: quid dubitamus igitur adfirmare
nihil inter haec interesse? ne repugnantia quidem videmus? nihil
15 est enim, quod e suo genere in aliud genus transferri possit; at si
efficeretur, ut inter visa differentium generum nihil interesset,
reperirentur, quae et in suo genere essent et in alieno: quod fieri
qui potest? [51] omnium deinde inanium visorum una depulsio
est, sive illa cogitatione informantur, quod fieri solere concedi-

10 eadem sint *Asc.*: eadem sit *codd.* idem sit *B*²

Folgendermaßen nämlich steigt ihr auf: ›Wenn Gott einem Schläfer eine Erscheinung von solcher Beschaffenheit vorzeigt, daß sie glaubhaft ist, weshalb nicht auch von solcher, daß sie sehr wahrscheinlich ist; weshalb ferner nicht von solcher, daß sie nur mit Mühe von einer wahren unterschieden werden kann; ferner, daß sie nicht einmal unterschieden werden kann; schließlich, daß zwischen ihr und der wahren Erscheinung überhaupt kein Unterschied besteht?‹ Bist du bis zu diesem Punkt gelangt, weil ich dir immer wieder einräume, was zunächst kommt, liegt der Fehler bei mir; bist du aber auf eigene Faust[158] vorgegangen, ohne auf Zugeständnisse zu warten, dann liegt er bei dir.

[50] Wer nämlich würde dir zugestehen, daß Gott alles vermag oder daß er dementsprechend handelte, wenn er es vermöchte? Was berechtigt dich anderseits zur Annahme:[159] wenn etwas einem andern ähnlich sein könne, folge[160] daraus, daß überdies nur mit Mühe ein Unterschied feststellbar sei;[161] ferner, daß ein Unterschied nicht einmal feststellbar sei — schließlich, daß die beiden identisch seien?[162] Wölfe sind zwar Hunden ähnlich: wird man deswegen am Ende behaupten, sie seien identisch? Gewiß, Nicht-Sittliches ist zuweilen Sittlichem ähnlich, Gutem das, was nicht gut ist, Kunstreichem das, was keineswegs kunstreich ist: weshalb zögern wir also zu behaupten, zwischen diesen Kategorien bestünden keine Unterschiede? Ja, haben wir nicht einmal Augen für Widersprüche?[163] Es gibt doch nichts, was aus seiner Art in eine andere übertragen werden kann;[164] sollte sich aber beweisen lassen, daß zwischen Erscheinungen, die unterschiedlichen Arten zugehören,[165] kein Unterschied besteht, dann müßten sich solche finden lassen, die sowohl ihrer eigenen Art angehören als auch einer fremden: wie wäre dies möglich?[166] [51] Eine und dieselbe Zurückweisung erledigt ferner alle ›grundlosen‹ Erscheinungen, ob sie sich nun im Denken bilden — und daß dies vorzukommen pflegt, räumen wir ein — , ob im Schlaf, ob infolge von Weingenuß oder einer Geistesstörung. Wir werden nämlich einfach

mus, sive in quiete sive per vinum sive per insaniam. nam ab
omnibus eiusdem modi visis perspicuitatem, quam mordicus
tenere debemus, abesse dicemus. quis enim, cum sibi fingit aliquid et cogitatione depingit, non, simul ac se ipse commovit at-
5 que ad se revocavit, sentit, quid intersit inter perspicua et inania?
eadem ratio est somniorum. num censes Ennium, cum in hortis
cum Ser. Galba, vicino suo, ambulavisset, dixisse 'visus sum
mihi cum Galba ambulare'? at cum somniavit, ita narravit 'visus
Homerus adesse poeta'; idemque in Epicharmo 'nam videbar
10 somniare me et ego esse mortuum'. itaque simul ut experrecti
sumus, visa illa contemnimus neque ita habemus ut ea, quae in
foro gessimus.

[52] 'At enim dum videntur, eadem est in somnis species
eorum‹que›, quae vigilantes videmus.' primum interest, sed id
15 omittamus; illud enim dicimus, non eandem esse vim neque inte-
gritatem dormientium et vigilantium nec mente nec sensu. ne vi-
nulenti quidem, quae faciunt, eadem adprobatione faciunt qua
sobrii: dubitant haesitant revocant se interdum iisque, quae videntur, inbecillius adsentiuntur; cumque edormierunt, illa visa
20 quam levia fuerint, intellegunt. quod idem contingit insanis, ut et
incipientes furere sentiant et dicant aliquid, quod non sit, id videri sibi, et cum relaxentur, sentiant atque illa dicant Alcmeonis
'sed mihi neutiquam cor consentit cum oculorum aspectu.'

8/9 Ennius *Ann.* 3 Skutsch   9/10 Ennius *Varia: Epich.* 45 Vahlen[3]   23
Ennius *Alcm.* XV,21 Jocelyn

10 me et ego *codd., cf. Bettini, Studi e note su Ennio (Pisa 1979)31sqq.*:
med ego *Manutius*   ego memet *Leo*   14 eorumque quae *C.F.Hermann*:
eorum quae *AV*   eorumque *B*   et eorum quae *Lambinus*

behaupten, allen Erscheinungen dieser gleichen Klasse fehle die Anschaulichkeit: an ihr aber müssen wir verbissen festhalten. Wer sich etwas vorstellt und in Gedanken ausmalt: merkt der nicht, sobald er sich gleichsam wachrüttelt und zu sich selbst ruft, was für ein Unterschied besteht zwischen ›Anschaulichem‹ und ›Grundlosem‹? Die nämliche Überlegung trifft auch auf Träume zu. Oder meinst du, Ennius hätte nach einem Spaziergang im Garten — zusammen mit seinem Nachbarn Ser. Galba — gesagt: ›Mir schien, ich ginge mit Galba spazieren‹? Von seinem Traum aber erzählte er folgendermaßen. ›Mir schien Homer gegenwärtig zu sein.‹ Ebenso im ›Epicharm‹: ›Auch ich schien zu träumen, daß ich tot sei.‹ Also: sobald wir erwacht sind, achten wir solche Erscheinungen gering und messen ihnen nicht die gleiche Bedeutung zu wie dem, was wir auf dem Forum getrieben haben.

[52] ›Aber es ist doch so: Während sie sich zeigen, verfügen die Dinge im Schlaf über das gleiche Aussehen wie diejenigen, welche wir in wachem Zustand vor Augen haben.‹[167] Nun, zunächst einmal gibt es da einen Unterschied, doch wollen wir ihn übergehen. Folgendes nämlich behaupte ich: Denen, die schlafen, und denen, die wach sind, ist nicht das gleiche Vermögen und nicht die gleiche Unversehrtheit eigen, weder in ihrem Denken noch in der Wahrnehmung. Auch Betrunkene tun, was sie tun, nicht mit der gleichen ›Anerkennung‹ wie Nüchterne: sie zögern, wagen sich nicht vor, rufen sich bisweilen zurück und stimmen dem, was erscheint, auf schwächere Weise zu; und sobald sie ihren Rausch ausgeschlafen haben, erkennen sie, wie bedeutungslos die betreffenden Erscheinungen gewesen sind. Eben dies widerfährt auch den Geisteskranken: wenn sie zu rasen beginnen, nehmen sie's wahr und behaupten, etwas erscheine ihnen, was tatsächlich nicht sei;[168] wenn sie sich anderseits wieder entspannen, merken sie's ebenfalls und sprechen gleichsam mit Alkmaion den Vers: ›Doch stimmt mir

[53] 'At enim ipse sapiens sustinet se in furore, ne adprobet falsa pro veris.' et alias quidem saepe, si aut in sensibus ipsis est aliqua forte gravitas aut tarditas, aut obscuriora sunt, quae videntur, aut a perspiciendo temporis brevitate excluditur.
5 quamquam totum hoc, sapientem aliquando sustinere adsensionem, contra vos est. si enim inter visa ‹nihil interesset›, aut semper sustineret aut numquam. sed ex hoc genere toto perspici potest levitas orationis eorum, qui omnia cupiunt confundere. quaerimus gravitatis constantiae firmitatis sapientiae iudicium;
10 utimur exemplis somniantium furiosorum ebriosorum: ‹num› illud adtendimus, in hoc omni genere quam inconstanter loquamur? non enim proferremus vino aut somno oppressos aut mente captos tam absurde, ut tum diceremus interesse inter vigilantium visa et sobriorum et sanorum et eorum, qui essent aliter
15 adfecti, tum nihil interesse. [54] ne hoc quidem cernunt, omnia se reddere incerta, quod nolunt? (ea dico incerta, quae ἄδηλα Graeci.) si enim res se ita habeat, ut nihil intersit, utrum ita cui videatur ut insano an sano, cui possit exploratum esse de sua sanitate? quod velle efficere non mediocris insania est.

---

2 ipsis *Reid in comm.*: ipsius *codd.*   6 nihil interesset *add. V²*: perspicua et inania nihil interesset *coni. Plasberg*   10 num *add. Schäublin, Mus. Helv. 49,1992,43sq.*   12 proferremus *Ven.*: proferemus *codd.*   17 habeat *Goerenz*: habeant *codd.*

die Wahrnehmung des Verstandes keineswegs mit dem Blick der Augen überein.‹

[53] ›Aber es ist doch so: von sich aus übt der Weise im Wahn Zurückhaltung, um nicht Falsches anstelle von Wahrem anzuerkennen.‹[169] In der Tat häufig auch sonst: wenn entweder die Sinne selbst vielleicht durch irgendeine Schwere oder Trägheit belastet sind, oder wenn das, was erscheint, einigermaßen undeutlich ist, oder wenn ihm die ›Anschauung‹ infolge der Kürze der Zeit versagt bleibt. Freilich, dieses Argument insgesamt — daß der Weise zuweilen seine Zustimmung zurückhalte — richtet sich gegen euch selbst. Bestünde nämlich zwischen den Erscheinungen kein Unterschied, so übte er entweder immer Zurückhaltung oder nie.[170] Doch dieses ganze Vorgehen gibt vollkommen klar die Bedeutungslosigkeit der Aussagen derer zu erkennen, die darauf bedacht sind, alles durcheinanderzubringen.[171] Wir suchen nach einer Unterscheidung, die Ernst, Festigkeit, Stärke und Weisheit erfordert — und setzen uns mit Träumern, Wahnsinnigen und Betrunkenen als Beispielen auseinander: merken wir denn nicht, wie sehr wir bei diesem ganzen Vorgehen ohne Festigkeit sprechen? Sonst verwiesen wir doch nicht auf solche, die dem Wein oder dem Schlaf erlegen oder geistig behindert sind, und gingen nicht so widersinnig vor, daß wir bald behaupten, es gebe einen Unterschied zwischen einerseits den Erscheinungen Wacher, Nüchterner und Gesunder und anderseits denjenigen derer, die sich in einem andern Zustand befinden, und bald, es gebe keinen Unterschied. [54] Ja, merken sie nicht einmal, daß sie alles ›unklar‹ machen? — was ihrer eigenen Absicht doch zuwiderläuft[172] (›unklar‹ dient mir als Übersetzung für griechisch ἄδηλον). Wenn nämlich die Dinge sich so verhielten, daß es nichts ausmachte, ob etwas jemandem so erscheint wie einem Wahnsinnigen oder wie einem, der bei Sinnen ist: wer könnte unter dieser Voraussetzung der Gesundheit seiner Sinne gewiß sein? Im Bestreben

Similitudines vero aut geminorum aut signorum anulis in-
pressorum pueriliter consectantur. quis enim nostrum similitudines negat esse, cum eae plurimis in rebus appareant? sed si satis
est ad tollendam cognitionem similia esse multa multorum, cur
5 eo non estis contenti, praesertim concedentibus nobis, et cur id
potius contenditis, quod rerum natura non patitur, ut non suo
quidque genere sit tale, quale est, nec sit in duobus aut pluribus
nulla re differens ulla communitas? ut si[bi] sint et ova ovorum
et apes apium simillimae: quid pugnas igitur aut quid tibi vis in
10 geminis? conceditur enim similes esse, quo contentus esse potu-
eras; tu autem vis eosdem plane esse, non similes, quod fieri
nullo modo potest.

[55] Dein confugis ad physicos eos, qui maxime in Academia
inridentur, a quibus ne tu quidem iam te abstinebis, et ais
15 Democritum dicere innumerabiles esse mundos, et quidem sic
quosdam inter sese non solum similes sed undique perfecte et
absolute ita pares, ut inter eos nihil prorsus intersit [et eo quidem
innumerabiles itemque homines]. deinde postulas, ut, si mundus
ita sit par alteri mundo, ut inter eos ne minimum quidem intersit,
20 concedatur tibi, ut in hoc quoque nostro mundo aliquid alicui sic
sit par, ut nihil differat, nihil intersit. 'cur enim' inquies 'ex illis

---

8 ut si *Müller, Reid*: ut sibi *codd., locus et paene desperatus et varie sanatus*
17 ita *del. Christ* 17/18 et ... homines *del. Schäublin*: et ... innumerabiles
del. Lambinus; lacunam inter innumerabiles *et* itemque *indic. Plasberg*

indes, einen solchen Zustand herbeizuführen, äußert sich ein Wahnsinn, der das gewöhnliche Maß übersteigt.

Dann aber ziehen sie ›Ähnlichkeiten‹ heran: von Zwillingen oder von Siegelbildern, die mit Ringen eingepreßt sind, — auf durchaus kindische Weise! Denn wer von uns bestritte, daß es ›Ähnlichkeiten‹ gibt, wo sie uns doch an vielen Objekten entgegentreten? Wenn es aber zur Aufhebung der Erkenntnis genügt, daß vieles vielem ähnlich ist, weswegen gebt ihr euch damit nicht zufrieden, zumal da wir es ja einräumen? Weswegen behauptet ihr vielmehr, was die Allnatur nicht zuläßt? Sie läßt nämlich nicht zu, daß nicht jedes Ding nach seiner eigenen Art[173] so ist, wie es ist, und auch nicht, daß zwischen zwei oder mehreren Dingen irgendeine Gemeinschaft besteht, die keinerlei Unterschied in sich schließt. Eier etwa mögen Eiern vollkommen ähnlich sein und Bienen Bienen: was ereiferst du dich also, oder worauf willst du hinaus im Falle von Zwillingen? Es wird ja eingeräumt, daß sie ähnlich sind, und damit hättest du dich zufriedengeben können; du aber bestehst darauf,[174] daß sie vollkommen identisch, nicht nur ähnlich seien, und das ist einfach nicht möglich.

[55] In der Folge suchst du[175] Zuflucht bei den Naturphilosophen — ausgerechnet bei denen, über die man in der Akademie am meisten spottet und die auch du bald nicht mehr schonen wirst — und berufst dich auf Demokrits Behauptung: es gebe unzählige Welten, und in solchem Maße seien einige untereinander nicht nur ähnlich, sondern in jeder Hinsicht und restlos und vollkommen gleich — in solchem Maße also, daß zwischen ihnen überhaupt kein Unterschied bestehe. Darauf stellst du die folgende Forderung auf: Wenn die Welt denn in solchem Maße einer zweiten Welt gleich sei, daß zwischen ihnen nicht einmal der geringste Unterschied bestehe, müsse man dir einräumen, daß auch innerhalb dieser unserer Welt zwei Dinge einander in solchem Maße gleich sein könnten, daß keine Abweichung, kein Unterschied bestehe. ›Warum nämlich, wirst du sagen,

individuis, unde omnia Democritus gigni adfirmat, in reliquis
mundis, et in iis quidem innumerabilibus, innumerabiles Q.
Lutatii Catuli non modo possint esse, sed etiam sint, in hoc tanto
mundo Catulus alter non possit effici?' [56] primum quidem me
5 ad Democritum vocas; cui non adsentior †potius quare fallar† ...
potest id, quod dilucide docetur a politioribus physicis, singu-
larum rerum singulas proprietates esse. fac enim antiquos illos
Servilios, qui gemini fuerunt, tam similes, quam dicuntur: num
censes etiam eosdem fuisse? 'non cognoscebantur foris': at
10 domi; 'non ab alienis': at a suis. an non videmus hoc usu venire,
ut, quos numquam putassemus a nobis internosci posse, eos
consuetudine adhibita tam facile internosceremus, ‹ut› ne minimum quidem similes viderentur? [57] hic pugnes licet: non repugnabo; quin etiam concedam illum ipsum sapientem, de quo
15 omnis hic sermo est, cum ei res similes occurrant, quas non habeat dinotatas, retenturum adsensum nec umquam ulli viso adsensurum, nisi quod tale fuerit, quale falsum esse non possit.
    Sed et ad ceteras res habet quandam artem, qua vera a falsis
possit distinguere, et ad similitudines istas usus adhibendus est:
20 ut mater geminos internoscit consuetudine oculorum, sic tu in-
ternosces, si adsueveris. videsne, ut in proverbio sit ovorum

---

5 cui non adsentior potius quam re fallar minime perspicua; inde autem quod
efficis id ipsum redarguere atque refellere potest *Plasberg*   12/13 ut ne
minimum *Ald.*: nimium $A^1V^1B^1$ uti minimum A^2B^2 ne minimum V^2
18 et ad V^2: et V^1 ad A^2B

sollte es so sein, daß aus jenen Atomen, aus denen gemäß
Demokrits Lehre alles entsteht, in den übrigen Welten —
unzähligen! — unzählige Q. Lutatii Catuli sich nicht nur bilden
können, sondern tatsächlich auch bilden, während in unserer so
großen Welt ein zweiter Catulus nicht entstehen kann?‹[176] [56]
Zuerst zwar befiehlst du mich vor Demokrit: ihm aber pflichte
ich nicht bei [...] kann, und zwar das, was Naturphilosophen
von feinerer Art mit aller Klarheit vertreten: daß einzelne Dinge
je über ihre besonderen Eigenheiten verfügen.[177] Gesetzt den
Fall nämlich, jene beiden alten Servilier — sie waren ja
Zwillinge — seien sich so ähnlich gewesen, wie man behauptet:
vertrittst du deswegen etwa die Auffassung, sie seien sogar
identisch gewesen? ›Man erkannte sie auf der Straße nicht.‹
Aber zu Hause! ›Fremde vermochten es nicht.‹ Aber die An-
gehörigen! Oder machen wir nicht immer wieder die folgende
Erfahrung: diejenigen, von denen wir nie geglaubt hätten, daß
wir sie auseinanderhalten könnten, halten wir — stellt sich nur
Gewöhnung ein — so leicht auseinander, daß sie uns auch nicht
im geringsten mehr ähnlich erscheinen? [57] An diesem Punkt
nun magst du Widerstand leisten:[178] ich will ihn nicht erwidern
— ja, ich will sogar einräumen, daß gerade unser Weiser, um
den sich diese ganze Diskussion dreht, seine Zustimmung
zurückhalten wird, wenn ihm ähnlich Dinge begegnen sollten,
für die ihm ein unterscheidendes Merkmal fehlt, und daß er nur
einer solchen Erscheinung je zustimmen wird, die nicht falsch
sein kann.

Doch hinsichtlich der übrigen Dinge besitzt er so etwas wie
eine erworbene Fertigkeit,[179] die es ihm ermöglicht, Wahres
von Falschem zu unterscheiden, und im Umgang mit den
besagten ›Ähnlichkeiten‹ muß man eben auf die Erfahrung
abstellen: wie eine Mutter ihre Zwillinge auseinanderhält dank
der Gewöhnung der Augen, so wirst auch du sie auseinanderhalten, wenn du dich nur daran gewöhnt hast. Du kennst doch
die sprichwörtliche Ähnlichkeit von Eiern untereinander.

inter se similitudo? tamen hoc accepimus, Deli fuisse complures
salvis rebus illis, qui gallinas alere permultas quaestus causa
solerent; ii cum ovum inspexerant, quae id gallina peperisset, dicere solebant. [58] neque idem contra nos; nam nobis satis est
5 ova illa non internoscere; nihilo enim magis adsentirer hoc illud
esse, quam si inter illa omnino nihil interesset. habeo enim regulam, ut talia visa vera iudicem, qualia falsa esse non possint; ab
hac mihi non licet transversum, ut aiunt, digitum discedere, ne
confundam omnia; veri enim et falsi non modo cognitio sed
10 etiam natura tolletur, si nihil erit, quod intersit. ut etiam illud absurdum sit, quod interdum soletis dicere, cum visa in animos
inprimantur, non vos id dicere, inter ipsas inpressiones nihil interesse, sed inter species et quasdam formas eorum. quasi vero
non specie visa iudicentur; quae fidem nullam habebunt sublata
15 veri et falsi nota.

[59] Illud vero perabsurdum, quod dicitis, probabilia vos sequi, si nulla re inpediamini. primum qui potestis non inpediri,
cum a veris falsa non distent? deinde quod iudicium est veri,
cum sit commune falsi? ex his illa necessario nata est ἐποχή (id

---

4 idem *AVB¹*: id est *B²*   nos *F*: vos *AVB*   nobis *Rom. Ven.*: vobis
codd.   est *A²V²B²*: est ex *A¹V¹B¹*   esset *vel* esse posset *coni. Plasberg*
5 nihilo *Lambinus*: nihil *codd.*   adsentirer hoc *Plasberg*: adsentirephoc
codd.   adsentiri potest *V²*

Trotzdem ist folgendes überliefert: auf Delos habe es, als die
Zustände dort noch heil waren, nicht wenige Leute gegeben, die
um des Erwerbs willen Hühner in großer Zahl zu züchten
pflegten. Wenn sie nun ein Ei genau prüften, vermochten sie in
der Regel anzugeben, welches Huhn es gelegt habe. [58] Derselbe Einwand indes gilt nicht auch gegen uns;[180] denn was uns
betrifft, so geben wir uns ja damit zufrieden, die betreffenden
Eier einfach nicht auseinanderzuhalten: in der Tat würde ich
ebensowenig[181] meine Zustimmung dazu geben, daß dieses Ei
jenes bestimmte Ei sei, wie wenn zwischen ihnen tatsächlich gar
kein Unterschied bestünde. Mir dient eben als Maßstab,[182] daß
ich in meinen Unterscheidungen nur solche Erscheinungen als
wahr gelten lasse, die nicht falsch sein können; davon darf ich,
wie man sagt, nicht einen Fingerbreit abweichen — sonst
bringe ich alles durcheinander.[183] Denn nicht nur die Erkenntnis, sondern auch das Wesen von ›wahr‹ und ›falsch‹ werden
aufgehoben, wenn es denn keinen Unterschied dazwischen
geben soll. Dementsprechend ist auch die folgende Behauptung,
die ihr zuweilen zu äußern pflegt, durchaus ungereimt: wenn
Erscheinungen dem Geist aufgeprägt würden, dann wolltet ihr
nicht behaupten, daß zwischen den Einprägungen selbst kein
Unterschied bestehe, sondern zwischen ihrem Aussehen und
gewissermaßen ihrer Gestalt — als ob nicht gerade nach ihrem
Aussehen die Erscheinungen unterschieden würden:[184] sie
werden indes keine Glaubwürdigkeit[185] beanspruchen dürfen,
wenn man das Kennzeichen von ›wahr‹ und ›falsch‹ aufhebt.

[59] Die folgende Behauptung freilich ist vollends ungereimt:
daß ihr euch nach ›Glaubhaftem‹ richtet, wenn euch nichts entgegenstehe.[186] Zunächst einmal: wie könnte euch nichts entgegenstehen, wenn denn vom Wahren sich das Falsche nicht unterscheidet? Ferner: was könnte es für eine Beurteilung des
Wahren geben, wenn sie denn gemeinschaftlich auch mit dem
Falschen zu tun hat? Aus diesen Voraussetzungen ist notwendigerweise die besagte ἐποχή hervorgegangen,[187] das heißt die

est adsensionis retentio), in qua melius sibi constitit Arcesilas, si
vera sunt, quae de Carneade non nulli existimant. si enim percipi
nihil potest, quod utrique visum est, tollendus adsensus est;
quid enim est tam futtile quam quicquam adprobare non cogni-
5 tum? Carneadem autem etiam heri audiebamus solitum esse ‹eo›
delabi, interdum ut diceret opinaturum, id est peccaturum, esse
sapientem. mihi porro non tam certum est esse aliquid, quod
conprendi possit, de quo iam nimium etiam diu disputo, quam
sapientem nihil opinari, id est numquam adsentiri rei vel falsae
10 vel incognitae.

[60] Restat illud, quod dicunt veri inveniundi causa contra
omnia dici oportere et pro omnibus. volo igitur videre, quid invenerint. 'non solemus' inquit 'ostendere.' quae sunt tandem
ista mysteria, aut cur celatis quasi turpe aliquid sententiam vest-
15 ram? 'ut, qui audient' inquit, 'ratione potius quam auctoritate
ducantur.' quid? si utrumque, num peius est? unum tamen illud
non celant, nihil esse, quod percipi possit. an in eo auctoritas
nihil obest? mihi quidem videtur vel plurimum. quis enim ista
tam aperte perspicueque et perversa et falsa secutus esset, nisi
20 tanta in Arcesila, multo etiam maior in Carneade et copia rerum
et dicendi vis fuisset?

[61] Haec Antiochus fere et Alexandreae tum et multis annis

5/6 eo *add. Ernesti, ante* interdum *interp. Schäublin, cf. Mus. Helv.*
49,1992,47sqq.   12/13 invenerint *F*: invenerit *AVB*

Zurückhaltung der Zustimmung; in bezug auf sie freilich hat
Arkesilaos sich folgerichtiger verhalten, wenn denn zutrifft,
was einige von Karneades glauben. Wenn man nämlich in der
Tat nichts erfassen kann — und das haben beide vertreten —,
so gilt es die Zustimmung aufzuheben; denn was wäre so
sinnlos wie die Anerkennung von etwas nicht Erkanntem? Nun,
Karneades — so vernahmen wir es auch gestern — pflegte sich
zu der Behauptung zu versteigen,[188] der Weise könne zumindest
bisweilen in die Lage kommen, eine Meinung zu hegen — und
das heißt: sich zu verfehlen.[189] Für mich anderseits steht nicht
nur fest, daß es etwas gibt, was begriffen werden kann — darüber verbreite ich mich eher schon allzu lange —; nein, sogar
noch unverrückbarer steht für mich fest, daß der Weise keine
Meinungen hegt, das heißt: daß er keiner Sache zustimmt, die
falsch oder nicht erkannt ist.[190]

[60] Es bleibt ihre letzte Behauptung: man müsse, um die
Wahrheit zu finden, *gegen* alles sich äußern und *für* alles. Also
gut: ich möchte sehen, was sie tatsächlich gefunden haben. ›Wir
pflegen es, heißt es dann, nicht vorzuzeigen.‹ Ja, mit was für
Geheimlehren[191] habt ihr es am Ende zu tun, oder weswegen
verbergt ihr eure Auffassung, als handelte es sich um etwas
Verwerfliches? ›Damit die Zuhörer, heißt es dann, sich durch
vernünftiges Denken eher als durch fremde Autorität leiten lassen.‹ Wie? Wenn beides im Spiel ist, wäre das etwa schlechter?
Und trotzdem verbergen sie zumindest soviel nicht: daß es
nichts gebe, was erfaßt werden könne. Richtet denn fremde
Autorität in diesem Fall keinen Schaden an? Ich jedenfalls
meine: sogar einen sehr großen! Denn wer hätte sich jemals für
eure Lehren da entschieden, die so offenkundig und eindeutig
verkehrt und falsch sind, wenn Arkesilaos nicht so umfassend,
noch viel umfassender freilich Karneades über Sachkenntnisse
und über die Kraft des Ausdrucks verfügt hätten?

[61] Dies etwa brachte Antiochos vor, und zwar damals in
Alexandria wie auch — allerdings mit noch viel größerem

post multo etiam adseverantius, in Syria cum esset mecum paulo
ante, quam est mortuus. sed iam confirmata causa te hominem
amicissimum' (me autem appellabat) 'et aliquot annis minorem
natu non dubitabo monere. tune, cum tantis laudibus philoso-
5 phiam extuleris Hortensiumque nostrum dissentientem commo-
veris, eam philosophiam sequere, quae confundit vera cum
falsis, spoliat nos iudicio, privat adprobatione omni, orbat sensibus? et Cimmeriis quidem, quibus aspectum solis sive deus
aliquis sive natura ademerat sive eius loci, quem incolebant, si-
10 tus, ignes tamen aderant, quorum illis uti lumine licebat: isti
autem, quos tu probas, tantis offusis tenebris ne scintillam
quidem ullam nobis ad dispiciendum reliquerunt; quos si se-
quamur, iis vinclis simus astricti, ut nos commovere neque-
amus. [62] sublata enim adsensione omnem et motum animorum
15 et actionem rerum sustulerunt; quod non modo recte fieri, sed
omnino fieri non potest. provide etiam, ne uni tibi istam sententiam minime liceat defendere. an tu, cum res occultissimas ape-
rueris in lucemque protuleris iuratusque dixeris ea te conperisse
(quod mihi quoque licebat, qui ex te illa cognoveram), negabis
20 esse rem ullam, quae cognosci conprendi percipi possit? vide,
quaeso, etiam atque etiam, ne illarum quoque rerum pulcherri-
marum a te ipso minuatur auctoritas.'

Nachdruck — viele Jahre später, als er kurz vor seinem Tod mit
mir zusammen in Syrien weilte. Jetzt aber, da die Sache erhärtet
ist, zögere ich nicht, dir (dabei wandte er sich an mich) ins
Gewissen zu reden: als meinem vertrauten Freund, der du erst
noch einige Jahre jünger bist als ich. Da hast du also die Philosophie mit solchen Lobesbezeugungen ausgezeichnet und
unsern Hortensius, der anderer Meinung war, zur Umkehr bewegt[192] — und jetzt willst ausgerechnet du dich derjenigen philosophischen Richtung anschließen, die das Wahre mit dem
Falschen vermengt, die uns der ›Unterscheidung‹ beraubt, uns
jede Möglichkeit der ›Anerkennung‹ entzieht und uns die Sinne
wegnimmt? In der Tat, sogar die Kimmerier, denen von irgendeinem Gott oder der Natur oder ihrer geographischen Lage
der Anblick der Sonne entzogen worden war, kannten immerhin
das Feuer und verfügten dadurch über die Möglichkeit, sich mit
Licht zu behelfen; hingegen diese da, deren Lehre du gutheißest, haben unermeßliche Finsternis verbreitet und uns nicht
einmal einen Funken gelassen, der zu einem Durchblick
verhelfen könnte: sollten wir uns ihnen anschließen, so wären
wir mit derartigen Fesseln gebunden,[193] daß wir uns nicht mehr
zu bewegen vermöchten. [62] Indem sie nämlich die Zustimmung aufgehoben haben, haben sie die Bewegung des Geistes
ebenso wie das daraus sich ergebende Handeln aufgehoben.
Das aber ist ohne Widerspruch nicht möglich — ja, es ist überhaupt nicht möglich.[194] Vorsicht überdies: vielleicht steht es
gerade dir am allerwenigsten zu, eine solche Auffassung zu
vertreten. Oder wie? — da hast du doch geheimste Machen-
schaften aufgedeckt, ans Licht gebracht und unter Eid
behauptet, du habest davon ›Kenntnis erhalten‹ (und ein
Gleiches stand auch mir frei, der ich die Sache von dir erfahren
hatte) — und jetzt willst ausgerechnet du bestreiten, daß es
etwas gebe, das erkannt, begriffen, erfaßt werden könne?
Achte, bitte, mit aller Sorgfalt darauf, daß nicht am Ende du
selbst das Ansehen auch jenes herrlichen Erfolgs schmälerst!«

[63] Quae cum dixisset ille, finem fecit. Hortensius autem
vehementer admirans (quod quidem perpetuo Lucullo loquente
fecerat, ut etiam manus saepe tolleret: nec mirum; nam numquam
arbitror contra Academiam dictum esse subtilius) me quoque,
5 iocansne an ita sentiens (non enim satis intellegebam), coepit
hortari, ut sententia desisterem.

Tum mihi Catulus 'si te' inquit 'Luculli oratio flexit, quae est
habita memoriter accurate copiose, taceo neque te, quo minus, si
tibi ita videatur, sententiam mutes, deterrendum puto. illud vero
10 non censuerim, ut eius auctoritate moveare. tantum enim te
[non] modo monuit' inquit adridens, 'ut caveres, ne quis inpro-
bus tribunus plebis, quorum vides quanta copia semper futura
sit, arriperet te et in contione quaereret, qui tibi constares, cum
idem negares quicquam certi posse reperiri, idem te conperisse
15 dixisses. hoc, quaeso, cave, ne te terreat. de causa autem ipsa
malim quidem te ab hoc dissentire; sin cesseris, non magnopere
mirabor: memini enim Antiochum ipsum, cum annos multos alia
sensisset, simul ac visum sit, sententia destitisse.'

[64] Haec cum dixisset Catulus, me omnes intueri. tum ego
20 non minus conmotus, quam soleo in causis maioribus, huius

11 non *del. Ald.*

[63] Mit diesen Worten beendete Lucullus seine Ausführungen. Hortensius aber blickte voller Bewunderung auf ihn (er hatte dies unablässig schon während des Vortrags getan, ja vielfach sogar die Hände erhoben — kein Wunder: denn niemals, glaube ich, hat jemand sich scharfsinniger gegen die Akademie geäußert); jetzt begann er — ob im Scherz oder im Ernst, konnte ich nicht genau feststellen — mir eigens noch zuzureden: ich solle meine Ansicht aufgeben.

Da sagte Catulus zu mir: »Sollte dich der Vortrag des Lucullus — er hat ihn aus dem Gedächtnis, ausgefeilt und in umfassender Weise gehalten — umgestimmt haben, dann bleibt mir nichts zu sagen übrig; denn nach meiner Meinung darf man dich nicht davon abzubringen versuchen, deine Ansicht zu ändern, wenn es dir so denn gut scheint. Freilich möchte ich nicht empfehlen, daß du dich von Lucullus' Autorität beeindrucken läßt. Er hat dir ja vorher nur gerade soweit ins Gewissen geredet« (jetzt lächelte Catulus): »du sollest dich in acht nehmen, daß nicht irgendein gewissenloser Volkstribun — und du siehst ja, welche Mengen es davon immer geben wird — Hand an dich lege und in einer Volksversammlung abklären wolle, wie es eigentlich um deine Treue zu dir selbst bestellt sei: einerseits bestrittest du, daß etwas Gewisses gefunden werden könne, und anderseits stamme von dir, der gleichen Person, die Behauptung, du habest ›Kenntnis erhalten‹. Dies darf dich nicht beunruhigen: nimm' dich bitte in acht! Was die Sache selbst anbelangt, so möchte ich allerdings lieber, daß du anderer Meinung bleibst als Lucullus. Gibst du aber nach, so werde ich mich nicht sehr wundern; erinnere ich mich doch, daß Antiochos selbst, nachdem er viele Jahre lang eine andere Ansicht vertreten hatte, diese Ansicht aufgab, sobald es ihm gut schien.«

[64] Nach diesen Worten des Catulus richteten alle ihren Blick auf mich. Meinerseits war ich mindestens so aufgeregt wie üblicherweise in größeren Prozessen, und ich setzte zu ei-

modi quadam oratione sum exorsus: 'me, Catule, oratio Luculli
de ipsa re ita movit ut docti hominis et copiosi et parati et nihil
praetereuntis eorum, quae pro illa causa dici possent, non tamen, ut ei respondere posse diffiderem; auctoritas autem tanta
5 plane me movebat, nisi tu opposuisses non minorem tuam. ad-
grediar igitur, si pauca ante quasi de fama mea dixero. [65] ego
enim, si aut ostentatione aliqua adductus aut studio certandi ad
hanc potissimum philosophiam me adplicavi, non modo stul-
titiam meam sed etiam mores et naturam condemnandam puto.
10 nam si in minimis rebus pertinacia reprehenditur, calumnia etiam
coercetur, ‹cur› ego de omni statu consilioque totius vitae aut
certare cum aliis pugnaciter aut frustrari cum alios tum etiam me
ipsum velim? itaque nisi ineptum putarem in tali disputatione id
facere, quod, cum de re publica disceptatur, fieri interdum solet,
15 iurarem per Iovem deosque penates me et ardere studio veri re-
periendi et ea sentire, quae dicerem.

[66] Qui enim possum non cupere verum invenire, cum gau-
deam, si simile veri quid invenerim? sed ut hoc pulcherrimum
esse iudico, vera videre, sic pro veris probare falsa turpissimum

11 cur *add. Schäublin, Mus. Helv. 50,1993,158sq.*   ego *Ven.*²: ergo
codd.   13 velim itaque *Rom.*: itaque velim *codd.*   19 iudico *Ernesti*:
iudicem *codd.*

nem Vortrag etwa von der Art an: »Mich hat, mein Catulus, der
Vortrag des Lucullus, was den Gegenstand selbst anbelangt,
zutiefst beeindruckt, stammte er doch von einem gelehrten
Mann, der in umfassender Weise gewappnet war und sich keines der Argumente entgehen ließ, wie sie zugunsten der betreffenden Sache vorgebracht werden konnten; deswegen freilich
wurde ich nicht irre an meiner Möglichkeit, ihm eine Antwort zu
erteilen. Seine Autorität allerdings mit ihrem ganzen Gewicht
hätte bei mir durchaus etwas zu bewirken vermocht, wenn du
nicht die deine — die nicht geringer ist — entgegengestellt hättest. Ich will mich also ans Werk machen und nur zuvor noch
ein paar Worte gleichsam über meinen Ruf sagen. [65] Wenn
ich tatsächlich aus einer gewissen Eitelkeit oder aus Streitsucht
mich am ehesten der Akademie angeschlossen habe, dann gilt es
— meine ich — nicht nur meine Torheit zu verurteilen, sondern
auch meinen Charakter und meine Wesensart. In unbedeutend-
sten Angelegenheiten findet man doch Starrköpfigkeit tadelnswert, gegen hinterhältiges Gerede schreitet man sogar ein: weswegen sollte da, hinsichtlich der Anlage und Planung insgesamt
des ganzen Lebens, gerade ich mich entweder auf eine kämpfe-
rische Auseinandersetzung mit andern einlassen oder nicht nur
andere, sondern mehr noch mich selbst hinters Licht führen
wollen? Wenn ich es also nicht für unpassend hielte, in einer
derartigen Erörterung mich so zu verhalten, wie man sich
zuweilen in politischen Auseinandersetzungen zu verhalten
pflegt, dann würde ich bei Juppiter und den Penaten schwören,
daß mein Eifer, die Wahrheit zu finden, mich geradezu verzehrt
und daß ich tatsächlich meine, was ich sage.

[66] Wie nämlich könnte ich *nicht* danach trachten, die
Wahrheit zu finden, wo ich mich doch bereits freue, wenn ich
nur etwas gefunden habe, was der Wahrheit ähnlich sieht? Wie
ich mich freilich für dies als das Erstrebenswerteste entscheide
— die Wahrheit zu erblicken —, ebenso gibt es nichts Ver-
werflicheres, als wenn man Falsches anstelle von Wahrem gut-

est. nec tamen ego is sum, qui nihil umquam falsi adprobem,
qui numquam adsentiar, qui nihil opiner; sed quaerimus de sapiente. ego vero ipse et magnus quidam sum opinator (non enim
sum sapiens) et meas cogitationes sic dirigo, non ad illam parvu-
5 lam Cynosuram, qua 'fidunt duce nocturna Phoenices in alto',
ut ait Aratus, eoque directius gubernant, quod eam tenent, quae
'cursu interiore brevi convertitur orbe' — sed Helicen et clarissimos Septentriones, id est rationes has latiore specie non ad te-
nue limatas; eo fit, ut errem et vager latius. sed non de me, ut di-
10 xi, sed de sapiente quaeritur.

Visa enim ista cum acriter mentem sensumve pepulerunt, ac-
cipio iisque interdum etiam adsentior. nec percipio tamen: nihil
enim arbitror posse percipi. non sum sapiens; itaque visis cedo
nec possum resistere. sapientis autem hanc censet Arcesilas vim
15 esse maximam Zenoni adsentiens, cavere, ne capiatur, ne falla-
tur, videre; nihil est enim ab ea cogitatione, quam habemus de
gravitate sapientis, errore levitate temeritate diiunctius. quid
[quid] igitur loquar de firmitate sapientis? quem quidem nihil
opinari tu quoque, Luculle, concedis. quod quoniam a te proba-
20 tur, ut praepostere tecum agam iam (mox referam me ad ordinem), haec primum conclusio quam habeat vim, considera: [67]

---

3 quidam *Manutius*: quidem *codd.*   7 sed *A¹VB¹*: sed ad *A²B²*   8 latiore
codd.: latiores *Reid in comm.*   18 quid *del. A²B²*

heißt. Nun bin ich allerdings nicht von der Art, daß ich niemals
etwas Falsches guthieße, daß ich niemals meine Zustimmung
gäbe, daß ich keine Meinung hegte; doch unsere Untersuchung
gilt ja dem Weisen. Ich selbst dagegen bin gewissermaßen ein
großer Meiner (denn ich bin nicht weise), und ich richte die
Fahrt meiner Gedanken folgendermaßen aus: nicht nach dem
winzigen ›Hundeschwanz‹ [dem Kleinen Bären], »auf dessen
Führung sich des Nachts die Phönizier verlassen auf hoher
See« (wie Arat sagt)[195] — sie steuern dann einen geraderen
Kurs, weil sie sich eben an ihn halten, der »auf innerer Bahn, in
engem Kreise umläuft« —; nein, nach der Helike richte ich sie
aus, dem strahlenden Siebengestirn [dem Großen Bären]: das
heißt nach solchen Grundsätzen, die einen weiteren Anblick
gewähren und nicht bis ins kleinste ausgefeilt sind. Das ist auch
der Grund, weswegen ich mich verliere und weiter vom Kurs
abkomme. Doch es geht, wie gesagt, nicht um mich, sondern
um den Weisen.

Wenn also eure[196] ›Erscheinungen‹ da meinen Geist oder
Sinn mit Wucht treffen, nehme ich sie auf und stimme ihnen
bisweilen sogar zu. Trotzdem ›erfasse‹ ich nicht; nichts kann
nämlich nach meiner Einschätzung erfaßt werden. Ich bin nicht
weise; deshalb gebe ich Erscheinungen nach und vermag ihnen
keinen Widerstand zu leisten. Eben dies aber — behauptet
Arkesilaos, und er stimmt darin Zenon zu — macht entscheidend den Weisen aus: daß er sich bewahrt vor Berückung, vor
Täuschung in acht nimmt. Denn nichts läßt sich mit der
Vorstellung, die wir von der Ernsthaftigkeit des Weisen haben,
weniger vereinbaren als Irrtum, Oberflächlichkeit und mangelnde Vorsicht. Wozu soll ich also von der Stärke des Weisen
sprechen? Auch du, Lucullus, räumst doch ein, daß er keine
Meinung hegt. Da du dies gutheißest, will ich mich jetzt in ver-
kehrter Folge mit dir auseinandersetzen (bald werde ich zur
Ordnung zurückfinden); darum betrachte zuerst einmal, wie es
um den folgenden Beweis bestellt ist: [67] ›Sollte der Weise

'si ulli rei sapiens adsentietur umquam, aliquando etiam opinabitur; numquam autem opinabitur; nulli igitur rei adsentietur.' hanc conclusionem Arcesilas probabat; confirmabat enim et primum et secundum. Carneades non numquam ‹opinari, sed› secundum
5 illud dabat, adsentiri aliquando; ita sequebatur etiam opinari, quod tu non vis, et recte, ut mihi videris. sed illud primum, sapientem, si adsensurus esset, etiam opinaturum, falsum esse Stoici dicunt et eorum adstipulator Antiochus; posse enim eum falsa a veris et, quae non possint percipi, ab iis, quae possint,
10 distinguere.

[68] Nobis autem primum, etiam si quid percipi possit, tamen ipsa consuetudo adsentiendi periculosa esse videtur et lubrica. quam ob rem, cum tam vitiosum esse constet adsentiri quicquam aut falsum aut incognitum, sustinenda est potius omnis adsen-
15 sio, ne praecipitet, si temere processerit. ita enim finitima sunt falsa veris eaque, quae percipi non possunt, ‹iis, quae possunt› (si modo ea sunt quaedam; iam enim videbimus), ut tam[en] in praecipitem locum non debeat se sapiens committere. sin autem omnino nihil esse, quod percipi possit, a me sumpsero et, quod
20 tu mihi das, accepero, sapientem nihil opinari, effectum illud erit, sapientem adsensus omnes cohibiturum, ut videndum tibi sit, idne malis an aliquid opinaturum esse sapientem. 'neutrum'

4 opinari sed *add. Schäublin, Mus. Helv. 49,1992,51sq.* 5 ita sequebatur *Manutius*: id adsequebatur *codd.* 7/8 esse Stoici *Nonius*: esset Stoici A^1 esse et Stoici A^2VB^2 16 iis quae possunt *add. Lambinus* 17 tam V^2: tamen AV^1B

jemals zu irgend etwas seine Zustimmung geben, wird er zuweilen auch eine Meinung hegen; niemals aber wird er eine Meinung hegen: also wird er zu nichts seine Zustimmung geben.‹ Diese Folgerung hieß Arkesilaos gut; denn er bekräftigte sowohl die erste als auch die zweite Voraussetzung. Karneades dagegen anerkannte als zweite Voraussetzung nicht ›niemals hege er eine Meinung‹, sondern[197] die folgende: ›zuweilen gebe er seine Zustimmung‹; daraus mußte dann auch das Meinen folgen — womit du dich nicht abfinden willst, und zu Recht, wie mir scheint. Von jener ersten Voraussetzung indes — ›wenn der Weise seine Zustimmung gebe, werde er auch eine Meinung hegen‹ — behaupten die Stoiker ebenso wie Antiochos, der ihnen unbedingt beipflichtet, sie sei falsch:[198] der Weise nämlich sei imstande, Falsches von Wahrem zu unterscheiden und das, was nicht erfaßt werden könne, von dem, was könne.

[68] Ich freilich bin zunächst der Auffassung, selbst wenn etwas erfaßt werden könne, sei doch bereits die Gewohnheit, daß man seine Zustimmung gibt, gefährlich und führe leicht zum Sturz. Da also die Zustimmung zu etwas Falschem oder Nicht-Erkanntem eindeutig eine beträchtliche Fehlerquelle bildet, gilt es vielmehr jede Zustimmung zurückzuhalten, damit sie nicht zu Fall kommt, wenn sie sich blindlings vorwagt. So unmittelbar nämlich grenzt das Falsche an das Wahre und das Nicht-Erfaßbare an das Erfaßbare (wenn es ein solches überhaupt in irgendeiner Form gibt: wir werden uns gleich damit beschäftigen),[199] daß der Weise sich von so abschüssigem Gelände fernhalten sollte. Wenn ich nun aber auf eigene Faust[200] voraussetze, daß es überhaupt nichts gibt, was erfaßt werden kann, und überdies entgegennehme, was du mir einräumst — daß der Weise keine Meinung hegt —, dann ist folgendes bewiesen: daß der Weise seine Zustimmung ausnahmslos zurückhalten wird. Und in der Folge mußt du zusehen, womit du dich lieber abfinden willst: mit dem eben Gesagten oder damit, daß der Weise

inquies 'illorum' [nitamur]. nitamur igitur nihil posse percipi;
etenim de eo omnis est controversia.

[69] Sed prius pauca cum Antiocho, qui haec ipsa, quae a me
defenduntur, et didicit apud Philonem tam diu, ut constaret
5 diutius didicisse neminem, et scripsit de iis rebus acutissime: et
idem haec non acrius accusavit in senectute, quam antea defensi-
taverat? quamvis igitur fuerit acutus, ut fuit, tamen inconstantia
levatur auctoritas. quis [quam] enim iste dies inluxerit, quaero,
qui illi ostenderit eam, quam [quam] multos annos esse negita-
10 visset, veri et falsi notam? excogitavit aliquid? eadem dicit, quae
Stoici. paenituit illa sensisse? cur non se transtulit ad alios, et
maxime ad Stoicos? eorum enim erat propria ista dissensio. quid
eum Mnesarchi paenitebat, quid Dardani? qui erant Athenis tum
principes Stoicorum. numquam a Philone discessit, nisi postea
15 quam ipse coepit, qui se audirent, habere.

[70] Unde autem subito vetus Academia revocata est? nominis dignitatem videtur, cum a re ipsa descisceret, retinere voluisse. quod erant qui illum gloriae causa facer‹e dicer›ent,
sperare etiam fore, ut ii, qui se sequerentur, Antiochii vocaren-

---

1 nitamur *del. A²B²*   8 quam *del. Lambinus*   9 quam *del. A²V²B²*
13 Mnesarchi *Rom.*: in(n)esarc(h)i *codd.*   18 facere dicerent *Camerarius*:
facerent *AB*   fecerunt *V*   19 Antiochii *Ald.*: Antiochi *codd.*

eine Meinung hegen wird. ›Mit keiner der beiden Möglichkeiten‹, wirst du sagen. So wollen wir denn zur Geltung bringen, daß nichts erfaßt werden kann; denn darum dreht sich der ganze Zwist.

[69] Vorweg freilich ein paar Worte über Antiochos. Er hat ganz genau die Auffassung, die ich hier vertrete, bei Philon sich angeeignet (und zwar während so langer Zeit, daß hinsichtlich der unübertroffenen Dauer seines Studiums Einigkeit herrschte); er hat über eben diese Fragen höchst scharfsinnige Bücher verfaßt — und dann: hat dieser gleiche Mann die betreffende Auffassung im Alter nicht noch heftiger angegriffen, als er sie zuvor stets verteidigt hatte? Wie scharfsinnig er deshalb auch gewesen sein mag — und er ist es gewesen! —, so verliert doch infolge dieser Unbeständigkeit seine Autorität an Gewicht. Was war denn das — möchte ich wissen — für ein Tag, der mit solchem Licht angebrochen ist, daß er dem Antiochos das Kennzeichen von ›wahr‹ und ›falsch‹, dessen Vorhandensein er doch viele Jahre lang geleugnet hatte, vor Augen führte? Hat er sich selbst etwas ausgedacht? Indes behauptet er ja nichts anderes als die Stoiker! Wollte er plötzlich mit seiner ehemaligen Auffassung nichts mehr zu tun haben? Warum aber wechselte er dann nicht in ein anderes Lager hinüber, zumal in das der Stoiker? Insbesondere sie vertraten doch diese abweichende Auffassung. Warum also wollte er mit Mnesarchos nichts zu tun haben, und auch nichts mit Dardanos? Diese beiden waren damals in Athen die Häupter der Stoiker.[201] Von Philon indes trennte er sich erst, nachdem er selbst angefangen hatte, Schüler um sich zu scharen.

[70] Wie aber ist es zu erklären, daß die Alte Akademie plötzlich wieder zu Ehren gebracht wurde? Es scheint ihm darauf angekommen zu sein, den würdevollen Namen nicht preiszugeben, obgleich er sich von der Sache selbst absetzen wollte. Allerdings behaupteten einige, er habe dies aus Ruhmsucht getan und sogar gehofft, seine Schüler würden den Namen ›An-

tur; mihi autem magis videtur non potuisse sustinere concursum
omnium philosophorum. etenim de ceteris sunt inter illos non
nulla communia; haec Academicorum est una sententia, quam
reliquorum philosophorum nemo probet. itaque cessit, et ut ii,
5 qui sub novis solem non ferunt, item ille, cum aestuaret, veterum ut Maenianorum sic Academicorum umbram secutus est.

[71] Quoque solebat uti argumento tum, cum ei placebat nihil
posse percipi, cum quaereret, Dionysius ille Heracleotes utrum
conprehendisset certa illa nota, qua adsentiri dicitis oportere: il-
10 ludne, quod multos annos tenuisset Zenonique magistro credi-
disset, honestum quod esset, id bonum solum esse, an quod
postea defensitavisset, honesti inane nomen esse, voluptatem
esse summum bonum — qui ex illius commutata sententia docere vellet nihil ita signari in animis nostris a vero posse, quod
15 non eodem modo possit a falso, is curavit, quod argumentum ex
Dionysio ipse sumpsisset, ex eo ceteri sumerent. sed cum hoc
alio loco plura; nunc ad ea, quae a te, Luculle, dicta sunt.

[72] Et primum, quod initio dixisti, videamus, quale sit: similiter a nobis de antiquis philosophis commemorari, atque se-
20 ditiosi solerent claros viros sed tamen populares aliquos nomi-

---

5 novis *Faber*: nubes *codd.*

tiochier‹ annehmen; ich dagegen glaube vielmehr, daß er es nicht vermocht hat, dem Ansturm der Philosophen insgesamt standzuhalten. Denn es ist doch so: hinsichtlich der übrigen Fragen bestehen zwischen ihnen durchaus einige Gemeinsamkeiten. Allein die uns hier beschäftigende Auffassung der Akademiker wird von keinem andern Philosophen gutgeheißen. Deswegen gab er klein bei, und wie die Leute, die bei den Neuen Läden (am Forum) die Sonne nicht aushalten und den Schatten der Alten Erker aufsuchen, ebenso suchte er, weil er sich unbehaglich zu fühlen begann, den Schatten der Alten Akademie auf.

[71] Ferner die Argumentation, deren er sich damals zu bedienen pflegte, als er noch die Auffassung vertrat, nichts könne erfaßt werden! Er stellte die Frage, was nun eigentlich der bekannte Dionysios von Herakleia[202] ›begriffen‹ habe aufgrund jenes deutlichen Kennzeichens, aufgrund dessen man — wie ihr behauptet — seine Zustimmung geben muß: etwa den Satz, an dem er viele Jahre lang festgehalten und den er seinem Lehrer Zenon geglaubt hatte (›allein was sittlich sei, sei gut‹), oder denjenigen, den er später zu verteidigen pflegte (›Sittlichkeit sei ein leerer Begriff, die Lust sei das höchste Gut‹)? Da wollte er also zunächst vom Meinungswechsel des Dionysios die Lehre herleiten, nichts könne unserm Geist von etwas Wahrem so aufgeprägt werden, daß es nicht gleichermaßen von etwas Falschem stammen könne — und eben er ließ es dann dazu kommen, daß die andern genau die Argumentation, die er auf Dionysios angewandt hatte, auf ihn selbst anwandten. — Doch über Antiochos an anderer Stelle mehr;[203] jetzt zu dem, was du, Lucullus, ausgeführt hast.

[72] Und zuerst wollen wir prüfen, wie es um deine einleitenden Bemerkungen bestellt ist: wir verwiesen ganz ähnlich auf alte Philosophen, wie aufrührerische Bürger sich auf einige hervorragende — aber halt doch ›volksfreundlich‹ agitierende — Männer zu berufen pflegten. Jene freilich betreiben Geschäfte,

nare. illi, cum res ‹non› bonas tractent, similes bonorum videri
volunt; nos autem ea dicimus nobis videri, quae vosmet ipsi
nobilissimis philosophis placuisse conceditis. Anaxagoras nivem nigram dixit esse. ferres me, si ego idem dicerem? tu ne si
5 dubitarem quidem. at quis est? num hic sophistes (sic enim ap-
pellabantur ii, qui ostentationis aut quaestus causa philoso-
pha‹ba›ntur)? maxima fuit et gravitatis et ingeni gloria. [73] quid
loquar de Democrito? quem cum eo conferre possumus non
modo ingenii magnitudine sed etiam animi, qui ita sit ausus or-
10 diri 'haec loquor de universis'? nihil excipit, de quo non profiteatur: quid enim esse potest extra universa? quis hunc philoso-
phum non anteponit Cleanthi Chrysippo reliquis inferioris aetatis? qui mihi cum illo collati quintae classis videntur. atque is
non hoc dicit, quod nos, qui veri esse aliquid non negamus,
15 percipi posse negamus; ille esse verum plane negat [esse]; sensus quidem non obscuros dicit sed tenebricosos (sic enim appel-
lat eos). is, qui hunc maxime est admiratus, Chius Metrodorus,
initio libri, qui est de natura 'nego' inquit 'scire nos, sciamusne
aliquid an nihil sciamus; ne id ipsum quidem, nescire aut scire
20 nos; nec omnino, sitne aliquid an nihil sit.'

[74] Furere tibi Empedocles videtur: at mihi dignissimum re-

---

1 non *add. Asc.²*   5 num *Halm*: nunc *codd.*   6/7 philosophabantur
Goerenz: philosophantur *codd.*   15 esse *del. Halm*   16 sed *Guyetus*:
nec *codd.*   18 scire *A¹VB¹*: scire scire *A²B²*

die nicht gut sind, und wollen trotzdem guten Männern ähnlich
erscheinen; wir dagegen behaupten, wir anerkennten Lehren,[204]
von denen ihr selbst zugebt, daß sie von vornehmsten Philosophen vertreten worden sind. Anaxagoras behauptete, der
Schnee sei schwarz. Würdest du es mir durchgehen lassen,
wenn ich das gleiche behauptete? Gewiß nicht — selbst dann
nicht, wenn ich es auch nur zweifelnd in Betracht zöge. Wer
aber ist Anaxagoras? Etwa ein Sophist (so nämlich pflegte man
die zu bezeichnen, die aus Eitelkeit oder Habsucht sich als
Philosophen aufspielten)? Nein, er genoß größten Ruhm wegen
seines Ernstes und seiner Begabung! [73] Was soll ich ferner
von Demokrit sagen? Wen könnten wir mit ihm vergleichen,
nicht nur hinsichtlich der Größe seiner Begabung, sondern auch
seiner Denkweise? — verfügte er doch über den Mut zu folgender Einleitung: ›Dieses sage ich über alles, was ist.‹ Nichts
nimmt er aus, weil er sich darüber nicht äußern wollte: was
nämlich könnte es außerhalb alles dessen geben, was ist? Wer
also würde diesen Philosophen nicht einem Kleanthes vorziehen, einem Chrysipp, ja der ganzen Schar derer, die einem
unteren Zeitalter entstammen? Vergleiche ich sie mit Demokrit,
so kommen sie mir wie Angehörige der letzten Klasse vor.
Dieser Demokrit nun behauptet nicht einmal das gleiche wie wir:
denn wir bestreiten nicht, daß es etwas Wahres gibt, sondern
nur, daß es erfaßt werden könne; er aber bestreitet rundweg die
Existenz des Wahren. Die Sinne jedenfalls bezeichnet er nicht
als ›unscharf‹, sondern als ›umfinstert‹ (dies ist das von ihm
gebrauchte Wort). Metrodor von Chios, der Demokrit aufs
höchste bewunderte, stellt am Anfang seines Buches ›Über die
Natur‹ fest: ›Ich behaupte, daß wir nicht wissen, ob wir etwas
wissen oder ob wir nichts wissen; ja nicht einmal eben dies, daß
wir nicht wissen oder wissen; und insgesamt nicht, ob es etwas
gibt oder ob es nichts gibt.‹[205]

[74] Empedokles scheint dir außer sich zu sein:[206] ich dagegen finde, daß seine Dichtung den Gegenständen, über die er

bus iis, de quibus loquitur, sonum fundere. num ergo is excae-
cat nos aut orbat sensibus, si parum magnam vim censet in iis
esse ad ea, quae sub eos subiecta sunt, iudicanda? Parmenides,
Xenophanes minus bonis quamquam versibus sed tamen ‹et› illi
5 versibus increpant eorum adrogantiam quasi irati, qui, cum sciri
nihil possit, audeant se scire dicere. et ab iis aiebas removendum
Socratem et Platonem. cur? an de ullis certius possum dicere?
vixisse cum iis equidem videor, ita multi sermones perscripti
sunt, e quibus dubitari non possit, quin Socrati nihil sit visum
10 sciri posse; excepit unum tantum, scire se nihil se scire, nihil
amplius. quid dicam de Platone? qui certe tam multis libris haec
persecutus non esset, nisi probavisset; ironeam enim alterius,
perpetuam praesertim, nulla fuit ratio persequi.

[75] Videorne tibi non ut Saturninus nominare modo inlustres
15 homines, sed etiam imitari numquam nisi clarum, nisi nobilem?
atqui habebam molestos vobis sed minutos, Stilponem Dio-
dorum Alexinum, quorum sunt contorta et aculeata quaedam
sophismata (sic enim appellantur fallaces conclusiunculae). sed
quid eos colligam, cum habeam Chrysippum, qui fulcire putatur
20 porticum Stoicorum? quam multa ille contra sensus, quam multa
contra omnia, quae in consuetudine probantur. 'at dissolvit

---

4 et *add. Schäublin, Mus. Helv. 49,1992,45sq.*   6 aiebas *Ald.*: aiebat
codd.   16 Stilponem *Lambinus*: silibonem *codd.*   Stilbonem *Rom.*
21 at *Davies*: ad A^1VB^1, *del.* A^2B^2

spricht, vollkommen angemessen klingt. Also: macht er uns
etwa blind, oder beraubt er uns allgemein der Sinne, wenn er
die Auffassung vertritt, das ihnen verliehene Vermögen reiche
zur Unterscheidung dessen, was ihnen vorliegt, nicht aus?
Parmenides und Xenophanes äußern sich zwar in weniger guten
Versen; trotzdem verwenden auch sie Verse, wenn sie —
gleichsam im Zorn — die Anmaßung derer tadeln, die — obwohl man nichts wissen könne — zu behaupten wagten, sie
verfügten über ein Wissen. Von diesen nun, meintest du, müsse
man Sokrates und Platon trennen. Weswegen? Vermag ich denn
über irgend jemand mit größerer Gewißheit eine Aussage zu
machen? Tatsächlich kommt es mir so vor, als hätte ich mit ihnen zusammen gelebt: soviele Dialoge liegen aufgezeichnet vor,
aufgrund deren kein Zweifel möglich ist, daß Sokrates der Auffassung war, man könne nichts wissen. Er machte nur gerade
eine Ausnahme: er wisse nämlich, daß er nichts wisse, darüber
hinaus aber nichts. — Was soll ich von Platon sagen? Er wäre
gewiß nicht in sovielen Büchern diesem Bekenntnis gefolgt,
wenn er es nicht gutgeheißen hätte; denn der Ironie eines andern
zu folgen, zumal der beständigen, gab es keinen vernünftigen
Grund.

[75] Du siehst wohl, daß ich — im Gegensatz zu Saturninus
— mich auf angesehene Männer nicht nur berufe, sondern in
der Tat auch keinem nacheifere,[207] der nicht hervorragend, nicht
ausgezeichnet wäre. Dabei könnte ich durchaus solche anführen, die euch lästig fielen, sind sie auch leichtgewichtig:
Stilpon, Diodor, Alexinos; von ihnen kennen wir gewisse
verdrehte und spitzfindige Sophismen (so bezeichnet man
unbedeutende Fangschlüsse). Doch wozu soll ich Männer
dieser Art zusammensuchen, während mir ein Chrysipp zur
Verfügung steht — er, von dem man glaubt, er stütze recht
eigentlich die Stoa der Stoiker? Wieviel hat er gegen die Sinne,
wieviel gegen alles vorgebracht, was man im Alltag gutheißt![208]
›Aber er hat ebenso auch Lösungen gefunden.‹ Ich für meine

idem.' mihi quidem non videtur, sed dissolverit sane: certe tam
multa non collegisset, quae nos fallerent probabilitate magna,
nisi videret iis resisti non facile posse. [76] quid Cyrenaei videntur, minime contempti philosophi? qui negant esse quicquam,
5 quod percipi possit extrinsecus; ea se sola percipere, quae tactu
intumo sentiant, ut dolorem, ut voluptatem; neque se, quo quid
colore aut quo sono sit, scire, sed tantum sentire adfici se quodam modo.

Satis multa de auctoribus. quamquam ex me quaesieras,
10 nonne putarem post illos veteres tot saeculis inveniri verum potuisse tot ingeniis tantisque [studiis] quaerentibus. quid inven-
tum sit, paulo post videro, te ipso quidem iudice. Arcesilan vero
non obtrectandi causa cum Zenone pugnavisse, sed verum invenire voluisse sic intellegitur. [77] nemo umquam superiorum
15 non modo expresserat, sed ne dixerat quidem posse hominem
nihil opinari, nec solum posse, sed ita necesse esse sapienti.
visa est Arcesilae cum vera sententia tum honesta et digna sapienti; quaesivit de Zenone fortasse, quid futurum esset, si nec
percipere quicquam posset sapiens nec opinari sapientis esset.
20 ille, credo, nihil opinatur‹um›, quoniam esset, quod percipi posset. — quid ergo id esset? — visum, credo. — quale igitur vi-

11 studiis *del. Schäublin, Mus. Helv. 49,1992,46*   20 opinaturum *Asc.*[2]:
opinatur *codd.*

Person glaube es nicht, doch mag er immerhin Lösungen gefunden haben: auf jeden Fall hätte er nicht soviele Sachverhalte
gesammelt, die uns mit großer Glaubhaftigkeit täuschen, wenn
er nicht erkannt hätte, daß man ihnen nur mit Mühe Widerstand
zu leisten vermag. [76] Wie denkst du schließlich über die Kyrenaiker, doch keineswegs verächtliche Philosophen?[209] Sie
bestreiten, daß es etwas gibt, das erfaßt werden könne, insofern
es ›außerhalb‹ sei; allein das erfaßten sie, was sie mit dem ›innersten Tastsinn‹ wahrnähmen, wie z.B. Schmerz und Lust.
Und sie wüßten nicht, was für eine Farbe etwas aufweise oder
wie etwas klinge: nur soviel nähmen sie wahr, daß irgendein
Reiz auf sie einwirke.

Doch damit genug hinsichtlich der Gewährsleute! Allerdings
hattest du mich überdies gefragt,[210] ob nicht — nach meiner
Meinung — im Anschluß an jene frühen Philosophen die Wahrheit hätte gefunden werden können: in sovielen Jahrhunderten,
wo doch soviele und so bedeutende Köpfe an der Suche beteiligt waren. Nun, was man gefunden hat, will ich gleich nachher
ins Auge fassen,[211] wobei du selbst als Richter amten sollst.
Daß indes Arkesilaos nicht aus Schmähsucht den Kampf mit
Zenon gesucht hat, sondern nur die Wahrheit finden wollte,
ergibt sich aus der folgenden Überlegung: [77] Niemand von
den Früheren[212] hatte jemals ausführlich dargelegt oder auch nur
angedeutet, der Mensch vermöge es, keine Meinung zu hegen
— ja er vermöge es nicht nur, sondern dies sei, zumindest für
den Weisen, sogar eine Notwendigkeit.[213] Diese Auffassung
kam Arkesilaos nicht nur wahr vor, sondern insbesondere auch
schicklich und des Weisen würdig. Nun fragte er vielleicht Zenon, was daraus folge, wenn der Weise einerseits nichts erfassen könne und wenn es dem Weisen anderseits nicht zuste-
he, eine Meinung zu hegen. Jener gab — denke ich — zur Antwort, er werde eben deswegen keine Meinung hegen, weil es ja
etwas gebe, das erfaßt werden könne. — Was dies also sei? —
›Eine Erscheinung‹, wird er — denke ich — gesagt haben. —

sum? — tum illum ita definisse: ex eo, quod esset, sicut esset,
inpressum et signatum et effictum. post requisitum, etiamne, si
eius modi esset visum verum quale vel falsum. hic Zenonem
vidisse acute nullum esse visum, quod percipi posset, si id tale
5　esset ab eo, quod est, cuius modi ab eo, quod non est, posset
esse. recte consensit Arcesilas ad definitionem additum, neque
enim falsum percipi posse neque verum, si esset tale quale vel
falsum; incubuit autem in eas disputationes, ut doceret nullum
tale esse visum a vero, ut non eiusdem modi etiam a falso possit
10　esse. [78] haec est una contentio, quae adhuc permanserit. nam
illud, nulli rei adsensurum esse sapientem, nihil ad hanc controversiam pertinebat. licebat enim nihil percipere et tamen opinari;
quod a Carneade dicitur probatum: equidem Clitomacho plus
quam Philoni aut Metrodoro credens hoc magis ab eo disputa-
15　tum quam probatum puto. sed id omittamus. illud certe opina-
tione et perceptione sublata sequitur, omnium adsensionum retentio, ut, si ostendero nihil posse percipi, tu concedas numquam adsensurum esse.

[79] Quid ergo est, quod percipi possit, si ne sensus quidem
20　vera nuntiant? quos tu, Luculle, communi loco defendis. quod
ne id facere posses, idcirco heri non neccssario loco contra sen-

---

2 effictum *Manutius*: effectum *codd.*　　etiamne si F^2: etiam nisi *AVB*
5 cuius *Plasberg*: eius AV^1B　　ut eius V^2　ut eiusdem *Davies*

›Was denn für eine Erscheinung?‹ — Darauf habe Zenon die folgende Definition vorgetragen: ›eine Erscheinung, die von einem Gegenstand her, der ist, genau so aufgeprägt und einge- zeichnet und nachgebildet ist, wie er ist‹.[214] Darauf die Rück- frage: ob dies auch gelte, wenn eine wahre Erscheinung von der gleichen Art sei wie sogar eine falsche. An diesem Punkt habe Zenon scharfsinnig erkannt, daß es überhaupt keine Erschei- nung gebe, die erfaßt werden könne, wenn sie in der gleichen Weise von einem Gegenstand stamme, der ist, wie sie auch von einem Gegenstand stammen könne, der nicht ist. Arkesilaos stimmte zwar zu, daß die Definition damit richtig[215] erweitert sei:[216] denn man könne weder Falsches erfassen noch Wahres, wenn dieses von der gleichen Art sei wie sogar Falsches; doch ließ er sich auf diese Auseinandersetzungen eben deswegen ein, weil er dartun wollte, daß tatsächlich keine Erscheinung in der Weise von Wahrem stamme, daß sie nicht in gleicher Weise auch von Falschem stammen könne.[217] [78] Dies ist der einzige Streitpunkt, der bis auf den heutigen Tag überdauert hat. Denn jene Behauptung, zu nichts werde der Weise seine Zustimmung geben, hatte mit der uns jetzt beschäftigenden Frage nichts zu tun:[218] wäre es doch möglich, ›nichts zu erfassen und trotzdem eine Meinung zu hegen‹. Karneades soll dies gutgeheißen haben; ich freilich habe größeres Vertrauen zu Kleitomachos als zu Philon und Metrodor und glaube, daß er es weniger gut- geheißen als einfach in die Diskussion eingeführt hat.[219] — Doch lassen wir das. Eines jedenfalls folgt, wenn Meinen und Erfassen einmal aufgehoben sind:[220] die Zurückhaltung jeglicher Zustimmung; wenn ich also zu zeigen vermag, daß nichts erfaßt werden kann, mußt du einräumen, daß der Weise niemals seine Zustimmung geben wird.

[79] Was also kann erfaßt werden, wenn nicht einmal die Sinne Wahres vermitteln? Du freilich, Lucullus, versuchst sie mit Gemeinplätzen zu verteidigen. Nun, um dir diese Möglich- keit zu nehmen, eben deswegen hatte ich gestern in einem Zu-

sus tam multa dixeram; tu autem te negas infracto remo neque
columbae collo commoveri. primum cur? nam et in remo sentio
non esse id, quod videatur, et in columba pluris videri colores
nec esse plus uno. deinde nihilne praeterea diximus? 'maneant
5 illa omnia; claudicat ista causa; veracis suos esse sensus dicit
‹Epicurus›.' igitur semper auctorem habes, et eum, qui magno
suo periculo causam agat; eo enim rem demittit Epicurus, si
unus sensus semel in vita mentitus sit, nulli umquam esse cre-
dendum. [80] hoc est verum esse: confidere suis testibus et in
10 porta[ta] insistere! itaque Timagoras Epicureus negat sibi umquam, cum oculum torsisset, duas ex lucerna flammulas esse vi-
sas; opinionis enim esse mendacium non oculorum: quasi quaeratur, quid sit, non quid videatur. sic hic quidem, maiorum similis; tu vero, qui visa sensibus alia vera dicas esse alia falsa,
15 qui ea distinguis? et desine, quaeso, communibus locis; domi
nobis ista nascuntur.

'Si' inquis 'deus te interroget "sanis modo et integris sensibus num amplius quid desideras?", quid respondeas?' utinam
quidem roget: audies, quam nobiscum male egerit. ut enim vera
20 videamus, quam longe videmus? ego Catuli Cumanum ex hoc
loco cerno; regionem video ‹Pompeiani, ipsum› Pompeianum

---

5 claudicat *Müller*: lacerat *AV*   lecerat *B*   laceratur vel iaceat *Madvig, alii
alia; cf. Schäublin, Mus. Helv. 50,1993,168*   6 Epicurus *add.
Reitzenstein*   7 demittit *Asc.*: dimittit *codd.*   9/10 in porta
Gulielmius, cf. Schäublin, Mus. Helv. 50,1993,167sqq.: inportata *codd.*
19 egerit *Baiter*: agerent *codd.*   20 videmus *cod. Ursini, Lallemand*:
videbimus *AVB*   21 Pompeiani ipsum *add. Plasberg*

sammenhang, der dies gar nicht erforderte, so vieles gegen die
Sinne vorgebracht; du aber behauptest, ›das geknickte Ruder‹
und ›der Hals der Taube‹ vermöchten dich nicht zu beeindruk-
ken. Zunächst einmal: weswegen? Im Falle des Ruders einerseits bemerke ich jedenfalls, daß das nicht ist, was erscheint; in
dem der Taube anderseits, daß mehr Farben erscheinen, obwohl
nicht mehr vorhanden sind als nur eine. Ferner: habe ich außerdem nichts angeführt? ›Das alles mag ja unbestritten bleiben;
trotzdem steht, worauf es dir ankommt, auf schwachen Beinen:
seine Sinne nämlich vermittelten Wahres, lehrt Epikur.‹ So ist
es eben: du hast stets einen Gewährsmann zur Hand, und jetzt
erst noch einen, der seine Sache unter großer Gefahr für sich
selbst vertritt. Bis zu dem Punkt nämlich treibt Epikur sein
Spiel: wenn ein einziger Sinn auch nur einmal im Verlauf des
Lebens lüge, dürfe man keinem jemals mehr trauen. [80] Darauf
also beruht offenbar ›das Wahre‹: daß man auf seine eigenen
Zeugen abstellt und sich nicht zum Tor hinaus bemüht![221]
Deswegen muß auch der Epikureer Timagoras behaupten,[222]
niemals seien ihm — wenn er ein Auge verdreht habe — zwei
Flämmchen aus einer Lampe erschienen: das Meinen[223] nämlich
habe ›die Lüge‹ zu verantworten, nicht die Augen — als ob wir
danach fragten, was ist, und nicht danach, was erscheint.[224]
Immerhin: so urteilt Timagoras, und zwar in den Spuren seiner
Vorläufer; du aber behauptest doch, die durch die Sinne
vermittelten Erscheinungen seien teils wahr, teils falsch:[225] wie
also hältst du sie auseinander? Und bitte keine Gemeinplätze:
solche wachsen in unserm eigenen Garten![226]

Du sagst also: ›Wenn ein Gott dich fragte: »Begehrst du irgend etwas über deine Sinne hinaus, sofern sie nur gesund und
unversehrt sind?« — was würdest du da antworten?‹ Fragte er
doch! Du wirst schon hören, wie schlecht er mit uns verfahren
ist. Selbst gesetzt nämlich, daß wir Wahres sehen: wie weit sehen wir? Ich zum Beispiel kann die Villa des Catulus bei Cumae
von diesem Ort aus erkennen; ich sehe auch die Gegend, wo

non cerno, neque quicquam interiectum est, quod obstet, sed
intendi acies longius non potest. o praeclarum prospectum:
Puteolos videmus; at familiarem nostrum P. Avianium fortasse
in porticu Neptuni ambulantem non videmus. [81] 'at ille nescio
5 qui, qui in scholis nominari solet, mille et octingenta stadia,
quod abesset, videbat.' quaedam volucres longius; responderem
igitur audacter isti vestro deo me plane his oculis non esse con-
tentum. dicet me acrius videre quam illos pisces fortasse, qui
neque videntur a nobis (et nunc quidem sub oculis sunt) neque
10 ipsi nos suspicere possunt; ergo ut illis aqua sic nobis aer crassus offunditur. 'at amplius non desideramus.' quid? talpam num
desiderare lumen putas?

Neque tam[en] quererer cum deo, quod parum longe quam
quod falsum viderem. videsne navem illam: stare nobis videtur;
15 at iis, qui in nave sunt, moveri haec villa. quaere rationem, cur
ita videatur; quam ut maxime inveneris (quod haut scio, an non
possis), non tu verum testem habere, sed eum non sine causa
falsum testimonium dicere ostenderis.

[82] Quid ego de nave? vidi enim a te remum contemni: maio-
20 ra fortasse quaeris. quid potest ‹esse› sole maius? quem mathe-
matici amplius duodeviginti partibus confirmant maiorem esse
quam terram: quantulus nobis videtur! mihi quidem quasi peda-

---

8 dicet *Asc.*: dicit *codd.*   illos *Ven.*: ullos *codd.*   13 tam V^2: tamen
AV^1B quererer *Ald.*: qu(a)ereretur *codd.*   14 viderem *Ald.*: videret
codd.   17 tu *codd.*: te *Lambinus*   20 esse *add.*V^2

sich meine Villa bei Pompeji befindet, doch die Villa selbst erkenne ich nicht, obwohl doch nichts dazwischenliegt, was die Sicht behinderte: es ist eben nicht möglich, die Sehschärfe auf eine größere Entfernung einzustellen. Was für eine herrliche Aussicht! Wir sehen Puteoli; doch unsern Freund P. Avianius — er geht vielleicht gerade in der Neptun-Halle auf und ab — sehen wir nicht. [81] ›Aber jener — wie heißt er doch? —, auf den man sich in Lehrvorträgen üblicherweise beruft: er vermochte zu sehen, was sogar 1'800 Stadien weit entfernt war.‹ Gewisse Vögel indes sehen sogar noch weiter. Ich würde also ohne Zurückhaltung euerm Gott da antworten, daß ich mit meinen Augen, wie sie sind, überhaupt nicht zufrieden bin. Nun, dann wird er sagen, daß meine Sehkraft immer noch schärfer sei als vielleicht die jener Fische, die weder von uns gesehen werden (und dabei sind sie gerade jetzt unter unsern Augen) noch ihrerseits uns von unten zu erblicken vermögen. Also: wie jenen das Wasser, so verdunkelt uns dichte Luft den Blick.[227] ›Aber wir begehren darüber hinaus nichts.‹ Wie? Denkst du etwa, ein Maulwurf begehre nach Licht?

Allerdings haderte ich mit dem Gott weniger deswegen, weil ich nicht weit genug, als weil ich Falsches sehe. Siehst du jenes Schiff? Es scheint uns stillzustehen; denen dagegen, die auf dem Schiff sind, scheint sich diese Villa zu bewegen. Suche den Grund für solche Erscheinungen: selbst wenn du ihn finden solltest (ich befürchte zwar, daß du dazu nicht imstande bist), so wirst du doch nicht nachweisen, daß du über einen Zeugen der Wahrheit verfügst, sondern höchstens, daß er nicht grundlos ein falsches Zeugnis ablegt.

[82] Doch was soll gerade mir das Schiff? — habe ich doch erleben müssen, daß du von dem ›Ruder‹ nichts hältst. Vielleicht also wünschst du größere Belege. Nun, was könnte größer sein als die Sonne? Sie sei, versichern die Astronomen, achtzehnmal größer als die Erde: wie klein indes erscheint sie uns! — mir jedenfalls bestenfalls etwa wie ein Fuß. Epikur frei-

lis; Epicurus autem posse putat etiam minorem esse eum, quam
videatur, sed non multo; ne maiorem quidem multo putat esse,
vel tantum esse, quantus videatur, ut oculi aut nihil mentiantur
[tamen] aut non multum — mentiantur ‹tamen›: ubi igitur illud
5   est 'semel'? sed ab hoc credulo, qui numquam sensus mentiri
putat, discedamus, qui ne nunc quidem, cum ille sol, qui tanta
incitatione fertur, ut celeritas eius, quanta sit, ne cogitari quidem
possit, tamen nobis stare videatur.

[83] Sed ut minuam controversiam, videte, quaeso, quam in
10 parvo lis sit[is]. quattuor sunt capita, quae concludant nihil esse,
quod nosci percipi conprehendi possit, de quo haec tota quaestio
est. e quibus primum est, esse aliquod visum falsum; secundum, non posse id percipi; tertium, inter quae visa nihil intersit,
fieri non posse, ut eorum alia percipi possint, alia non possint;
15 quartum, nullum esse visum verum a sensu profectum, cui non
adpositum sit visum aliud, quod ab eo nihil intersit quodque
percipi non possit. horum quattuor capitum secundum et tertium
omnes concedunt; primum Epicurus non dat, vos, quibuscum
res est, id quoque conceditis; omnis pugna de quarto est.

20 [84] Qui igitur P. Servilium Geminum videbat, si Quintum se
videre putabat, incidebat in eius modi visum, quod percipi non
posset, quia nulla nota verum distinguebatur a falso; qua distinc-
tione sublata quam haberet in C. Cotta, qui bis cum Gemino

---

1 putat *Asc.*²: putant *codd*   4 tamen *del.* *A²B²*   tamen ... mentiantur
omis.V¹   tamen *add. Plasberg*   10 sit *Davies*: sitis *codd.*

lich hält es für möglich, daß sie sogar kleiner ist, als sie erscheint, allerdings nicht viel; auch größer, meint er, sei sie nicht viel, oder sie sei gerade so groß, wie sie erscheint, so daß die Augen überhaupt nicht lögen oder jedenfalls nicht viel — am Ende aber eben doch lügen: wo also bleibt da jenes ›auch nur einmal‹? — Doch verlassen wir diesen Gutgläubigen, der meint, die Sinne lögen nie — ja der an dieser Meinung sogar festhält, obwohl die Sonne dort oben, die sich mit solchem Antrieb bewegt, daß man sich die Größe ihrer Geschwindigkeit nicht einmal vorstellen kann, uns trotzdem stillzustehen scheint.

[83] Doch jetzt will ich, was uns zu Gegnern macht, zurückstutzen. Seht doch, bitte, um wie Geringfügiges der Streit geht! Es sind vier Voraussetzungen, die zum Schluß führen,[228] daß es nichts gibt, was man erkennen, erfassen, begreifen kann — und diesem Satz gilt doch unsere ganze Untersuchung. Die erste lautet: ›es gibt falsche Erscheinungen‹; die zweite: ›eine falsche Erscheinung kann nicht erfaßt werden‹; die dritte: ›es ist unmöglich, daß von Erscheinungen, zwischen denen kein Unterschied besteht, die einen erfaßt werden können, die andern nicht‹; die vierte: ›es gibt keine wahre, von einem Sinn herrührende Erscheinung, der nicht eine andere Erscheinung zur Seite stände, die sich von ihr in nichts unterscheidet und die nicht erfaßt werden kann‹. Von diesen vier Voraussetzungen werden die zweite und die dritte allgemein eingeräumt. Was die erste anbelangt, so gesteht Epikur sie nicht zu;[229] ihr dagegen, mit denen ich mich auseinandersetze, räumt auch sie ein: der ganze Streit also gilt allein der vierten Voraussetzung.

[84] Wer also den P. Servilius Geminus sah[230] und dabei den Quintus zu sehen glaubte, stieß regelmäßig auf eine solche Erscheinung,[231] die nicht erfaßt werden konnte, weil es kein Kennzeichen gab, aufgrund dessen sich das Wahre vom Falschen hätte unterscheiden lassen.[232] Ist aber diese Unterscheidung einmal aufgehoben: über welches Kennzeichen verfügte dieser gleiche Mann, wenn es darum ginge, den C. Cotta

consul fuit, agnoscendo eius modi notam, quae falsa esse non
possit? negas tantam similitudinem in rerum natura esse; pugnas
omnino, sed cum adversario facili. ne sit sane: videri certe
potest; fallet igitur sensum. et si una fefellerit similitudo, dubia
5 omnia reddiderit; sublato enim iudicio illo, quo oportet agnosci,
etiam si ipse erit, quem videris, qui tibi videbitur, tamen non ea
nota iudicabis, qua dicis oportere, ut non possit esse eiusdem
modi falsa. [85] quando igitur potest tibi P. Geminus Quintus
videri, quid habes explorati, cur non possit tibi Cotta videri, qui
10 non sit, quoniam aliquid videtur esse, quod non est?

Omnia dicis sui generis esse, nihil esse idem, quod sit aliud.
Stoicum est id quidem nec admodum credibile, nullum esse pi-
lum omnibus rebus talem, qualis sit pilus alius, nullum granum.
haec refelli possunt, sed pugnare nolo; ad id enim, quod agitur,
15 nihil interest, omnibusne partibus res a re nihil differat an internosci non possit, etiam si differat. sed si hominum similitudo
tanta esse non potest, ne signorum quidem? dic mihi: Lysippus
eodem aere, eadem temperatione, eodem caelo aqua ceteris omnibus centum Alexandros eiusdem modi facere non posset? qua

---

12 Stoicum est id *Lambinus*: stoicum sedem $A^1V^1B^1$ stoicum sed est
$A^2V^2B^2$ Stoicum est istud *Halm, Reid*   15 res a re *Halm*: visa re *codd.*
visa res *Reid*   19 centum Alexandros *Ald.*: certum Alexandrum *codd.*

— der zweimal zusammen mit Geminus Konsul war — zu erkennen?[233] — ich meine ein Kennzeichen von der Art, daß es nicht falsch sein kann. In der Natur, sagst du, lägen keine so großen Ähnlichkeiten; gewiß, du kämpfst, doch mit einem Gegner, der nur geringen Widerstand leistet. Denn in der Natur mag meinetwegen etwas Derartiges nicht liegen: erscheinen jedenfalls kann es, und folglich wird es den Sinn täuschen. Und wenn auch nur eine einzige Ähnlichkeit einmal eine Täuschung bewirkt hat, so wird sie alles dem Zweifel unterworfen haben. Ist nämlich jene Unterscheidung, deren es zum Erkennen bedarf, aufgehoben, ergibt sich folgendes: selbst wenn der, den du siehst, eben der ist, der dir erscheint, wirst du die Unterscheidung trotzdem nicht aufgrund eines solchen Kennzeichens vornehmen, wie es nach deiner Behauptung nötig wäre, soll nicht die Möglichkeit bestehen, daß es sich um ein falsches von der gleichen Art handelt.[234] [85] Da es also möglich ist, daß P. Geminus dir als Quintus erscheint: worauf könntest du dich berufen, weswegen es nicht möglich sein soll, daß dir Cotta als einer erscheint, der er nicht ist — da ja [einfach] etwas zu sein scheint, was es nicht ist?[235]

Du behauptest,[236] alles gehöre je seiner Art an und nichts sei dasselbe, was ein anderes sei. Gewiß, das klingt gut stoisch[237] — aber nicht besonders überzeugend: kein Haar sei in jeder Hinsicht so wie ein anderes Haar, kein Korn wie ein anderes. Diese Aussagen ließen sich widerlegen,[238] doch will ich mich auf keinen Streit einlassen; denn hinsichtlich dessen, worum es jetzt geht, kommt es nicht darauf an, ob in allen Teilen eine Sache sich von einer andern[239] nicht *unterscheidet* oder ob der Unterschied einfach nicht *erkannt* werden kann, auch wenn er besteht.[240] Wenn aber zwischen Menschen eine solche Ähnlichkeit unmöglich sein soll: trifft das auch auf Statuen zu? Sage mir: hätte Lysipp mit derselben Bronze, mit derselben Mischung, mit demselben Stichel und Wasser und insgesamt unter denselben Bedingungen nicht hundert Statuen Alexanders von

igitur notione discerneres? [86] quid? si in eius‹dem› modi cera
centum sigilla hoc anulo inpressero, ecquae poterit in agnoscendo esse distinctio? an tibi erit quaerendus anularius aliqui, quoniam gallinarium invenisti Deliacum illum, qui ova cognosceret?
5 sed adhibes artem advocatam etiam sensibus: 'pictor videt, quae
nos non videmus' et 'simul inflavit tibicen, a perito carmen ad-
noscitur'. quid? hoc nonne videtur contra te valere, si sine mag-
nis artificiis, ad quae pauci accedunt, nostri quidem generis admodum, nec videre nec audire possimus?

10   Iam illa praeclara, quanto artificio esset sensus nostros men-
temque et totam constructionem hominis fabricata natura — [87]
cur non extimescam opinandi temeritatem? etiamne hoc adfirmare potes, Luculle, esse aliquam vim, cum prudentia et consilio scilicet, quae finxerit vel, ut tuo verbo utar, quae fabricata sit
15 hominem? qualis ista fabrica est, ubi adhibita, quando cur quo
modo? tractantur ista ingeniose, disputantur etiam eleganter;
denique videantur sane, ne adfirmentur modo. sed de physicis
mox, et quidem ob eam causam, ne tu, qui id me facturum paulo
ante dixeris, videare mentitus.

20   Sed ut ad ea, quae clariora sunt, veniam, res iam universas

1 eiusdem *Lambinus*: eius *codd.*   2 ecquae *Rom.*: haec quae *codd.*

derselben Art herstellen können? Aufgrund welches Kennzeichens würdest du sie also auseinanderhalten? [86] Ferner: wenn ich in Wachs von derselben Art[241] mit meinem Ring hundert Siegelbilder einpräge: was für ein Unterschied wird dir dann dazu verhelfen, sie einzeln zu erkennen? Oder wirst du nach irgendeinem Fachmann für Ringe Ausschau halten müssen, da du ja bereits einen Fachmann für Hühner gefunden hast[242] — jenen auf Delos, der Eier einzeln zu erkennen vermochte? Freilich ziehst du den Kunstverstand als Helfer bei, selbst für die Sinne: ›ein Maler sieht, was wir nicht sehen‹, und: ›gleich beim ersten Ton des Flötisten erkennt der Sachkundige das Lied‹.[243] Wie denn? Wirkt sich dieser Umstand nicht offenkundig gegen dich aus: wenn wir ohne beträchtliche Kunstfertigkeiten, zu denen nur wenige den Zugang haben — Leute von unserer Art jedenfalls ganz besonders —, weder wirklich zu sehen noch zu hören vermögen?

Dann jene prächtige Schilderung, mit welcher Kunstfertigkeit die Natur unsere Sinne, unsern Geist und den ganzen Bau des Menschen gebildet habe — [87] weshalb sollte mich nicht geradezu Furcht packen vor der Verwegenheit, mit der solche ›Meinungen‹[244] geäußert werden? Ja, kannst du denn sogar dies mit Gewißheit behaupten, Lucullus: es gebe eine Kraft, verbunden natürlich mit Klugheit und Planung, die den Menschen geschaffen oder — in deiner Ausdrucksweise — ›gebildet‹ habe? Was ist das für eine ›Bildung‹, wo kam sie zur Anwendung, wann, weswegen, wie? Solche Vorstellungen werden geistreich abgehandelt, auch angemessen dargelegt: mögen sie schließlich einleuchten, wenn sie nur nicht mit Gewißheit behauptet werden! Doch über die Naturphilosophen sogleich,[245] und zwar deswegen, damit nicht der Eindruck entsteht, du habest die Unwahrheit gesagt, als du gerade vorher[246] die Andeutung machtest, ich würde mich mit ihnen befassen.

Jetzt aber will ich mich Argumenten zuwenden, die weniger ins Verborgene führen,[247] und im allgemeinen die Dinge[248] vor-

profundam, de quibus volumina inpleta sunt non a nostris solum
sed etiam a Chrysippo (de quo queri solent Stoici, dum studiose
omnia conquisierit contra sensus et perspicuitatem contraque
omnem consuetudinem contraque rationem, ipsum sibi respon-
5 dentem inferiorem fuisse, itaque ab eo armatum esse Carneadem); [88] ea sunt eius modi, quae a te diligentissime tractata
sunt. dormientium et vinulentorum et furiosorum visa inbecillio-
ra esse dicebas quam vigilantium siccorum sanorum. quo modo?
quia, cum experrectus esset Ennius, non diceret se vidisse Ho-
10 merum sed visum esse, Alcmeo autem 'sed mihi neutiquam cor
consentit'? similia de vinulentis. quasi quisquam neget et, qui
experrectus sit, eum somniasse ‹se sentire›, et, cuius furor con-
sederit, putare non fuisse ea vera, quae essent sibi visa in
furore. sed non id agitur; tum, cum videbantur, quo modo vi-
15 derentur, id quaeritur. nisi vero Ennium non putamus ita totum
illud audivisse 'o pietas animi', si modo id somniavit, ut si vigi-
lans audiret. experrectus enim potuit illa visa putare, ut erant, et
somnia; dormienti vero aeque ac vigilanti probabantur. quid?
Iliona somno illo 'mater te appello' nonne ita credit filium locu-
20 tum, ut experrecta etiam crederet? unde enim illa 'age asta mane
audi; iteradum eadem [et] istaec mihi'? num videtur minorem
habere visis quam vigilantis fidem?

16 Ennius *Ann.* 4 Skutsch   19 Pacuvius *Iliona* 197 Ribbeck[3]   20/21
Pacuvius *Iliona* 202 Ribbeck[3]

12 somniasse se sentire *Schäublin*: somniare *codd.*   non somniare
Manutius   somnia sua visa putare *Halm*   14 videbantur *Davies*:
videantur *codd.*   17 visa *codd.*: visa falsa *Reitzenstein*   et *del. Madvig*
21 istaec *Manutius*: et ista *codd.*

bringen, mit deren Behandlung ganze Bände gefüllt worden
sind, nicht nur von den Akademikern, sondern auch von Chrysipp (über ihn pflegen sich die Stoiker ja zu beschweren: solange er eifrig alles zusammengesucht habe, was sich gegen die
Sinne, die Anschaulichkeit, gegen die gewohnheitsmäßige Erfahrung[249] und gegen die Vernunft vorbringen lasse, sei er sich
selbst mit seinen Antworten nicht gewachsen gewesen und habe
so dem Karneades gleichsam die Waffen geliefert); [88] diese
Argumente — du hast sie mit größter Sorgfalt abgehandelt[250] —
sind von folgender Art: Die Erscheinungen von Schläfern,
Betrunkenen und Wahnsinnigen — wolltest du dartun — seien
weniger zuverlässig als diejenigen von Wachenden, Nüchternen
und Gesunden. In welcher Hinsicht? Weil Ennius nach seinem
Erwachen nicht sagte, ›er habe Homer gesehen‹, sondern ›ihm
habe geschienen‹? Alkmaion aber: ›doch stimmt mir die Wahrnehmung des Verstandes keineswegs überein‹? Ähnliches bezüglich Betrunkener — als ob jemand bestritte, daß man nach
dem Erwachen merkt, man habe nur geträumt, und daß einer,
dessen Wahn sich gelegt hat, nicht für wahr hält, was ihm im
Wahn erschienen ist. Darum aber geht es nicht; vielmehr fragen
wir danach, wie die Dinge zu dem Zeitpunkt erschienen sind,
als sie erschienen — es sei denn, wir glaubten nicht, daß
Ennius jenen ganzen Anruf (›Du Treuer im Herzen ...‹), wenn
es denn nur ein Traum war, so gehört hat, wie wenn er ihn in
wachem Zustand gehört hätte. Nach dem Erwachen jedenfalls
war er in der Lage, das Ganze als [eigentümliche] Erscheinungen[251] zu durchschauen — was sie ja auch waren —, und zwar
als Traumgebilde; indes, solange er schlief, hieß er sie gleichermaßen gut wie einer, der wach ist. Ferner: glaubt Iliona zu dem
Zeitpunkt, da sie ihren berühmten Traum hat (›Mutter, dich rufe
ich...‹), nicht so fest, ihr Sohn habe gesprochen, daß sie es sogar noch nach dem Erwachen glaubt? Weswegen sonst spräche
sie die folgenden Worte: ›wohlan, bleib' stehen, verweile, höre:
sage mir doch dieses Gleiche noch einmal‹? Macht sie dabei

[89] Quid loquar de insanis? qualis tandem fuit adfinis tuus,
Catule, Tuditanus? quisquam sanissimus tam certa putat, quae
videt, quam is putabat, quae videbantur? quid? ille, qui 'video,
video te; vive, Ulixes, dum licet', nonne etiam bis exclamavit se
5 videre, cum omnino non videret? quid? apud Euripidem
Hercules, cum ut Eurysthei filios ita suos configebat sagittis,
cum uxorem interemebat, cum conabatur etiam patrem, non perinde movebatur falsis, ut veris moveretur? quid? ipse Alcmeo
tuus, qui negat cor sibi cum oculis consentire, nonne ibidem
10 incitato furore 'unde haec flamma oritur?' et illa deinceps
'†incede incede†, adsunt; me expetunt'? quid? cum virginis fidem implorat:

       fer mi auxilium, pestem abige a me,
15   flammiferam hanc vim, quae me excruciat.
       caeruleae incinctae igni incedunt,
       circumstant cum ardentibus taedis,

dubitas, quin sibi haec videre videatur? itemque cetera:
20
       intendit crinitus Apollo
       arcum auratum, †luna innixus†,
       Diana facem iacit a laeva.

3/4 *Tragic. inc.* 47 Ribbeck³   8/23 Ennius *Alcm.* XV Jocelyn

4 vive *Goerenz*: vivum *codd.*   11 incede incede *AB*: incaede incaede *V*
16 c(a)eruleae ... igni *codd.*: caeruleo ... angui *Columna*

etwa den Eindruck, als habe sie zu den Erscheinungen geringeres Vertrauen, als es jemand in wachem Zustand hätte?

[89] Wozu soll ich mich eigens noch über die Geisteskranken äußern? Was schließlich, Catulus, wäre von deinem
Schwager Tuditanus zu denken? Kann einer, der vollkommen
bei Sinnen ist, für so gewiß halten, was er sieht, wie jener für
gewiß zu halten pflegte, was ihm jeweils erschien? Ferner: der
da sagt ›ich sehe, ich sehe dich: lebe, Odysseus, solange du
kannst‹ — hat er nicht sogar zweimal gerufen ›er sehe‹, obwohl
er doch überhaupt nicht sah? Ferner: als Herakles bei Euripides
seine eigenen Söhne, als wären es die des Eurystheus, mit
Pfeilen durchbohrte, als er seine Gattin tötete, als er sogar Hand
an seinen Vater legen wollte — wirkten da falsche Erscheinungen nicht ebenso auf ihn, wie wahre gewirkt hätten? Ferner:
selbst dein Alkmaion, der behauptet, die Wahrnehmung des
Verstandes stimme nicht mit den Augen überein — sagt er nicht
im gleichen Zusammenhang, wie der Wahn sich steigert:
›woher kommt diese Flamme?‹, und danach folgendes: ›... : sie
sind da und verlangen nach mir‹? Ferner: im Augenblick, da er
den Beistand der Jungfrau erfleht:

> ›bringe mir Hilfe; das Verderben verjage von mir,
> diese flammende Gewalt, die mich martert.
> Schwärzlich, mit Feuer gegürtet, schreiten sie einher:
> sie umstehen mich mit lodernden Fackeln‹

— bezweifelst du etwa, daß er dabei unter dem Eindruck steht,
er sehe dies tatsächlich? Und ebenso der Rest:

> ›Es spannt der gelockte Apollon
> den goldenen Bogen; ... Mond ...
> schleudert Diana eine Fackel von links.‹

[90] qui magis haec crederet, si essent, quam credebat, quia
videbantur? apparet enim iam cor cum oculis consentire.

   Omnia autem haec proferuntur, ut illud efficiatur, quo certius
nihil potest esse, inter visa vera et falsa ad animi adsensum nihil
5 interesse. vos autem nihil agitis, cum illa falsa vel furiosorum
vel somniantium recordatione ipsorum refellitis. non enim id
quaeritur, qualis recordatio fieri soleat eorum, qui experrecti
sint, aut eorum, qui furere destiterint, sed qualis visio fuerit aut
furentium aut somniantium tum, cum movebantur.

10 [91] Sed abeo a sensibus. quid est, quod ratione percipi possit?
dialecticam inventam esse dicitis veri et falsi quasi disceptatricem
et iudicem. cuius veri et falsi, et in qua re? in geometriane, quid
sit verum aut falsum, dialecticus iudicabit? an in litteris? an in
musicis? at ea non novit. in philosophia igitur: sol quantus sit,
15 quid ad illum? quod sit summum bonum, quid habet, ut queat
iudicare? quid igitur iudicabit ‹dialectica›? quae coniunctio, quae
diiunctio vera sit, quid ambigue dictum sit, quid sequatur
quamque rem, quid repugnet: si haec et horum similia iudicat, de
se ipsa iudicat; plus autem pollicebatur. nam haec quidem
20 iudicare ad ceteras res, quae sunt in philosophia multae atque
magnae, non est satis.

---

5 falsa *codd.*: falsa visa *Reid*   16 dialectica *add. Schäublin, Mus. Helv.*
50,1993,159

[90] Wie könnte er dies mit größerer Bestimmtheit glauben, wenn es Wirklichkeit wäre, als er es glaubte, weil es erschien? Denn offensichtlich stimmt nun die Wahrnehmung des Verstandes mit den Augen überein.[252]

All dies nun bringe ich nur vor, um zu beweisen, was ohnehin von höchster Gewißheit ist: daß zwischen wahren und falschen Erscheinungen, wenn es um die Zustimmung des Geistes geht,[253] kein Unterschied besteht. Ihr aber richtet damit nichts aus, daß ihr jene falschen Erscheinungen Wahnsinniger oder Träumender mit deren eigener Rückbesinnung außer Kraft zu setzen versucht. Denn unsere Frage zielt nicht darauf, was für eine Rückbesinnung sich in der Regel bei denen einstellt, die erwachen, oder bei denen, die von ihrem Wahn freikommen, sondern darauf, wie beschaffen bei Wahnsinnigen und Träumenden jeweils eine Erscheinung zu dem Zeitpunkt gewesen ist, da sie unter ihrer Einwirkung standen.

[91] Doch genug von den Sinnen: was indes kann mit vernunfthaftem Denken erfaßt werden?[254] Die Dialektik,[255] behauptet ihr, sei erfunden worden, damit sie Wahres und Falsches gleichsam unterscheide und darüber urteile.[256] Welches Wahre und welches Falsche, und in welchem Bereich? Was die Geometrie anbelangt: wird da der Dialektiker entscheiden, was wahr oder falsch ist?[257] Oder etwa in Fragen der Literatur oder der Musik? Darin kennt er sich doch gar nicht aus! Also dann in der Philosophie:[258] indes, was kümmert es ihn, wie groß die Sonne ist? Verfügt er ferner über ein Kriterium, womit er entscheiden könnte, was das höchste Gut sei? Worüber also wird die Dialektik entscheiden? Wann eine Konjunktion[259] und wann eine Disjunktion[260] wahr, was zweideutig gesagt ist,[261] was je aus einer Sache folgt und was je zu einer Sache im Widerspruch steht:[262] wenn sie darüber und über Ähnliches entscheidet, dann entscheidet sie über sich selbst[263] — doch stellte sie im Grunde mehr in Aussicht. In der Tat reichen solche Entscheidungen nicht aus, wenn man die übrigen — zahlreichen und bedeutsa-

[92] Sed quoniam tantum in ea arte ponitis, videte, ne contra
vos tota nata sit; quae primo progressa festive tradit elementa loquendi et ambiguorum intellegentiam concludendique rationem;
tum paucis additis venit ad soritas, lubricum sane et periculosum
5 locum, quod tu modo dicebas esse vitiosum interrogandi genus.
quid ergo? istius vitii num nostra culpa est? rerum natura nullam
nobis dedit cognitionem finium, ut ulla in re statuere possimus
quatenus, nec hoc in acervo tritici solum, unde nomen est, sed
nulla omnino in re minutatim interrogati, dives pauper clarus ob-
10 scurus sit, multa pauca magna parva longa brevia lata angusta,
quanto aut addito aut dempto certum respondeamus, non habemus. [93] 'at vitiosi sunt soritae.' frangite igitur eos, si potestis,
ne molesti sint; erunt enim, nisi cavetis. 'cautum est' inquit;
'placet enim Chrysippo, cum gradatim interrogetur, verbi causa
15 tria pauca sint anne multa, aliquanto prius, quam ad multa per-
veniat, quiescere' (id est, quod ab his dicitur ἡσυχάζειν). 'per
me vel stertas licet' inquit Carneades 'non modo quiescas.' sed
quid proficit? sequitur enim, qui te ex somno excitet et eodem
modo interroget: 'quo in numero conticuisti, si ad eum numerum

2 progressa *A¹VB¹*: progressu *A²B²*, *Reid*

men — Gegenstände bedenkt, welche die Philosophie ausmachen.

[92] Ferner müßt ihr, da ihr auf diese ›Kunst‹ so großes
Gewicht legt, dazu Sorge tragen, daß sie sich ihrem Wesen
nach nicht insgesamt gegen euch selbst richtet. Sie schreitet zunächst zwar ganz munter voran und vermittelt die Voraussetzungen zum Sprechen, das Verständnis von Zweideutigem
und die Methode, nach der man Beweise durchführt; dann aber
gelangt sie — es bedarf dazu nur weniger Zulagen — zu den
soritai: d.h. in einen Bereich, wo Unsicherheit herrscht und
Gefahr und von dem du eben sagtest,[264] die darin geübte Art der
Befragung sei ›fehlerhaft‹. Wie nun? Sind etwa wir an dieser
›Fehlerhaftigkeit‹ schuld? Nein, die Natur hat uns eben keine
Erkenntnis fester Grenzen[265] verliehen von der Art, daß wir
hinsichtlich irgendeiner Sache festzustellen vermöchten, wie-
weit sie reicht. Das trifft nicht nur auf diesen Getreidehaufen zu,
von dem der Name stammt; befragt man uns nämlich, schrittweise, allgemein über irgendeinen Befund — ob einer reich
oder arm, berühmt oder unbedeutend, ob etwas viel oder
wenig, groß oder klein, lang oder kurz, breit oder schmal sei
—: nie besitzen wir die Einsicht, wieviel man hinzufügen oder
wegnehmen muß, bis wir mit Gewißheit antworten können.
[93] ›Doch *soritai* sind fehlerhaft.‹ So brecht sie halt auf, wenn
ihr könnt, damit sie euch nicht lästig fallen; sie werden es
nämlich, wenn ihr euch nicht vorseht. ›Schon geschehen, heißt
es dann; Chrysipp nämlich verhält sich so, daß er — schrittweise gefragt, ob zum Beispiel Drei wenig sei oder viel —
gleichsam eine Rast einlegt, kurz bevor er zu Viel gelangt‹ (dies
ist das sog. ἡσυχάζειν der Stoiker). Darauf Karneades:
›Meinethalben magst du sogar schnarchen, nicht nur rasten.‹
Doch was für ein Nutzen ergibt sich daraus? Es folgt nämlich
gewiß einer, der dich aus dem Schlaf aufschreckt und auf die
gleiche Weise weiterfragt: ›Wenn ich zu der Zahl, bei der du
verstummt bist, noch eine einzige hinzufüge: wird dann Viel

unum addidero, multane erunt?' progrediere rursus, quoad videbitur. quid plura? hoc enim fateris, neque ultimum te pau-
corum neque primum multorum respondere posse. cuius generis
error ita manat, ut non videam, quo non possit accedere.

5   [94] 'Nihil me laedit' inquit; 'ego enim ut agitator callidus,
priusquam ad finem veniam, equos sustinebo, eoque magis, si
locus is, quo ferentur equi, praeceps erit. sic me' inquit 'ante
sustineo nec diutius captiose interroganti respondeo.' si habes,
quod liqueat, neque respondes, superbe; si non habes, ne tu
10 quidem perspicis. si quia obscura, concedo; sed negas te usque
ad obscura progredi; ‹in› inlustribus igitur rebus insistis. si id
tantum modo, ut taceas, nihil adsequeris; quid enim ad illum,
qui te captare vult, utrum tacentem inretiat te an loquentem? sin
autem usque ad novem, verbi gratia, sine dubitatione respondes
15 pauca esse, in decumo insistis, etiam a certis et inlustrioribus
cohibes adsensum; hoc idem me in obscuris facere non sinis.
nihil igitur te contra soritas ars ista adiuvat, quae nec augendi
nec minuendi, quid aut primum sit aut postremum, docet.

     [95] Quid? quod eadem illa ars quasi Penelopae telam rete-

---

9 respondes F^2: responde *AVB*   10 perspicis A^2: persipis A^1VB percipis
Monac. 528^2, *edd.*   11 in *add. Baiter*   19 Penelopae *Lambinus*:
Penelope *codd.*   telam *Rom.*: tela *codd.*

erreicht sein?‹ Erneut wirst du also voranschreiten, solange es
dir eben gut scheint. Doch was braucht es noch mehr Worte? Im
Grunde gibst du ja zu, daß du nicht imstande bist, die Frage
einerseits nach dem Ende von Wenig, anderseits nach dem
Anfang von Viel zu beantworten. Und die dieser Art eigene
Unbestimmtheit ufert in einem Maße aus, daß ich nicht sehe,
welcher Bereich ihr unzugänglich bliebe.

[94] ›Mir kann sie nichts anhaben, heißt es dann; ich nämlich
werde, wie ein gewitzter Wagenlenker, die Pferde zurückhalten,
bevor ich die besagte Grenze erreiche — und dies um so mehr,
wenn das Gelände, auf dem die Pferde einherstürmen, ab-
schüssig ist. Genau so halte ich mich selbst im voraus zurück
und verweigere dem, der Fangfragen stellt, in der Folge die
Antwort.‹ Wenn du über einen klaren Anhaltspunkt verfügst
und trotzdem nicht antwortest, handelst du überheblich; wenn
du über keinen verfügst, gewinnst nicht einmal du selbst den erforderlichen Durchblick;[266] wenn schließlich deshalb, weil der
Sachverhalt an sich undurchsichtig ist, habe ich nichts dagegen
— nur: du behauptest doch, du schrittest nie bis zum Bereich
der Undurchsichtigkeit voran. Also hältst du unter Umständen
inne, die noch durchsichtig sind. Wenn du das nur deswegen
tust, um zu schweigen, erreichst du nichts; denn was kümmert
es den, der dich fangen will, ob er das Netz über dich wirft,
während du schweigst oder während du sprichst? Wenn du
aber, ohne zu zögern, beispielshalber bis zur Neun antwortest,
es handle sich um Wenig, und bei der Zehn stehenbleibst, dann
hältst du sogar angesichts von Gewissem und einigermaßen
Durchsichtigem deine Zustimmung zurück — während du es
anderseits nicht zuläßt, daß ich mich gleich verhalte im Falle
von Undurchsichtigem.[267] Nichts also nützt dir deine ›Kunst‹
da gegen die *soritai*; denn sie lehrt nicht, wo beim Vermehren
und beim Vermindern entweder Anfang oder Ende liegen.

[95] Ferner: daß diese gleiche Kunst — als löste sie das
Gewebe der Penelope wieder auf — am Ende das Frühere[268]

xens tollit ad extremum superiora: utrum ea vestra an nostra
culpa est? nempe fundamentum dialecticae est, quidquid enuntie-
tur (id autem appellant ἀξίωμα, quod est quasi ecfatum), aut
verum esse aut falsum. quid igitur? haec vera an falsa sunt: 'si te
5 mentiri dicis idque verum dicis, mentiris [verum dicis]'? haec
scilicet inexplicabilia esse dicitis; quod est odiosius quam illa,
quae nos non conprehensa et non percepta dicimus — sed hoc
omitto; illud quaero: si ista explicari non possunt nec eorum ullum iudicium invenitur, ut respondere possitis, verane an falsa
10 sint, ubi est illa definitio, effatum esse id, quod aut verum aut
falsum sit? rebus sumptis adiungam †ex iis sequendas esse alias
‹alias› inprobandas†, quae sint in genere contrario. [96] quo
modo igitur hoc conclusum esse iudicas: 'si dicis nunc lucere et
verum dicis, ‹lucet; dicis autem nunc lucere et verum dicis;› lucet
15 igitur'? probatis certe genus et rectissime conclusum dicitis; itaque in docendo eum primum concludendi modum traditis. aut
quidquid igitur eodem modo concluditur, probabitis, aut ars ista
nulla est. vide ergo hanc conclusionem, probaturusne sis: 'si
dicis te mentiri verumque dicis, mentiris; dicis autem te mentiri
20 verumque dicis; mentiris igitur.' qui potes hanc non probare,
cum probaveris eiusdem generis superiorem? haec Chrysippea
sunt, ne ab ipso quidem dissoluta. quid enim faceret huic

---

3 ecfatum *Halm*: et-(ef-)fatum *codd.*   5 verum dicis *del. Ernesti*   10
effatum *Rom.*: effectum *codd.* ecfatum *Halm*   11/12 alias *add. Rom.*:
adiungam <alias, deinde concludam rationum summas, eodem in omnibus
genere conclusionis; tamen alias vincam> ex iis sequendas esse alias
inprobandas, <cum vos dicatis eas conclusiones omnes sequendas esse, in
quibus id quod summae contrarium sit pugnet cum conexione sumptionum,
eas autem inprobandas> quae sint *coni. Plasberg*   adiungam ex iis
<eiusdem generis conclusionibus quarum una sit recta, ceteras ex his>
sequendas esse *Sedley*   14 lucet ... dicis *add. Manutius*   18 vide
Manutius: video *codd.*

jeweils außer Kraft setzt: trifft die Schuld dafür euch oder uns? Die Dialektik ruht doch wohl auf der Grundlage, daß alles, was vorgebracht wird[269] (die Stoiker sprechen von einem ἀξίωμα, und dem kommt etwa der Begriff ›Ausgesagtes‹[270] gleich), entweder wahr oder falsch sei.[271] Wie nun? Ist das folgende wahr oder falsch: ›Wenn du behauptest, du lügst, und wenn du damit die Wahrheit sagst, lügst du‹? Natürlich sagt ihr, dies sei ›unentwirrbar‹;[272] damit aber erweckt ihr mehr Ärger als wir mit den Dingen, von denen wir behaupten, sie seien nicht begriffen und nicht erfaßt. Doch laßen wir das; vielmehr möchte ich folgendes wissen: Wenn man solche Sätze nicht entwirren kann und wenn sich für sie keine Entscheidung anbietet von der Art, daß ihr die Frage beantworten könnt, ob sie wahr oder falsch seien, was wird dann aus jener Definition: ein Ausgesagtes sei dadurch bestimmt, daß es entweder wahr oder falsch sei? † Ich gehe von gewissen Voraussetzungen[273] aus und füge hinzu [...] von denen gelte es, den einen beizupflichten, die andern zu verwerfen, wofern sie zur entgegengesetzten Art gehörten.[274] † [96] Wie also entscheidet man, daß das folgende schlüssig ist: ›Wenn du behauptest, jetzt sei es Tag, und wenn du damit die Wahrheit sagst, ist es Tag; du behauptest aber, jetzt sei es Tag, und du sagst damit die Wahrheit: also ist es Tag‹? Gewiß billigt ihr die Form und sagt, der Beweis sei vollkommen richtig erbracht; und so vermittelt ihr diese Beweisart[275] auch im Unterricht, und zwar als ›erste‹. Also: was auch immer auf die gleiche Art bewiesen wird, werdet ihr gutheißen — oder dieser eurer Kunst ist der Boden entzogen. Nun prüfe einmal, ob du den folgenden Beweis wirst gutheißen können: ›Wenn du behauptest, du lügst, und wenn du damit die Wahrheit sagst, lügst du; du behauptest aber, du lügst, und du sagst damit die Wahrheit: also lügst du.‹ Wie könntest du diesen Beweis nicht gutheißen, wo du doch den früheren gutgeheißen hast, dem die gleiche Form eigen ist? Dabei handelt es sich hier um Probleme Chrysipps, die nicht einmal er selbst zu lösen vermochte. Wie

conclusioni: 'si lucet, ‹lucet;› lucet autem; lucet igitur'? cederet
scilicet; ipsa enim ratio conexi, cum concesseris superius, cogit
inferius concedere. quid ergo haec ab illa conclusione differt: 'si
mentiris, mentiris; mentiris autem; mentiris igitur'? hoc negas te
5 posse nec adprobare nec inprobare; qui igitur magis illud? si ars
si ratio si via si vis denique conclusionis valet, eadem est in
utroque.

[97] Sed hoc extremum eorum est: postulant, ut excipiantur
haec inexplicabilia. tribunum aliquem censeo videant; a me istam
10 exceptionem numquam inpetrabunt. etenim cum ab Epicuro, qui
totam dialecticam et contemnit et inridet, non inpetrent, ut verum
esse concedat, quod ita effabimur 'aut vivet cras Hermarchus aut
non vivet', cum dialectici sic statuant, omne, quod ita disiunctum sit quasi 'aut etiam aut non', ‹non› modo verum esse sed
15 etiam necessarium (vide, quam sit cautus is, quem isti tardum
putant: 'si enim' inquit 'alterutrum concessero necessarium esse,
necesse erit cras Hermarchum aut vivere aut non vivere; nulla
autem est in natura rerum talis necessitas') — cum hoc igitur
dialectici pugnent, id est Antiochus et Stoici; totam enim evertit
20 dialecticam: nam si e contrariis disiunctio (contraria autem ea
dico, cum alterum aiat, alterum neget) — si talis disiunctio falsa

1 lucet *add.* A^2V^2 14 non *add.* B^2 21 aiat *Ven.*²: ait *codd.*

nämlich würde er mit dem folgenden Beweis verfahren: ›Wenn es Tag ist, ist es Tag; es ist aber Tag: also ist es Tag‹? Natürlich würde er nachgeben; denn die Logik selbst der Verknüpfung[276] zwingt dazu, den Nachsatz einzuräumen, wenn man den Vordersatz eingeräumt hat. Worin also unterscheidet sich der folgende Beweis von dem eben genannten: ›Wenn du lügst, lügst du; du lügst aber: also lügst du‹? Von diesem Beweis sagst du, du könnest ihn weder gutheißen noch verwerfen: weswegen also in höherem Maße jenen? Wenn die Kunstlehre, wenn die Logik, wenn die Methode, wenn schließlich das eigentümlich Wesen des Beweises Geltung beanspruchen dürfen, dann herrschen in beiden Fällen die gleichen Bedingungen.

[97] Doch dann kommt ihr letzter Streich: sie fordern, daß für diese ›unentwirrbaren‹ Fälle eine ›Ausnahme‹ gemacht werde. Nun, da meine ich, daß sie sich an irgendeinen Tribunen wenden sollten: von mir jedenfalls werden sie diese Ausnahme niemals bewilligt erhalten. In der Tat, von Epikur, der die Dialektik insgesamt gering schätzt und verspottet, erhalten sie nicht einmal das Zugeständnis bewilligt, daß der folgende Satz wahr sei: ›entweder wird Hermarchos morgen am Leben sein, oder er wird nicht am Leben sein‹ — und dies, obwohl die Dialektiker feststellen, jede Disjunktion von der Art ›entweder ja oder nein‹ sei nicht nur wahr, sondern sogar notwendig.[277] Achte darauf, wie aufgeweckt der ist, den die Dialektiker für geistesträge halten: ›Wenn ich nämlich, sagt er, eine der beiden Möglichkeiten als notwendig einräume, wird notwendigerweise Hermarchos morgen am Leben sein oder nicht am Leben sein; die Natur aber enthält keine derartige Notwendigkeit.‹ Mit diesem Epikur also mögen die Dialektiker sich auseinandersetzen, d.h. Antiochos und die Stoiker; denn er richtet die Dialektik insgesamt zugrunde. Wenn nämlich eine Disjunktion, die aus Gegensätzen gebildet ist (Gegensätze liegen, sage ich, dann vor, wenn die eine Hälfte affirmativ, die andere negativ gehalten

potest esse, nulla vera est. [98] mecum vero quid habent litium,
qui ipsorum disciplinam sequor? cum aliquid huius modi incide-
rat, sic ludere Carneades solebat: 'si recte conclusi, teneo; sin
vitiose, minam Diogenes reddet'; ab eo enim Stoico dialecticam
5 didicerat, haec autem merces erat dialecticorum. sequor igitur
eas vias, quas didici ab Antiocho, nec reperio, quo modo iudicem 'si lucet, ‹lucet›' verum esse ob eam causam, quod ita didici, omne, quod ipsum ex se conexum sit, verum esse, non
iudicem 'si mentiris, mentiris' eodem modo esse conexum: aut
10 igitur hoc ut illud aut, nisi hoc, ne illud quidem iudicabo.

Sed ut omnes istos aculeos et totum tortuosum genus disputandi relinquamus ostendamusque, qui simus, iam explicata tota
Carneadis sententia Antiochea ista conruent universa. nec vero
quicquam ita dicam, ut quisquam id fingi suspicetur; a Clitoma-
15 cho sumam, qui usque ad senectutem cum Carneade fuit, homo
et acutus, ut Poenus, et valde studiosus ac diligens; et quattuor
eius libri sunt de sustinendis adsensionibus, haec autem, quae
iam dicam, [quae] sunt sumpta de primo.

[99] Duo placet esse Carneadi genera visorum; in uno hanc

4 Diogenes B^2: Diogeni AVB^1 dialecticam AVB^2: dialectica B^1 7
lucet add. V^2 10 ut Plasberg: ne A^1VB^1 et A^2B^2 13 Antiochea
Davies: Antioche codd.   18 quae del. V^2

ist) — wenn eine solche Disjunktion falsch sein kann, dann ist überhaupt keine wahr.[278] [98] Weswegen freilich sollen die Dialektiker sich ausgerechnet mit mir auf Streitigkeiten einlassen, der ich mich doch eben daran halte, was ich bei ihnen selbst gelernt habe?[279] Jedesmal, wenn etwas von der genannten Art auf den Tisch kam, pflegte Karneades folgendermaßen zu scherzen: ›Wenn ich den Beweis richtig geführt habe, bin ich am Ziel; wenn aber fehlerhaft, dann wird Diogenes eine Mine zurückbezahlen.‹ Bei diesem Stoiker nämlich hatte er die Dialektik gelernt, und so hoch war das Honorar, das die Dialektiker verlangten. Ich halte mich also an die Methoden, die mir Antiochos vermittelt hat, und kann nicht sehen, wie ich einerseits entscheiden soll, der Satz ›wenn es Tag ist, ist es Tag‹ sei deswegen wahr, weil ich gelernt habe, alles, was mit sich selbst verknüpft sei,[280] sei wahr — wie ich anderseits nicht entscheiden soll, der Satz ›wenn du lügst, lügst du‹ bringe die gleiche Verknüpfung zum Ausdruck. Also werde ich über diesen Satz ebenso wie über jenen entscheiden, oder wenn nicht über diesen, dann auch nicht über jenen.

Doch lassen wir alle diese Spitzfindigkeiten beiseite und die ganze verdrehte Art der Argumentation, und zeigen wir, wer wir wirklich sind! Ist nämlich die Auffassung des Karneades einmal insgesamt entwickelt, so wird das Gebäude des Antiochos da mit allen seinen Teilen einstürzen.[281] Nichts freilich will ich so darstellen, daß der Verdacht entstehen könnte, es beruhe auf eigener Erfindung. Vielmehr soll Kleitomachos mein Gewährsmann sein: er gehörte bis ins Alter zum Gefolge des Karneades und war ebenso scharfsinnig (kein Wunder bei einem Phönizier!) wie hingebungsvoll und gewissenhaft. Von ihm also gibt es vier Bücher ›Über die Zurückhaltung der Zustimmung‹; was ich jetzt vorbringen will, stammt aus dem ersten.

[99] Karneades also vertritt die Lehrmeinung, es gebe zwei Arten von Erscheinungen.[282] Die eine Art sei unterteilt in Er-

divisionem, alia visa esse, quae percipi possint, ‹alia, quae non
possint;› in altero autem, alia visa esse probabilia alia non probabilia. itaque, quae contra sensus contraque perspicuitatem dicantur, ea pertinere ad superiorem divisionem, contra posteriorem
5   nihil dici oportere. quare ita placere, tale visum nullum esse, ut
perceptio consequeretur, ut autem probatio, multa. etenim contra
naturam esset, ‹si› probabile nihil esset; sequitur omnis vitae ea,
quam tu, Luculle, commemorabas, eversio. itaque et sensibus
probanda multa sunt, teneatur modo illud, non inesse in iis
10   quicquam tale, quale non etiam falsum nihil ab eo differens esse
possit — sic, quidquid acciderit specie probabile, si nihil se offeret, quod sit probabilitati illi contrarium, utetur eo sapiens, ac
sic omnis ratio vitae gubernabitur. etenim is quoque, qui a vobis
sapiens inducitur, multa sequitur probabilia non conprehensa
15   neque percepta neque adsensa sed similia veri; quae nisi probet,
omnis vita tollatur.

[100] Quid enim? conscendens navem sapiens num conprehensum animo habet atque perceptum se ex sententia naviga-
turum? qui potest? sed si iam ex hoc loco proficiscatur Puteolos
20   (stadia triginta) probo navigio bono gubernatore hac tranquilli-

---

1/2 alia quae non possint *add. V²*: alia quae percipi non possint *add. A²B²*
7 si *add. F²*   sequitur *codd.*: sequetur *Halm*   sequeretur enim *Lambinus*
17 num *A²*: non *A¹VB*

scheinungen, die erfaßt werden könnten, und solche, die nicht
erfaßt werden könnten; die zweite Art einerseits in glaubhafte
Erscheinungen, anderseits in nicht glaubhafte. Was sich also
gegen die Sinne und gegen die Anschaulichkeit einwenden
lasse, habe mit der ersten Einteilung zu tun; gegen die zweite
brauche man nichts einzuwenden. Infolgedessen müsse gelten:
es gebe keine Erscheinung von der Art, daß sie ein Erfassen
nach sich ziehe, viele dagegen von der Art, daß sie es verdienten, aufgrund ihrer Glaubhaftigkeit gutgeheißen zu werden.[283]
— In der Tat wäre es doch wider die Natur, wenn es nichts
Glaubhaftes gäbe: daraus folgt dann eben jene Zerstörung des
Lebens insgesamt, von der du, Lucullus, gesprochen hast.[284]
Deshalb müssen auch die Sinne vieles gutheißen, wenn nur an
dem Grundsatz festgehalten wird, daß durch sie nichts vermittelt wird[285] von solcher Beschaffenheit, daß es nicht auch
falsch sein kann, ohne sich vom Vermittelten doch in irgend
etwas zu unterscheiden — also: was auch immer mit dem
Anschein der Glaubhaftigkeit auftritt, dessen wird der Weise
sich bedienen, wenn ihm nichts unterläuft, was der besagten
Glaubhaftigkeit entgegenwirkt;[286] und so kommt dann eine
planvolle Lenkung des Lebens insgesamt zustande.[287] Denn in
der Tat, auch der, den ihr als ›Weisen‹ einführt, hält sich an viel
Glaubhaftes, ohne es begriffen, ohne es erfaßt, ohne ihm
zugestimmt zu haben: vielmehr kommt es ihm als wahrscheinlich vor, und hieße er es als solches nicht gut, so würde die
Möglichkeit der Lebensführung insgesamt aus der Welt
geschafft.[288]

[100] Wie denn? Wenn der Weise ein Schiff besteigt — hat
er dann etwa mit seinem Geist begriffen und erfaßt, daß die
Seefahrt nach seiner Vorstellung verlaufen wird? Wie könnte er
auch? Doch wenn er jetzt von hier nach Puteoli aufbräche (die
Distanz beträgt dreißig Stadien), und zwar mit einem brauchbaren Schiff, einem guten Steuermann und bei ruhiger See, wie
wir sie jetzt haben — dann schiene es ihm wohl glaubhaft, daß

tate, probabile videatur se illuc venturum esse salvum. huius
modi igitur visis consilia capiet et agendi et non agendi faciliorque erit, ut albam esse nivem probet, quam erat Anaxagoras, qui
id non modo ita esse negabat, sed sibi, quia sciret aquam nigram
5 esse (unde illa concreta esset), albam ipsam esse ne videri quidem; [101] et quaecumque res eum sic attinget, ut sit visum illud
probabile neque ulla re impeditum, movebitur. non enim est e
saxo sculptus aut e robore dolatus, habet corpus, habet animum,
movetur mente, movetur sensibus, ut ei vera ‹esse› multa vi
10 deantur neque tamen habere insignem illam et propriam percipiendi notam. eoque sapientem non adsentiri, quia possit eiusdem modi existere falsum aliquod cuius modi hoc verum. neque
nos contra sensus aliter dicimus ac Stoici, qui multa falsa esse
dicunt longeque aliter se habere, ac sensibus videantur. hoc
15 autem si ita sit, ‹aut› ut unum modo sensibus falsum videatur,
praesto est, qui neget rem ullam percipi posse sensibus. ita nobis tacentibus ex uno Epicuri capite, altero vestro perceptio et
conprehensio tollitur. quod est caput Epicuri? 'si ullum sensus
visum falsum est, nihil potest percipi.' quod vestrum? 'sunt
20 falsa sensus visa.' quid sequitur? ut taceam, conclusio ipsa loquitur: 'nihil posse percipi.' — 'non concedo' inquit 'Epicuro.'

---

5 concreta *Manutius*: congregata *codd.*   8 e robore *Nonius*: ebore *codd.*
9 esse *add. Schäublin*   15 aut *add. Schäublin, Mus. Helv.*
50,1993,159sq.

er heil ans Ziel gelangen werde. Aufgrund solcher Erscheinungen also wird er seine Entschlüsse fassen — zu handeln und nicht zu handeln —, und er wird eher in der Lage sein, die Weiße des Schnees als glaubhaft hinzunehmen, als es Anaxagoras war, der diesen Sachverhalt nicht nur bestritt, sondern sogar behauptete, weil er wisse, daß das Wasser schwarz sei (und Schnee sei verfestigtes Wasser), komme es ihm nicht einmal so vor, als sei der Schnee selbst weiß;[289] [101] und was auch immer ihn so anrührt, daß die betreffende Erscheinung glaubhaft ist und ihr nichts entgegensteht, wird ihn in Bewegung versetzen. Ist er doch nicht aus einem Felsblock gemeißelt oder aus Hartholz gezimmert:[290] er hat einen Körper, hat einen Geist; sein Verstand setzt ihn in Bewegung, seine Sinne tun es, so daß es ihm so vorkommt,[291] als sei zwar vieles wahr, verfüge aber trotzdem nicht über jenes besondere und für das Erfassen notwendige Kennzeichen. Deshalb gebe der Weise seine Zustimmung nicht, denn es sei möglich, daß irgendein Falsches von der gleichen Art auftrete, wie sie diesem Wahren eigen ist. Im übrigen äußern wir uns gegen die Sinne ja nicht anders als die Stoiker, die behaupten, vieles sei falsch und verhalte sich in Wirklichkeit bei weitem anders, als es den Sinnen erscheine. Sollte dies aber der Fall sein, oder[292] mag auch nur eine einzige Gegebenheit den Sinnen falsch erscheinen, so stellt sich auch gleich einer ein, der bestreitet, daß irgend etwas mit den Sinnen erfaßt werden könne. In der Folge brauchen wir gar nichts mehr zu sagen: man nehme einen einzigen Grundsatz Epikurs, verbinde ihn mit einem zweiten aus eurer Schule, und Erfassen und Begreifen sind erledigt. Welchen Grundsatz Epikurs? ›Wenn irgendeine Sinneserscheinung falsch ist, kann nichts erfaßt werden.‹ Welchen aus eurer Schule? ›Es gibt falsche Sinneserscheinungen.‹ Was folgt daraus? Ich schweige und lasse die Folgerung selbst sprechen: ›Nichts kann erfaßt werden.‹ — ›Ich räume — heißt es dann — dem Epikur seinen Grundsatz nicht ein.‹[293] So leg' dich halt mit ihm an, der sich

certa igitur cum illo, qui a te totus diversus est, noli mecum, qui
hoc quidem certe, falsi esse aliquid in sensibus, tibi adsentior.

[102] Quamquam nihil mihi tam mirum videtur quam ista
dici, ab Antiocho quidem maxime, cui erant ea, quae paulo ante
5 dixi, notissima. licet enim haec quivis arbitratu suo reprehendat,
quod negemus rem ullam percipi posse: certe levior reprehensio
est, quod tamen dicimus esse quaedam probabilia. non videtur
hoc satis esse vobis. ne sit; illa certe debemus effugere, quae a te
vel maxime agitata sunt: 'nihil igitur cernis, nihil audis, nihil tibi
10 est perspicuum.' explicavi paulo ante Clitomacho auctore, quo
modo ista Carneades diceret; accipe, quem ad modum eadem dicantur a Clitomacho in eo libro, quem ad C. Lucilium scripsit
poetam, cum scripsisset isdem de rebus ad L. Censorinum eum,
qui consul cum M'. Manilio fuit. scripsit igitur his fere verbis
15 (sunt enim mihi nota propterea, quod earum ipsarum rerum, de
quibus agimus, prima institutio et quasi disciplina illo libro
continetur) — sed scriptum est ita: [103] Academicis placere
esse rerum eius modi dissimilitudines, ut aliae probabiles
videantur, aliae contra. id autem non esse satis, cur alia posse
20 percipi dicas, alia non posse, propterea quod multa falsa probabilia sint, nihil autem falsi perceptum et cognitum possit esse.
itaque, ait, vehementer errare eos, qui dicant ab Academia sen-

---

18 dissimilitudines *codd.*: similitudines *Ven.*[2]   dissimilitudines et
similitudines *Plasberg*

mit dir überhaupt nicht verträgt, und nicht mit mir, der ich dir in dem einen Punkt zumindest zustimme, daß die Sinne Ansätze zu Falschem enthalten.

[102] Freilich kommt mir nichts so seltsam vor wie der Umstand, daß eure Behauptungen[294] da überhaupt aufgestellt werden — mit besonderem Nachdruck gar von Antiochos, dem doch das, was ich eben ausgeführt habe, restlos bekannt sein mußte. Denn mag auch jeder beliebige meine Ausführungen nach seinem Gutdünken tadeln, weil wir bestritten, irgend etwas könne erfaßt werden, so wiegt doch der Tadel gewiß nicht allzu schwer, weil wir immerhin behaupten, es gebe so etwas wie Glaubhaftes. Das freilich scheint euch nicht zu genügen.[295] Sei's drum: unbedingt müssen wir jenem Vorwurf entgehen, auf den du sogar das größte Gewicht gelegt hast: ›Also siehst du nichts, hörst nichts, nichts gelangt für dich zur Anschaulichkeit.‹[296] Gerade zuvor[297] habe ich erklärt — unter Berufung auf Kleitomachos —, wie Karneades sich dazu zu äußern pflegte; jetzt mußt du noch zur Kenntnis nehmen, auf welche Weise Kleitomachos denselben Gegenstand in dem Buch behandelt, das er dem Dichter Lucilius gewidmet hat (zuvor hatte er schon ein Buch eben darüber dem L. Censorinus gewidmet — ich meine den, der mit M'. Manilius Konsul war). Er äußert sich also etwa folgendermaßen (ich kenne den Wortlaut deswegen, weil das betreffende Buch eine Einführung, gleichsam eine schulmäßige Darstellung eben der Gegenstände enthält, um die es uns jetzt geht) — doch nun die Erörterung des Kleitomachos: [103] Die Akademiker verträten die Lehrmeinung, daß die Dinge sich insofern unähnlich seien, als die einen glaubhaft erschienen, die andern nicht. Dieser Befund aber rechtfertige keineswegs die Behauptung, daß die einen Dinge erfaßt werden könnten, die andern nicht: die Behauptung sei deswegen nicht gerechtfertigt, weil viel Falsches glaubhaft sei, nichts Falsches aber erfaßt und erkannt sein könne. Deshalb — fährt er fort — täuschten sich die gewaltig, die verbreiteten,

sus eripi, a quibus numquam dictum sit aut colorem aut saporem
aut sonum nullum esse, illud sit disputatum, non inesse in iis
propriam, quae nusquam alibi esset, veri et certi notam.

[104] Quae cum exposuisset, adiungit dupliciter dici adsen-
5 sus sustinere sapientem: uno modo, cum hoc intellegatur, omnino eum rei nulli adsentiri, altero, cum se a respondendo, ut aut
adprobet quid aut inprobet, sustineat, ut neque neget aliquid neque aiat. id cum ita sit, alterum placere, ut numquam adsentiatur,
alterum tenere, ut sequens probabilitatem, ubicumque haec aut
10 occurrat aut deficiat, aut 'etiam' aut 'non' respondere possit.
nam cum placeat eum, qui de omnibus rebus contineat se ab ad-
sentiendo, moveri tamen et agere aliquid, relinqui eius modi
visa, quibus ad actionem excitemur, item ea, quae interrogati in
utramque partem respondere possimus sequentes tantum modo,
15 quod ita visum sit, dum sine adsensu; neque tamen omnia eius
modi visa adprobari sed ea, quae nulla re inpedirentur. [105]
haec si vobis non probamus, sint falsa sane, invidiosa certe non
sunt. non enim lucem eripimus, sed ea, quae vos percipi con-
prehendique, eadem nos, si modo probabilia sint, videri dici-
20 mus.

10 possit F^2: posset *AB*   11 nam cum *Lambinus*: nec ut *codd.* et cum
Davies, alii alia   12 relinqui *Davies*: reliquit *codd.*

daß die Sinne von der Akademie gewissermaßen beseitigt würden: schließlich hätten die Akademiker niemals die Auffassung vertreten, es gebe keine Farbe, keinen Geschmack, keinen Klang;[298] vielmehr hätten sie nur auseinandergesetzt, daran hafte kein eigentümliches Kennzeichen des Wahren und Gewissen, wie es sonst nirgends vorhanden sei.[299]

[104] An diese Darlegungen schließt er die folgende Feststellung an: ›Daß der Weise seine Zustimmung zurückhalte‹, könne in doppelter Bedeutung gesagt werden.[300] Einerseits verstehe man darunter, daß er überhaupt zu nichts seine Zustimmung gebe; andererseits treffe die Formulierung dann zu, wenn er sich vom Antworten — im Sinne einer Anerkennung oder einer Verwerfung — zurückhalte, so daß er weder etwas verneine noch etwas behaupte. Unter dieser Voraussetzung gelte die eine Auffassung als Lehrmeinung: daß der Weise niemals seine Zustimmung gebe; an der andern halte er fest, freilich so, daß er — nach der Glaubhaftigkeit sich richtend — wo immer diese gegeben sei oder fehle, mit ›ja‹ oder ›nein‹ antworten könne. Da nämlich überdies als Lehrmeinung gelte,[301] daß der, welcher sich in jeder Beziehung vom Zustimmen zurückhalte, trotzdem in Bewegung versetzt werde und handle, müsse man am Ende mit solchen Erscheinungen rechnen,[302] die uns zum Handeln antrieben; ebenso mit solchen, hinsichtlich deren wir — befragt — bald positiv bald negativ antworten könnten. Dabei richteten wir uns nur gerade danach, was den Anforderungen entsprechend erschienen sei (eine eigentliche Zustimmung freilich dürfe dabei nicht erfolgen). Indes würden nicht alle derartigen Erscheinungen gutgeheißen, sondern nur die, denen nichts entgegenstehe. — [105] Wenn wir nicht in der Lage sind, euch dies glaubhaft zu machen, so mag es denn falsch sein: euern Zorn sollte es auf keinen Fall erregen. Denn wir beseitigen das Licht nicht, sondern behaupten nur folgendes: was nach eurer Lehre erfaßt und begriffen werde, eben dies ›scheine‹ nach unserer Lehre — jedenfalls wenn es glaubhaft sei.[303]

Sic igitur inducto et constituto probabili, et eo quidem expedito soluto libero nulla re inplicato, vides profecto, Luculle, iacere iam illud tuum perspicuitatis patrocinium. isdem enim hic sapiens, de quo loquor, oculis, quibus iste vester, caelum terram
5   mare intuebitur, isdem sensibus reliqua, quae sub quemque sensum cadunt, sentiet. mare illud, quod nunc favonio nascente purpureum videtur, idem huic nostro videbitur, nec tamen adsentietur, quia nobismet ipsis modo caeruleum videbatur, mane ravum, quodque nunc, qua a sole conlucet, albescit et vibrat
10   dissimileque est proximo et continenti, ut, etiam si possis rationem reddere, cur id eveniat, tamen non possis id verum esse, quod videbatur oculis, defendere.

[106] 'Unde memoria, si nihil percipimus?' sic enim quaerebas. quid? meminisse visa nisi conprensa non possumus? quid?
15   Polyaenus, qui magnus mathematicus fuisse dicitur, is postea quam Epicuro adsentiens totam geometriam falsam esse credidit, num illa etiam, quae sciebat, oblitus est? atqui falsum quod est, id percipi non potest, ut vobismet ipsis placet. si igitur memoria perceptarum conprensarumque rerum est, omnia, quae quisque
20   meminit, habet ea conprensa atque percepta; falsi autem conprendi nihil potest; et omnia meminit Seiron Epicuri dogmata; vera igitur illa sunt nunc omnia. hoc per me licet; sed tibi aut concedendum est ita esse, quod minime vis, aut memoriam mihi

1 inducto et constituto probabili *Ald.*: -cta et -ta probabilia *codd.*   10 et
continenti *Lambinus*: ei continenti *codd.*

Nachdem wir nun das ›Glaubhafte‹ eingeführt und begründet haben — und zwar in der Form, daß ihm nichts entgegensteht, daß es ungebunden, frei und in keiner Weise verstrickt ist —, mußt du jetzt, mein Lucullus, in der Tat einsehen, daß deine Verteidigung der ›Anschaulichkeit‹ gescheitert ist.[304] Denn unser Weiser da, von dem ich spreche, wird mit denselben Augen wie der eure den Himmel, die Erde, das Meer betrachten; mit denselben Sinnen wird er alles übrige wahrnehmen, was je unter einen Sinn fällt. Das Meer dort, das jetzt — vom aufkommenden Westwind bewegt — purpurn erscheint, wird purpurn auch unserm Weisen erscheinen; und trotzdem wird er seine Zustimmung dazu nicht geben, weil das Meer uns selbst gerade noch blau erschienen ist, frühmorgens gräulich, und weil es jetzt dort, wo es von der Sonne bestrahlt wird, glitzert und schimmert und ganz verschieden ist von dem Streifen, der unmittelbar daran anschließt. Also: selbst wenn du zu begründen vermöchtest, weswegen dies sich so abspielt, so vermöchtest du trotzdem nicht aufrechtzuerhalten, daß ›wahr‹ sei, was je den Augen erschienen ist.[305]

[106] ›Worauf beruht das Gedächtnis, wenn wir nichts erfassen?‹[306] — so lautete deine nächste Frage. Wie denn? — können wir Erscheinungen nur dann im Gedächtnis behalten, wenn sie begriffen sind? Ferner: Polyainos — dem Vernehmen nach einst ein großer Mathematiker — stimmte Epikur zu und gelangte zum Glauben, die ganze Geometrie sei falsch: hat er deswegen in der Tat sogar das vergessen, was er wußte? Dabei kann doch, was falsch ist, nicht erfaßt werden: dies ist eure eigene Lehrmeinung. Wenn das Gedächtnis also nur mit erfaßten und begriffenen Dingen zu tun hat, dann hat man alles, was man je im Gedächtnis behält, begriffen und erfaßt. Nichts Falsches kann anderseits begriffen werden; und Seiron trägt alle Lehrsätze Epikurs im Gedächtnis: folglich sind jetzt alle diese Lehrsätze wahr. Damit kann *ich* mich abfinden; *du* aber mußt einräumen, daß es sich in der Tat so verhält (wozu du keines-

remittas oportet et fateare esse ei locum, etiam si conprehensio
perceptioque nulla sit. [107] 'quid fiet artibus?' quibus? iisne,
quae ipsae fatentur coniectura se plus uti quam scientia, an iis,
quae tantum id, quod videtur, secuntur nec habent istam artem
5 vestram, qua vera et falsa diiudicent?

Sed illa sunt lumina duo, quae maxime causam istam conti-
nent. primum enim negatis fieri posse, ut quisquam nulli rei adsentiatur. at id quidem ‹fieri posse› perspicuum est, cum Panaetius, princeps prope meo quidem iudicio Stoicorum, ea de re
10 dubitare se dicat, quam omnes praeter eum Stoici certissimam
putant, vera esse ‹responsa› haruspicum auspicia oracula somnia
vaticinationes, seque ab adsensu sustineat: quod is potest facere
vel de iis rebus, quas illi, a quibus ipse didicit, certas habuerint,
cur id sapiens de reliquis rebus facere non possit? an est aliquid,
15 quod positum vel inprobare vel adprobare possit, dubitare non
possit? an tu in soritis poteris hoc, cum voles, ille in reliquis rebus non poterit eodem modo insistere, praesertim cum possit
sine adsensione ipsam veri similitudinem non inpeditam sequi?
[108] alterum est, quod negatis actionem ullius rei posse in eo
20 esse, qui nullam rem adsensu suo conprobet. primum enim vi-

---

1 fateare *Davies*: facere A^1 facerem B^1 facile A^2B^2 8 fieri posse *add.*
Schäublin, Mus. Helv. 50,1993,160sq.   11 responsa *add. Plasberg (post*
haruspicum *Ernesti)*   13 vel *Goerenz*: ut A^1B^1, *del.* A^2B^2 15 dubitare
Davies: dubitari *codd.*

wegs bereit bist), oder du kommst nicht darum herum, mir dein ›Gedächtnis‹ abzutreten und zuzugeben, daß es bestehen kann, auch wenn ein Begreifen, ein Erfassen nicht möglich ist. — [107] ›Was aber wird mit den Künsten geschehen?‹[307] Mit welchen denn? Etwa mit denen, die nach eigenem Eingeständnis mehr auf deutendes Vermuten als auf ein Wissen abstellen? Oder mit denen, die sich nur gerade danach richten, was so scheint, und die nicht über eure besondere Kunst[308] verfügen, welche allein ihnen dazu verhülfe, Wahres und Falsches zu unterscheiden?

Doch hier nun die beiden Glanzpunkte,[309] die am stärksten das, worauf es euch ankommt, zur Geltung bringen. Erstens einmal bestreitet ihr die Möglichkeit, daß jemand zu nichts seine Zustimmung gebe.[310] Daß dies aber jedenfalls möglich ist,[311] gelangt insofern zur Anschaulichkeit,[312] als Panaitios — zumindest nach meinem Urteil nahezu der bedeutendste Stoiker — von sich behauptet, er hege ausgerechnet hinsichtlich desjenigen Gegenstandes seine Zweifel, den alle übrigen Stoiker als vollkommen gewiß einstufen (daß nämlich die Gutachten der Beschauer, die Auspizien, Orakel, Träume, Prophezeiungen ›wahr‹ seien), und er halte deswegen seine Zustimmung zurück. Was nun dem Panaitios sogar hinsichtlich der Dinge möglich ist, die doch seine Lehrer für gewiß gehalten haben: weswegen sollte dies dem Weisen hinsichtlich der übrigen Dinge nicht möglich sein? Oder gibt es etwas, das er — wird es behauptet — verwerfen oder anerkennen, nicht aber bezweifeln kann? Oder wirst im Falle von *soritai* du dazu in der Lage sein, er aber wird in den restlichen Fällen nicht in der Lage sein, auf die gleiche Weise innezuhalten? — und dies, obwohl er durchaus in der Lage ist, ohne Zustimmung sich eben nach der Wahrscheinlichkeit zu richten, wenn ihr nur nichts entgegensteht. [108] Zweitens bestreitet ihr,[313] daß der, welcher nichts mit seiner Zustimmung anerkenne, über die Möglichkeit verfüge, in irgendeiner Beziehung zu handeln. Zuerst nämlich

deri oportere, in quo sit etiam adsensus (dicunt enim Stoici sensus ipsos adsensus esse: quos quoniam adpetitio consequatur,
actionem sequi) — tolli autem omnia, si visa tollantur. hac de re
in utramque partem et dicta sunt et scripta multa [vide su-
5   periore], sed brevi res potest tota confici.

     Ego enim etsi maximam actionem puto repugnare visis, ob-
sistere opinionibus, adsensus lubricos sustinere credoque
Clitomacho ita scribenti, Herculi quendam laborem exanclatum a
Carneade, quod ut feram et inmanem beluam sic ex animis no-
10   stris adsensionem, id est opinationem et temeritatem, extraxis-
set, tamen, ut ea pars defensionis relinquatur, quid impediet actionem eius, qui probabilia sequitur nulla re inpediente? [109]
'hoc' inquit 'ipsum inpediet, quod statuet ne id quidem, quod
probet, posse percipi.' iam istuc te quoque impediet in navi-
15   gando et in conserendo, in uxore ducenda, in liberis procreandis
plurumisque in rebus, in quibus nihil sequere praeter probabile.

     Et tamen illud usitatum et saepe repudiatum refers, non ut
Antipater, sed, ut ais, pressius; nam Antipatrum reprensum,
quod diceret consentaneum esse ei, qui adfirmaret nihil posse
20   conprendi, id ipsum saltem dicere posse conprendi. quod ipsi
Antiocho pingue videbatur et sibi ipsum contrarium; non enim

---

1 oportere *Baiter*: oportet *codd.*   4/5 vide superiore *del. Davies*

müsse eine Erscheinung zustandekommen, und in ihr liege auch bereits die Zustimmung beschlossen (denn die Stoiker lehren, daß die Sinne selbst mit den Zustimmungen eins seien:[314] diesen folge das Streben, und das Handeln schließe sich an); anderseits werde alles aufgehoben, wenn die Erscheinungen aufgehoben würden. Darüber hat man — nach beiden Seiten hin — viel gesagt und geschrieben, doch läßt sich die ganze Sache kurz abtun.

Zwar bin ich überzeugt, daß bereits als gewaltige Handlung zu gelten hat, wenn man Erscheinungen Widerstand leistet, gegen Meinungen angeht und Zustimmungen (die doch leicht zum Sturz führen) zurückhält; und ich glaube dem Kleitomachos, wenn er schreibt, Karneades habe gleichsam eine herkulische Tat vollbracht, weil er die Zustimmung, das heißt[315] Meinen und mangelnde Vorsicht, wie ein wildes und ungeheures Tier aus unsern Seelen herausgezerrt habe. Trotzdem mag dieser Teil meiner Verteidigung jetzt auf sich beruhen — hingegen: was kann dem Handeln desjenigen entgegenstehen, der sich dann nach dem Glaubhaften richtet, wenn diesem nichts entgegensteht? [109] ›Eben dies, heißt es dann, wird entgegenstehen, daß er behauptet, nicht einmal das könne erfaßt werden, was er anerkenne.‹[316] Nun, dann wird dies aber auch dir entgegenstehen: unternimmst du eine Schiffsreise, bestellst du das Feld, heiratest oder zeugst Kinder — und überhaupt bei den unzähligen Verrichtungen, bei denen du dich nur gerade nach dem Glaubhaften richten kannst.

Und trotzdem holst du jenes abgedroschene und schon oft zurückgewiesene Argument hervor: nicht freilich nach der Art des Antipater, sondern — wie du sagst — ›besonders wirkungsvoll‹;[317] denn Antipater sei dafür getadelt worden, daß er den Satz aufstellte, in Übereinstimmung mit sich selbst müsse der, welcher behaupte, daß nichts begriffen werden könne, den Satz aufstellen, eben dies zumindest könne begriffen werden. Das kam dem Antiochos selbst plump und in sich widersprüch-

potest convenienter dici nihil conprendi posse, ‹si quicquam
conprendi posse› dicatur. illo modo potius putat urguendum
fuisse Carneadem: cum sapientis nullum decretum esse possit
nisi conprehensum perceptum cognitum, ut hoc ipsum decretum
5 qui sapientis esse ‹diceret›, nihil posse percipi, fateretur esse
perceptum. proinde quasi sapiens nullum aliud decretum habeat
et sine decretis vitam agere possit! [110] sed ut illa habet probabilia, non percepta, sic hoc ipsum, nihil posse percipi. nam si
in hoc haberet cognitionis notam, eadem uteretur in ceteris;
10 quam quoniam non habet, utitur probabilibus. itaque non metuit,
ne confundere omnia videatur et incerta reddere. non enim,
quem ad modum si quaesitum ex eo sit, stellarum numerus par
an impar sit, item, si de officio multisque aliis de rebus, in quibus versatus exercitatus‹que sit›, nescire se dicat. in incertis
15 enim nihil est probabile; in quibus autem est, in iis non deerit
sapienti, nec quid faciat nec quid respondeat.

[111] Ne illam quidem praetermisisti, Luculle, reprehensio-
nem Antiochi (nec mirum, in primis enim est nobilis), qua solebat dicere Antiochus Philonem maxime perturbatum. cum enim
20 sumeretur unum, esse quaedam falsa visa, alterum, nihil ea differre a veris, non adtendere superius illud ea re esse concessum,

---

1/2 si ... posse *add. N*   5 diceret *add. Plasberg*   14 que sit *add. N*
21 ea re *N*: aere *A¹B¹*   a se *A²B²*

lich vor: schließlich kann man passenderweise nicht sagen, nichts könne begriffen werden, wenn man gleichzeitig den Satz aufstellt, irgend etwas könne begriffen werden. Vielmehr hätte man nach seiner Ansicht den Karneades folgendermaßen in die Enge treiben müssen: Ein Lehrsatz des Weisen sei in jedem Fall begriffen, erfaßt, erkannt; wer also behaupte, der Lehrsatz ›nichts könne erfaßt werden‹ gehöre in der Tat dem Weisen, müsse zugeben, daß eben dieser Lehrsatz erfaßt sei. Als ob der Weise über keinen andern Lehrsatz verfügte und überhaupt ohne Lehrsätze sein Leben zu führen vermöchte![318] [110] Vielmehr ist es doch so: wie er über diese verfügt aufgrund ihrer Glaubhaftigkeit, nicht weil sie erfaßt sind, so auch über eben jenen: ›nichts könne erfaßt werden‹. Denn wenn er an ihm ein Kennzeichen fände, das zur Erkenntnis verhülfe, bediente er sich des gleichen Kennzeichens auch im Falle der übrigen Lehrsätze. Nun findet er aber keines, und darum bedient er sich dessen, was glaubhaft ist. In der Folge befürchtet er auch nicht, daß er den Eindruck erwecke, er bringe alles durcheinander und mache alles unklar. Nicht ebenso nämlich, wie wenn man ihn fragt, ob die Zahl der Sterne gerade oder ungerade sei, dürfte er sein Nichtwissen dann bekennen,[319] wenn es um das angemessene Verhalten oder um viele andere Bereiche geht, in denen er heimisch und geübt ist. Denn im Bereich des Unklaren gibt es nichts Glaubhaftes; wo es aber Glaubhaftes gibt, dort wird dem Weisen nicht verborgen bleiben, was er tun oder was er antworten soll.

[111] Nicht einmal jenen Vorwurf des Antiochos[320] hast du übergangen, Lucullus, (kein Wunder freilich, genießt er doch ganz besonderes Ansehen) der den Philon — wie Antiochos zu behaupten pflegte — in die größte Verwirrung gestürzt habe: Erstens setze er voraus, es gebe so etwas wie falsche Erscheinungen; zweitens, sie unterschieden sich in nichts von wahren. Dabei bemerke er nicht, daß einerseits die erste Voraussetzung eben dadurch zustandekomme, daß es anscheinend so etwas

quod videretur esse quaedam in visis differentia, eam tolli altero,
quo neget visa a falsis vera differre — nihil tam repugnare. id ita
esset, si nos verum omnino tolleremus. non facimus; nam tam
vera quam falsa cernimus. sed probandi species est, percipiendi
5 signum nullum habemus.

[112] Ac mihi videor nimis etiam nunc agere ieiune. cum sit
enim campus, in quo exultare possit oratio, cur eam tantas in
angustias et Stoicorum dumeta compellimus? si enim mihi cum
Peripatetico res esset, qui id percipi posse diceret, quod inpres-
10 sum esset e vero, neque adhaerere illam magnam accessionem
'quo modo inprimi non posset a falso', cum simplici homine
simpliciter agerem nec magno opere contenderem, atque etiam
si, cum ego nihil dicerem posse conprendi, diceret ille sapientem
interdum opinari, non repugnarem, praesertim ne Carneade
15 quidem huic loco valde repugnante.

Nunc quid facere possum? [113] quaero enim, quid sit, quod
conprendi possit. respondet mihi non Aristoteles aut Theophrastus, ne Xenocrates quidem aut Polemo, sed [mi]hi minores: tale verum, quale falsum esse non possit. nihil eius modi
20 invenio: itaque incognito nimirum adsentiar, id est opinabor. hoc
mihi et Peripatetici et vetus Academia concedit, vos negatis,

---

1 altero *N*: aliter *A*   alter *B*   18 ne *Ald.*: nec *codd.*   hi *Plasberg*: mihi
codd.   20 nimirum *Lambinus*: nemirum *codd.*

wie einen Unterschied zwischen den Erscheinungen gebe, daß
anderseits dieser Unterschied aber aufgehoben werde durch die
zweite Voraussetzung, mit der er bestreite, daß wahre Erscheinungen sich von falschen unterschieden: der Widerspruch könne gar nicht größer sein! — Dies träfe zu, wenn wir das Wahre
gänzlich beseitigten — was wir nicht tun; denn wir erkennen
Wahres ebenso wie Falsches. Doch der Anschein berechtigt nur
zum Gutheißen, während wir über kein Kennzeichen verfügen,
das ein Erfassen ermöglichte.[321]

[112] Nun, ich habe den Eindruck, daß ich auch jetzt noch
allzu nüchtern vorgehe.[322] Da erstreckt sich doch ein weites
Feld, auf dem meine Rede sich tummeln könnte: warum also
zwinge ich sie in eine solche Enge und in das Gestrüpp der
Stoiker? Nehmen wir an, ich hätte es mit einem Peripatetiker[323]
zu tun und er behauptete: *das* jedenfalls könne erfaßt werden,
›was aufgeprägt sei vom Wahren her‹, und jener bedeutungs-
schwere Zusatz ›wie es nicht aufgeprägt sein könnte vom Falschen her‹ sei nicht fest angebunden — ja, dann würde ich mich
mit einem geradsinnigen Menschen auch auf geradsinnige
Weise unterhalten und nicht mit Nachdruck meine Sache verfechten. Und selbst wenn er meiner Behauptung, nichts könne
begriffen werden, die Behauptung zur Seite stellte, der Weise
hege zuweilen eine Meinung, würde ich nicht dagegen ankämp-
fen, zumal da nicht einmal Karneades[324] besonders heftig gegen
diese Position ankämpft.

Unter den gegebenen Umständen aber: was kann ich tun?[325]
[113] Mir geht es ja um die Frage, was denn eigentlich begriffen werden kann.[326] Die Antwort aber erteilen mir nicht Aristoteles oder Theophrast, auch nicht Xenokrates oder Polemon,
sondern diese Jüngeren da[327]: ›ein Wahres von der Art, daß es
nicht falsch sein kann‹. Indes vermag ich nichts Derartiges zu
finden; darum werde ich — wen wundert's? — dem Nicht-
Erkannten zustimmen — und das heißt: ich werde eine Meinung
hegen.[328] Dies gestehen mir die Peripatetiker zu, ebenso die Alte

Antiochus in primis. qui me valde movet, vel quod amavi hominem sicut ille me, vel quod ita iudico, politissimum et acu-
tissimum omnium nostrae memoriae philosophorum. a quo primum quaero, quo tandem modo sit eius Academiae, cuius esse
5 se profiteatur. ut omittam alia, haec duo, de quibus agitur, quis
umquam dixit aut veteris Academiae aut Peripateticorum: vel id
solum percipi posse, quod esset verum tale, quale falsum esse
non posset, vel sapientem nihil opinari? certo nemo. horum
neutrum ante Zenonem magno opere defensum est; ego tamen
10 utrumque verum puto, nec dico temporis causa, sed ita plane
probo.

[114] Illud ferre non possum: tu cum me incognito adsentiri
vetes idque turpissimum esse dicas et plenissimum temeritatis,
tantum tibi adroges, ut exponas disciplinam sapientiae, naturam
15 rerum omnium evolvas, mores fingas, fines bonorum malorumque constituas, officia describas, quam vitam ingrediar, defi-
nias, idemque etiam disputandi et intellegendi iudicium dicas te
et artificium traditurum — perficies, ut ego ista innumerabilia
conplectens nusquam labar, nihil opiner? quae tandem ea est
20 disciplina, ad quam me deducas, si ab hac abstraxeris? vereor,

Akademie, während ihr dagegen Einspruch erhebt, insbesondere Antiochos. Von ihm geht natürlich eine starke Wirkung auf
mich aus, weil ich den Mann ebenso geschätzt habe wie er mich
und weil ich ein klares Urteil über ihn habe: er war der geschlif-
fenste und scharfsinnigste aller Philosophen, die wir erlebt haben. Zunächst möchte ich von ihm wissen, auf welche Weise er
denn derjenigen Akademie angehört, als deren Mitglied er sich
bekennt. Lassen wir das übrige beiseite; hinsichtlich der zwei
Punkte aber, um die sich der Streit dreht: hat jemals ein Angehöriger der Alten Akademie oder des Peripatos erklärt, nur das
könne erfaßt werden, was wahr sei von solcher Art, daß es
nicht falsch sein könne? Und anderseits: der Weise hege keine
Meinung? Gewiß niemand! In der Tat ist keiner der beiden
Sätze vor Zenon mit Nachdruck vertreten worden; trotzdem
halte ich sie beide für wahr, und ich sage dies nicht, weil es
dem Augenblick dient, sondern heiße es eindeutig gut.[329]

[114] Mit dem folgenden freilich kann ich mich nicht abfinden: Während du dagegen Einspruch erhebst, daß ich Nicht-
Erkanntem zustimme, und behauptest, dies sei höchst verwerflich und zeuge durchaus von mangelnder Vorsicht, nimmst du
für dich selbst wohl sehr viel in Anspruch:[330] In der Tat errich-
test du nämlich das systematische Lehrgebäude der Philosophie,
das heißt: du eröffnest die Natur aller Dinge, bildest die Lebens-
art der Menschen, stellst die äußersten Zielpunkte des Guten
und des Schlechten[331] fest, beschreibst angemessenes Verhalten, definierst, welchen Lebensweg ich einschlagen soll, und
verheißest zugleich, du würdest die Urteilsfähigkeit und das
Kunstvermögen vermitteln, worauf Erörtern und Verstehen
beruhen: ja, wirst du denn damit am Ende erreichen,[332] daß ich
— indem ich mir deine zahllosen Sätze aneigne — nirgends
strauchle und keine Meinung hege? Was ist das schließlich für
eine ›Lehre‹, in die du mich hinüberführen willst, sollte es dir
gelingen, mich von derjenigen, der ich jetzt anhänge, abzuzie-
hen? Ich befürchte, daß du dich etwas anmaßend gebärdest,

ne subadroganter facias, si dixeris tuam; atqui ita dicas necesse
est. neque vero tu solus, sed ad suam quisque rapiet.

[115] Age restitero Peripateticis, qui sibi cum oratoribus co-
gnationem esse, qui claros viros a se instructos dicant rem pu-
5   blicam saepe rexisse; sustinuero Epicureos, tot meos familiares,
tam bonos, tam inter se amantes viros: Diodoto quid faciam
Stoico? quem a puero audivi, qui mecum vivit tot annos, qui
habitat apud me, quem et admiror et diligo, qui ista Antiochea
contemnit. 'nostra' inquies 'sola vera sunt.' certe sola, si vera;
10 plura enim vera discrepantia esse non possunt. utrum igitur nos
inpudentes, qui labi nolumus, an illi adrogantes, qui sibi persua-
serint scire se solos omnia? 'non me quidem' inquit 'sed sapientem dico scire.' optime: nempe ista scire, quae sunt in tua
disciplina. hoc primum quale est, a non sapiente explicari sapi-
15 entiam? sed discedamus a nobismet ipsis; de sapiente loquamur,
de quo, ut saepe iam dixi, omnis haec quaestio est.

[116] In tres igitur partes et a plerisque et a vobismet ipsis
distributa sapientia est. primum ergo, si placet, quae de natura
rerum sint quaesita videamus — vel, ut illud ante: estne quis-
20 quam tanto inflatus errore, ut sibi se illa scire persuaserit? non
quaero rationes eas, quae ex coniectura pendent, quae disputa-

wenn du deine eigene namhaft machst; und doch mußt du genau auf sie verweisen.[333] Du bist aber nicht allein, sondern jeder wird mich für seine Schule gewinnen wollen.

[115] Gut denn: ich widerstehe den Peripatetikern, die von sich behaupten, sie seien mit den Rednern gleichsam verwandt und hervorragende Männer seien häufig in ihrem Unterricht zu Staatslenkern geworden;[334] ich halte auch den Epikureern stand, denen sich doch so viele meiner Vertrauten zuzählen, gute Männer, miteinander innig befreundet: wie aber soll ich mit dem Stoiker Diodotos verfahren, dessen Schüler ich von jung auf gewesen bin, mit dem ich schon so viele Jahre Umgang pflege, der in meinem Hause wohnt, den ich bewundere und schätze — und der von dem, was Antiochos vertritt, nichts hält? ›Allein das, heißt es dann, was *wir* vertreten, ist wahr.‹ Gewiß ›allein‹, wenn es denn wahr ist; kann es doch nicht mehrere, voneinander abweichende Wahrheiten geben.[335] Also: sind nun *wir* unverschämt, die wir nicht straucheln wollen, oder sind *diejenigen* anmaßend, die sich in der Überzeugung wiegen, sie allein wüßten alles? ›Selbstverständlich nicht mir selbst, heißt es dann, sondern dem Weisen spreche ich das Wissen zu.‹ Sehr gut: doch wohl genau jenes Wissen, das in deiner Schule gelehrt wird! Was sollen wir also zunächst einmal davon halten, daß ›die Weisheit‹ von einem entfaltet wird, der selbst nicht weise ist? — Doch genug von uns selbst; sprechen wir lieber vom Weisen, dem — wie schon verschiedentlich bemerkt — diese ganze Unterhaltung gilt.[336]

[116] Also denn: in drei Bereiche ist die Philosophie von den meisten und so auch von euch selbst aufgeteilt worden. Nun wollen wir, mit deinem Einverständnis, zuerst betrachten, welche Untersuchungen man hinsichtlich der Natur angestellt hat[337] — oder, um dies vorwegzunehmen:[338] gibt es jemand, der so verblendet und eitel wäre, daß er die Überzeugung hegte, er wisse über diese Dinge[339] Bescheid? Dabei frage ich nicht nach jenen Beweisen, die von einer ›Vermutung‹ abhängen, die sich

tionibus huc et illuc trahuntur, nullam adhibent persuadendi ne-
cessitatem: geometrae provideant, qui se profitentur non persuadere sed cogere et qui omnia vobis, quae describunt, probant.
non quaero ex his illa initia mathematicorum, quibus non
5 ‹con›cessis digitum progredi non possunt: punctum esse, quod
magnitudinem nullam habeat; extremitatem et quasi libramen-
tum, in quo nulla omnino crassitudo sit; liniamentum
‹longitudinem› sine ulla latitudine ‹atque omni altitudine› caren-
tem. haec cum vera esse concessero, si adigam ius iurandum
10 sapientem (nec prius quam Archimedes eo inspectante rationes
omnes descripserit eas, quibus efficitur multis partibus solem
maiorem esse quam terram), iuraturum putas? si fecerit, solem
ipsum, quem deum censet esse, contempserit. [117] quod si
geometricis rationibus non est crediturus, quae vim adferunt in
15 docendo, vos ipsi ut dicitis, ne ille longe aberit, ut argumentis
credat philosophorum — aut si est crediturus, quorum potissimum?

Omnia enim physicorum licet explicare, sed longum est;
quaero tamen, quem sequatur. finge aliquem nunc fieri sapien-
20 tem, nondum esse: quam potissimum sententiam [melius] eliget
‹et› disciplinam? etsi quamcumque eliget, insipiens eliget; sed sit
ingenio divino: quem unum e physicis potissimum probabit? nec

---

5 non concessis *Rom. Ven.*: non cessis A^1B 8 longitudinem *add.*
Ursinus   atque omni altitudine *add. Plasberg*   9 adigam ius *Manutius*:
adiciamus *codd.*   20 melius *del. Davies*   21 et *add. Crat.*: aut *N*

— wenn man sie auseinandernimmt — hier- und dorthin ziehen
lassen und denen beim Überzeugen die Unwiderstehlichkeit ab-
geht:[340] vorsehen mögen sich vielmehr die Geometer,[341] die für
sich den Anspruch erheben, sie ›überzeugten‹ nicht, sondern
›zwängen‹ sogar, und die euch alles, was sie darstellen, ›beweisen‹. Ich frage sie nicht nach jenen Prinzipien[342] der Mathematik
(räumt man sie ihnen nicht ein, so vermögen sie nicht einen Fingerbreit voranzukommen): ein Punkt sei, was keine Ausdeh-
nung habe; eine Fläche und gleichsam eine Ebene das, was
überhaupt über keine Dicke verfüge; eine Linie eine Erstreckung
in die Länge, die keine Breite aufweise und auch jeglicher Höhe
entbehre. Wenn ich die Wahrheit dieser Sätze einräume und in
der Folge versuche, den Weisen zu einem Eid darauf zu
verpflichten (freilich nicht ohne daß zuvor Archimedes — unter
den Augen des Weisen — alle Beweisschritte dargestellt hat, die
zum Schluß führen, daß die Sonne um ein Vielfaches größer sei
als die Erde):[343] glaubst du, er werde den Eid dann in der Tat
leisten? Tut er es, so wird er ausgerechnet die Sonne, die er für
ein göttliches Wesen hält, mit Verachtung belegen.[344] [117] Ist
er aber nicht bereit, den Beweisen der Geometer zu glauben[345]
— dabei geht von ihnen, wie sogar ihr selbst behauptet, im
Vortrag eine eigentliche Gewalt aus —: dann wird es wahrhaftig
schon gar nicht dazu kommen, daß er den Argumenten der
Philosophen glaubt — oder sollte er dazu trotzdem bereit sein:
denjenigen welcher Philosophen am ehesten?[346]

Hier könnte man ja alle Lehren der Naturphilosophen entwickeln, doch würde das zu weit führen; immerhin möchte ich
wissen, wem er sich tatsächlich anschließt. Stell' dir vor, es
werde einer jetzt gerade weise, *sei* es aber noch nicht: für welche Lehrmeinung und Schule wird er sich am ehesten entscheiden? Dabei ist es doch so: für welche auch immer er sich entscheidet, er wird sich als Nicht-Weiser entscheiden. Immerhin,
mag er sogar über göttliche Begabung verfügen: welchen einzigen von allen Naturphilosophen wird er am ehesten gutheißen?

plus uno poterit. non persequor quaestiones infinitas; tantum de principiis rerum, e quibus omnia constant, videamus, quem probet; est enim inter magnos homines summa dissensio.

[118] Princeps Thales, unus e septem, cui sex reliquos con-
5 cessisse primas ferunt, ex aqua dixit constare omnia. at hoc Anaximandro, populari et sodali suo, non persuasit; is enim infinitatem naturae dixit esse, e qua omnia gignerentur. post eius auditor Anaximenes infinitum aera, sed ea, quae ex eo orerentur, definita; gigni autem terram aquam ignem, tum ex iis omnia.
10 Anaxagoras materiam infinitam, sed ex ea particulas similes inter se minutas: eas primum confusas, postea in ordinem adductas mente divina. Xenophanes, paulo etiam antiquior, unum esse omnia, neque id esse mutabile, et id esse deum neque natum umquam et sempiternum, conglobata figura. Parmenides ignem,
15 qui moveat, terram, quae ab eo formetur. Leucippus plenum et inane. Democritus huic in hoc similis, uberior in ceteris. Empedocles haec pervolgata et nota quattuor. Heraclitus ignem. Melissus hoc, quod esset infinitum et inmutabile, et fuisse semper et fore. Plato ex materia in se omnia recipiente mundum factum
20 esse censet a deo sempiternum. Pythagorei e numeris et mathematicorum initiis proficisci volunt omnia. ex his eliget vester sapiens unum aliquem, credo, quem sequatur; ceteri tot viri et tanti repudiati ab eo condemnatique discedent.

4/5 concessisse *Io. Scala et Manutius*: consensisse *codd.*   14 umquam *Ald.*: usquam *codd.*

Denn er kann ja nicht mehr als einen einzigen! Ich lasse mich jetzt nicht auf endlose Probleme ein; vielmehr wollen wir lediglich betrachten, wessen Lehren er gutheißt bezüglich der Prinzipien, aus denen alles besteht; denn da herrscht höchste Uneinigkeit, und zwar zwischen großen Männern.

[118] Am Anfang steht Thales,[347] einer der Sieben (wie es heißt, räumten ihm die sechs übrigen auch die führende Rolle ein): aus Wasser, behauptete er, bestehe alles. Damit freilich vermochte er seinen Landsmann und Gefährten Anaximander[348] nicht zu überzeugen; denn dieser behauptete, es sei die Unbegrenztheit der Natur, woraus alles hervorgehe. In der Folge dann dessen Schüler Anaximenes:[349] es sei die unbegrenzte Luft; das aber, was ihr entstamme, sei begrenzt; unmittelbar stammten aus ihr Erde, Wasser und Feuer, und daraus wiederum alles. Anaxagoras[350] nannte die unbegrenzte Materie, und zwar in der Form kleinster Teilchen, die einander ähnlich seien: sie hätten sich zunächst in wirrer Vermischung befunden, seien danach aber geordnet worden durch den göttlichen Geist. Xenophanes[351] (noch ein wenig älter) behauptete, alles sei Eines: es sei unveränderlich, sei Gott, niemals entstanden und ewig, von kugelförmiger Gestalt. Parmenides[352] nannte das Feuer (es bewege) und die Erde (sie werde vom Feuer gebildet); Leukipp das Volle und das Leere; Demokrit schloß sich ihm in dieser Hinsicht an, verfügte aber, was den Rest anbelangt, über die reichere Fülle.[353] Empedokles[354] brachte die mittlerweile jedem vertrauten und bekannten vier Elemente zur Geltung, Heraklit[355] das Feuer, Melissos[356] das, was unbegrenzt sei und unveränderlich: es sei immer gewesen und werde immer sein. Platon[357] vertritt die Auffassung, die Welt sei aus einem Stoff, der alles in sich aufnehme, geschaffen worden, und zwar von Gott und auf ewig. Die Pythagoreer[358] lehren, daß alles aus Zahlen und mathematischen Prinzipien hervorgehe. — Von diesen allen nun, denke ich mir, wird sich euer Weiser für irgendeinen einzigen entscheiden und sich ihm anschließen[359]; die üb-

[119] Quamcumque vero sententiam probaverit, eam sic
animo conprensam habebit ut ea, quae sensibus, nec magis ad-
probabit nunc lucere quam, quoniam Stoicus est, hunc mundum
esse sapientem, habere mentem, quae et se et ipsum fabricata sit
5 et omnia moderetur moveat regat; erit ei persuasum etiam solem
lunam stellas omnes terram mare deos esse, quod quaedam ani-
malis intellegentia per omnia ea permanet et transeat; fore tamen
aliquando, ut omnis hic mundus ardore deflagret. sint ista vera
(vides enim iam me fateri aliquid esse veri), conprendi ea tamen
10 et percipi nego. cum enim tuus iste Stoicus sapiens syllabatim
tibi ista dixerit, veniet flumen orationis aureum fundens Aristoteles, qui illum desipere dicat; neque enim ortum esse umquam
mundum, quod nulla fuerit novo consilio inito tam praeclari ope-
ris inceptio, et ita esse eum undique aptum, ut nulla vis tantos
15 queat motus mutationemque moliri, nulla senectus diuturnitate
temporum existere, ut hic ornatus umquam dilapsus occidat. tibi
hoc repudiare, illud autem superius sicut caput et famam tuam
defendere necesse erit: mihi, ne ut dubitem quid‹em›, relinquatur?
20 [120] Ut omittam levitatem temere adsentientium: quanti
libertas ipsa aestimanda est non mihi necesse esse quod tibi!

---

3 nunc *Asc.*: num *codd.*   7 permanet A^1B^1: permeet A^2B^2 13 inito
Victorius: initio *codd.*   14 aptum *Rom.*: apertum *codd.*   17 famam *N*:
flammam A^1B 18 quidem *Ven.*: quid *codd.*   21/p. 156,1 quod tibi.
estne cur *Schäublin, Mus. Helv. 50,1993,162*: quod tibi est cur *codd.*
quod tibi est. quaero enim cur *Plasberg*

rigen aber — viele bedeutende Männer! — werden abziehen, weil er sie zurückstößt und verwirft.

[119] Doch welche Auffassung auch immer er gutheißt: er wird sie mit dem Geist ›begreifen‹ und so darüber verfügen, wie er über das verfügt, was er mit den Sinnen ›begriffen‹ hat;[360] und genau so, wie er gutheißt, daß es jetzt Tag sei, wird er auch — er ist ja ein Stoiker — gutheißen, daß diese Welt weise sei und daß ihr ein Verstand eigne, der sich selbst und sie gebildet habe und alles leite, bewege, lenke;[361] ferner wird er davon überzeugt sein, daß Sonne, Mond, alle Sterne, Land und Meer Götter seien, weil eine Art beseelter Klugheit sich in all dies ergieße und es durchdringe;[362] trotzdem werde dereinst unsere ganze Welt in Flammen aufgehen.[363] Meinethalben mag, was ihr da glaubt, wahr sein (du siehst: ich gebe bereits zu, daß es etwas Wahres gibt);[364] trotzdem bestreite ich, daß es sich begreifen und erfassen läßt. Sobald nämlich dein stoischer Weiser dir diese Sätze Silbe um Silbe entwickelt hat, wird Aristoteles auftreten, den goldenen Strom seiner Worte fließen lassen und sein Gegenüber für verrückt erklären: denn die Welt sei niemals entstanden (für ein so herrliches Werk habe es keinen Anfang gegeben, wie nach der Fassung eines neuen Plans), und anderseits sei sie rundum richtig gefügt; deshalb sei keine Gewalt imstande, so mächtige Erschütterungen und Veränderungen auszulösen, und die Länge der Zeit bewirke kein Alter von der Art, daß diese Schönheit hier jemals zerfalle und untergehe.[365] Dann besteht für dich wiederum die Notwendigkeit, die Auffassung des Aristoteles zurückzuweisen, jenes zuvor Gesagte aber zu verteidigen, als ginge es um dein eigenes Leben und um deinen eigenen Ruhm. Mir aber soll nicht einmal eingeräumt werden, daß ich meine Zweifel hege?

[120] Lassen wir die Oberflächlichkeit derer, die blindlings ihre Zustimmung geben,[366] beiseite: wie hoch indes gilt es nur schon die Freiheit zu schätzen, die darin besteht, daß mir nicht die gleiche Notwendigkeit auferlegt ist wie dir![367] Gibt es denn

est‹ne›, cur deus, omnia nostra causa cum faceret (sic enim
vultis), tantam vim natricum viperarumque fecerit, cur mortifera
tam multa ‹ac› perniciosa terra marique disperserit? negatis haec
tam polite tamque subtiliter effici potuisse sine divina aliqua
5 sollertia; cuius quidem vos maiestatem deducitis usque ad apium
formicarumque perfectionem, ut etiam inter deos Myrmecides
aliquis minutorum opusculorum fabricator fuisse videatur. [121]
negas sine deo posse quicquam: ecce tibi e transverso Lampsa-
cenus Strato, qui det isti deo inmunitatem (magni quidem mune-
10 ris; sed cum sacerdotes deorum vacationem habeant, quanto est
aequius habere ipsos deos): negat opera deorum se uti ad
fabricandum mundum; quaecumque sint, docet omnia effecta
esse natura, nec ut ille, qui asperis et levibus et hamatis uncina-
tisque corporibus concreta haec esse dicat, interiecto inani: som-
15 nia censet haec esse Democriti non docentis sed optantis; ipse
autem singulas mundi partes persequens, quidquid aut sit aut
fiat, naturalibus fieri aut factum esse docet ponderibus et moti-
bus. ne ille et deum opere magno liberat et me timore. quis enim
potest, cum existimet curari se a deo, non et dies et noctes divi-
20 num numen horrere et, si quid adversi acciderit (quod cui non
accidit?), extimescere, ne id iure evenerit? nec Stratoni tamen ad-

---

2 natricum *Nonius, Ven.*[2]: matricum *codd.*   3 ac *add. Reid*   13 qui
codd.: qui ex *Reid*

einen Grund, weshalb Gott (obwohl er nach eurer Lehre alles unsertwegen schuf) eine solche Menge von Schlangen aller Art geschaffen, weshalb er so viel Todbringendes und Verderbliches auf dem Land und im Meer sich hat ausbreiten lassen?[368] Ihr bestreitet, daß unsere Welt so ausgefeilt und so sinnvoll gegliedert hätte entstehen können ohne irgendein göttliches Planen und Schöpfen: dessen Erhabenheit freilich führt ihr bis in die Niederungen der Vollkommenheit von Bienen und Ameisen hinab — ja, am Ende befand sich anscheinend sogar unter den Göttern irgendein Myrmekides (ein ›Ameisensohn‹) als Bildner winziger Werke. [121] Du bestreitest, daß ohne Gott irgend etwas zustande kommen könne — schau', da tritt dir unvermutet Straton von Lampsakos entgegen[369] und befreit deinen Gott von jeglicher Leistung (in der Tat von einer großen Leistung! Doch da die Priester der Götter ja Dispens genießen, ist es mehr als angebracht, daß die Götter selbst in den gleichen Genuß kommen): er sagt, daß er zur Schöpfung der Welt die Hilfe der Götter nicht in Anspruch nehme; was auch immer ist, lehrt er, all dies sei durch die Natur bewirkt, anders[370] freilich als nach der Auffassung dessen, der behaupte, diese Welt sei aus rauhen und glatten, mit Haken und Klammern versehenen ›Körpern‹ zusammengewachsen, zwischen denen sich Leeres befinde. Darin zeigten sich, urteilt er, Träume Demokrits, der nicht wirklich lehre, sondern seinen Wünschen nachhänge. Selbst aber durchmustert er die einzelnen Teile der Welt und lehrt, was auch immer sei oder geschehe, geschehe oder sei geschehen durch natürliche Gewichte und Bewegungen. Wahrhaftig, dieser Mann befreit Gott von einem gewaltigen Werk und mich von Furcht![371] Muß nämlich nicht jeder, der von sich glaubt, er sei ein Gegenstand göttlicher Zuwendung, Tag und Nacht vor der Macht Gottes erschauern, und wenn ihm etwas Widriges zustößt (und wem bliebe dies erspart?), darüber in Schreck geraten, daß ihn sein gerechtes Geschick ereilt habe?

sentior nec vero tibi; modo hoc modo illud probabilius videtur.

[122] Latent ista omnia, Luculle, crassis occultata et circumfusa tenebris, ut nulla acies humani ingenii tanta sit, quae pene-
trare in caelum, terram intrare possit. corpora nostra non novi-
5 mus: qui sint situs partium, quam vim quaeque pars habeat,
ignoramus; itaque medici ipsi, quorum intererat ea nosse, ape-
ruerunt, ut viderentur, nec eo tamen aiunt empirici notiora esse
illa, quia possit fieri, ut patefacta et detecta mutentur. sed ecquid
nos eodem modo rerum naturas persecare aperire dividere pos-
10 sumus, ut videamus, terra penitusne defixa sit et quasi radicibus
suis haereat an media pendeat? [123] habitari ait Xenophanes in
luna, eamque esse terram multarum urbium et montium: portenta
videntur; sed tamen nec ille, qui dixit, iurare posset ita se rem
habere, neque ego non ‹ita. vos› [enim] etiam dicitis esse e re-
15 gione nobis, e contraria parte terrae, qui adversis vestigiis stent
contra nostra vestigia, quos ἀντίποδας vocatis: cur mihi magis
suscensetis, qui ista non aspernor, quam eis, qui, cum audiunt,
desipere vos arbitrantur? Hicetas Syracosius, ut ait Theophrastus, caelum solem lunam stellas supera denique omnia
20 stare censet, neque praeter terram rem ullam in mundo moveri;
quae cum circum axem se summa celeritate convertat et torqueat,

8 detecta *Rom.*: deiecta *codd.*   ecquid *Ven.*: haec quid *codd.*   14 ita
vos *add. Davies ex Nonio, del.* enim   17 eis *Rom. Ven.*: eos *AB²*   vis
B¹   21 quae *NF²*: qua *AB*

Trotzdem stimme ich Straton nicht zu, aber auch dir nicht: denn
bald kommt mir dies, bald jenes glaubhafter vor![372]

[122] Alle diese Dinge, Lucullus, liegen im Verborgenen,
verhüllt und rings umflossen von dichter Finsternis;[373] unter
keinen Umständen verfügt der menschliche Verstand über eine
solche Schärfe, daß er den Himmel zu durchdringen, in die
Erde einzutreten vermöchte.[374] Wir kennen unsere eigenen
Körper nicht: wie die einzelnen Teile gelagert sind, worin die
Leistung jedes Teils besteht, wissen wir nicht. Deshalb haben
gerade die Ärzte, für die es doch darauf ankäme, diese Kenntnisse zu besitzen, Sektionen vorgenommen, um die Sache in
der Tat zu sehen; auch dadurch freilich, betonen die Empiriker,
sei das Fragliche nicht besser bekannt geworden, könne es doch
dazu kommen, daß eine Veränderung erfahre, was geöffnet und
freigelegt worden sei.[375] Indes, sind denn wir etwa dazu imstande, auf die gleiche Weise das Wesen der Dinge aufzu-
schneiden, zu öffnen, zu zerteilen, um einen Augenschein zu
nehmen, ob die Erde zutiefst festsitzt und gleichsam an ihren
Wurzeln hängt oder ob sie frei in der Mitte schwebt? [123] Xenophanes sagt, der Mond sei bewohnt: er sei eine Erde mit vielen Städten und Bergen.[376] Das klingt nach Tollheit; trotzdem
könnte weder er, der solches behauptet hat, schwören, daß es
sich so verhält, noch ich, daß es sich nicht so verhält. Ja, ihr
selbst behauptet sogar, es gebe uns gegenüber — d.h. auf der
entgegenliegenden Seite der Erde — Menschen, die so ständen,
daß ihre Füße unsern Füßen entgegengesetzt und gegen sie
gerichtet seien (ihr nennt diese Leute ›Antipoden‹). Ich lehne
diese Vorstellung nicht ab: weshalb also errege ich in noch
höherem Maße euern Zorn als die, welche beim Zuhören
glauben, daß ihr verrückt seid? Hiketas von Syrakus — so liest
man es bei Theophrast — ist der Auffassung, daß der Himmel,
Sonne, Mond, Sterne, überhaupt alles da oben feststehe:
abgesehen von der Erde bewege sich nichts im Kosmos. Indem
aber die Erde sich mit höchster Geschwindigkeit um ihre eigene

eadem effici omnia, quasi stante terra caelum moveretur. atque
hoc etiam Platonem in Timaeo dicere quidam arbitrantur, sed
paulo obscurius. quid tu, Epicure? loquere: putas solem esse
tantulum? 'egone? ne bis quidem tantum.' et vos ab illo inride-
5 mini et ipsi illum vicissim eluditis. liber igitur a tali inrisione
Socrates, liber Aristo Chius, qui nihil istorum sciri putat posse.

[124] Sed redeo ad animum et corpus. satisne tandem ea nota
sunt nobis, quae nervorum natura sit, quae venarum? tenemus-
ne, quid sit animus, ubi sit, denique sitne an, ut Dicaearcho vi-
10 sum est, ne sit quidem ullus? si est, trisne partes habeat, ut Pla-
toni placuit, rationis irae cupiditatis, an simplex unusque sit? si
simplex, utrum sit ignis an anima an sanguis an, ut Xenocrates,
numerus nullo corpore? quod intellegi, quale sit, vix potest. et
quidquid est, mortale sit an aeternum? nam utramque in partem
15 multa dicuntur. horum aliquid vestro sapienti certum videtur,
nostro, ne quid maxime quidem probabile sit, occurrit; ita sunt
in plerisque contrariarum rationum paria momenta.

[125] Sin agis verecundius et me accusas, non quod tuis rationibus non adsentiar sed quod nullis, vincam animum, cuique
20 adsentiar, deligam — quem potissimum? quem? Democritum;

---

4 egone ne bis *Lambinus*: egone vobis *AB*   egone? nobis quidem tantulum,
reapse vel paulo maiorem quam videtur aut minorem vel tantum *coni.*
Plasberg   9 an *Lambinus*: aut *codd.*   13 numerus *Bentley*: mens *codd.*
merus numerus *coni. Plasberg*   14 utramque in partem *H. Stephanus*:
utraque in parte *codd.*

Achse drehe und wirble, werde insgesamt die gleiche Wirkung erzielt, wie wenn die Erde feststände und der Himmel sich bewegte.[377] Einige sind der Meinung, daß dies auch von Platon vertreten werde (im ›Timaios‹),[378] nur etwas weniger deutlich. — Was meinst denn du, Epikur, sprich: glaubst du, daß die Sonne nur gerade so klein ist? ›Ich? Ich halte sie nicht einmal für doppelt so groß.‹[379] Und dann werdet ihr von ihm verlacht, und eurerseits verspottet ihr ihn zum Entgelt. Frei von solchem Spott bleibt Sokrates, ebenso Ariston von Chios: er[380] glaubt nicht, daß man dergleichen wissen könne.

[124] Doch zurück zu Geist und Körper.[381] Ist uns am Ende folgendes hinlänglich bekannt: was die natürliche Beschaffenheit der Sehnen ausmacht, was die der Adern? Wissen wir denn, was Geist ist, wo er seinen Sitz hat, ob es ihn schließlich überhaupt gibt oder ob wir — wie Dikaiarchos glaubt — mit ihm gar nicht zu rechnen haben?[382] Wenn es ihn gibt: ob er sich — wie Platon glaubt — aus drei Teilen zusammensetzt, nämlich der Vernunft, der ›Aufwallung‹ und dem Begehren,[383] oder ob er ungeteilt ist und einheitlich?[384] Wenn er ungeteilt ist: ob Feuer ihn bildet oder Hauch oder Blut oder — so Xenokrates — eine Zahl ohne Körper?[385] — darunter freilich kann man sich kaum etwas vorstellen. Und was auch immer er sei: ob er sterblich ist oder ewig? — denn für beide Auffassungen läßt sich viel vorbringen. Irgendeine dieser Möglichkeiten erscheint euerm Weisen als gewiß,[386] während sich für den unsern nicht einmal abzeichnet, was am glaubhaftesten ist:[387] so sehr verfügen entgegengesetzte Überlegungen in den meisten Fällen über gleiches Gewicht.[388]

[125] Solltest du mir aber mit etwas mehr Achtung begegnen und mich nicht deswegen zur Rechenschaft ziehen, weil ich *deinen* Überlegungen nicht zustimme, sondern weil überhaupt keinen,[389] dann werde ich mich selbst überwinden und herauszufinden versuchen, wem ich zustimmen soll — doch auf wen wird meine Wahl am ehesten fallen, auf wen? Auf Demokrit,

semper enim, ut scitis, studiosus nobilitatis fui. urgebor iam
omnium vestrum convicio: 'tune aut inane quicquam putes esse,
cum ita conpleta et conferta sint omnia, ‹ut› et, quod movebitur
‹corpus, necesse sit aliorum in loca› corporum cedat et, qua
5 quidque cesserit, aliud ilico subsequatur? aut atomos ullas, e
quibus quidquid efficiatur, illarum sit dissimillimum? aut sine
aliqua mente rem ullam effici posse praeclaram? et, cum in uno
mundo ornatus hic tam sit mirabilis, innumerabilis supra infra
dextra sinistra ante post alios dissimiles alios eiusdem modi
10 mundos esse? et, ut nos nunc simus ad Baulos Puteolosque videamus, sic innumerabiles paribus in locis esse isdem nominibus honoribus rebus gestis ingeniis formis aetatibus isdem de
rebus disputantes? et, si nunc aut si etiam dormientes aliquid
animo videre videamur, imagines extrinsecus in animos nostros
15 per corpus inrumpere? tu vero ista ne asciveris neve fueris
commenticiis rebus adsensus; nihil sentire est melius quam tam
prava sentire.'

[126] Non ergo id agitur, ut aliquid adsensu meo comprobem. ‹iam ut comprobem,› quae tu, vide, ne inpudenter etiam
20 postules, non solum adroganter, praesertim cum ista tua mihi ne
probabilia quidem videantur. nec enim divinationem, quam probatis, ullam esse arbitror, fatumque illud esse, quo omnia conti-

---

2 putes *A*: putas *B*   3 ut *add. Rom.*   corpus *add. Lambinus*, corpus ...
loca *Schäublin*: corpus ei aliquid e numero vicinorum *coni. Plasberg*   19
iam ut comprobem *add. Schäublin*: sed ut eadem *add. Plasberg*

denn ihr wißt ja, daß meine Neigung schon immer der adligen Führungsschicht gegolten hat.[390] Sogleich werdet ihr dann alle mit euerm Tadel über mich herfallen:[391] ›Du vermöchtest also einerseits zu glauben, daß es irgendein Leeres gibt, wo doch alles so voll und gedrängt ist, daß ein Körper, der eine Bewegung vollziehen will, notwendigerweise sich an die Stelle anderer Körper verschieben muß und daß, wo je sich etwas verschiebt, ein anderes unverzüglich nachrückt?[392] Und anderseits vermöchtest du in der Tat zu glauben, daß es so etwas wie Atome gibt und daß alles, was aus ihnen entsteht, ihnen unähnlich ist, oder daß ohne die Einwirkung einer geistigen Kraft irgend etwas Hervorragendes überhaupt entstehen kann? Ferner: während in unserer einen Welt diese wunderbare Schönheit herrscht, daß es sonst noch unzählige Welten gibt, oben, unten, rechts, links, vorne, hinten, die einen unähnlich, die andern von derselben Art? Ferner: so wie jetzt wir uns in Bauli befinden und Puteoli vor Augen haben, daß es unzählige Menschen gibt, die an vergleichbaren Orten, mit denselben Namen, Ehrenstellungen, Leistungen, Veranlagungen, mit demselben Aussehen und Alter über dieselben Gegenstände sich unterhalten? Ferner: wenn wir jetzt oder auch im Schlaf etwas mit dem Geist zu sehen wähnen, daß dann Bilder von außen durch den Körper hindurch in unsern Geist eindringen? Nein, solche Dinge darfst du dir nicht aneignen, und Märchen darfst du nicht zustimmen: denn gar keine Auffassungen zu haben ist immer noch besser als so verkehrte.‹

[126] Also geht es letztlich nicht darum, daß ich irgend etwas mit meiner Zustimmung gutheiße; ich solle anderseits das gleiche gutheißen wie du — diese Forderung, schau', wäre am Ende doch geradezu unverschämt, nicht nur anmaßend,[393] zumal da mir das von dir Vertretene nicht einmal glaubhaft vorkommt.[394] So gibt es nach meinem Dafürhalten keine Wahrsagung — ihr heißt sie gut —, und mit eurer Lehre von der Existenz jenes Schicksals, das angeblich alles in sich schließt,

neri dicitis, contemno; ne exaedificatum quidem hunc mundum
divino consilio existimo. atque haud scio, an ita sit. sed cur ra-
pior in invidiam? licetne per vos nescire, quod nescio? an Stoicis
ipsis inter se disceptare, cum his non licebit? Zenoni et reliquis
5 fere Stoicis aether videtur summus deus, mente praeditus, qua
omnia regantur; Cleanthes, qui quasi maiorum est gentium
Stoicus, Zenonis auditor, solem dominari et rerum potiri putat:
ita cogimur dissensione sapientium dominum nostrum ignorare,
quippe qui nesciamus, soli an aetheri serviamus. solis autem
10 magnitudinem (ipse enim hic radiatus me intueri videtur admo-
nens, ut crebro faciam mentionem sui) — vos ergo huius magnitudinem quasi decempeda permensi refertis; ego me, quasi mali
architecti, mensurae vestrae nego credere: dubium est, uter nostrum sit, leviter ut dicam, verecundior?

15 [127] Nec tamen istas quaestiones physicorum exterminandas
puto. est enim animorum ingeniorumque naturale quoddam
quasi pabulum consideratio contemplatioque naturae: erigimur,
altiores fieri videmur, humana despicimus cogitantesque supera
atque caelestia haec nostra ut exigua et minima contemnimus.
20 indagatio ipsa rerum cum maximarum tum etiam occultissi-
marum habet oblectationem; si vero aliquid occurrit, quod veri

---

12/13 decempeda ... credere *Halm secutus alios*: decempeda hinc (hic *A*) me
quasi malis architectis mensurae vestrae nego hoc permensi refertis ergo
credere *codd.*   mali architecti *Davies*   18 altiores *Davies*: latiores *codd.*
21 occurrit *N*: occurret *AB*

kann ich nichts anfangen; ja, mir leuchtet nicht einmal ein, daß diese Welt nach einem göttlichen Plan gebaut sei — und dabei verhält es sich vielleicht in der Tat so. Doch weswegen lasse ich mich zu Gehässigkeiten hinreißen? Darf ich mit eurer Erlaubnis zumindest das nicht wissen, was ich nicht weiß, oder werden die Stoiker nur selbst und untereinander streiten dürfen, mit ihnen sonst aber niemand? Zenon und fast alle übrigen Stoiker sehen im Äther den höchsten Gott; er sei mit dem Geist begabt, der alles lenke. Kleanthes dagegen, ein Stoiker gewissermaßen aus dem ältesten und vornehmsten Patriziat, ist der Ansicht, die Herrschaft gebühre der Sonne und ihr sei alles untertan.[395] In der Folge kommt es zwangsläufig dazu, daß wir wegen der Meinungsverschiedenheit der ›Weisen‹ unsern Herrn nicht kennen, da wir ja nicht wissen, ob wir Knechte der Sonne oder des Äthers sind. Anderseits die Größe der Sonne (sie selbst scheint mich mit ihrem Strahlen da anzublicken und zu ermahnen, ich solle ihrer häufig gedenken): ihr also gebt ihre Größe an, als ob ihr sie mit der Latte ausgemessen hättet; ich dagegen behaupte, daß ich euerm Maß, als stammte es von einem schlechten Baumeister, nicht traue. Da mag man sich immerhin fragen, wer von uns beiden — gelinde gesagt — mehr Achtung an den Tag legt.[396]

[127] Trotzdem bin ich der Meinung, daß man diese Forschungen der Naturphilosophen nicht abschaffen darf. Denn die Betrachtung und Schau der Natur stellt gleichsam so etwas wie die naturgegebene Nahrung des Geistes und der Begabung dar: wir richten uns auf und scheinen in die Höhe zu wachsen; auf die menschlichen Angelegenheiten blicken wir hinab, und indem wir das Obere und Himmlische bedenken, können wir uns über das, was uns hier unten beschäftigt, als unbedeutend und vollkommen belanglos hinwegsetzen. Nur schon den Dingen nachzuspüren — den größten, zumal aber den verborgensten —, bereitet Genuß; tritt uns aber sogar etwas entgegen, das uns wahrscheinlich vorkommt, dann füllt sich der Geist mit

simile videatur, humanissima conpletur animus voluptate. [128]
quaeret igitur haec et vester sapiens et hic noster, sed vester, ut
adsentiatur credat adfirmet, noster, ut vereatur temere opinari
praeclareque agi secum putet, si in eius modi rebus, veri simile
5 quod sit, invenerit.

   Veniamus nunc ad bonorum malorumque notionem; et paulum ante dicendum est. non mihi videntur considerare, cum
physica ista valde adfirmant, earum etiam rerum auctoritatem, si
quae inlustriores videantur, amittere. non enim magis adsentiun-
10 tur nec adprobant lucere nunc quam, cum cornix cecinerit, tum
aliquid eam aut iubere aut vetare; nec magis adfirmabunt signum
illud, si erunt mensi, sex pedum esse, quam solem, quem metiri
non possunt, plus quam duodeviginti partibus maiorem esse
quam terram. ex quo illa conclusio nascitur: 'si, sol quantus sit,
15 percipi non potest, qui ceteras res eodem modo, ‹quo› magnitudinem solis adprobat, is eas res non percipit; magnitudo autem
solis percipi non potest; qui igitur id adprobat, quasi percipiat,
nullam rem percipit.' respondebunt posse percipi, quantus sol
sit: non repugnabo, dum modo eodem pacto cetera percipi con-
20 prehendique dicant. nec enim possunt dicere aliud alio magis
minusve conprendi, quoniam omnium rerum una est definitio
conprehendendi.

---

6 et *codd.*: sed *Ald.*   at *Reid*   8 physica *Ald.*: physici *codd.*   10 nunc
quam *Ald.*: nusquam *codd.*   15 quo *add. A²*   18 respondebunt *Plasberg*:
responderunt *A¹B*

einer Lust, wie sie des Menschen im höchsten Maße würdig ist.[397] [128] Danach also sucht sowohl euer Weiser als auch der unsere: der eure freilich in der Absicht zuzustimmen, zu glauben, zu behaupten; der unsere so, daß er sich auf ein vorschnelles Meinen nicht einläßt und glaubt, ihm widerfahre bereits etwas Herrliches, wenn er angesichts solcher Gegenstände das herausfinde, was wahrscheinlich sei.

Doch nun wollen wir uns der Vorstellung[398] von Gut und Schlecht zuwenden — freilich gilt es zunächst noch eine Kleinigkeit vorauszuschicken: Indem sie ihre naturphilosophischen Lehren mit Nachdruck vertreten, bedenken sie offenbar nicht, daß sie die Glaubhaftigkeit auch derjenigen Sachverhalte preisgeben, die allenfalls durchsichtiger erscheinen. Denn genau so entschieden, wie sie ihre Zustimmung geben und gutheißen, daß es jetzt Tag ist, heißen sie auch gut, daß eine Krähe, wenn sie sich vernehmen läßt, eine Handlung empfiehlt oder davon abrät;[399] und genau so entschieden, wie sie behaupten, daß jene Statue — haben sie sie gemessen — sechs Fuß groß sei, werden sie auch behaupten, daß die Sonne — die sie nicht ausmessen können — mehr als achtzehnmal größer sei als die Erde. Daraus ergibt sich dann der folgende Schluß: ›Wenn die Größe der Sonne nicht erfaßt werden kann, dann erfaßt auch die übrigen Dinge nicht, wer sie auf dieselbe Weise gutheißt wie die Größe der Sonne; es kann aber die Größe der Sonne nicht erfaßt werden; wer dies also gutheißt, wie wenn er es erfaßte, erfaßt überhaupt nichts.‹[400] Gewiß werden sie dann erwidern, daß die Größe der Sonne tatsächlich erfaßt werden könne: ich kämpfe dagegen nicht an, solange sie nur daran festhalten, daß auf dieselbe Weise alles übrige erfaßt und begriffen werde. Denn sie können doch nicht sagen, man begreife irgend etwas in höherem oder geringerem Maße als etwas anderes, gibt es doch nur *eine* Definition des Begreifens, und zwar in bezug auf alle Dinge.[401]

[129] Sed quod coeperam: quid habemus in rebus bonis et
malis explorati? nempe fines constituendi sunt, ad quos et bonorum et malorum summa referatur. qua de re est igitur inter
summos viros maior dissensio? et omitto illa, quae relicta iam
5 videntur: Erillum, qui in cognitione et scientia summum bonum
ponit; qui cum Zenonis auditor esset, vides, quantum ab eo dis-
senserit et quam non multum a Platone. Megaricorum fuit nobilis disciplina (cuius, ut scriptum video, princeps Xenophanes,
quem modo nominavi; deinde eum secuti Parmenides et Zeno,
10 ‹Eleatae ambo›, itaque ab his Eleatici philosophi nominabantur;
post Euclides, Socratis discipulus Megareus, a quo idem illi
Megarici dicti): qui id bonum solum esse dicebant, quod esset
unum et simile et idem semper; hi quoque multa a Platone. a
Menedemo autem, quod is Eretria fuit, Eretrici appellati, quorum
15 omne bonum in mente positum et mentis acie, qua verum cerne-
retur, ‹Er›illi similia, sed opinor explicata uberius et ornatius.

[130] Hos si contemnimus et iam abiectos putamus, illos
certe minus despicere debemus: Aristonem, qui, cum Zenonis
fuisset auditor, re probavit ea, quae ille verbis: nihil esse bonum
20 nisi virtutem nec malum, nisi quod virtuti esset contrarium; in
mediis ea momenta, quae Zeno voluit, nulla esse censuit. huic

2 explorati A^2: exploti A^1B 10 Eleatae ambo add. Plasberg   Eleatici
Victorius: eretriaci codd.   14 Eretrici Reid in comm., cf. D. Knoepfler,
La vie de Ménédème d'Erétrie de Diogène Laërce (Basel 1991)65^{63}: Eretriaci
codd.   15 et mentis F^2: ementis codd.   16 Herilli Madvig: ulli codd.

[129] Doch jetzt zu dem, was ich eben angefangen hatte: Über welche Gewißheit verfügen wir hinsichtlich dessen, was gut und schlecht ist? Da müßte man doch wohl äußerste Zielpunkte[402] festlegen, auf die Gutes und Schlechtes in ihrer wesenhaften Gesamtheit je sich beziehen.[403] Nun, gibt es irgend etwas, worüber zwischen hervorragendsten Männern größere Uneinigkeit bestünde? Dabei lasse ich beiseite, was heutzutage offensichtlich überholt ist — so die Auffassung des Herillos,[404] der das höchste Gute[405] auf Erkenntnis und Wissen gründet. Zwar war er ein Schüler Zenons, doch siehst du ja, wie weit er von ihm abgewichen ist, wie wenig dagegen von Platon. Hohes Ansehen genoß die Schule der ›Megariker‹ (ihr Gründer war, so lese ich, Xenophanes, den ich eben erwähnt habe.[406] Ihm folgten Parmenides und Zenon — beide waren aus Elea gebürtig, und deshalb erhielten nach ihnen die ›Eleatischen‹ Philosophen ihren Namen —, danach Eukleides,[407] ein Schüler des Sokrates, aus Megara: von ihm leitet sich die Bezeichnung eben der genannten ›Megariker‹ her): sie bestanden darauf, daß dies als das einzige Gute zu gelten habe, was Eines, ›ähnlich‹[408] und stets dasselbe sei; auch sie übernahmen vieles von Platon. Nach Menedemos[409] anderseits heißen, weil er aus Eretria stammte, die sogenannten ›Eretriker‹: ihr Gutes gründet gänzlich auf dem Verstand und auf der Schärfe des Verstandes, womit man die Wahrheit erkenne; das erinnert an Herillos, ist nach meiner Meinung jedoch reicher und sorgfältiger ausgeführt.

[130] Wenn wir diese Genannten also gering schätzen und für bereits überwunden halten, dürfen wir doch zumindest auf die folgenden nicht hinabblicken: auf Ariston,[410] der als ehemaliger Schüler Zenons tatsächlich umsetzte, was jener nur in Worten gutgeheißen hatte: gut sei allein die Tugend und schlecht allein, was der Tugend entgegengesetzt sei; hinsichtlich der Dinge dazwischen vertrat er die Auffassung, daß die von Zenon behaupteten ›Werte‹ keine seien.[411] Für ihn also besteht das

summum bonum est in his rebus neutram in partem moveri,
quae ἀδιαφορία ab ipso dicitur. Pyrrho autem ea ne sentire
quidem sapientem, quae ἀπάθεια nominatur. has igitur tot sententias ut omittamus, haec ‹nunc› videamus, quae [nunc] diu
5 multumque defensa sunt.

[131] Alii voluptatem finem esse voluerunt, quorum princeps
Aristippus, qui Socratem audierat; unde Cyrenaici, post
Epicurus, cuius est disciplina nunc [disciplina] notior nec tamen
cum Cyrenaicis de ipsa voluptate consentiens. voluptatem autem
10 et honestatem finis esse Callipho censuit, vacare omni molestia
Hieronymus, hoc idem cum honestate Diodorus, ambo hi Peripatetici. honeste autem vivere fruentem rebus iis, quas primas
homini natura conciliet, et vetus Academia censuit, ut indicant
scripta Polemonis, quem Antiochus probat maxime, et Aristote-
15 les eiusque amici huc proxime videntur accedere. introducebat
etiam Carneades (non quo probaret, sed ut opponeret Stoicis)
summum bonum esse frui rebus, quas primas natura conciliavis-
set. honeste autem vivere, quod ducatur a conciliatione naturae,
Zeno statuit finem esse bonorum, qui inventor et princeps Stoi-
20 corum fuit. [132] iam illud perspicuum est, omnibus eis finibus
bonorum, quos exposui, malorum fines esse contrarios.

---

4 nunc *transpos. Lambinus*   8 disciplina *del. A²B²*   15 huc *Ursinus:*
nunc *codd.*   18 honeste *Davies:* honesta *A¹B¹*   honestum *A²B²*   vivere
Davies: videre *B¹*   videtur *AB*

höchste Gute darin, sich im Bereich dieser Dinge nach keiner der beiden Seiten bewegen zu lassen — er selbst braucht dafür den Begriff ›Indifferenz‹ ($\dot{\alpha}\delta\iota\alpha\varphi o\rho\iota\alpha$). Pyrrhon[412] anderseits lehrt, daß der Weise diese Dinge nicht einmal ›empfinde‹, und spricht darum von ›Empfindungslosigkeit‹ ($\dot{\alpha}\pi\dot{\alpha}\theta\epsilon\iota\alpha$). Nun, wir lassen diese vielen Lehrmeinungen beiseite und prüfen jetzt lieber, was während langer Zeit und vielfach vertreten worden ist.

[131] Die einen Philosophen lehrten, daß die Lust das Lebensziel[413] sei. In diesem Sinne äußerte sich zuerst Aristippos, ein ehemaliger Schüler des Sokrates. Ihm folgten die Kyrenaiker, danach Epikur; dessen Lehre ist jetzt bekannter, doch stimmt sie ausgerechnet hinsichtlich der Lust mit den Kyrenaikern nicht überein.[414] Daß Lust und Sittlichkeit[415] als Ziele zu gelten hätten, vertrat Kalliphon;[416] daß es darum gehe, von jeder Beschwerlichkeit frei zu sein, Hieronymos;[417] eben dies in Verbindung mit Sittlichkeit, Diodoros:[418] sie beide waren Peripatetiker. Sittlich zu leben im Genuß der Dinge, für welche die Natur zuerst die Zuneigung des Menschen gewinne,[419] dafür verwandte sich einerseits die Alte Akademie (die Schriften Polemons[420] bezeugen es, und ihn schätzt Antiochos besonders hoch), und anderseits scheinen Aristoteles und seine Anhänger ganz nahe an diesen Standpunkt heranzukommen.[421] Auch Karneades machte geltend[422] (dabei ging es ihm freilich nicht um ein Gutheißen,[423] sondern um den Widerstand gegen die Stoiker), das höchste Gute bestehe darin, daß man die Dinge genieße, für welche die Natur zuerst unsere Zuneigung gewonnen habe.[424] Sittlich zu leben dagegen — dies leite sich von der naturgegebenen Zuneigung her —,[425] legte als äußersten Zielpunkt des Guten Zenon fest,[426] der Erfinder und Gründer der stoischen Lehre. [132] Allen diesen äußersten Zielpunkten des Guten nun, die ich eben dargestellt habe, stehen offenkundig äußerste Zielpunkte des Schlechten gegenüber.[427]

Ad vos nunc refero, quem sequar; modo ne quis illud tam
ineruditum absurdumque respondeat 'quemlubet, modo aliquem': nihil potest dici inconsideratius. cupio sequi Stoicos. licetne — omitto per Aristotelem, meo iudicio in philosophia
5 prope singularem — per ipsum Antiochum? qui appellabatur
Academicus, erat quidem, si perpauca mutavisset, germanissi-
mus Stoicus. erit igitur res iam in discrimine; nam aut Stoicus
constituatur sapiens aut veteris Academiae — utrumque non
potest; est enim inter eos non de terminis sed de tota possessione
10 contentio; nam omnis ratio vitae definitione summi boni continetur: de qua qui dissident, de omni vitae ratione dissident. non
potest igitur uterque esse sapiens, quoniam tanto opere dissenti-
unt, sed alter: si Polemoneus, peccat Stoicus rei falsae adsentiens (vos quidem nihil esse dicitis a sapiente tam alienum [esse]);
15 sin vera sunt Zenonis, eadem in veteres Academicos Peripateti-
cosque dicenda. †hic igitur neutri adsentiens, si numquam, uter
** est prudentior?† [133] quid? cum ipse Antiochus dissentit
quibusdam in rebus ab his, quos amat, Stoicis, nonne indicat
non posse illa probanda esse sapienti? placet Stoicis omnia
20 peccata esse paria; at hoc Antiocho vehementissime displicet.
liceat tandem mihi considerare, utram sententiam sequar. 'prae-

---

13 alter *N*: aliter *AB*   14 vos *Ven.*: nos *N*   num *AB²*   non *B¹*   esse²
del. Asc.²: esse¹ *del. Victorius*   16/17 hic igitur neutri adsentiens si
numquam uter est prudentior *codd.*: hic igitur neutri adsentiens, si
numquam, uter sit sapiens, adparebit, nonne utroque est prudentior *coni.*
Lambinus   adsentieris; ego si *Reitzenstein*   adsentiens turpitudinem
effugies; ego si *coni. Plasberg*

Euch unterbreite ich jetzt die Frage, wem ich mich anschließen soll — wenn mir nur nicht jemand die ebenso ungebildete wie abgeschmackte Antwort erteilt: ›wem du willst, wenn nur überhaupt jemandem‹. Keine Aussage könnte unüberlegter sein. Ich möchte mich also den Stoikern anschließen. Darf ich das — ich sage nicht: mit der Erlaubnis des Aristoteles, eines nach meinem Urteil geradezu einzigartigen Philosophen, sondern — mit der Erlaubnis des Antiochos selbst? Er ließ sich zwar ›Akademiker‹ nennen, war aber — es hätte nur ganz geringfügiger Änderungen bedurft — ein waschechter Stoiker. Also naht sich die Sache jetzt ihrer Entscheidung. Entweder als Stoiker nämlich soll der Weise eingesetzt werden oder als Angehöriger der Alten Akademie; beides zugleich ist nicht möglich. Denn der Streit zwischen ihnen dreht sich nicht um einzelne Grenzsteine, sondern um den ganzen Besitz: schließlich hängt die ganze Auffassung des Lebens von der Definition des höchsten Guten ab, und wer darüber uneins ist, ist über die ganze Auffassung des Lebens uneins. Also können nicht beide zugleich weise sein, da sie in ihren Auffassungen so sehr auseinandergehen, sondern nur einer von den beiden: wenn der Anhänger des Polemon, dann verfehlt sich der Stoiker, indem er einer Sache zustimmt, die falsch ist (dabei behauptet ihr, nichts liege dem Weisen ferner); ist aber wahr, was Zenon lehrt, richtet sich der gleiche Vorwurf notwendigerweise gegen die Alten Akademiker und die Peripatetiker.[428] Was also unsern Weisen da betrifft: ist er, indem er keinem von beiden zustimmt, [nicht] klüger [als beide], wenn denn niemals [zutage tritt], welcher von beiden [weise ist]?[429] [133] Ferner: indem Antiochos selbst in verschiedener Hinsicht anderer Auffassung ist als die von ihm geschätzten Stoiker — gibt er damit nicht zu erkennen, daß der Weise die betreffenden Punkte unmöglich gutheißen darf? Die Stoiker behaupten, alle Verfehlungen seien gleichwertig;[430] dieser Behauptung tritt Antiochos mit größtem Nachdruck entgegen. Da sei es am Ende mir erlaubt zu prüfen,

cide' inquit, 'statue aliquando quidlibet.' quid? quae dicuntur,
quom et acuta mihi videntur in utramque partem et paria, nonne
caveam, ne scelus faciam? scelus enim dicebas esse, Luculle,
dogma prodere; contineo igitur me, ne incognito adsentiar, quod
5 mihi tecum est dogma commune.

[134] Ecce multo maior etiam dissensio. Zeno in una virtute
positam beatam vitam putat. quid Antiochus? 'etiam' inquit
'beatam, sed non beatissimam'. deus ille, qui nihil censuit
deesse virtuti, homuncio hic, qui multa putat praeter virtutem
10 homini partim cara esse partim etiam necessaria. sed ‹et› ille,
vereor, ne virtuti plus tribuat, quam natura patiatur (praesertim
Theophrasto multa diserte copioseque dicente), et hic, metuo, ne
vix sibi constet, qui, cum dicat esse quaedam et corporis et for-
tunae mala, tamen eum, qui in his omnibus sit, beatum fore cen-
15 seat, si sapiens sit. distrahor, tum hoc mihi probabilius tum illud
videtur, et tamen, nisi alterutrum sit, virtutem iacere plane puto.

Verum in his discrepant. [135] quid? illa, in quibus consenti-
unt, num pro veris probare possumus, sapientis animum numquam nec cupiditate moveri nec laetitia ecferri? age haec proba-

---

2 quom *Plasberg (duce Bentley)*: quid *codd.*   10 cara *Ald.*: clara *codd.*
et *add. Plasberg*   17 illa *Monac. 528²*: illud *AB*

welcher Auffassung ich mich anschließen will. ›Mach' es kurz, heißt es dann, und lege dich endlich — nach deinem Belieben — auf irgend etwas fest.‹ Wie? Wenn das, was vorgebracht wird, nach beiden Seiten hin entwickelt mir scharfsinnig und gleichwertig vorkommt: muß ich dann nicht aufpassen, daß ich mich nicht schuldig mache?[431] Du sagtest doch, Lucullus, man mache sich schuldig, wenn man einen Lehrsatz verrate.[432] Also halte ich mich zurück, um nicht etwas Nicht-Erkanntem zuzustimmen: dieser Lehrsatz gilt für uns beide gemeinsam.

[134] Doch schauen wir weiter: die Uneinigkeit ist ja noch viel größer! Zenon glaubt, das glückliche Leben gründe allein auf der Tugend.[433] Und Antiochos? ›Gewiß, sagt er, das glückliche; nicht aber das vollkommen glückliche.‹ Geradezu ein Gott war jener, der sich dazu bekannte, daß der Tugend nichts mangle; ein armseliges Menschlein dagegen, der da glaubt, neben der Tugend sei noch vieles für den Menschen teils wertvoll, teils sogar notwendig. Allerdings habe ich das ungute Gefühl, daß Zenon die Tugend stärker belastet, als die Natur es zuläßt[434] (insbesondere Theophrast[435] bringt diesbezüglich vieles vor, ebenso beredt wie ausführlich). Antiochos anderseits, fürchte ich, widerspricht sich selbst; denn während er behauptet, es gebe gewisse Übel des Körpers und der äußeren Umstände, hält er dafür, daß man inmitten aller dieser Übel trotzdem glücklich sein werde, wenn man weise sei.[436] Da fühle ich mich dann hin- und hergerissen: bald kommt mir dies, bald jenes glaubhafter vor;[437] und doch hat zu gelten: wenn nicht das eine oder das andere der Fall ist,[438] liegt die Tugend restlos am Boden.

Nun, das ist es, worüber sie miteinander im Streit liegen. [135] Indes: dürfen wir die Auffassungen, über die sie sich einig sind, einfach gutheißen, wie wenn sie wahr wären? — daß nämlich der Geist des Weisen sich niemals durch eine Begierde in Bewegung versetzen und niemals durch Freude hinreißen läßt.[439] Wohlan, dies mag durchaus glaubhaft sein;

bilia sane sint; num etiam illa, numquam timere, numquam do-
lere? sapiensne non timeat, ne[c si] patria deleatur, non doleat, si
deleta sit? durum, sed Zenoni necessarium, cui praeter honestum
nihil est in bonis, tibi vero, Antioche, minime, cui praeter ho-
5 nestatem multa bona, praeter turpitudinem multa mala videntur,
quae et venientia metuat sapiens necesse est et venisse doleat.
sed quaero, quando ista fuerint Academia‹e› veteri inculcata, ut
animum sapientis commoveri et conturbari negarent: mediocrita-
tes illi probabant et in omni permotione naturalem volebant esse
10 quendam modum. legimus omnes Crantoris, veteris Academici,
de luctu; est enim non magnus verum aureolus et, ut Tuberoni
Panaetius praecipit, ad verbum ediscendus libellus. atque illi
quidem etiam utiliter a natura dicebant permotiones istas animis
nostris datas, metum cavendi causa, misericordiam aegritudi-
15 nemque clementiae; ipsam iracundiam fortitudinis quasi cotem
esse dicebant (recte secusne, alias viderimus); [136] atrocitas
quidem ista tua quo modo in veterem Academiam inruperit,
nescio.

   Illa vero ferre non possum — non quo mihi displiceant (sunt
20 enim Socratica pleraque mirabilia Stoicorum, quae παράδοξα
nominantur); sed ubi Xenocrates, ubi Aristoteles ista tetigit (hos

---

2 ne *Davies*: nec si *codd.*   2/3 si deleta sit *N*: si del(a)etatis A^1B^1 7
Academiae veteri inculcata *Schäublin*: Academia vetere dunttia *AB*   dicta *N*
decreta F^2 dictata *Halm*   21 hos *Monac. 528²*: hoc *AB*

tatsächlich aber auch das folgende: daß der Weise niemals Furcht, niemals Schmerz empfindet? Fürchtet sich der Weise wohl nicht davor, daß seine Vaterstadt zerstört werde, und empfindet er keinen Schmerz, wenn sie zerstört ist?[440] Das klingt hart, stellt aber für Zenon eine Notwendigkeit dar; denn außer dem Sittlichen rechnet er nichts den Gütern zu. Für dich jedoch, Antiochos, handelt es sich keineswegs um eine Notwendigkeit; denn außer der Sittlichkeit hältst du vieles für gut, außer der Unsittlichkeit vieles für schlecht — und davor muß der Weise sich fürchten, während es naht, und er muß darüber Schmerz empfinden, wenn es da ist. Nun möchte ich allerdings wissen, wann eigentlich der Alten Akademie die Meinung aufgezwungen worden ist,[441] daß der Geist des Weisen sich nicht erregen noch verwirren lasse. Denn dort hieß man doch die mittleren Wege[442] gut und machte geltend, daß zu jeder Gemütsbewegung so etwas wie ein natürliches Maß gehöre. Alle haben wir diesbezüglich die Schrift Krantors, des Alten Akademikers, ›Über die Trauer‹ gelesen.[443] Das Büchlein ist ja nicht groß, aber gleichsam golden, und man müßte es — wie Panaitios dem Tubero empfiehlt — wortwörtlich auswendig lernen. Überdies lehrten die Alten Akademiker, daß die Natur den menschlichen Geist sogar zu seinem Nutzen mit den erwähnten Gemütsbewegungen ausgestattet habe: mit Furcht um der Vorsicht, mit Erbarmen und Betrübnis um der Milde willen; und eben der Jähzorn, pflegten sie zu sagen, diene gleichsam als Wetzstein der Tapferkeit (ob zu Recht oder nicht, werden wir bei anderer Gelegenheit betrachten).[444] [136] Auf jeden Fall weiß ich nicht, wie die von dir vertretene unmenschliche Härte in die Alte Akademie eingebrochen ist.[445]

Überhaupt nicht abfinden aber kann ich mich mit dem folgenden — nicht freilich deswegen, weil ich es für restlos abwegig hielte, denn fast alle die widersinnig anmutenden Aussagen der Stoiker (man nennt sie *paradoxa*)[446] lassen sich auf Sokrates zurückführen:[447] wo indes haben Xenokrates oder

enim quasi eosdem esse vultis)? illi umquam dicerent sapientes
solos reges, solos divites, solos formosos? omnia, quae ubique
essent, sapientis esse? neminem consulem praetorem imperato-
rem, nescio an ne quinquevirum quidem quemquam nisi sapien-
5 tem? postremo solum civem, solum liberum, insipientes omnes
peregrinos exules servos, furiosos denique? scripta Lycurgi,
Solonis, duodecim tabulas nostras non esse leges, ne urbis
quidem aut civitatis, nisi quae essent sapientium? [137] haec
tibi, Luculle, si es adsensus Antiocho, familiari tuo, tam sunt
10 defendenda quam moenia, mihi autem bono modo tantum,
quantum videbitur. legi apud Clitomachum, cum Carneades et
Stoicus Diogenes ad senatum in Capitolio starent, A. Albinum,
qui tum P. Scipione et M. Marcello consulibus praetor esset,
(eum, qui cum avo tuo, Luculle, consul fuit, doctum sane homi-
15 nem, ut indicat ipsius historia scripta Graece) iocantem dixisse
Carneadi: 'ego tibi, Carneade, praetor esse non videor [quia sapiens non sum] nec haec urbs nec in ea civitas?'; tum ille: 'huic
Stoico non videris.' Aristoteles aut Xenocrates, quos Antiochus
sequi volebat, non dubitavisset, quin et praetor ille esset et
20 Roma urbs et eam civitas incoleret; sed ille noster est plane, ut
supra dixi, Stoicus perpauca balbutiens.

8 quidem *Manutius*: denique *codd.*   16/17 quia ... sum *del. Halm, alii*
21 perpauca Academica *dubitanter coni. Plasberg*

Aristoteles sie auch nur angerührt? (Von diesen beiden nehmt ihr an, sie seien gewissermaßen austauschbar.)[448] Hätten also Xenokrates oder Aristoteles jemals behauptet, allein die Weisen seien Könige, allein sie seien reich, allein sie seien schön? Alles, was es auf der Welt gebe, gehöre dem Weisen? Außer dem Weisen könne niemand Konsul, Prätor, Feldherr oder auch nur Angehöriger des Kollegiums der Fünfmänner sein? Schließlich: nur er sei Bürger, nur er sei frei? Alle Nicht-Weisen dagegen seien Nicht-Bürger, Verbannte, Sklaven — ja Wahnsinnige? Die Aufzeichnungen Lykurgs oder Solons, ferner unsere Zwölftafeln enthielten keine Gesetze? Sogar als Städte oder Bürgerschaften hätten nur die zu gelten, die aus Weisen bestünden? [137] Hast du, Lucullus, deinem Freund Antiochos zugestimmt, so mußt du diese Behauptungen ebenso verteidigen wie die Mauern der Stadt; ich aber — mit dem rechten Maß — nur gerade so weit, wie es mir gut scheint. Bei Kleitomachos habe ich die folgende Geschichte gelesen: Als Karneades und der Stoiker Diogenes auf dem Kapitol sich bereit hielten, vor dem Senat aufzutreten,[449] sagte A. Albinus (er war damals, im Konsulatsjahr des P. Scipio und des M. Marcellus, eben Prätor und wurde später, Lucullus, zusammen mit deinem Großvater Konsul: ein überaus gelehrter Mann, wie das von ihm auf griechisch verfaßte Geschichtswerk zu erkennen gibt) — dieser Albinus also sagte im Scherz zu Karneades: ›Tatsächlich, Karneades, ich scheine dir kein Prätor zu sein, und dies scheint dir keine Stadt zu sein und darin keine Bürgerschaft zu wohnen?‹ Darauf jener: ›Diesem da, dem Stoiker, scheinst du es nicht zu sein.‹[450] Ihrerseits hätten Aristoteles oder Xenokrates, zu deren Gefolge Antiochos gehören wollte, nicht daran gezweifelt, daß Albinus ein Prätor sei und Rom eine Stadt, bewohnt von einer Bürgerschaft; unser Antiochos dagegen ist, wie gesagt, durchaus ein Stoiker und gerät nur ganz vereinzelt in ein gewisses Stammeln.[451]

[138] Vos autem mihi verenti, ne labar ad opinionem et aliquid adsciscam et conprobem incognitum, quod minime vultis,
quid consilii datis? testatur saepe Chrysippus tris solas esse
sententias, quae defendi possint, de finibus bonorum; circum-
5 cidit et amputat multitudinem. aut enim honestatem esse finem
aut voluptatem aut utrum‹que›. nam qui summum bonum dicant
id esse, si vacemus omni molestia, eos invidiosum nomen voluptatis fugere, sed in vicinitate versari; quod facere eos etiam,
qui illud idem cum honestate coniungerent, nec multo secus eos,
10 qui ad honestatem prima naturae commoda adiungerent. ita tris
relinquit sententias, quas putet probabiliter posse defendi. [139]
sit sane ita — quamquam a Polemonis et Peripateticorum et
Antiochi finibus non facile divellor nec quicquam habeo adhuc
probabilius. verum tamen video, quam suaviter voluptas sensi-
15 bus nostris blandiatur; labor eo, ut adsentiar Epicuro aut
Aristippo: revocat virtus vel potius reprendit manu; pecudum illos motus esse dicit, hominem iungi[t] deo. possum esse me-
dius, ut, quoniam Aristippus, quasi animum nullum habeamus,
corpus solum tuetur, Zeno, quasi corporis simus expertes, ani-
20 mum solum conplectitur — ut Calliphontem sequar (cuius
quidem sententiam Carneades ita studiose defensitabat, ut eam
probare etiam videretur; quamquam Clitomachus adfirmabat
numquam se intellegere potuisse, quid Carneadi probaretur); sed

---

1 verenti *Christ*: veremi *B¹*   veremini *A²B²*   3 tris *NF²*: ty *A*   tis *B*
4 quae *F²*: qua *AB*   finibus *F²*: finitis *AB*   6 que *add. A²*   15 labor eo
Gruter: labore *A¹B¹*   laboro *A²B²*   17 iungi *Davies*: iungit *codd.*

[138] Nun befürchte ich aber, ich könnte zu einer Meinung abgleiten und mir etwas aneignen und etwas gutheißen, das nicht erkannt ist (wogegen ihr euch mit Nachdruck wendet): was erteilt ihr mir da für einen Rat? Chrysipp bezeugt häufig, daß es nur drei Auffassungen von den äußersten Zielpunkten des Guten gebe, die eine Verteidigung zuließen — das heißt: er beschneidet die Vielzahl und stutzt sie zurück.[452] Entweder habe als Zielpunkt die Sittlichkeit[453] zu gelten, oder die Lust, oder beide zugleich. Wer behaupte, das höchste Gute bestehe darin, daß wir von jeder Beschwerlichkeit frei seien, vermeide den anstößigen Begriff ›Lust‹, suche aber dessen Nähe; genau so verhielten sich auch die, welche die nämliche Vorstellung mit der Sittlichkeit verbänden, und nicht viel anders die, welche zur Sittlichkeit noch die ersten Annehmlichkeiten der Natur hinzufügten. So läßt er denn eben die drei Auffassungen übrig, von denen er glaubt, sie allein könnten mit einer gewissen Glaubhaftigkeit verteidigt werden. [139] Damit mag er recht haben — trotzdem: ich lasse mich nicht so leicht von den Zielpunkten eines Polemon, der Peripatetiker, des Antiochos losreißen und verfüge immer noch über nichts, was glaubhafter wäre. Anderseits sehe ich natürlich, wie verführerisch die Lust unseren Sinnen schmeichelt: ich gerate ins Gleiten und möchte Epikur und Aristippos zustimmen. Dann aber ruft mich die Tugend zurück, oder vielmehr: sie hält mich mit ihrer Hand zurück und sagt, solche Regungen gehörten auf die Stufe der Tiere, der Mensch aber verbinde sich mit Gott.[454] Da könnte ich nun eine mittlere Position einnehmen, das heißt: während Aristippos, als hätten wir keinen Geist, allein den Körper gelten läßt, Zenon aber, als entbehrten wir des Körpers, allein am Geist festhält, könnte ich mich Kalliphon anschließen.[455] (In der Tat pflegte Karneades dessen Auffassung mit solchem Eifer zu verteidigen,[456] daß der Eindruck entstand, er heiße sie sogar gut.[457] Kleitomachos freilich versicherte mehrfach, er habe nie zu durchschauen vermocht, was Karneades wirklich gutheiß.)

si eum ipsum finem velim sequi, nonne ipsa severitas et gravitas
et recta ratio mihi obversetur: 'tune, cum honestas in voluptate
contemnenda consistat, honestatem cum voluptate tamquam
hominem cum belua copulabis?'

5 [140] Unum igitur par, quod depugnet, relicum est, voluptas
cum honestate; de quo Chrysippo sunt, quantum ego sentio, non
** magna contentio. alteram si sequare, multa ruunt et maxime
communitas cum hominum genere, caritas amicitia iustitia reli-
quae virtutes, quarum esse nulla potest, nisi erit gratuita; nam
10 quae voluptate quasi mercede aliqua ad officium inpellitur, ea
non est virtus, sed fallax imitatio simulatioque virtutis. audi
contra illos, qui nomen honestatis a se ne intellegi quidem dicant
(nisi forte, quod gloriosum sit in volgus, id honestum velimus
dicere): fontem omnium bonorum in corpore esse, hanc nor-
15 mam, hanc regulam, hanc praescriptionem esse naturae: a qua
qui aberravisset, eum numquam, quid in vita sequeretur, habi-
turum. [141] nihil igitur me putatis, haec et alia innumerabilia
cum audiam, moveri? tam moveor quam tu, Luculle, nec me minus hominem quam ‹te› putaveris; tantum interest, quod tu, cum
20 es commotus, adsciscis adsentiris adprobas, verum illud certum
conprehensum perceptum ratum firmum fixum [fuisse] vis de-

---

1 si eum *Plasberg*: sicut A^1B^1 si A^2B^2 gravitas *Plasberg*: gravis *codd.*
2 tune *Reid*: tum *codd.*   6 Chrysippo sunt A^1: chrysippusiviit B^1
chrysippo fuit A^2B^2 6/7 non pauca acute disputata estque inter illas *coni.*
Plasberg   19 te *add. NF*^{2} 20 asciscis *N*: adscriscis A^1B^1 adquiescis
A^2B^2 21 fuisse *del. Halm*

Indes, wenn ich mich nun eben nach dem Zielpunkt des Kalliphon ausrichten wollte, würden mir dann nicht die Strenge in eigener Person und der Ernst und aufrechtes Denken vor Augen treten und sagen: ›Du also willst, während die Sittlichkeit doch auf der Geringschätzung der Lust beruht, die Sittlichkeit mit der Lust paaren — gleichsam den Menschen mit dem Tier?‹[458]

[140] Also bleibt nur gerade ein Paar übrig, das den Kampf bis zum Ende ausficht: die Lust zusammen mit der Sittlichkeit.[459] Darüber hat Chrysipp, soweit ich feststellen kann, nicht [...] eine große Auseinandersetzung.[460] Schließt man sich nun jener an,[461] so bricht vieles zusammen, zumal die Gemeinschaft mit dem Menschengeschlecht, Liebe, Freundschaft, Gerechtigkeit und die übrigen Tugenden, von denen keine bestehen kann, es sei denn um ihrer selbst willen; denn wo von der Lust — gleichsam als ihrem Lohn — der Anstoß zu angemessenem Verhalten ausgeht, dort ist nicht die Tugend am Werk, sondern ein trügerisches Ab- und Scheinbild der Tugend.[462] Vernimm dagegen jene, die von sich behaupten,[463] sie verstünden nicht einmal, was mit dem Begriff ›Sittlichkeit‹ gemeint sei (wenn wir nicht allenfalls das als ›sittlich‹ ausgeben wollten, was in der Öffentlichkeit Ruhm eintrage); die Quelle aller Güter liege im Körper; dieser bilde die Richtschnur und den Maßstab; durch ihn erlasse die Natur ihre Vorschriften, und wer davon abweiche, werde nie wissen, wonach er sich in seinem Leben zu richten habe. [141] Und dann glaubt ihr also, daß nichts bei mir bewirkt wird, wenn ich mir dies und unzählig viel anderes anhöre? Ich verspüre die Wirkung ebenso wie du, Lucullus: halte mich nicht in geringerem Maße für einen Menschen als dich selbst! Der einzige Unterschied besteht darin, daß du — infolge der genannten Einwirkung — die betreffende Sache dir aneignest, ihr zustimmst, sie gutheißest; daß du darauf bestehst, sie sei wahr, gewiß, begriffen, erfaßt, gültig, fest, gesichert; und daß es nicht möglich ist, dich mit irgendwelchen Vernunft-

que eo nulla ratione neque pelli neque moveri potes, ego nihil
eius modi esse arbitror, cui, si ‹vero semel› adsensus sim, non
adsentiar saepe falso, quoniam vera a falsis nullo [insin] discrimine separantur, praesertim cum iudicia ista dialecticae nulla
5 sint.

[142] Venio enim iam ad tertiam partem philosophiae. aliud
iudicium Protagorae est, qui putet id cuique verum esse, quod
cuique videatur, aliud Cyrenaicorum, qui praeter permotiones
intumas nihil putant esse iudicii, aliud Epicuri, qui omne iudi-
10 cium in sensibus et in rerum notitiis et in voluptate constituit;
Plato autem omne iudicium veritatis veritatemque ipsam abduc-
tam ab opinionibus et a sensibus cogitationis ipsius et mentis
esse voluit. [143] num quid horum probat noster Antiochus? ille
vero ne maiorum quidem suorum! ubi enim aut Xenocraten se-
15 quitur, cuius libri sunt de ratione loquendi multi et multum pro-
bati, aut ipsum Aristotelem, quo profecto nihil est acutius, nihil
politius? a Chrysippo pedem nusquam. qui ergo Academici ap-
pellamur (an abutimur gloria nominis?) aut cur cogimur eos sequi, qui inter se dissident? in hoc ipso, quod in elementis dialec-
20 tici docent, quo modo iudicare oporteat, verum falsumne sit, si
quid ita conexum est ut hoc 'si dies est, lucet', quanta contentio

---

2 vero semel *add. Schäublin, Mus. Helv. 50,1993,162sq.*   3 insin *del.*
A²B²: visi *Plasberg*   14 aut *N*: et *AB, omis. Ven.*   17 nusquam
Davies: numquam *codd.*

gründen davon abzubringen oder wegzubewegen.[464] Nach meiner Überzeugung dagegen gibt es nichts von der Art, daß ich ihm — auch wenn ich ihm einmal als einem Wahren zugestimmt haben sollte — nicht häufig als einem Falschen zustimme;[465] ist es doch so: Wahres und Falsches lassen sich aufgrund keines Unterschieds auseinanderhalten, zumal da die ›Unterscheidungen‹, die ihr angeblich der Dialektik verdankt, hinfällig sind.[466]

[142] Denn jetzt gelange ich zum dritten Bereich der Philosophie. Da macht seine eigene Unterscheidung[467] Protagoras geltend, indem er glaubt, das sei für jeden wahr, was einem jeden ›erscheine‹; eine andere die Kyrenaiker, die glauben, außer den innersten Regungen trage nichts zur Unterscheidung bei; und nochmals eine andere Epikur, der die Unterscheidung insgesamt in die Sinne verlegt und in die Vorstellungen von den Dingen[468] und in die Lust. Platon anderseits bestand darauf, daß die Unterscheidung der Wahrheit insgesamt und auch die Wahrheit selbst von den Meinungen und den Sinnen losgelöst seien und dem Denken selbst und dem Geist zugehörten.[469] [143] Und unser Antiochos? Heißt er wohl etwas von dem gut, was die Genannten vertreten haben? Nein, nicht einmal das, was seine eigenen Vorfahren! Wo nämlich schließt er sich dem Xenokrates an (von ihm gibt es viele Bücher über die Logik,[470] die man weithin gutheißt) oder gar dem Aristoteles, der doch in der Tat alles an Scharfsinn und Ausgefeiltheit übertrifft? Von Chrysipp dagegen weicht er nirgends auch nur einen Fußbreit ab.[471] Mit welchem Recht also lassen wir uns ›Akademiker‹ nennen?[472] — (treiben wir gar Mißbrauch mit dem ruhmvollen Namen?) Oder weswegen stehen wir unter dem Zwang, uns denen anzuschließen, die untereinander uneins sind?[473] Nehmen wir doch gerade das als Beispiel, was die Dialektiker im Grundlagenunterricht vermitteln: wie man nämlich entscheiden soll, ob eine Verknüpfung von der Art ›wenn es Tag ist, ist es hell‹ wahr oder falsch ist — was herrscht darüber für ein Streit!

est: aliter Diodoro, aliter Philoni, Chrysippo aliter placet. quid?
cum Cleanthe, doctore suo, quam multis rebus Chrysippus dis-
sidet. quid? duo vel principes dialecticorum Antipater et
Archidemus, spinosissimi homines, nonne multis in rebus dis-
5 sentiunt?

[144] Quid me igitur, Luculle, in invidiam et tamquam in
contionem vocas et quidem, ut seditiosi tribuni solent, occludi
tabernas iubes? quo enim spectat illud, cum artificia tolli quereris
a nobis, nisi ut opifices concitentur? qui si undique omnes con-
10 venerint, facile contra vos incitabuntur. expromam primum illa
invidiosa, quod eos omnes, qui in contione stabunt, exules servos insanos esse dicatis. deinde ad illa veniam, quae iam non ad
multitudinem sed ad vosmet ipsos, qui adestis, pertinent. negat
enim vos Zeno, negat Antiochus scire quicquam. 'quo modo?'
15 inquies; 'nos enim defendimus etiam insipientem multa conprendere.' [145] at scire negatis quemquam rem ullam nisi sapientem. et hoc quidem Zeno gestu conficiebat. nam cum extensis
digitis adversam manum ostenderat, 'visum' inquiebat 'huius
modi est'; dein, cum paulum digitos contraxerat, 'adsensus
20 huius modi'; tum, cum plane conpresserat pugnumque fecerat,
conprensionem illam esse dicebat (qua ex similitudine etiam nomen ei rei, quod ante non fuerat, κατάλημψιν imposuit); cum
autem laevam manum admoverat et illum pugnum arte vehemen-

---

4 spinosissimi *C.F. Hermann*: opinosis(s)imi *A*   opinosissimihi *B*   11
contione *Rom.*: contentione *A*   contemptione *B*   19 contraxerat
Victorius: contexerat *A*   conxerat *B*

Seine eigene Ansicht vertritt Diodor, eine andere Philon, nochmals eine andere Chrysipp. Ferner: in wievielen Punkten weicht Chrysipp von seinem Lehrer Kleanthes[474] ab! Ferner: Antipater und Archidemos,[475] nun wirklich zwei führende Dialektiker, überaus scharf denkende Männer — sind sie nicht in vielen Punkten verschiedener Auffassung?

[144] Weshalb also, Lucullus, willst du mich in Verruf bringen, zitierst mich gleichsam vor eine Volksversammlung und verfügst (wie das aufrührerische Tribunen zu tun pflegen), daß die Verkaufsbuden geschlossen werden müßten? Worauf zielt deine Klage, wir schafften die Kunstfertigkeiten aus der Welt?[476] Doch wohl darauf, die Künstler und Handwerker in Aufruhr zu versetzen! Allerdings: kommen sie alle von überall her zusammen, so werden sie sich umgekehrt leicht gegen euch aufstacheln lassen. Zuerst einmal werde ich dann darlegen (und es wird euch in Verruf bringen!), daß ihr allen, die an der Volksversammlung teilnehmen, nachsagt, sie seien Verbannte, Sklaven, Wahnsinnige[477]. Darauf werde ich mich Gesichtspunkten zuwenden, die nun nichts mehr mit der Menge zu tun haben,[478] sondern mit euch selbst, die ihr anwesend seid. Es bestreitet nämlich Zenon, es bestreitet Antiochos, daß ihr irgend etwas wißt. ›Wie denn?‹, wirst du einwenden, ›gerade wir treten doch dafür ein, daß sogar der Nicht-Weise vieles begreift.‹[479] [145] Aber ihr bestreitet eben, daß außer dem Weisen irgend jemand irgend etwas weiß. Und tatsächlich pflegte Zenon diesen Sachverhalt mit einem Gestus[480] darzustellen: Zuerst hielt er dem Gegenüber die Rechte mit ausgestreckten Fingern hin und sagte: ›Eine Erscheinung muß man sich so vorstellen.‹ Darauf zog er die Finger ein bißchen zusammen und sagte: ›Die Zustimmung so.‹ In der Folge drückte er sie ganz zusammen, machte eine Faust und erklärte, dies stelle das ›Begreifen‹ dar (von diesem Vergleich leitete er auch den bislang ungebräuchlichen Begriff für die Sache her: κατάληψις). Schließlich legte er die linke Hand daran, drückte damit die

terque conpresserat, scientiam talem esse dicebat: cuius compo-
tem nisi sapientem esse neminem. sed qui sapiens sit aut fuerit,
ne ipsi quidem solent dicere. ita tu nunc, Catule, lucere nescis,
nec tu, Hortensi, in tua villa nos esse.

5   [146] Num minus haec invidiose dicuntur? nec tamen nimis
eleganter; illa subtilius. sed quo modo tu, si conprendi nihil posset, artificia concidere dicebas nec mihi dabas id, quod probabile
esset, satis magnam vim habere ad artes, sic ego nunc tibi refero
artem sine scientia esse non posse. an pateretur hoc Zeuxis aut
10 Phidias aut Polyclitus, nihil se scire, cum in iis esset tanta sollertia? quod si eos docuisset aliquis, quam vim habere diceretur
scientia, desinerent irasci; ne nobis quidem suscenserent, cum
didicissent id tollere nos, quod nusquam esset, quod autem satis
esset ipsis, relinquere. quam rationem maiorum etiam conprobat
15 diligentia, qui primum iurare ex sui animi sententia quemque voluerunt, deinde ita teneri, si sciens falleret, quod inscientia multa
versaretur in vita; tum, qui testimonium diceret, ut arbitrari se
diceret, etiam quod ipse vidisset, quaeque iurati iudices cogno-
vissent, ut ea non aut esse ‹aut non esse› facta sed ut videri
20 pronuntiarentur.

18 quaeque *N*: quaque *AB*   19 aut non esse *add. Plasberg*

erwähnte Faust eng und kräftig zusammen und führte aus, so sei das ›Wissen‹: allein der Weise aber könne es erlangen. Indes, wer tatsächlich weise ist oder gewesen ist, pflegen nicht einmal sie selbst anzugeben. Und so[481] weißt weder du, Catulus, daß es hell ist, noch du, Hortensius, daß wir uns in deiner Villa aufhalten.

[146] Nun, bringen euch diese Äußerungen etwa weniger in Verruf? Sie wirken freilich nicht besonders geistreich; das zuvor Gesagte wird der Sache besser gerecht.[482] Indes, so wie du behauptet hast, daß die Kunstfertigkeiten zusammenbrechen müßten, wenn man nichts begreifen könne, und mir nicht einräumen wolltest, daß das Glaubhafte stark genug sei, den Künsten als Grundlage zu dienen: ebenso entgegne ich dir nun, daß es Kunst ohne Wissen nicht geben kann.[483] Oder würden sich Zeuxis oder Pheidias oder Polykleitos damit wohl abfinden können: daß sie nichts wüßten, obwohl sie doch über ein solches Kunstgeschick verfügten? Freilich, brächte ihnen jemand bei, welchen Anforderungen das ›Wissen‹ angeblich zu genügen hat, so ließen sie von ihrem Zorn ab. Aber auch über uns empörten sie sich nicht, wenn sie vernähmen, daß wir ja nur das beseitigen, was es ohnehin nirgends gibt, und daß wir ihnen das durchaus zugestehen, was für ihre Zwecke ausreicht. Diese Denkweise bestätigen mit ihrer Umsicht auch unsere Vorfahren: sie verlangten nämlich zunächst einmal, daß jeder seinen Eid leiste ›aus ehrlicher Überzeugung‹, daß er dann aber nur insofern gebunden sei, als er wissentlich eine Täuschung begehe — denn viel Unwissenheit mache sich im menschlichen Leben breit. Schließlich durfte, wer ein Zeugnis ablegte, nur sagen ›er glaube‹, selbst bezüglich eines Sachverhalts, der ihm aus eigener Anschauung vertraut war; und worauf die Richter unter Eid erkannten, darüber durfte ihr Spruch nicht lauten, es sei geschehen oder nicht geschehen, sondern nur ›ihnen scheine es so‹.

[147] Verum quoniam non solum nauta significat, sed etiam
favonius ipse insusurrat navigandi nobis, Luculle, tempus esse,
et quoniam satis multa dixi, sit mihi perorandum. posthac tamen, cum haec [tamen] quaeremus, potius de dissensionibus
5 tantis summorum virorum disseramus, ‹de› obscuritate naturae
deque errore tot philosophorum (qui de [in] bonis contrariisque
rebus tanto opere discrepant, ut, cum plus uno verum esse non
possit, iacere necesse sit tot tam nobiles disciplinas) quam de
oculorum sensuumque reliquorum mendaciis et de sorite aut
10 pseudomeno, quas plagas ipsi contra se Stoici texuerunt.'

[148] Tum Lucullus 'non moleste' inquit 'fero nos haec
contulisse. saepius enim congredientes nos, et maxume in
Tusculanis nostris, si quae videbuntur, requiremus.' — 'optu-
me' inquam, 'sed quid Catulus sentit, quid Hortensius?' tum
15 Catulus 'egone?' inquit, 'ad patris revolvor sententiam, quam
quidem ille Carneadeam esse dicebat, ut percipi nihil putem
posse, adsensurum autem non percepto, id est opinaturum,
sapientem existumem, sed ita, ut intellegat se opinari sciatque
nihil esse, quod conprehendi et percipi possit. ergo epochen
20 illam omnium rerum conprobans illi alteri sententiae [nihil esse
quod percipi possit] vehementer adsentior.' — 'habeo' inquam
'sententiam tuam nec eam admodum aspernor. sed tibi quid tan-

---

4 tamen *del. A²B²*: iterum *coni. Plasberg*　　　5 de *add. NF²*　　6 in *del. B²*
18 intelligat se *N*: intelligentes *A¹B¹*　　intelligentis *A²B²*　　19 ergo
Schäublin: per *codd.*　　quare *Manutius*　　20/21 nihil ... possit *del.*
Schäublin, Mus. Helv. 50,1993,163sqq.

[147] Nun, der Bootsknecht gibt Zeichen, und der Westwind selbst säuselt uns zu, Lucullus, daß die Zeit zum Aufbruch gekommen ist; und da ich überdies ausführlich genug gesprochen habe, muß ich jetzt wohl zum Schluß gelangen. Ein nächstes Mal freilich, wenn wir uns mit solchen Fragen befassen, sollten wir uns eher über die beträchtlichen Meinungsverschiedenheiten zwischen hervorragendsten Männern unterhalten, über die Dunkelheit, welche über die Natur gebreitet ist, und über das nichtige Bemühen so vieler Philosophen (sie sind hinsichtlich der Güter und dessen, was diesen entgegengesetzt ist, so sehr untereinander zerstritten, daß notwendigerweise — da nicht mehr als nur gerade Eines wahr sein kann — sehr viele und sehr angesehene Lehren wie zerschellt am Boden liegen): darüber also sollten wir uns eher unterhalten als über die ›Lügen‹ der Augen und der übrigen Sinne, über den Sorites und den ›Pseudomenos‹ — Netze, welche die Stoiker gegen sich selbst geknüpft haben.«[484]

[148] Darauf erwiderte Lucullus: »Ich bin es zufrieden, daß wir diesen Gedankenaustausch gepflegt haben. Noch öfter werden wir ja zusammenkommen, zumal auf unsern Gütern bei Tusculum, und den Fragen, wie sie sich uns eben stellen, auf den Grund zu gehen versuchen.« — »Sehr gut,« sagte ich, »doch was denkt Catulus, was denkt Hortensius?« — Darauf sagte Catulus: »Ich? Ich bleibe bei der Auffassung meines Vaters, von der er zu behaupten pflegte, es sei die des Karneades.[485] Also: ich glaube, daß nichts erfaßt werden kann, denke aber, daß der Weise seine Zustimmung zu Nicht-Erfaßtem geben, und das heißt: daß er Meinungen hegen wird. Dies tut er freilich so, daß er sich seines Meinens bewußt ist und weiß, daß es nichts gibt, was begriffen und erfaßt werden kann[486]. Während ich also jene ›Epochê‹, die ausnahmslos gilt, gutheiße, stimme ich mit Nachdruck der erwähnten zweiten Auffassung zu.«[487] — »Nun, das ist deine Auffassung,« sagte ich, »und dagegen habe ich eigentlich nicht viel einzuwenden.

dem videtur, Hortensi?' tum ille ridens 'tollendum'. — 'teneo te' inquam; 'nam ista Academiae est propria sententia.'

Ita sermone confecto Catulus remansit, nos ad naviculas nostras descendimus.

Doch was denkst am Ende du, Hortensius?« — Er antwortete lachend: »Heben!«[488] — »Habe ich dich,« sagte ich, »denn eben diese Auffassung ist der Akademie eigen.«

So beendeten wir das Gespräch; Catulus blieb zurück[489], während wir andern zu unsern Booten hinunterstiegen.

KOMMENTIERENDE ANMERKUNGEN*

[1]Der Ausdruck *videri* wird hier in seiner technischen Bedeutung verwendet; in dieser Verwendung bedeutet er, negativ, daß die jeweilige Auffassung ohne Wissensanspruch vertreten wird, positiv, daß der Akademiker eine Neigung hat, die entsprechende Aussage für wahr zu halten (siehe unten, Anm. 4). Zur technischen Verwendung von *videri* vgl. auch § 105 und 146.

[2]Hinter dieser Charakterisierung verbirgt sich das sokratisch-platonische Ideal philosophischen Tuns. Ob die Akademiker an diesem Ideal festhalten konnten, ist eine schwierige Frage, die sich wohl nur relativ auf die jeweilige Einschätzung einzelner, hier relevanter Denker entscheiden läßt. Für jemanden wie Philon, der seine skeptische Position vielleicht ausschließlich als defensive Strategie gegen jene Wahrheitsansprüche verstand, die die Stoiker vertraten, und ansonsten eine Position des gesunden Menschenverstandes propagiert haben mochte (vgl. Anm. 323 zu § 112), würde dieses Ideal der Wahrheitssuche eher eine realistische Option darstellen als für Karneades, der sinngemäß gegen alle tatsächlichen oder möglichen Positionen argumentierte und damit in die Nähe eines negativen Dogmatismus zu geraten droht. — Ciceros Haltung ist sicher nicht klar. Doch wäre es taktisch gesehen alles andere als klug, die Akademie als Schule zu portraitieren, die auf die Frage nach der Wahrheit verzichtet bzw. nur der Vermeidung des Irrtums (§ 68) verpflichtet ist.

[3]Ciceros Erläuterung (vgl. *Tusc. Disp.* 2, 9) seines Vorgehens entspricht offenbar dem Selbstverständnis der Akademiker überhaupt. Dies läßt sich aus einer Bemerkung bei Plutarch erschließen: die Akademiker versprechen sich »allein oder am ehesten« von diesem Vorgehen, »daß die Wahrheit ein Erfassen [κατάληψις] ihrer selbst gewähre«, falls es etwas gibt, was erfaßt werden kann (*De Stoic. Rep.* 1037 C); aus dem nämlichen Kontext geht auch hervor, daß das Verfahren selbst keineswegs nur zum Zwecke der Wahrheitsfindung eingesetzt wurde, sondern, was der Stoiker Chrysipp ausdrücklich beklagte, zum entgegengesetzten Zweck (1037 B). Dieser Vorwurf schimmert auch in Lucullus' Bemerkung § 60 durch; vgl. auch *De Republ.* 3,8. Ob Cicero die relevanten Vorgehensweisen, i.e. gegen alle zu argumentieren, ohne eine eigene Auffassung zu vertreten, einerseits (*De Or.* 1,43; *De Nat. Deor.* 1,11; *De Fin.* 3,2), und pro und contra zu argumentieren, andererseits (*Tusc. Disp.* 2,9; *De Fin.* 5,10; *De*

*Zum Text der Übersetzung, von Andreas Bächli und Andreas Graeser.

Or. 3,80), stets unterschied, ist zweifelhaft. Denn in *De Nat. Deor.* 1,11 scheint eine Konfusion vorzuliegen und in *De Off.* 2,8 behauptet Cicero, daß die Absicht des Vorgehens, gegen alle zu argumentieren, darin bestehe, das Glaubhafte in der Weise herauszulocken, daß man den in Rede stehenden Fall von beiden Seiten her sieht.

[4]Der lateinische Ausdruck *probabilia* übersetzt hier offensichtlich das griechische Adjektiv πιθανός, das soviel wie ›vertrauenswürdig‹ oder ›überzeugend‹, ›glaubhaft‹ oder ›glaubwürdig‹ bedeutet. (Im Folgenden wird dieser Ausdruck durchwegs mit ›glaubhaft‹ übersetzt, um die Subjektbedingtheit der Überzeugungskraft einer Erscheinung zum Ausdruck zu bringen.) Die Stoiker scheinen dieses Adjektiv sowohl zur Charakterisierung von Behauptungen bzw. Aussagen (ἀξιώματα) verwendet zu haben (Diog. Laert. 7,75), die uns zur Zustimmung veranlassen, als auch zur Charakterisierung von Erscheinungen (φαντασίαι), die in uns eine Tendenz zur Zustimmung hervorrufen (Sextus Empiricus, *Adv. Math.* 7,242 [*S.V.F.* 2,65]). Dabei fällt auf, daß die Stoiker, zumindest nach dem Bericht bei Sextus (a.a.O. 243), wahre Vorstellungen als Unterklasse der überzeugenden Vorstellungen auffaßten. — Ciceros Verwendung des Ausdrucks *probabile* orientiert sich an dem Verständnis der Akademiker, die das πιθανόν als eine Art Wahrheitsersatz auffaßten und (so zumindest Karneades im Bericht bei Sextus Empiricus, *Adv. Math.* 7,166-175) offen ließen, ob eine Vorstellung tatsächlich wahr sei. Dieses Verständnis scheint hier vorzuliegen, wo Cicero einen Unterschied zwischen ›überzeugend finden‹ und ›als wahr behaupten‹ bzw. ›versichern‹ betont. (Formell wird die Position §§ 99 ff. eingeführt und als Gegenposition zur stoischen Auffassung der Evidenz entwickelt.)

Da im Griechischen πιθανόν oft mit dem etymologisch verwandten Ausdruck πείθεσθαι verbunden wird, liegt die Annahme nahe, daß Cicero hier, wo er den Ausdruck *probabile* verwendet, mittels *sequi* den griechischen Ausdruck πείθεσθαι übersetzt. Offensichtlich soll dieses ›Folgen‹ — dies geht aus dem Gegensatz zu ›versichern‹ (*adfirmare*) hervor — den Sinn eines undogmatischen Überzeugtseins zum Ausdruck bringen. Ob und in welchem Sinne ein derartiges Folgen denkbar ist, hat die Skeptiker beschäftigt. So findet sich bei Sextus Empiricus eine Erörterung der Verwendung des Ausdrucks ›folgen‹ (πείθεσθαι); und dabei heißt es, daß die Pyrrhonisten mit ›folgen‹ eine passive Haltung verbinden, während Karneades und Kleitomachos damit ausdrücklich eine Tendenz zum Für-wahr-halten verbanden (*Pyrrh. Hyp.* 1,230). Es ist diese letztere Komponente, die in Ciceros Verwendung von *sequi* bedeutet sein dürfte.

[5]Die Freiheit, die Cicero für seine Denkweise beansprucht (vgl. auch *Tusc. Disp.* 5,33) – ähnlich argumentierten die Denker der Renaissance – kontrastiert mit starkem Identifikationsbedürfnis auf der Seite dogmatischer Denker. Daß hier keineswegs nur an Epikur und seine Schüler gedacht sein

kann, die Cicero z.B. in der Schrift »Über das Wesen der Götter« (*De Nat. Deor.*) 1,72; 2,73 kritisiert, geht allein daraus hervor, daß Cicero die Position der Akademie eben nicht gegen Angriffe der Epikureer zu verteidigen hat, sondern gegen die Stoiker und die Anhänger des abtrünnigen Akademikers Antiochos v. Askalon. So überrascht es auch nicht, daß die Berufung auf den Weisen ein Kritikpunkt an Antiochos sein wird: § 115. – Der Hinweis auf die Autorität des Schulgründers war übrigens bei den Pythagoreern verbreitet [»er selber hat es gesagt« (*ipse dixit*), vgl. *De Nat. Deor.* 1,10).

[6]Im Lateinischen findet sich hier der Superlativ von ›wahr‹ (*verum*). Diese Ausdrucksweise scheint im Gegensatz zu der leicht distanzierten Einschätzung zu stehen, die Lucullus von sich und seiner philosophischen Position gibt.

[7]Hier wird der Eindruck nahegelegt, daß Philon mit der Publikation dieses Buches einen gemeinsamen Boden verlassen habe, auf dem auch, zu jener Zeit, Antiochos noch gestanden hätte. Doch kann dieser Eindruck nicht stimmen (s.u. Anm. 8). Vielleicht empfand Antiochos jene These als Provokation, daß die Dinge ihrer Natur nach erkennbar seien und nur auf der Basis der stoischen Annahmen zum Wesen der erkenntnishaften Erscheinung unerkennbar sein müssen (Sextus, *Pyrrh. Hyp.* 1, 235 [siehe Einleitung, Abschnitt F, Anm. 38]). Im Vergleich zur sonstigen Lehre der skeptischen Akademie stellt diese These insofern eine radikale Neuerung dar, als die Akademiker ja geltend machten, daß Erkenntnis im relevanten Sinn nur auf dem Boden der stoischen Erkenntnistheorie möglich sei, diese jedoch mit der Annahme unverwechselbarer Erscheinungen eine Bedingung formuliere, welche de facto nicht erfüllbar sei.

[8]Über den Inhalt des Buches läßt sich nichts Sicheres ausmachen. Die Angabe, daß Antiochos sowohl gegen seinen ehemaligen Lehrer als auch gegen die Akademiker polemisierte, weist allerdings darauf hin, daß sich Antiochos zu jener Zeit bereits nicht mehr auf dem Boden der akademischen Meinungen befand. Antiochos hätte demnach eine Art Zwei-Fronten-Krieg geführt.

[9]Die Betonung *contra Academicos* läßt die Vermutung zu, daß Antiochos – und dies scheint durch die nachfolgende Darstellung des Lucullus bestätigt zu werden – die Akademiker als Philosophen attackierte, die die Unerkennbarkeit der Dinge überhaupt vertreten hatten.

[10]Philon scheint also seine Meinung zur Frage der Erkennbarkeit der Dinge (siehe oben Anm. 7) als Meinung auch der Akademiker vor ihm ausgegeben zu haben (siehe auch Einleitung, Abschnitt B).

[11]Aus dieser Art der Anspielung geht nicht hervor, in welchem Sinn und mit welcher Absicht die alten Naturphilosophen erwähnt wurden. Cicero selbst hält den Ausdruck *nominare* in § 75 für zu schwach und verweist auf den Unterschied ›nennen‹/›nachahmen‹. Aus § 72 geht hervor,

daß die Akademiker sich selbst auf die Lehren der alten Naturphilosophen beziehen (siehe Anm. 204).

[12]Nähere Angaben zu diesen Denkern siehe die Anmerkungen zu den §§ 118 ff. — Hinweise dieser Art lassen sich innerhalb der akademischen Praxis relativ problemlos verstehen. Hier gilt nämlich das Prinzip, daß jeweils das kontradiktorische Gegenteil der in Rede stehenden These in Betracht gezogen werden müsse. Mithin wird die philosophische Position derer, die innerhalb ihres Denkens die These ›Erkenntnis ist möglich‹ (*P*) verfechten, mit der Position (oder Gruppe von Positionen) konfrontiert, innerhalb derer das kontradiktorische Gegenteil dieser These (Nicht-*P*) gilt. In genau diesem Sinne scheinen sich die akademischen Skeptiker z.B da auf Demokrit bezogen zu haben, wo der Atomismus die Annahme der Existenz ununterscheidbarer Gegenstände zuläßt und damit gegen die Thesen der Stoa ins Feld geführt werden kann (s.u. Anm. 176 zu § 55); und so wie Lucullus dort auf subtilere Naturphilosophen (§ 56) verweist, i.e. die Stoiker, so macht er hier (§ 15) Fortschritte geltend, die also den Bezug auf die Tradition generell als überholt erscheinen lassen sollen. Damit verliert auch der eigentliche Grund der Bezugnahme auf die älteren Denker an Gewicht und der Punkt (i.e. Nicht-*P*) an Glaubwürdigkeit.

[13]Laut Plutarch, *Adv. Colot.* 1121F hat Arkesilaos Sokrates, Platon, Parmenides und Heraklit als Vertreter der von ihm eingenommenen Sichtweise genannt; und in den *Ac. Post.* 1,44 wird Arkesilaos als Nachfolger der großen alten Denker – *omnes paene veteres* – (Sokrates, Demokrit, Anaxagoras, Empedokles) charakterisiert, welche behauptet hätten, nichts könne erkannt, nichts erfaßt und gewußt werden (*qui nihil cognosci, nihil percipi, nihil sciri posse dixerunt*). Auch im *Lucullus* wird Cicero, in seiner Antwort auf den Titelhelden, geltend machen, daß die Aussagen der Vorsokratiker, Sokrates' und Platons Arkesilaos' Meinung stützen (§§ 72 ff.).

[14]Ob Platon als Philosoph anzusehen ist, der in den Dialogen substanzielle Thesen zum Ausdruck bringt, ist eine Frage, die bis auf den heutigen Tag kontrovers diskutiert wird. — Hinsichtlich Sokrates ist die Einschätzung nicht leichter. Die meisten Interpreten unterscheiden zwischen dem Sokrates der frühen Dialoge, einerseits, und dem Sokrates der mittleren und späteren Dialoge, der selbst Meinungen äußert, andererseits.

[15]Es wäre wissenswert, welche Denker dem Sprecher hier konkret als Begründer philosophischer Neuentwicklungen vor Augen stehen — vermutlich in erster Linie Chrysipp. — Der springende Punkt ist, daß namentlich die philosophische Entwicklung in der Zeit nach Arkesilaos keine Rechtfertigung für eine Orientierung an früheren Naturphilosophen als möglich erscheinen lasse; mithin wird der Skepsis so weiterer Boden entzogen.

[16]Das im Lateinischen Gesagte läßt vielleicht verschiedene Verständnismöglichkeiten zu. (i) Viele Interpreten lesen »...herausfinde...« (*reperienti*) als Explikation zu »schmähte« (*obtrectans*); (ii) andere Interpreten verstehen

»...herausfinde...« im Zusammenhang mit »wie man glaubt« (*ut putatur*) und geben *reperienti* einen konzessiven Sinn. Dabei ist es wichtig zu sehen, daß Arkesilaos gemäß (i) beanstandete, daß Zenon im Vergleich zur alten Akademie nichts Neues in die Diskussion brachte, während gemäß (ii) Arkesilaos entgegen dem, was allgemein angenommen wird, nicht die Stoa attackierte, sondern die alte Akademie. — Aus der Sicht des Antiochos, dessen Geschichtsverständnis hier leitend ist, besteht zwischen der alten Akademie und der Stoa kein wirklicher Unterschied; und da Antiochos die mit Arkesilaos einsetzende Phase als Abkehr von der Lehre der Alten deutete, ist nicht leicht vorstellbar, daß Antiochos den Kernpunkt der Kritik des Arkesilaos an Zenon ausgerechnet darin sehen konnte, daß letzterer nur terminologische Änderungen ins Spiel brachte. Insofern liegt die Annahme (ii) nahe, daß Antiochos meinte, die übliche Deutung der Attacke des Arkesilaos sei vordergründig und stoße nicht zum Kern der Sache vor. Doch ist unklar, bis zu welchem Grad Darstellung und Einschätzung der philosophischen Entwicklung tatsächlich im Lichte der Annahmen des Antiochos gelesen werden müssen. So läßt sich die positive Charakterisierung des Wirkens Philons (Ende § 16) gerade hier nicht gut in die Perspektive eines Antiochos einfügen.

[17]Lakydes von Kyrene war nach dem Tod des Arkesilaos 242 bis ca. 216/15 Leiter der Akademie; manchen galt er, und nicht Karneades (geb. 213), als Gründer der Neuen Akademie (vgl. Diog. Laert. 4,59). Diese Einschätzung läßt sich wohl nicht befriedigend erklären und ein Urteil über Lakydes' Einfluß auf die Akademie ist schon deshalb nicht möglich, weil von seinem Werk nichts erhalten ist. Bemerkenswert ist die ihm von Numenios zugeschriebene Auffassung, daß der Weise nicht nur keine Meinungen habe (ἀδόξαστος εἶναι), sondern auch keine Erinnerung (ἀμνημόνευτος εἶναι), da Erinnerung Meinung sei (bei Eusebius, *Praep. Ev.* 14,7,9). Ciceros Diskussion der *memoria* (vgl. § 22 und 106) läßt nicht erkennen, ob ihm diese Auffassung bekannt war.

[18]Von Hegesinos aus Pergamon ist nur noch der Name bekannt, ebenso von seinem Vorgänger

[19]Euandros aus Phokis.

[20]Von Hagnon aus Tarsos waren in der Antike seine Aufzeichnungen der Vorlesungen des Karneades und eine Anklageschrift gegen die Rhetorik bekannt; von beidem ist nichts erhalten.

[21]Sextus Empiricus (*Pyrrh. Hyp.* 1,220) nennt Charmadas (bzw. Charmidas) neben Philon von Larissa als Vertreter der ›Vierten‹ Akademie und setzt ihn damit von Karneades und Kleitomachos als Vertreter der ›Neuen‹ bzw. ›Dritten‹ Akademie ab; worauf diese Einteilung beruht, ist nicht ersichtlich. — Nach Cicero, *De Orat.* 1,84 ff. vertrat Charmadas die gut platonische Auffassung, daß der wahre Redner Philosophie studiert haben müsse.

[22]Melanthios von Rhodos gilt nicht nur als Schüler des Karneades, sondern auch des Grammatikers Aristarch (ca. 217-145); er scheint sich vor allem als Tragödiendichter einen Namen gemacht zu haben.

[23]Nach Diog. Laert. 10,9 war Metrodoros von Stratonikeia Epikureer, bevor er zu Karneades überlief.

[24]Diese Äußerung paßt nicht gut zum negativen Bild, das in § 12 gezeichnet wurde und Philon als übergehbare Figur präsentiert. Vielleicht ist die Äußerung vor allem ironisch zu verstehen.

[25]Der Hinweis bezieht sich, wie die Verwendung des Ausdrucks »jene« weiter unter zeigt, auf Kollegen des Stoikers Antipater von Tarsos. Dieser hat sich mit Karneades auseinandergesetzt; er galt als eminenter Logiker und scheint sich insbesondere auch für Fragen der Definition interessiert zu haben (S.V.F. 3,III,23-24). Dieser Punkt würde erklären, daß Antipater an dieser Stelle als jemand in Erscheinung tritt, der in gewisser Hinsicht also gegen den Strom schwamm, d.h. auch da Definitionen anstrebte, wo andere dies für unnötig hielten.

[26]Gemeint ist wohl, daß man gegen jemanden, der nichts gutheißt, nicht argumentieren kann. ›Gutheißen‹ ist hier im alltagssprachlichen Sinn zu verstehen.

[27]Es wird an dieser Stelle nicht klar, ob die hier eingeführten Termini ›Erkenntnis‹, ›Erfassen‹, ›Begreifen‹ (i) mehr oder weniger unterschiedslos für Erkenntnis überhaupt eintreten sollen oder aber (ii) verschiedene Erkenntnisarten angehen. — Auch die spätere Äußerung, es gebe etwas, das ›begriffen‹ oder ›erfaßt‹ werden könne, gestattet hier keinen klaren Entscheid. Denn selbst wenn ›erfassen‹ (percipi) den griechischen Terminus αἰσθάνεσθαι und ›begreifen‹ (comprehendi) den griechischen Terminus καταλαμβάνειν aufnimmt (vgl. in dieser Hinsicht De Fin. 3,17, wo Cicero als Übersetzungen von καταλήψεις die (offenbar synonymen) Begriffe cognitiones, comprehensiones und perceptiones nennt), stellt sich die Frage, wie die damit benannten Vorgänge voneinander abgegrenzt werden können. Offensichtlich haben sich einige Stoiker hier um Bestimmungen bemüht; vgl. Diog. Laert. 7,52: »Wahrnehmung [αἴσθησις] wird gemäß den Stoikern sowohl der vom Zentralorgan her auf die Sinne sich erstreckende Hauch [πνεῦμα] genannt und das sich vermittels ihrer <ergebende> Ergreifen und die Einrichtung der Sinnesorgane, hinsichtlich derer manche zu kurz gekommen sind. Auch die Tätigkeit [i.e. des Wahrnehmens] wird Wahrnehmung genannt« (S.V.F. 2,71). Entsprechend wird auch das Ergreifen (κατάληψις) als etwas eigenes verstanden, nämlich als Zustimmung zu einer erkenntnishaften Erscheinung (S.V.F. 2,90).

[28]Falls Cicero mit ›Erkenntnis‹, ›Erfassen‹ und ›Begreifen‹ gleich mehrere Ausdrücke verwendet, um den stoischen Terminus κατάληψις zu erläutern, so würde die Tatsache, daß diese Ausdrücke in unterschiedliche Richtungen weisen, die Folgerung erlauben, daß der Ausdruck κατάληψις

seinerseits (zumindest in Ciceros Augen) eine weite Anwendung fand und nicht auf eine bestimmte Art von Erkenntnis wie Sinneswahrnehmung oder Verstandeserkenntnis eingeschränkt war. Daß diese Annahme nicht unbegründet war, scheint aus einem Bericht bei Diogenes Laertius 7,52 hervorzugehen: »Das Erfassen [κατάληψις] geschieht nach ihnen [scil. den Stoikern] durch Wahrnehmung beim Hellen, Dunklen, Rauhen und Sanften, durch den Verstand freilich bei dem, was vermittels eines Beweises erschlossen wird, wie daß Götter existieren und vorsorgen« (*S.V.F.* 2,84). Doch ist das vielleicht nicht das einzig mögliche Verständnis. Denn die Stoiker könnten — so meinen einige Interpreten — die Auffassung vertreten haben, daß κατάληψις stets Wahrnehmung *und* Verstand involviere. Laut einem Zeugnis von Origines, *Contra Celsum* 7,37 hängt jede κατάληψις von den Wahrnehmungen ab (*S.V.F.* 2,108). Dafür, daß *S.V.F.* 2,84 im erstgenannten Sinn zu lesen ist und also an unterschiedliche Erkenntnisse gedacht ist, spricht allerdings die analoge Unterscheidung zwischen wahrnehmungshaften und nicht-wahrnehmungshaften Erscheinungen (αἰσθητικαί bzw. οὐκ αἰσθητικαὶ φαντασίαι) bei Diogenes Laertius 7,51 (*S.V.F.* 2,61).

²⁹Der Appell an die Evidenz ist nicht klar. Vermutlich wollten jene, die Definitionen von Erkenntnis für unnötig hielten und an die Evidenz als das Klarere appellierten, nur sagen: Wenn wir Erkenntnis haben bzw. eine Sache erfassen, so spricht die Deutlichkeit des Erkannten für das Vorliegen von Erkenntnis; und keine begriffliche Bestimmung (*oratio*) von Erkenntnis usw. könnte diese Erfahrung deutlicher Erkenntnisinhalte ersetzen. — Doch wäre damit das Problem selbst nicht gelöst. — Historisch stellt sich die Frage, in welchem Sinne die Stoiker selbst überhaupt von Evidenz sprachen. Aus Sextus Empiricus, *Adv. Math.* 7,257 geht hervor, daß die jüngeren Stoiker nur diejenigen Erscheinungen als Kriterium der Wahrheit auszeichneten, die ›evident und schlagend‹ seien. Auf diese Terminologie nimmt Karneades in seiner Argumentation Bezug (vgl. *Adv. Math.* 7,403). Zu diesen jüngeren Stoikern gehörte Antipater. Doch geht aus den Zeugnissen nicht hervor, wie Antipater und die jungen Stoiker die Verwendung des Ausdrucks ›evident‹ reglementierten. — Die Übersetzung des von Cicero sonst durchweg verwendeten Ausdrucks *perspicuum / perspicuitas* mit ›anschaulich‹, ›Anschaulichkeit‹ soll zum Ausdruck bringen, daß Cicero ein in der Rhetorik gebräuchlicher Begriff zur Verfügung stand, der da allerdings auf Reden bezogen ist, die einen Sachverhalt ›zur Anschauung bringen‹.

³⁰In § 46 wird der Fall genannt, daß jemand durch skeptische Argumente dazu gebracht wird, nicht an der Evidenz der Dinge festzuhalten.

³¹Es ist nicht klar, was hier gesagt wird. Geht es darum, daß auch Dinge, die evident sind (und sozusagen für sich selbst sprechen), eigens begründet oder gar gerechtfertigt werden sollten? Oder ist gemeint, daß die Verwendung des Ausdrucks bestimmt werden müsse?

³²Entgegen der Ankündigung des Lucullus in § 12, Philon beiseite zu lassen, wird er hier trotzdem ins Gespräch gebracht. Worin die ›Verwicklung‹ (induit) besteht, ist nicht klar. Vielleicht besteht das Problem — aus der Sicht des Antiochos — darin, daß Philon, indem er ›nur‹ das stoische Wahrheitskriterium attackiert, seinerseits aber kein Kriterium namhaft machen kann, die generell nicht-skeptische Meinung nicht wirklich vertreten könne.

³³Die Betonung »in dem Fall« ist wichtig. Denn damit ist klar zum Ausdruck gebracht, daß Philon von Larissa Erkenntnis bzw. Erfaßbarkeit der Dinge unter der Bedingung leugnet, daß Erkenntnis an die stoische φαντασία gebunden wäre. Dieser Gedanke findet seine Bestätigung in einem Hinweis bei Sextus Empiricus, *Pyrrh. Hyp.* 1,235. Danach hätte Philon nämlich zwei Thesen vertreten. Erstens, daß die Dinge selbst, im eigenen Recht (φύσει), erkennbar seien; zweitens, daß die Dinge, soweit es die stoische Definition der kataleptischen Erscheinung (s.u. Anm. 35) angeht, unerkennbar seien.

³⁴Der lateinische Ausdruck *visum* (von *videri* [erscheinen]) nimmt gut den Sinn von φαινόμενον (›was sich zeigt‹) auf. Da die Stoiker die φαντασία als Eindruck (τύπωσις) in der Seele bestimmten (*S.V.F.* 1,64) und diesen Eindruck zunächst durchaus wörtlich verstanden wissen wollten (*S.V.F.* 1,484), scheint die herkömmliche Übersetzung durch ›Vorstellung‹ durchaus irreführend. Denn die Stoiker waren der Meinung, daß sich die Eindrücke einstellen und daß sich das erkennende Subjekt insofern rein passiv verhalte. Aktive und spontane Äußerungen des Subjektes kommen erst da ins Spiel, wo das Subjekt seinerseits der φαντασία zustimmt oder sie ablehnt (s.u.). Die Stoiker haben in φαντασία einen etymologischen Zusammenhang mit ›Licht‹ (φῶς) angenommen (*S.V.F.* 2,54). Dies erklärt z.T. wenigstens Ciceros Wahl von *visum* als Übersetzung von φαντασία. Obschon *visum* eigentlich das Idiom des Sehens aufnimmt, soll dieses Wort, wie § 33 gut zeigt (*ut enim illa oculis modo agnoscuntur, sic reliqua visis*) und auch in *Ac. Post.* 1,40 deutlich wird (*quae visa sunt et quasi accepta sensibus*) in einem generellen Sinn Verwendung finden.

³⁵Die zenonische Charakterisierung der kataleptischen Erscheinung ist hier nicht vollständig wiedergegeben. In der Regel nennen die antiken Quellen folgende Bestimmung: »die von etwas ausgeht, das zugrunde liegt und gemäß dem, was zugrunde liegt, abgeformt und eingeprägt ist, von solcher Art, wie sie nicht von etwas entstehen könnte, was nicht zugrunde liegt« (*S.V.F.* 2,65 u.ö.). Kürzere Versionen (d.h. ohne den Teil »von solcher Art [...]«) finden sich bei Diog. Laert. 7,46 (= *S.V.F.* 2,53) und Sextus Empiricus, *Adv. Math.* 11,183. Sextus vermerkt, daß der Teil »von solcher Art [...]« von den Stoikern den Akademikern zugestanden wurde, obschon sie ihn für unnötig hielten (*Adv. Math.* 7,252). Denn sie waren der Meinung, daß keine zwei Dinge in der Welt ununterscheidbar seien. — Daß dieser Teil

tatsächlich als Zusatz anzusehen ist, scheint aus § 77 hervorzugehen (s.u., Anm. 216).

[36]Sofern Lucullus hier die Meinung des Antiochos zur Geltung bringt, hätte dieser die Auffassung Zenons also gerade darin gebilligt, daß die Bedingung »von solcher Art [...]« als entscheidende Bedingung anzusehen sei: nur wenn sie erfüllt ist, ist eine Sache als erkannt anzusehen. Darüberhinaus scheint Antiochos gemeint zu haben, daß diese Bedingung tatsächlich erfüllbar sei.

[37]»Es« (*id*) folgt dem »irgend etwas«, bezieht sich also allgemein auf jeden möglichen Gegenstand der Erkenntnis. Unter dieser Bedingung leuchtet der Vorwurf ein, daß Philon mit der Bestreitung des dritten Elementes der Definition Erkennbarkeit überhaupt aufhebe.

[38]Der Ausdruck »von der Art, daß es sogar falsch sein könnte« [oder: »von der Art, wie sogar Falsches sein könnte«? (*quod est tale quale vel falsum esse possit*)] wird im weiteren Verlauf der Erörterungen in der negierten Version »von der Art, daß es nicht falsch sein kann« bzw. »von der Art, daß es nicht vom Falschen sein kann« dem dritten bzw. zusätzlichen Teil des Definiens oft substituiert und so verwendet, als handele es sich dabei um das, was die Stoiker nicht nur gemeint, sondern auch tatsächlich gesagt haben. (Dies erschwert auch das Verständnis der einschlägigen Stellen bei Augustin, *Contra Academicos*.) Doch scheint diese Paraphrase zumindest für moderne Begriffe fragwürdig. Denn es ist eine Sache (i) zu sagen, daß der Eindruck, daß *P*, unmöglich falsch sein kann, weil ›Nicht-*P* ‹ einen logischen Widerspruch bedeutet, eine andere (ii) zu sagen, daß der Eindruck, (z.B.) daß ich Schmerz empfinde, deshalb nicht falsch sein kann, weil es sich hier um eine unkorrigierbare Wahrnehmung handelt. — Wieder eine andere Sache (iii) wäre es zu sagen, mein Eindruck, daß *R* , könne nicht falsch sein, weil ich deutlich und genau gesehen habe, daß *R*. — Offenbar spielt der in (i) vermerkte Fall des Nicht-falsch-sein-Könnens erst bei Augustin eine Rolle, der unter den Beispielen, die Zenons Definition erhärten sollen, logische Wahrheiten nennt. Doch sagen Sätze dieser Art nichts über die Verhältnisse in der Welt; und die entsprechenden Erscheinungen können auch nicht in der von den Stoikern gemeinten Weise von Dingen, bzw. Vorfällen eingedrückt worden sein. Aber auch die unter (ii) notierten Fälle fallen nicht ins Gewicht. Denn hier geht es um eigene Zustände, nicht aber um außerweltliche Belange. Wenn Augustin auch auf solche Beispiele abstellt, nennt er Gegebenheiten, die das zenonische Kriterium nicht angeht. — Die Stoiker scheinen überwiegend Fälle von der Art (iii) vor Augen zu haben. Hier aber wird der Sinn von ›nicht falsch sein können‹ extrem unklar.

[39]Die Verwendung des Ausdruckes »dies« (*hoc*) verlangt, daß Philon, zumindest in der Meinung von Lucullus, genau den Gedanken bestritt, der hier in der Form einer rhetorischen Frage geäußert wird: den Gedanken näm-

lich, daß erkennbar nur dasjenige sei, was von solcher Art ist, daß es nicht auch falsch sein könne. — Wie aber kann dieser Gedanke geschwächt (*infirmare*) oder aufgehoben werden? Offensichtlich nicht auf dem Wege, daß man Dinge namhaft macht, die erkannt sind, ohne daß sie der Bedingung genügen; vielmehr auf dem Wege, daß man zeigt, daß es Dinge gibt, die der Bedingung genügen und gleichwohl nicht als erkannt gelten können. Falls Lucullus hier eine Äquivalenz von ›erkannt‹ und ›von solcher Art‹ unterstellt, so wäre die Schlußfolgerung »daraus ergibt sich« nicht korrekt.

⁴⁰Aus dem Zusammenhang wird nicht deutlich, inwiefern Philon wider bessere Absicht in den Fängen der Position endet, welche Erkenntnis leugnet. Laut Sextus Empiricus, *Pyrrh. Hyp.* 1, 235 hätte er ja vorausgesetzt, daß die Dinge, soweit es ihre eigene Natur angeht, erfaßbar (καταληπτά) seien und nur unter Voraussetzung der Anerkennung des stoischen Kriteriums als unerkennbar gelten könnten. Sollte es ihm nun gelungen sein zu zeigen, daß kein Ding diesen Bedingungen genügt, so hätte er genau jenen Punkt plausibel gemacht, der ihm vor Augen stand; und er hätte sich damit noch nicht *ipso facto* — zumindest seinem eigenen Verständnis nach — der These von der Unerkennbarkeit der Dinge überhaupt verschrieben. Laut Numenios (Eusebius, *Praep. Ev.* 14,9,2) hätten Philon nämlich die Evidenz und die ›Übereinstimmung‹ der Wahrnehmungen von der Skepsis, die sich in dieser These ausdrückt, abgebracht. Lucullus hat Philons Position demnach mißverstanden. Denn Lucullus nimmt ja an, daß die These der Erkennbarkeit der Dinge an die Bedingung geknüpft ist, welche im dritten Teil der Definition genannt wird. Damit wird Philons Punkt ignoriert.

⁴¹Lucullus will zeigen, daß die stoische Definition insofern korrekt ist, als sie Bedingungen nennt, die als erfüllbar betrachtet werden müssen. Dies erfordert nun eine grundsätzliche Erörterung jener Elemente, die bei der stoischen Einschätzung von Erkenntnis ins Gewicht fallen bzw. die Punkte stützen können, welche den Stoikern vor Augen standen.

⁴²Die Sinne (*sensus*) werden hier als etwas porträtiert, das selbst Urteile (*iudicia*) fällt. Diese Beschreibung ist für heutige Begriffe zumindest sehr mißverständlich. — Cicero seinerseits wird § 79 Lucullus vorhalten, daß er sich in Allgemeinheiten bewegt habe.

⁴³Zum Problem des Ruders, das im Wasser gebrochen erscheint und des Taubenhalses, der je nach Neigungswinkel verschiedenfarbig erscheint, vgl. Sextus Empiricus, *Pyrrh. Hyp.* 1,119-120. — Lucullus wendet sich hier ausdrücklich gegen die These jener, die, wie Epikur und seine Schüler, von der Annahme ausgingen, daß uns Wahrnehmungen in keinem Fall über das Sein der Dinge außer uns täuschen, sondern im Gegenteil die Dinge stets so abbilden, wie sie unabhängig von dem erkennenden Subjekt vorkommen. Diese These ist recht schwer zu verstehen. Dies gilt umsomehr, als Epikurs Rede z.B. vom »Wahrsein sämtlicher Sinnesdinge« (so Sextus Empiricus, *Adv. Math.* 8,63-64 = Fr.253 Us.) Fragen bezüglich seiner Verwendung

von ›wahr‹ (ἀληθές) einerseits und von ›wahrgenommen‹ (αἰσθητόν) andererseits aufwirft. Doch ist klar, daß Epikur meinte, daß der Befund der Sinneswahrnehmung in dem Sinne korrekt (und wohl auch wahr) sei, als die Wahrnehmung selbst vernunftlos (ἄλογος, Diog. Laert. 10,31) sei und sozusagen nur das raportiere, was da sei (vgl. Sextus Empiricus, Adv. Math. 8,9). Irrtum und Falschheit kommen dieser Auffassung nach erst da ins Spiel, wo das erkennende Subjekt den Wahrnehmungsbefund deutet, d.h. womöglich etwas hinzumeint (προσδοξάζειν), was im Befund selbst nicht vorhanden sei (vgl. Diog. Laert. 10,[51.] 62).

⁴⁴Mit »Höchstmaß an Wahrheit« schränkt Lucullus hier die These der Epikureer ein, wonach den Sinnen selbst Wahrheit eigne: »der tatsächliche Bestand des unmittelbaren Wahrnehmungsgefühls bürgt auch für die Wahrheit der Wahrnehmungen« (Diog. Laert. 10,32: τὸ τὰ ἐπαισθήματα δ' ὑφεστάναι πιστοῦται τὴν τῶν αἰσθήσεων ἀλήθειαν ; Übers. O. Apelt). Während Epikur von Wahrheit *simpliciter* spricht, denkt Lucullus also an Wahrheit nach Maßgabe des Möglichen.

⁴⁵Der Ausdruck »Unterscheidung der Wahrheit« übersetzt das Griechische κριτήριον τῆς ἀληθείας ; hier und im Folgenden wird *iudicium* (*veri*) statt mit »Kriterium« mit »Unterscheidung« übersetzt, um anzuzeigen, daß Cicero mit *iudicium* ein Wort verwendet, das im Lateinischen ein weiteres Bedeutungsfeld hat als der griechische *terminus technicus.* — Der Hinweis auf die Schule des Sokratikers Aristipp mutet zweischneidig an. Die Kyrenaiker haben in der Tat die These vertreten, daß wir über die Kenntnis unserer eigenen Zustände hinaus über kein Wissen verfügen; die Beobachtung dieser Unterscheidung führte sogar zu der Annahme, daß man Handlungen etwa zum Wohl der Freunde deshalb nicht vornehmen könne, weil wir keine Kenntnis von den Bedürfnissen anderer haben. Doch haben die Kyrenaiker nicht, wie Lucullus offenbar meint, die Sinne als Kriterium der Wahrheit angesprochen. Denn die Sinne vermitteln uns zwar Kenntnisse über eigene Zustände; und in Bezug auf diese Zustände (z.B. das Gefühl von Wärme, Schmerz usw., vgl. Sextus Empiricus, Adv. Math. 7,345 ff.) sind wir irrtumsunfähig. Aber über diese Zustände hinaus gibt es keinen Bereich, wo wir von wahren oder falschen Berichten sprechen könnten (vgl. Sextus Empiricus, Pyrrh. Hyp. 1,215 über den Unterschied zwischen den Pyrrhonisten und den Kyrenaikern). Falls Lucullus mit seinem Hinweis auf die Position der Kyrenaiker also etwas zu Gunsten der Sinne sagen will (»ebenso verhält es sich [...]«) — und nur diese Vermutung kann die Erwähnung dieser Philosophen hier rechtfertigen —, so scheint er sich über die Beweiskraft der Argumentation zu täuschen. Cicero selbst weist auf diesen Punkt an späterer Stelle selbst hin (§ 76). Die Nennung der Kyrenaiker wäre hier (§ 20) demnach nur unter der Bedingung unverfänglich, daß gemeint ist, die Sinne seien innerhalb ihres Bezirkes zuverlässig.

[46]Hier geht es nicht mehr um die Feststellung eigener Bewußtseinszustände, sondern um die Beschreibung und Klassifizierung von äußeren Gegenständen. Hier also kommt Irrtumsfähigkeit ins Spiel. — Die hier relevante Unterscheidung spielt auch bei Sextus Empiricus, *Adv. Math.* 7,344-345 eine Rolle. Bei Sextus wird auch deutlich, daß es sich bei dem Objekt dieser Art von urteilshafter Wahrnehmung (i.e., ›dieses ist hell‹, ›dieses ist süß‹) um einen Sachverhalt (πρᾶγμα, § 345) handelt, der als solcher nicht Gegenstand der Sinneswahrnehmung sein kann.

[47]Es ist nicht klar, was hier gesagt wird: Meint Lucullus, daß wir die besagten Wahrnehmungen im Geist bzw. Verstand festhalten? Oder meint er, daß wir derartige Wahrnehmungen mit Hilfe des Verstandes treffen?

[48]Vielleicht meint Lucullus, daß der Aufbau unserer Kenntnis von der Wirklichkeit von Wahrnehmungseigenschaften zu den natürlichen Arten voranschreitet. Ob dies so ist, ist fraglich. Logisch betrachtet handelt es sich hier freilich um Fälle, die auf der gleichen Ebene liegen wie die vorhergenannten Urteile.

[49]Diese neue Ebene ist, nach der Auffassung des Lucullus, dadurch gekennzeichnet, daß wir zu jedem Fall die Merkmale eines Begriffs anzugeben vermögen und damit auch die Eigenschaften eines jeden Gegenstandes nennen, welcher unter den betreffenden Begriff fällt. — Daß damit, wie Lucullus unterstellt, eine vollständige Kenntnis des Gegenstandes gewährleistet ist, scheint fraglich. Was gewährleistet ist, ist eine Angabe der wesentlichen Eigenschaften eines Gegenstandes relativ auf die Definition. — Die Lehre, auf die Lucullus hier Bezug nimmt, ist die stoische These, wonach eine Definition (ὅρος), wie z.B. ›Mensch ist ein vernunftbegabtes, sterbliches Lebewesen‹, sich von der allquantifizierten Aussage ›Wenn etwas Mensch ist, so ist jenes ein vernunftbegabtes, sterbliches Lebewesen‹ nur äußerlich unterscheide und der Bedeutung nach ([?] δυνάμει) mit dieser identisch sei (Sextus Empiricus, *Adv. Math.* 11,8 ff. = *S.V.F.* 2,224).

[50]Um was genau handelt es sich bei dem, was sich uns einprägt (scil. *notitiae rerum*)? Mit dem Hinweis »von solcher Art« scheint Lucullus sagen zu wollen, daß wir nicht nur bildhafte Vorstellungen von den Dingen erlangen, sondern begriffliche Vorstellungen; nur so scheint gewährleistet, daß wir relevante Kenntnisse von Dingen haben (i.e. ›ein Pferd ist etwas von der Art, daß ...‹). Der lateinische Ausdruck *notitiae* übersetzt das griechische Wort ἔννοιαι. Dieses Wort ist ein *terminus technicus* der stoischen Philosophie und dort unterschieden von ἐννόημα. Bei den ἐννοήματα handelt es sich offenbar um Inhalte einer bestimmten Art, nämlich Figmente und Fiktionen (φαντάσματα) des Denkens (speziell *S.V.F.* 2,54) wie z.B. die Gestalt eines Dinges, das es nicht gibt (Diog. Laert. 7,61). In diesem Sinne betrachteten die Stoiker die platonischen Ideen als ἐννοήματα (*S.V.F.* 1,65). Als ἔννοιαι hingegen scheinen Erscheinungen (φαντασίαι) einer bestimmten Art bezeichnet worden zu sein (*S.V.F.*

2,847); mithin muß es sich um wirkliche Vorgänge in der Seele handeln. Des weiteren galten die ἔννοιαι als aufbewahrte Gedanken (νοήσεις). (Von hierher bietet sich für ἔννοια auch die Übersetzung ›Auffassung‹ an, womit der Aspekt des Vorrangs zum Ausdruck käme.) Darüber hinaus werden ἔννοιαι als aufbewahrte Gedanken, genauer auch als begriffliche Erscheinungen (λογικαὶ φαντασίαι) bezeichnet (S.V.F. 2,89 und 2,61), d.h. als Erscheinungen vernünftiger Wesen.

[51]Lucullus scheint hier ein Argument folgender Art vor Augen zu haben: [P] Da wir Dinge untersuchen und erörtern könnnen, gilt, daß [Q] wir angemessene Vorstellungen von ihnen haben. Wäre es der Fall, [Nicht-Q] daß wir keine angemessenen bzw. falsche Vorstellungen von den Dingen haben, so müßte gelten [Nicht-P] , daß wir Dinge nicht untersuchen und erörtern können. Diese Annahme [Nicht-P] steht im Widerspruch zu den Tatsachen [P]. Also gilt [Q]: wir haben angemessene Vorstellungen von den Dingen. — Hier wie im Nachfolgenden bemüht sich Lucullus darum, Gedanken ins Feld zu führen, in denen die Annahme angemessener Vorstellungen den Status einer notwendigen Bedingung hat. In der Sache kann sich Lucullus dabei auf entsprechende Auffassungen der Stoiker stützen. Was ›Gedächtnis‹ angeht, so gilt nach stoischer Ansicht, daß sich jede Wahrnehmung in der Seele in Form der Erinnerung einprägt (S.V.F. 2,83). Weiterhin gilt, daß zahlreiche Erinnerungen (μνῆμαι) der gleichen Art Erfahrung (ἐμπειρία) ergeben (S.V.F. 2,83: »Erfahrung ist die Menge gleichartiger Erinnerungen«). Im Übrigen verstanden die Stoiker unter dem, was sich der Seele einprägt, auch ἔννοιαι (a.a.O.). ›Kunst‹ wiederum (τέχνη) wird als »Zusammenhang(-halt) [σύστημα] aus Erfassungen [καταλήψεις]« verstanden (S.V.F. 2,97), und zwar näherhin als »Zusammenhang(-halt) aus Erfassungen, die auf einen in Belangen des Lebens gut brauchbaren Zweck hin organisiert sind« (S.V.F. 1,73; vgl. auch 2,93 und 94). In dem Zeugnis S.V.F. 2,94 wird spezifiziert: »vermittels von (oder: durch) Erfahrung organisiert [...]«. Da Erfassung [κατάληψις] ihrerseits als Zustimmung zu einer erkenntnishaften Erscheinung bestimmt ist (S.V.F. 2,97), Erscheinungen freilich ἔννοιαι umfassen (S.V.F. 2,847 u. S.V.F. 2,83), gilt, daß auch hier der Begriff der Vorstellung (ἔννοια) benötigt wird. Dies wird durch den Bericht in S.V.F. 2,83 bestätigt. Hier heißt es, daß das Zentralorgan der Seele einer Tafel gleiche, in welche eine jede Vorstellung (ἔννοια) aufgeschrieben werde. Die allerersten Eintragungen vollziehen sich bei der Wahrnehmung wahrnehmbarer Eigenschaften von Dingen. — Mithin basiert Lucullus' Argumentation tatsächlich auf Positionen der Stoiker; und er stützt diese Annahmen dadurch, daß er geltend macht, daß die Leugnung dieser Annahmen im Widerspruch zu den allgemein akzeptablen Tatsachen stehe. — Genau dies wird Cicero in seiner Antwort § 106 (siehe unten, Anm. 306) bzw. § 107 (siehe unten, Anm. 307) bestreiten.

[52]Man kann sich fragen, was Lucullus mit seiner Rede von ›falschen Vorstellungen‹, bzw. ›Begriffen‹, genauer vor Augen hat. Sicher scheiden (i) leere Begriffe (i.e. solche Begriffe, denen in der Realität nichts entspricht) aus, desgleichen (ii) wohl widersprüchliche Begriffe (i.e. der Begriff des viereckigen Kreises). Aber in welchem Sinn wären Begriffe sonst noch falsch? Offensichtlich müssen (iii) Begriffe gemeint sein, deren Merkmale nicht die wirklichen Eigenschaften der Dinge widerspiegeln, die unter sie fallen sollen. — Doch ist nicht klar, daß Lucullus tatsächlich Fälle dieser Art (iii) vor Augen hat. Denn wenn er die unverzichtbare Rolle der Begriffe darin sieht, daß sie uns ein Urteil darüber ermöglichen, »was mit jedem Gegenstand übereinstimmt, was ihm widerstreitet« (*quid cuique re consentaneum esset, quid repugnaret*), so scheint er falsche Begriffe als analytisch falsche Verbindungen zu verstehen. — Im Übrigen ist keineswegs ausgemacht, daß dasjenige, was Lucullus *per negationem* unter wahren Begriffen verstehen müßte, tatsächlich den Stellenwert für das Leben hat, wie dies von seiner Position unterstellt wird.

[53]Dieser Punkt ist sicher obskur und ließe sich nur dann retten, wenn unterstellt werden dürfte, daß Ciceros Sprecher entsprechend seiner Neigung zur Ersetzung von ›was nicht zugrundeliegt‹ (τὸ μὴ ὑπάρχον) im Sinne von etwas, was nicht vorhanden ist, durch ›Falsches‹ (*falsum*), gemeint haben sollte, was nicht existiere, könne nicht Gegenstand der Erinnerung sein. Doch kann diese Deutung hier nur insoweit weiterhelfen, als die Kontraposition besagt: was Gegenstand der Erinnerung ist, ist ein Vorfall, bzw. Ereignis. Freilich scheint Ciceros eigenes Verständnis dieses Punktes in § 106 in eine andere Richtung zu weisen.

[54]Ähnlich wie die alten Akademiker, laut Aristoteles' Bericht in dem nur fragmentarisch überlieferten Essay »Über Ideen«, aus der Existenz der Wissenschaften auf die Existenz von Ideen schlossen, scheinen die Denker um Antiochos aus der Tatsache der Existenz der Geometrie auf das Vorhandensein bestimmter Entitäten (i.e. Punkt, Linie, Fläche: vgl. § 116) geschlossen zu haben, von denen diejenigen, die diese Disziplinen betreiben, kataleptische Erscheinungen besitzen müßten. — Nicht die Art des Vorhandenseins, bzw. die Existenzweise derartiger Gebilde scheint hier zu interessieren, sondern nur, daß es sich um etwas handelt, von dem man entsprechend distinkte Erscheinungen hat. Daß dies der Sinn der Ausdrucksweise *quae aut nulla sunt* sein müßte, wird allenfalls indirekt durch Ciceros Antwort in § 116 bestätigt. Da heißt es summarisch, daß er bereit sei, die Prinzipien (*initia*) der Mathematiker bzw. die Definitionen als wahr (*vera*) anzuerkennen, aber die erfolgreiche Anwendbarkeit auf Belange der Wirklichkeit bezweifle.

[55]Versteht man *virtutum* als *genetivus objectivus*, dann wäre vermutlich etwa gemeint: Wenn man sieht, auf welches Ziel hin die Natur den Menschen angelegt hat, dann sieht man auch die Abwegigkeit der skeptischen

Behauptung der Unerfaßbarkeit der Dinge ein. Bei dieser Deutung wäre aber das anschließende *in quibus solis* [...] nicht recht verständlich. Wir verstehen deshalb den Genetiv als *genetivus subjectivus*. Dieses Verständnis hat zwei Vorteile: Erstens gestattet es, den neuen Gedanken bruchlos in das Argument einzufügen, das mit § 21 einsetzt und in § 22 fortgeführt wird: So, wie das Leben bereits im Bereich des Alltäglichen das Vorhandensein von angemessenen Vorstellungen bezeugt, so zeigt auch die Realität der Künste, daß die jeweiligen Experten offenbar über angemessene und in diesem Sinne adäquate Erkenntnisse verfügen. Dies gilt umsomehr, wenn wir nun mit der Sphäre des sittlichen Verhaltens eine noch höhere Stufe in Betracht ziehen und — wie Lucullus offenbar meint — das bloße Faktum des Vorhandenseins von Tugend als Beweis für das Vorhandensein von Erkenntnissen bestimmter Art anerkennen müssen. Zweitens erledigt sich mit dieser Deutung auch die Frage, worauf sich der Ausdruck *quibus* bezieht. Offensichtlich ist ein Bezug auf »Tugenden« (*virtutes*) beabsichtigt; und diese Beziehung ist umso sinnvoller, als stoischer Lehre zufolge auch die Tugenden als ἐπιστήμαι aufgefaßt werden können (vgl. *S.V.F.* 2,95). Auch Wissen wird von Lucullus ganz im Sinn der Stoa als Erkenntnis (κατάληψις) verstanden, welche sicher ist und von der Vernunft nicht erschüttert werden kann (*S.V.F.* 2,95; 3,112); des weitern entspricht auch die Charakterisierung der *sapientia* (σοφία) als ›Lebens-Kunst‹ stoischer Meinung (vgl. *S.V.F.* 3,516).

[56]Es ist nicht ganz klar, was dieses Argument erbringen soll. Denn die Tatsache, daß jemand ein Verhalten an den Tag legt, das bestimmten moralischen Prinzipien entspricht und in diesem Sinn als tugendhaft einzuschätzen ist, würde allenfalls dafür sprechen, daß diese Person überzeugt ist, das Richtige zu tun. Weder folgt daraus, daß es im Sinne des moralischen Realismus etwas gibt, das sich erkennen oder einsehen läßt; noch folgt daraus, daß die Person selbst derartige Erkenntnisse gewonnen hat.

[57]Hier stellt sich die Frage, ob Lucullus meint, (i) daß der Handelnde nur deshalb so handeln kann, wie er handelt, weil er überzeugt ist, daß die in Rede stehende Erkenntnis nur wahr sein kann; oder (ii) daß die in Rede stehende Erkenntnis tatsächlich wahr sein muß. — Im ersten Fall kann das Vorliegen von Handlungen einer bestimmten Art natürlich nicht die Wahrheit der in Rede stehenden Erkenntnisse verbürgen; im zweiten Fall wäre einzuwenden, daß wahre Erkenntnisse kaum als notwendige, geschweige denn hinreichende Bedingungen des Vollzuges von Handlungen angesehen werden können.

[58]Lucullus vertritt die Auffassung, daß Fragen bezüglich jener Handlungen, die wir vornehmen, im Lichte von Annahmen bezüglich der höchsten Güter überhaupt vollzogen werden (Vgl. *De Fin.* 1,11: »Was ist das Ziel, das Äußerste und Letzte, auf das alle Erwägungen [*consilia*] hin-

sichtlich des guten Lebens und richtigen Handelns bezogen werden müssen?« [vgl. *S.V.F.* 3,2-3]).

⁵⁹Die Vorstellung, daß *sapientia* nicht ohne sicheres Wissen bezüglich der Natur des höchsten Gutes bestehen könne, um dessen Verwirklichung willen alles getan wird, was wir tun (*S.V.F.* 3,2-3), mag sich von daher erklären, daß Weisheit (σοφία) bei den Stoikern als »Wissen [ἐπιστήμη] göttlicher und menschlicher Dinge« aufgefaßt wurde (*S.V.F.* 2,35-36). Dabei stellt sich die Frage, ob die Stoiker im Ernst meinten, daß der Weise buchstäblich alles wisse.

⁶⁰Mit diesem Ausdruck (vgl. *De Fin.* 4,46) bezieht sich Lucullus auf die stoische Lehre, daß wir erkennen können, was gut für uns ist. Diese Lehre geht von der Annahme aus, daß die Natur selbst ihre Geschöpfe so eingerichtet habe, daß jedes Lebewesen über ein Bewußtsein seiner Konstitution (σύστασις) verfüge und mit einem Streben bzw. Impuls zur Selbsterhaltung ausgestattet sei (*S.V.F.* 3,178 ff.). In diesem Sinne sprach man auch von dem ›Ersten Naturgemäßen‹, nämlich davon, »daß man Freude an allem gewinnt, was dem Körper zuträglich ist und vor dem zurückschreckt, was ihm abträglich ist« (*S.V.F.* 3,181). Im Falle menschlicher Wesen beschränkt sich die Tendenz nicht auf das Wirken des Impulses. Vielmehr wurde der Vernunft (λόγος) die Funktion zugedacht, sozusagen als Künstler (τεχνίτης) des Impulses zu wirken (*S.V.F.* 3,178).

⁶¹Auch hier vertritt Lucullus eine Auffassung, die im weitesten Sinne als stoische Position anzusehen ist. Dies gilt jedenfalls für die Annahme, daß Handlungen dadurch zustande kommen, daß ein Impuls (ὁρμή) vorliegt; und dieser Impuls wiederum basiert auf einer Zustimmung oder ist sogar materiell mit dem Akt der Zustimmung identisch (*S.V.F.* 3,171). Genau dieser Punkt war aber zwischen den Stoikern und ihren akademischen Kritikern strittig. So vertraten die letzteren die Auffassung, daß sich Handlungen auch ohne eine solche Zustimmung ereignen (siehe besonders *S.V.F.* 3,177). Siehe unten § 108.

⁶²Das der Übersetzung zugrundeliegende und durch die entsprechende Interpunktion im lateinischen Text gewonnene Verständnis dieses Satzes läßt sich mit Bezug auf den Anfang von § 25 (»Das aber, was die Bewegung auslöst, muß zunächst einmal erscheinen«) rechtfertigen. Wenn dies die Bedeutung des im Lateinischen Gesagten ist (d.h. wenn *verum* sich auf *occurrit* bezieht), so läßt sich einwenden, daß, selbst wenn der Handelnde über jeden vernünftigen Zweifel hinaus sicher ist, erkannt zu haben, was wahr ist, dies natürlich nicht die Wahrheit des Erkannten verbürgt. Alternativ ließe sich verstehen (d.h. indem man *verum* auf *videri* bezieht): »[...] dann muß sich ihm das, was ihm vorkommt, als wahr zeigen«; da *id* sich in beiden Fällen auf das *quid* des vorangehenden Satzes bezieht (*si quid officii sui sit non occurrit animo*), könnte *verum videri* in dieser Deutung nicht mit »wahr erscheinen« im Sinne eines bloß subjektiven Für-wahr-Haltens über-

setzt werden. In diesem Fall würde zwar der gegenüber der ersten Alternative genannte Einwand gegenstandslos. Doch hätten wir es mit einer neuen Schwierigkeit zu tun; denn die These des Lucullus wäre dann die, daß Handlungen einer bestimmten Art die Erkenntnis des Wahren bzw. wahre Erkenntnisse voraussetzen; und diese These zumindest ist für den Skeptiker akademischer Richtung nicht unproblematisch.

[63]Lucullus' Verwendung des Ausdruckes »finden«, »herausfinden« orientiert sich am stoischen Verständnis von Suche: »Suche ist ein Streben [ὁρμή] auf das Erfassen des zugrundeliegenden Gegenstandes hin, wobei sie ihn vermittels von Zeichen [σημεῖα] herausfindet. Das Finden [εὕρεσις] ist das Ende und Aufhören der Suche in Erkenntnis [κατάληψις]« (S.V.F. 2,102). — Die bildhafte Charakterisierung des Prozesses als Entdeckung, Aufdeckung und Enthüllung des fraglichen Gegenstandes wird im Nachfolgenden mit der Auffassung verbunden, daß Beweise in der Konklusion etwas Nicht-Offenbares etablieren.

[64]Dieser Punkt ist zweifelhaft. Dies gilt umsomehr, als auch wissenschaftliche Sätze gegen Revision nicht immun sind und oft genug im Nachhinein als falsch erkannt wurden. (Der Philosoph G. Frege hat in seinem Essai »Der Gedanke« [1918] den Akt des Denkens bzw. Fassens eines Gedankes formell von der Anerkennung seiner Wahrheit unterschieden.)

[65]Beweisende Argumente sind nach stoischem Verständnis solche Argumente (λόγοι), in denen etwas Nicht-Offenbares (ἄδηλον) bzw. Unbekanntes aus Offenbarem bzw. vorher Bekanntem erschlossen wird (Sextus Empiricus, Pyrrh. Hyp. 2,135-143). — Sextus Empiricus untergliedert den Bereich der ἄδηλα — Cicero wird hier von incerta sprechen — in Pyrrh. Hyp. 2,97 ff. und Adv. Math. 8,145 ff. in das absolut Nicht-Offenbare auf der einen Seite (i.e. ob die Anzahl der Sterne gerade oder ungerade ist) und das zeitweise Nicht-Offenbare (i.e. wie es jetzt hier und dort zugeht, etwa in Athen) und natürlicherweise Nicht-Offenbare (i.e. die Existenz des Leeren) auf der anderen Seite. Lediglich ἄδηλα der beiden letztgenannten Arten sind auf Grund der Indizien zugänglich; dabei beschränkt sich Forschung im relevanten, beweisenden Sinn auf solche Belange, die von Natur aus nicht-offenbar sind.

[66]Der lateinische Ausdruck fides übersetzt sicher das griechische Wort πίστις, das in der stoischen Philosophie als »kraftvolles Erfassen« verstanden wurde, welches »das Angenommene bestärkt« (S.V.F. 3,548). Bei Clemens (Strom. 8,7,2) erscheint πίστις im Zusammenhang mit Beweis (ἀπόδειξις). — In Ac. Post. 1,41 wird der Ausdruck fides zur Beschreibung der Position Zenons verwendet. Daneben gibt es freilich auch andere Verwendungen des Wortes πίστις, und zwar eine Form von Glaubwürdigkeit, die eher zum Bereich der rhetorischen Argumentation gehört.

[67]Hier kommt klar zum Ausdruck, daß Lucullus, wie die meisten antiken Moralphilosophen, ethischer Kognitivist ist, für den Werturteile also

eine Spezies von Tatsachen-Aussagen darstellen oder von letzteren nicht einmal unterschieden sind. Gerade wenn also moralische Urteile wahr oder falsch sein können und moralisch richtige Entscheide auf wahren Erkenntnissen beruhen müssen, behält die Frage nach der Wahrheit überragendes Gewicht. Dieser Punkt wird namentlich in § 29 deutlich. Gänzlich anders stellt sich diese Frage für solche Denker, die sinngemäß der These des Nicht-Kognitivismus zuneigen.

[68]Hier wird auf die Frage angespielt, ob der Weise (*sapiens*, σοφός) immer und unter allen Umständen wahre Behauptungen trifft. Es gibt Zeugnisse, nach denen der stoische Weise »nichts nicht wisse« (*S.V.F.* 3,548 u.ö.) und in § 42 wird betont, daß die Weisheit einfach keinen Raum für bloße Meinung usw. lasse (=*S.V.F.* 1,60). Diese Auffassung wird von Skeptikern nicht geteilt. Denn wenn es keine zuverlässige Unterscheidung zwischen wahren und falschen Erscheinungen gibt, so kann der Weise auch keine Aussage als wahr bzw. als falsch behaupten, und er muß in Bezug auf die Frage der Wahrheit Urteilsenthaltung üben. Dies wird in § 59 als jene Strategie beschrieben, welche sich Arkesilaos zu eigen gemacht habe; Karneades hingegen scheint die Auffassung vertreten zu haben, daß der Weise gelegentlich Meinungen vertrete (vgl. § 66-67). Diesen Punkt scheint Lucullus hier vor Augen zu haben, wenn er befindet, daß der Weise als Weiser nicht irre.

[69]Lucullus' Ausdrucksweise ist hier anfechtbar. Denn Aussagen, die in bzw. mit Aussagesätzen getroffen werden, sind entweder wahr oder falsch. Vermutlich meint Lucullus, es reiche nicht, wenn die in Rede stehenden Thesen plausibel oder wahrscheinlich seien. Dies wäre ja die Position gewisser Akademiker, die in § 59 (*probabilia vos sequi*) angesprochen wird. Die Forderung, der in Rede stehende Gedanke müsse beständig, fest, gültig und unerschütterlich sein, legt nahe, daß Lucullus sinngemäß geradezu an ewige Wahrheiten denkt, so wie sie von Platon im *Timaios* 29 b in Gestalt von festen λόγοι angesprochen werden. Darüber hinaus soll aber gelten, daß auch der Zustand dessen, der etwas sicher weiß, unerschütterlich sei.

[70]Daß es derartige Lehrsätze nicht gibt, ist Auffassung jener Akademiker, welche sagten, daß jeder Satz Gegenstand des *in utramque partem disserere* sei; und daß nichts als unverbrüchlich wahr erscheinen kann, ist in jener These involviert, daß ›wahr‹ und ›falsch‹ zumindest nach Karneades in keinem Fall als eigene Größen hervortreten (vgl. z.B. §§ 33-34). Es ist wichtig zu sehen, daß Lucullus hier nur die zweite Möglichkeit erwähnt. Für Lucullus ist der Gedanke entscheidend, daß es Wahrheiten gibt und daß sie als solche in Erscheinung treten bzw. erkannt werden können.

[71]Diese Erläuterung unterstreicht den empiristischen Charakter von Annahmen bezüglich Herkunft und Bereich der Erkenntnis. Diese Auffassung scheint auf Epikur und die Stoiker generell zuzutreffen. Doch bliebe zu fragen, inwieweit sie generell behauptet werden darf.

[72]Es ist nicht klar, was mit diesem Ausdruck *pressius* (siehe unten §
109) gemeint ist. Der Punkt, der durch Antiochos in die Diskussion Eingang fand, scheint in dem Hinweis bestanden zu haben, daß die Akademiker
die Erkennbarkeit der Wahrheit ihrer These ›Nichts ist erkennbar‹ zugeben
müßten und damit den dogmatischen Charakter dieser Annahme (Ende §
29). Falls dies in der Tat der Punkt war, so würde damit wohl auch der
Grund des Dissens mit Philon bezeichnet sein. Arkesilaos und Karneades
scheinen sowohl (*A*) ›Nichts ist erkennbar‹ als auch (*B*) ›Wir müssen uns
bezüglich aller Dinge des Urteils enthalten‹ vertreten zu haben. Dabei
scheint *A* tatsächlich als eine Art Dogma vertreten worden zu sein (vgl.
Plutarch, *Adv. Colot.* 1122 A; Augustin, *Contra Academicos* 2,11) und
müßte als eine Doktrin der Schule gelten (vgl. Cicero, *Lucullus* § 148,
Photios, *Bibl.* 169b18 ff.). Doch scheinen die Akademiker bestritten zu
haben, daß *A* erkannt werden könne (*Ac.Post.* 1,45; *Lucullus* § 28-29).
Andererseits hat zumindest Arkesilaos auch auf *B* insistiert; diese Position
zwang ihn zu der Auffassung, daß Handlungen auch ohne Urteilsbildungen
möglich seien (vgl. Plutarch, *Adv. Col.* 1122 B-D). Philon dürfte die
Auffassung gehabt haben, daß *A* selbst eine problematische These sei, hinsichtlich derer man im Irrtum befindlich sein könne.

[73]Mit welchem Recht unterstellt Lucullus den Akademikern, daß diese
bei den sonstigen Dingen schwanken (*fluctuari*)? Ein solcher Vorwurf
scheint dann begreiflich, wenn vorausgesetzt werden darf, daß die Akademiker (oder genauer: eine bestimmte Gruppe) mit dem Rekurs auf das
Plausible (πιθανόν) jeweils die Möglichkeit offenließen, daß sie im Irrtum
befindlich seien. In diesem Falle würde sich Lucullus bzw. Antiochos auf
die Einstellung des Karneades beziehen. Nur geht die Unterstellung dahin,
daß die Akademiker auch hinsichtlich ihres Kern- bzw. Leitsatzes schwanken. Dieser Vorwurf impliziert, daß jemand die Geltung des Leitsatzes
selbst als plausibel annahm. Dies könnte dann eigentlich nur Philon gewesen sein.

[74]Mit dieser Bemerkung bezieht sich Cicero möglicherweise auf Karneades' Unterscheidung zwischen ›deutlichen‹ und ›undeutlichen‹ Erscheinungen, von denen letztere nicht als ›Kriterium‹ in Frage kämen (vgl. Sextus Empiricus, *Adv. Math.* 7,171-173).

[75]Siehe § 129 ff. und Anm. 331.

[76]Antiochos monierte demnach, daß der Begriff des Weisen den des
Zweiflers ausschließe: Sätze wie ›Der Weise bezweifelt...‹ sind in seinen
Augen offenbar logisch widersprüchlich. Um eine solche *contradictio in
terminis* zu vermeiden, müßten die Akademiker also zugestehen, daß es etwas gibt, was der Weise als Weiser wisse, — nämlich den Grundsatz, der
seine Position bestimmt und ihn damit als Weisen auszeichnet.

[77]Die Ausdrucksweise ist unklar. Wahrscheinlich will Lucullus mit *inconstantia* sowohl die begriffliche Inkompatibilität gewisser Merkmale cha-

rakterisieren, die den Begriff des Weisen in akademischer Sicht ausmachen, als auch den selbstwidersprüchlichen Charakter der Behauptung ›Nichts ist erkennbar‹.

[78]Dieser Übergang erscheint so, als würde Cicero unmittelbar eine schriftliche Vorlage wiedergeben, denn der Satz ist so, wie er dasteht, mündlicher Ausdrucksweise wenig angemessen; und es ist nicht ausgeschlossen, daß Cicero die jeweiligen Vorlagen bzw. die dort jeweils verhandelten Gesichtspunkte nicht sorgfältig gegeneinander abgrenzte.

[79]Antiochos, auf den sich Lucullus bezieht, bietet hier einen Gedanken, der teleologischer Art ist und auf die These hinausläuft, daß der Mensch von der Natur darauf hin ausgerichtet wurde, zu adäquater Erkenntnis zu gelangen. Doch kann dieser Gedanke, anders als derjenige in §§ 21-23, nicht ernsthaft als Argument betrachtet werden. Es handelt sich um eine Aufforderung, die Natur so zu sehen, nicht jedoch um eine aussichtsreiche Attacke gegen die Skeptiker, welche die Möglichkeit u.a. auch eben dieser Einsicht bestreiten.

[80]Aus der hier entwickelten Gliederung wird nicht ganz deutlich, ob die in Rede stehende Theorie die faktische Genese von Erkenntnis angeht oder jene Faktoren benennen soll, welche beim Erkennen eine Rolle spielen. Im Kontext der früheren Argumentation von § 21 ff. scheint die Entwicklung von Erkenntnis bzw. von Erkenntnisleistungen beschrieben zu werden. Hier jedoch dürfte eher so etwas wie eine Charakterisierung der konstitutiven Faktoren im Erkenntnisprozeß gemeint sein.

[81]Vermutlich muß *mens* hier durch ›Geist‹ oder ›Seele‹ wiedergegeben werden. Allein dieses Verständnis scheint geeignet, der Charakterisierung »Quelle der Sinne« eine vernünftige Interpretation abzugewinnen. Möglicherweise geht der Gedanke selbst auf den Zenon-Schüler Ariston von Chios zurück (*S.V.F.* 1,377). Doch spricht Ariston nicht den Geist ($\nu o \tilde{v} \varsigma$) als Quelle an, sondern den wahrnehmungshaften Teil der Seele.

[82]Dazu vgl. *S.V.F.* 2,83: Nach diesem Zeugnis des Aëtius dürfte es sich bei Ciceros Unterscheidung *alia visa* [...] *alia* [...] *cetera autem* [...] um die Unterscheidung zwischen unmittelbarer Sinneswahrnehmung, Erinnerung und Erfahrung handeln, wobei die Abstufung verschiedene Weisen der Abbildung äußerer Gegenstände in dem als Tafel verstandenen Seelenteil (i.e. dem $\dot{\eta} \gamma \varepsilon \mu o \nu \iota \kappa \acute{o} \nu$) kennzeichnet.

[83]Der Ausdruck $\pi \rho \acute{o} \lambda \eta \psi \iota \varsigma$ (›Vorbegriff‹) findet auf jene Klasse von Begriffen ($\check{\varepsilon} \nu \nu o \iota \alpha \iota$) Anwendung, die stoischer Meinung nach offenbar auf nicht-physische Weise entstehen (*S.V.F.* 2,83). Im nämlichen Kontext wird erläutert, daß dies da der Fall ist, wo Belehrung ($\delta \iota \delta \alpha \sigma \kappa \alpha \lambda \acute{\iota} \alpha$) und eigene Bemühung ($\dot{\varepsilon} \pi \iota \mu \acute{\varepsilon} \lambda \varepsilon \iota \alpha$) im Spiel sind.

[84]Dieser Punkt ist schwer verständlich. Vielleicht ist gemeint, daß die Dinge in ihrer Vielheit erst dann zu Gegenständen des Denkens werden, wenn das erkennende Subjekt gemäß allen seinen Funktionen, die Cicero

eben angesprochen hat (i.e. Sinneswahrnehmung, Erinnerung, Begriffsbildung, Erfahrung und logisches Schließen), tätig ist.

[85]Dieser Passus könnte direkt an das Ende von § 29 anschließen: Lucullus wunderte sich über die Unempfindlichkeit der Akademiker ihrer eigenen
Inkonsistenz gegenüber; nun fragt er sich, was sie eigentlich vor Augen
haben bzw. was sie wollen.

[86]Die Unterscheidung reproduziert offensichtlich eine Distinktion zwischen ἀκατάληπτον auf der einen und ἄδηλον auf der andern Seite. Aus
§ 54 geht hervor, daß Lucullus den Ausdruck *incertum* an Stelle des
Griechischen ἄδηλον (›verborgen‹, ›nicht-offenbar‹, ›unklar‹) verwendet.
Daß ein derartiger Unterschied tatsächlich behauptet wurde, geht aus einem
Zeugnis bei Eusebios, *Praep. Ev.* 14,7,15 hervor. Danach hätte Karneades
gesagt, alles sei unerfaßbar, aber nicht alles unklar. Dieser Punkt macht
verständlich, daß gewisse Akademiker (»andere«) die Folgerung »alles ist
ungewiß« nicht als Teil ihrer eigenen Auffassung akzeptierten und sich somit auch nicht genötigt fühlten, die These, alles sei unerfaßbar, in irgendeiner Form zurückzunehmen.

[87]Dieser Punkt wird § 110 wieder aufgenommen. Das Beispiel
bezüglich der Anzahl der Sterne betrifft laut Sextus Empiricus, *Pyrrh. Hyp.*
2,97 die stoische Einteilung jener Sachverhalte, die »prinzipiell nicht
offenbar sind«, d.h. »von Natur aus niemals unter unsere κατάληψις
fallen« (siehe oben, Anm. 65). Mithin spielt Lucullus hier auf eine Gruppe
von Denkern an, die alle Sachverhalte samt und sonders als so unklar
ansahen, wie die Stoiker selbst die Frage bezüglich der Anzahl der Sterne
beurteilten.

[88]Denselben Akademikern, die zwischen ›unklar‹ und ›unerfaßbar‹ unterscheiden, wird hier die Auffassung unterstellt, es gebe etwas Glaubhaftes
(πιθανόν [s.o. Anm. 4]). Dabei ist unklar, ob der Ausdruck »gleichsam
wahrscheinlich« bzw. »dem Wahren ähnlich/gleichend« von Cicero hier als
Mittel der Interpretation oder als Teil des Berichtes verwendet wird. Beide
Varianten sind denkbar. Denn laut Sextus Empiricus, *Adv. Math.* 7,166 ff.
wurde von Karneades eine Klasse von Erscheinungen (φαντασίαι) als
Gruppe der ›wahr erscheinenden Erscheinungen‹ ausgegrenzt; und im Falle
der wahr erscheinenden Erscheinung hatte Karneades auch von ›Manifestation‹ (ἔμφασις) bzw. ›Überzeugung‹ (πιθανότης) und ›überzeugender
Erscheinung‹ (πιθανὴ φαντασία) gesprochen. Aus dem Kontext geht im
übrigen hervor, daß drei Konnotationen von ›überzeugend‹ zu berücksichtigen seien (s.u. Anm. 100 zu § 35); dabei würde wohl nur die
letztgenannte Konnotation (i.e. »ungehinderte und umsichtig erkundete
Erscheinung«, s.u., Anm. 100) Ciceros Verwendung des Wortes rechtfertigen. Aber falls Ciceros Erläuterung des *probabile* auf diese Konnotation
Bezug nimmt, wäre damit offensichtlich nicht der ganze Bereich des *probabile* ins Auge gefaßt. Dies könnte allenfalls dafür sprechen, daß sich

Ciceros Erläuterung nicht an der Explikation orientiert, welche Karneades vorgenommen hatte. Eine andere Unklarheit ist mit der Frage angezeigt, ob Karneades selbst Thesen dieser Art als eigene Thesen vertrat, oder ob er nur innerhalb der stoischen Systematik argumentiert und hier Verbesserungen vornimmt. Aus dem Kontext bei Cicero geht nicht hervor, welchen Zusammenhang in der Sicht der Akademiker (»sie wollen«) zwischen Unklarheit und Glaubhaftigkeit besteht.

[89]Es ist wichtig zu sehen, daß die in Rede stehende Gruppe von Akademikern die *probabilia* sowohl als Richtschnur für praktische Belange als auch als Regel für theoretische Fragen behandeln.

[90]Cicero verwendet an dieser Stelle das Wort *visio*. Wahrscheinlich steht *visio* hier für φαντασία; und es bleibt zu fragen, weshalb Cicero φαντασία sonst vorzugsweise durch *visum* wiedergibt.

[91]Lucullus bezieht sich auf die Position derer, die die Erfüllbarkeit des dritten Definitions-Merkmals (»wie sie [scil. die Erscheinung] nicht [nach-gebildet] sein könnte einem Gegenstand, von dem sie nicht stammt« [s.o. § 18 und Anm. 35]) leugnen und sagen, daß jeder wahren Erscheinung eine nicht-unterscheidbare falsche Erscheinung zur Seite stehe. Wenn dies so ist, dann ist jede Erscheinung gleichermaßen mit Wahrheit und Falschheit verhängt (vgl. Sextus Empiricus, *Adv. Math.* 7,164; 175). — Zum Begriff der ›Gemeinschaft‹ vgl. auch § 34; 44 (*communio*); 59. Er könnte einer Unterscheidung entstammen, die die Stoiker bezüglich des Begriffs ›Zeichen‹ machten (vgl. Philodem, *De signis* 1,1-19; 14,2-11 De Lacy): gemäß dieser Unterscheidung ist eine Erscheinung dann ein ›gemeinschaftliches Zeichen‹ (κοινὸν σημεῖον) — und nicht ein ›eigentümliches Zeichen‹ (ἴδιον σημεῖον) — für etwas Nicht-Offenbares, wenn eine Erscheinung sowohl dann vorhanden ist, wenn das zugrundeliegende Nicht-Offenbare vorhanden ist, als auch wenn es nicht vorhanden ist; als Beispiel für ein ›gemeinschaftliches Zeichen‹ steht bei Philodem der Schluß: ›Dieser Mensch ist reich, deshalb ist er gut‹.

[92]Der Ausdruck *nota* kann das griechische Wort χαρακτήρ übersetzen oder aber im Sinne von *signum* das griechische σημεῖον (›Zeichen‹) wiedergeben. Doch wäre ›Zeichen‹ im Sinne der hellenistischen Philosophen-Schulen eigentlich eine komplexe Aussage (ἀξίωμα), in welcher der im Nachsatz behauptete Sachverhalt (*Q*) durch den im Vordersatz behaupteten Sachverhalt (*P*) bedeutet wird (Sextus Empiricus, *Adv. Math.* 8,245). Falls Cicero ähnlich wie Augustin nach ihm (*Contra Academicos* 3,18) dieses eher technische Verständnis von ›Zeichen‹ vorgeschwebt haben sollte, so könnte der Gedanke folgender gewesen sein: die Tatsache, daß eine Erscheinung bestimmte Bedingungen erfüllt, ist Zeichen dafür, daß der in der Erscheinung präsentierte Sachverhalt tatsächlich besteht. Eine derartige Verwendung von ›Zeichen‹ (*signum*) scheint weiter unten § 36 vorzuliegen (siehe unten, Anm. 104). Doch ist hier, wie auch an zahlreichen Stellen im

Nachfolgenden, zumeist wohl an ein Merkmal gedacht, i.e. an etwas, was im Griechischen ἰδίωμα heißt (vgl. Sextus Empiricus, *Adv. Math.* 7,252). Mit anderen Worten: kataleptische Erscheinungen haben etwas an sich, was sie von anderen Erscheinungen unterscheidet bzw. die Möglichkeit ausschließt, daß eine andere Erscheinung mit ihr verwechselt werden könnte.

[93]Die Ablehnung seitens der Akademiker beschränkt sich demnach auf den dritten Teil der Bestimmung der erkenntnishaften Erscheinung. Diese Ablehnung kennzeichnet die Position Philons: Wenn Erkenntnis gemäß stoischer Einschätzung nur auf der Basis solcher Erscheinungen möglich ist, welche jede Form der Verwechslung ausschließen, so gibt es keine Erkenntnis.

[94]Damit ist gemeint, daß die hier konfrontierten Akademiker nur den dritten Teil der stoischen Bestimmung bestritten, nicht jedoch auch den ersten und den zweiten Teil. Sie bestritten also, daß es eine Erscheinung gibt, die nicht auch falsch sein könnte (vgl. Sextus Empiricus, *Adv. Math.* 7,164). Diese Auffassung war auch diejenige Philons (§ 111); sie wurde von Antiochos attackiert (§ 112). — Doch ist nicht klar, weshalb die Bestreitung des dritten Teils zusammen mit der Bejahung des Restes als kindisch angesehen werden muß. Wenn man den Punkt im Lichte der späteren Erörterungen liest, so liegt der Stein des Anstoßes darin, daß Philon behauptete (*A*) ›gewisse Erscheinungen sind falsch‹ und (*B*) ›die falschen Erscheinungen unterscheiden sich nicht von den wahren Erscheinungen‹ (§ 111) und sich somit widerspreche. Cicero bestreitet das (s.u.). — Der Kontext in § 33 wird jedoch nicht vollends geklärt. Denn Lucullus' Beispiel soll ja zeigen, daß es sinnlos sei zu behaupten, es gebe Dinge, die erkannt (*cerni*, vgl. auch § 111) werden können, nur könnten wir sie nicht mittels *visa* erkennen; dabei wird impliziert, daß die *visa* analog dem Gesichtssinn das einzige Mittel zur Erkenntnis seien. Aber eben hier ließe sich einwenden, daß Erscheinungen nicht im gleichen Sinne als notwendige Bedingungen der Erkenntnis gelten müssen wie dies für die Augen im Falle des Sehens anzunehmen ist. Der Skeptiker könnte dies bestreiten; andere Philosophen haben ja auf die Annahme von mentalen Entitäten wie ›ideas‹ im Britischen Empirismus auch bewußt verzichtet. Doch mag die Bestreitung nicht einmal die Existenz von Erscheinungen als Erscheinungen angehen. Denn der akademische Antipode mag ja seine Ablehnung auf den speziellen Charakter der Erscheinung beschränkt haben, der im dritten Teil der Bestimmung spezifiziert wird; und er mag gleichwohl zugestanden haben, daß Erkenntnis von Gegenständen nur dann möglich sei, wenn die Gegenstände korrekt abgebildet werden.

Daß Lucullus (bzw. Antiochos) an Hand dieses Beispiels die Bestreitung des dritten Punktes als Vernichtung des Kriteriums und virtuelle Blendung interpretiert, ist anfechtbar. Denn der dritte Punkt hatte für die Stoiker,

denen Lucullus helfen möchte (§ 18), selbst kein eigenes Gewicht. Denn er
versteht sich insofern von selbst, als stoischer Meinung nach kein Gegenstand einem anderen Gegenstand in allen Belangen gleicht. In diesem Sinne
genügte die Bedingung, daß der Gegenstand in und mit der Erscheinung genau abgeknetet wurde.
[95]Dazu siehe unten § 99 und Anm. 286.

[96]Die hier angedeutete Unterscheidung zwischen Erkenntnishaftigkeit
und Klarheit wird als Unterscheidung charakterisiert, welche von Leuten
vertreten werde, die dem Protest der Wahrheit weichen. Wer sind diese
Denker und worin besteht die Unterscheidung? Der Hinweis auf die
Konzession an die Wahrheit paßt vielleicht zu jenem Hinweis in § 18, der
Philons positiven Ansatz charakterisiert. Die Unterscheidung selbst nimmt
vielleicht auf jene Gruppe von Denkern in § 17 Bezug, die Erkenntnishaftigkeit und Evidenz mehr oder weniger identifizierten und diese Begriffe
nicht eigens als aufklärungsbedürftig ansahen. Diese ungenannten Denker
tadelten Antipater, weil er sich mit den Akademikern rieb; Antipater
seinerseits machte von dem Begriff der Evidenz Gebrauch und bestimmte
jene Erscheinungen als erkenntnishaft, welche ›evident und schlagend‹ seien
(s.o. Anm. 29). Mithin ist denkbar, daß die hier in § 34 genannten Denker
gerade jene These angreifen, auf die bereits Karneades Bezug nahm (Sextus
Empiricus, *Adv. Math.* 7,403). Daß Karneades seinerseits den Begriff der
Evidenz diskutierte, ist nicht bekannt. Allerdings gibt es den Bericht seines
Schülers Kleitomachos, den Cicero in seiner Antwort § 99 zur Sprache
bringt. In diesem Bericht ist von der angeblichen *perspicuitas* der
Sinneswahrnehmungen die Rede, gegen die der Akademiker argumentiert;
und so, wie Cicero den Bericht formuliert, müßte — dies zeigt sich an dem
Konjunktiv *dicantur* — die negative Auffassung bezüglich der *perspicuitas*
Teil der Argumentation des Karneades sein. Dies spricht eher gegen die
Annahme, daß § 34 auf eine Trennung reflektiert, die Karneades formuliert
hatte. Auch legt der knappe Zusammenhang von § 99 eher den Gedanken
nahe, daß Karneades Evidenz und Nicht-Evidenz den Begriffen der
Erkenntnishaftigkeit und Nicht-Erkenntnishaftigkeit korrelierte. Da
Karneades hier (§ 34) auch nicht Ziel des Angriffs ist, könnte Philon als
Urheber der Unterscheidung in Frage kommen. Diese Vermutung bietet sich
umsomehr an, als Philon — zumindest in seiner späteren Phase — den
Wahrnehmungen im weitesten Sinn ($\pi\alpha\theta\eta\mu\alpha\tau\alpha$) vermehrtes Gewicht
eingeräumt haben soll, und zwar wegen der Evidenz (Numenios, bei
Eusebios, *Praep. Ev.* 14,9,1-2). Philon könnte, nach den wenigen
Informationen, die vorliegen, den Erscheinungen problemlos Evidenz
zugebilligt, aber Erfaßbarkeit im stoischen Sinne abgesprochen haben.

[97]Hier moniert Lucullus die Verwendung des Ausdrucks ›anschaulich‹
durch die Akademiker; offensichtlich schließt die These ›Es ist evident, daß

a die Eigenschaft *F* hat‹, die These ›Es ist möglich, daß *a* in Wirklichkeit *G* ist‹ in seinen Augen aus.

[98]Diese Folgerung wird § 103 von Cicero zurückgewiesen, — zumindest ausdrücklich hinsichtlich Farbe. Tatsächlich bestreitet der Akademiker nicht das Vorhandensein entsprechender Wahrnehmungsgehalte. Was er bestreitet, ist der Anspruch, daß die in Rede stehenden Eigenschaften jeweils *ipso facto* Teil der Wirklichkeit seien (siehe unten Anm. 299) bzw. als solche erkannt würden.

[99]Das Verständnis dieses Satzes hängt u.a. davon ab, auf wen sich das Subjekt (»sie«) von *urguent* bezieht (Subjekt von *coarguant* sind zweifellos die Akademiker); sind die Akademiker gemeint, dann ist der Satz wohl am ehesten ironisch zu verstehen: in der Tat haben die Akademiker kein Interesse daran, die Geltung des stoischen Kriteriums außer Kraft zu setzen. Sind jedoch die Gegner der Akademiker gemeint, dann erklärt Lucullus deren Geringschätzung seitens der Akademiker damit, daß diese mit der Frage *ergo istuc quidem percipis?* — da die Akademiker ja zwischen *perspicua* und *percepta* unterscheiden (§ 34) — nicht genügend in Bedrängnis gebracht würden. Auf eine gewisse Schwäche der gegnerischen Argumentation aus der Sicht des Antiochos hatte Lucullus bereits in § 29 hingewiesen (vgl. § 109 [s.o., Anm. 72]). Vom Sprachlichen her wäre ein Subjektswechsel erwünscht, sodaß die zweite Deutung näher läge.

[100]Die Akademiker (i.e. Karneades) unterschieden genaugenommen drei Ebenen von Glaubhaftigkeit. So unterschieden sie zwischen (i) der glaubhaften Erscheinung ($\pi\iota\theta\alpha\nu\grave{\eta}$ $\varphi\alpha\nu\tau\alpha\sigma\acute{\iota}\alpha$), (ii) der glaubhaften Erscheinung, die zugleich ungehindert ($\acute{\alpha}\pi\epsilon\rho\acute{\iota}\sigma\pi\alpha\sigma\tau\sigma\varsigma$) ist, und (iii) der glaubhaften Erscheinung, die sowohl ungehindert als auch umsichtig erkundet ($\delta\iota\epsilon\xi\omega\delta\epsilon\upsilon\mu\acute{\epsilon}\nu\eta$) ist. Nach Sextus' Bericht (*Adv. Math.* 7,176-184) halten sie dafür, daß in Belangen des alltäglichen Lebens (i) genüge, in wichtigeren auf (ii) rekurriert werde und bei Belangen, die das Lebensglück ($\epsilon\grave{\upsilon}\delta\alpha\iota\mu\nu\acute{\iota}\alpha$) angehen, auf (iii). — Hier wird Glaubhaftigkeit auf der alltäglichen Ebene (i) eingeführt bzw. erwähnt.

[101]Hier geht es um Glaubhaftigkeit im Sinne von (iii); s.o., Anm. 100.

[102]Der Ausdruck »zum großen Teil« wurde vielleicht von der bei Sextus, *Adv. Math.* 7,175 wiedergegebenen Meinung des Karneades inspiriert, wonach die »wahr erscheinende Erscheinung« zwar falsch sein kann, aber doch »meistens wahr« ist ($\acute{\omega}\varsigma$ $\tau\grave{o}$ $\pi\sigma\lambda\grave{\upsilon}$ $\acute{\alpha}\lambda\eta\theta\epsilon\acute{\upsilon}\sigma\upsilon\sigma\alpha$).

[103]Was will Lucullus zeigen? Daß der Akademiker so etwas wie einen Begriff von Wahrheit haben muß? Oder daß er im Hinblick auf einen gegebenen Gegenstand wissen müßte, daß es sich um diesen und keinen anderen Gegenstand handelt?

[104]Die naheliegende Deutung (i) scheint an die Beobachtung gebunden, daß im Lateinischen mit *significatur* daß Passiv von ›bezeichnen‹ steht. Diese Verwendung dürfte sich an die entsprechende Verwendung von

σημειοῦσθαι im Medium anlehnen, das, wie bei Sextus Empiricus, *Adv. Math.* 7,365-366 deutlich wird, ›etwas als Zeichen nehmen, daß...‹ bedeuten kann. Sextus kommentiert an der besagten Stelle solche Fälle, wo jemand aus der Tatsache, daß er von Honig eine Süß-Empfindung (πάθος) hat, die Vermutung hegt (στοχάζεται), daß der äußere Gegenstand [i.e. der das πάθος verursacht] seinerseits süß ist, bzw. daß jemand, der in der Nähe des Feuers Wärme verspürt, erschließt (σημειοῦται), daß der Gegenstand seinerseits heiß ist. — Daß derartiges hier im Blick ist, wird auch durch die Verwendung von *argumentum* nahegelegt, das im allgemeinen Sinn von λόγος (›Argument‹) verstanden werden kann: Beweise (ἀποδείξεις) sind in der stoischen Theorie Zeichen (σημεῖα) (siehe oben, Anm. 92). — Sextus macht im Übrigen geltend, daß das, was auf solche Weise [i.e. indirekt] erfaßt werde, gemäß genereller Übereinstimmung [also auch der Stoiker] ἄδηλον sei. — (ii) Alternativ ließe sich sagen, daß hier von Erscheinungen die Rede ist und davon, daß Erscheinungen gemäß Chrysipp (*S.V.F.* 2,54) »sich selbst und das sie Verursachende zeigen«. In diesem Fall wäre *significatur* eine Art Paraphrase des δείκνυσι bei Chrysipp; und der Sinn des Gesagten wäre entsprechend, daß die in Rede stehende Erscheinung von *X* sämtliche Merkmale einer erkenntnishaften Erscheinung von *X* hat und infolgedessen eine erkenntnishafte Erscheinung von *X* ist. — Doch scheint diese Variante fragwürdig. Erstens wäre damit der Verwendung des Terminus *argumentum* kein Ort zugewiesen. Zweitens kann der Akademiker nicht soweit gehen zuzugestehen, daß eine Erscheinung tatsächlich die Bedingungen erfüllt, die der Stoiker im Blick auf den dritten Teil des Definiens erfüllt sehen möchte (vgl. § 111, siehe unten Anm. 321).

[105]Die These, die hier den Akademikern in den Mund gelegt wird, würde gemäß (i) besagen: Wenn das Vorliegen einer wahrnehmbaren Eigenschaft mich zu dem Schluß berechtigt, daß der Gegenstand dort Sokrates ist, so folge ich diesem Eindruck; desgleichen in dem Fall, daß das Vorliegen eines Sachverhaltes (›es raucht‹) mich zu dem Schluß ermächtigt, daß dort irgendwo Feuer sei. Doch tue ich dies, als Akademiker, immer mit dem Vorbehalt, daß der Gegenstand dort nicht Sokrates, sondern sein Bruder ist bzw. daß kein Sachverhalt von der Art ›es brennt‹ besteht. Die Absurdität, die Lucullus vor Augen hat, ist in der Rede der Akademiker da gegeben, wo sie behaupten, *X* sei ein Zeichen für *Y* und doch einräumen, daß nicht sicher sei, daß es ein *Y* gebe, bzw. daß *Y* tatsächlich über diese oder jene Eigenschaft verfüge. Aber bei dieser Absurdität handelt es sich nicht um einen logischen Widerspruch. — Insbesondere gilt es zu sehen, daß der Akademiker zwar nicht die Gültigkeit des Schlusses bezweifelt, sondern nur die Möglichkeit bedenkt, daß die Konklusion falsch ist. Der Akademiker bezweifelt, daß das in Rede stehende Zeichen Beweischarakter hat. — Gemäß der Variante (ii) würde die Absurdität, von der Lucullus spricht, darin beste-

hen, daß der Akademiker sagt, daß die in Rede stehende Erscheinung von *X* alle Merkmale habe, die eine Erscheinung von *X* haben müßte, sofern sie von *X* hervorgebracht bzw. verursacht wird, dies aber nicht ausschließe, daß sie entweder nicht *X* genau abbildet oder von einem anderen Gegenstand *Z* stammt. Doch würde sich der Akademiker nicht so ausdrücken.

[106]Lucullus beruft sich auf das in §§ 19-20 Gesagte. — Die Behauptung »das aber ist nur [...]« ist aber wohl nicht Teil jener früher erwähnten Doktrin. Zumindest wurde dieser Punkt nicht als solcher kenntlich gemacht. Stoischer Auffassung nach involvieren Wahrnehmungs-Urteile die Zustimmung des erkennenden Subjekts (*S.V.F.* 2,72 und 74). Diese Art der Zusammengehörigkeit findet in der Definition des Chrysipp Ausdruck: »Erfassen [κατάληψις] ist die Zustimmung [συγκατάθεσις] zu einer erkenntnishaften Erscheinung [καταληπτικῇ φαντασίᾳ]« (*S.V.F.* 2,90.91). Jenachdem, wie diese Zustimmung vollzogen wird — schwach oder zögerlich bzw. stark — hat die in Rede stehende κατάληψις den Charakter von Meinung [δόξα] oder Wissen [ἐπιστήμη]. Wissen ist das Privileg des Weisen und gilt als Erfassen, das sicher ist und durch kein Argument erschüttert werden kann [*S.V.F.* 2,90], Meinung hingegen wird als schwache und irrige Zustimmung erklärt. Daß, wie aus einem Bericht des Clemens hervorgeht, jede höherstufige neutrale Aktivität eine Zustimmung involviert bzw. als eine solche beschrieben werden kann (*S.V.F.* 2,992), ist eine Vorstellung, die weniger anfechtbar erscheint, als die hier vorausgesetzte Auffassung, daß Sinneswahrnehmungen Zustimmungen seien bzw. involvieren. Denn Lucullus selbst hatte § 21 betont, daß urteilshafte Wahrnehmungen nicht allein, sondern nur »in gewisser Weise«, vermittels der Sinne vollzogen werden (*ea quae non sensibus ipsis percipi dicuntur sed quodam modo sensibus*). Insofern ist die Rede von der »Kraft« der Sinne (*vim quae esset in sensibus*), die den entsprechenden Passus in § 20 aufnimmt (*quanta vis sit in sensibus*), vielleicht mißverständlich; was Lucullus der Sache nach meinen müßte, ist, daß urteilshafte Wahrnehmungen Zustimmungen als Verstandeshandlungen involvieren.

[107]Aus der Folgerung selbst (»muß man ihm entweder [...]«) geht hervor, daß Lucullus eine Prämisse unterschlägt (etwa: »Handeln [*agere*] involviert Zustimmung [*adsensio*]«. Ein begrifflicher Zusammenhang dieser Art mutet plausibel an. Denn die Beschreibung von Vorgängen als Handlungen setzt voraus, daß ein Subjekt Ziele gesetzt hat und die zur Erreichung der Ziele nötigen Mittel einsetzt. Doch scheint dieses Verständnis von Handeln enger als jenes, welches Lucullus in Anspruch nimmt: Da er von Lebewesen überhaupt spricht (und den Akademikern sogar weiter unten unterstellt, daß Lebewesen ihrer Meinung nach weder empfinden noch zustimmen), scheint der Ausdruck *agere* hier eigentlich den weiteren Sinn von ›sich betätigen‹ zu verlangen. Damit wären aber auch nicht-intentionale Zu-

stände eingeschlossen; und hier wiederum wäre der Zusammenhang von
›handeln‹ und ›zustimmen‹ nicht plausibel.

[108]Dieses Bild nimmt offensichtlich den griechischen Begriff ῥοπή auf,
der in der Stoa die Inklination des Geistes zum Glauben und Handeln
charakterisiert (*S.V.F.* 2,988) und auch dem Impuls (ὁρμή) zugeordnet
wird (Plutarch, *Adv. Colot.* 1122B).

[109]Hier wie im Nachfolgenden entsteht der Eindruck, daß Lucullus
Gefahr läuft, seine These von der Zustimmungs-Freiheit selbst zu unterminieren. Dies kann nicht in seinem Interesse liegen. Deshalb scheint es
zweckmäßig, die Beispiele in erster Linie als Beispiele dafür zu verstehen,
daß Lebewesen von sich aus agieren und dabei wissen, was für sie gut ist
und was nicht. M.a.W.: Die bloße Tatsache, daß Lebewesen z.B. das ihnen
Naturgemäße erstreben oder einen evidenten Sachverhalt als evidenten Sachverhalt ansehen, berechtigt uns zu dem Schluß, daß ›Zustimmung‹ im Spiel
ist. Lucullus' Thesen zum Wesen von Wahrnehmung sollen den Erweis dafür erbringen, daß Urteilsenthaltung (ἐποχή) faktisch unmöglich sei (siehe
dagegen § 107) und daß die Akademiker die Fakten nicht richtig deuten.

[110]Auch hier ist Lucullus' Ausdrucksweise (*statim adsentitur*) anstößig.
Zumindest nach normaler stoischer Auffassung müßte gelten, daß das Erfassen (κατάληψις) selber als Akt der Zustimmung zu einer erkenntnishaften Erscheinung zu verstehen ist (s.o., Anm. 106) und insofern nicht vor
der Zustimmung stattfinden kann. Allerdings hat Zenon von Kition in seinem Handvergleich eine Sprache gewählt, die eine zeitliche Interpretation
nahelegt (§ 145).

[111]Vermutlich will Lucullus hier sagen, daß die Idee der Willensfreiheit
an die Annahme der Realität einer Zustimmung gebunden ist, die in unserer
Macht steht bzw. deren Erteilung Sache des erkennenden Subjektes ist.
Dieser Punkt ist für die Stoiker von großer Bedeutung (vgl. Cicero, *De
Fato* § 40).

[112]Der Gedanke ist erklärungsbedürftig. Was Lucullus hier vor Augen
hat, ist die Diskrepanz im Erscheinungsbild des Nicht-Weisen auf der einen
und des akademischen Weisen auf der anderen Seite. Der Nicht-Weise würde
auf Grund seiner übereilten Zustimmung moralisch falsche Handlungen
vollziehen und für diese moralisch einstehen. Anders würde der Weise, zumindest im Licht des akademischen Ideals, aus Furcht vor dem Irrtum generelle Urteilsenthaltung (ἐποχή) praktizieren. In diesem Fall würde er auch
keine Handlungen (im hier relevanten Sinne des Wortes) vollziehen; deshalb
könnte dem Weisen auch keine Tugend zugeschrieben werden. — Nun kann
dieses Gedankenexperiment natürlich nicht die Frage entscheiden, ob wirkliche Erkenntnis möglich ist. Davon abgesehen ließe sich gelten machen, daß
alleine schon der Vollzug der Urteilsenthaltung als Handlung im relevanten
Sinn anzusehen wäre. Genau dies wird Cicero in seiner Antwort auch vorbringen (vgl. § 108: »gewaltige Handlung« [*maxima actio*]).

[113]Dieser Punkt paßt gut zu der Vorstellung in § 23, wonach den Tugenden eine Erkenntnis eigne (siehe oben Anm. 55). Hier wie dort wird angenommen, daß derjenige, der über Tugend verfügt, eine Reihe von festen Überzeugungen hat und mithin einer Reihe von Aussagen zugestimmt haben muß, die er als richtig bzw. als wahr erkannt hat. — Doch braucht der akademische Skeptiker diese Auffassung natürlich nicht zu teilen; und tatsächlich tut er das auch nicht. Denn die Kraft und Festigkeit, die den akademischen Weisen auszeichnen würde, wäre keine Disposition, die auf der Grundlage von vollzogenen Wahrheitsansprüchen irgendwelcher Art erwächst. Vielmehr würde sie in jener Leistung bestehen, die in Kleitomachos' Bericht über Karneades § 108 charakterisiert wird. Insofern bringt Lucullus' Attacke hier die Akademiker keineswegs in Verlegenheit.

[114]Dieser Gedanke knüpft an den Zusammenhang von §§ 24-25 an. Hier wie dort geht es um die Überzeugung, daß jede Handlung als Handlung erstens eine Vorstellung bezüglich dessen voraussetzt, was zu tun sei, und zweitens eine Festlegung hinsichtlich der Wahrheit bzw. Richtigkeit dieser Vorstellung. Dabei kann hier (§ 39) die Frage nach den notwendigen und hinreichenden Bedingungen und so insbesondere auch die Frage bezüglich des Status des Impulses (ὁρμή) beiseite bleiben. Denn Lucullus will zeigen, daß eine angemessene Beschreibung der Lebenssituation auf solche Begriffe wie ›Erscheinung‹ und ›Zustimmung‹ nicht verzichten kann. Aber hat er damit die skeptischen Bedenken zerstreut oder gar ausgeräumt? Der akademische Antipode hat kein Problem mit der Annahme, daß ein gewisser Sachverhalt zu bestehen scheint oder als gewollt angesehen wird; seine Probleme beginnen da, wo wir eine solche Erscheinung bzw. die sie spezifizierende Aussage als wahr behaupten. Insbesondere kann er geltend machen, daß aus der Tatsache, daß wir bestimmte Aussagen als wahr anerkennen, nicht folgt, daß sie wahr *sind* (siehe oben, Anm. 4 zu *probabilia*).

[115]Auch diese These (vgl. § 62: *sublata enim adsensione omnem et motum animorum et actionem rerum sustulerunt*), die die stoische Sicht des Skeptikers gut widerspiegelt, wird vom Akademiker nicht als perniziös empfunden. Zwar beseitigt er die Zustimmung, doch gibt er der ›Billigung‹ Raum (§ 104). Außerdem eliminiert er nicht die Erscheinungen (*visa*). Vielmehr berücksichtigt der Akademiker sehr wohl *visa* von der Art, die uns zum Handeln antreiben (*quibus ad actionem excitemur* [§ 104], siehe unten, Anm. 301 und 302). Dabei ist die Pointe allerdings die, daß nach akademischer Auffassung solche φαντασίαι ὁρμητικαί keine Akte der συγκατάθεσις involvieren.

[116]Nachdem Lucullus in den vorangehenden Paragraphen auf die aus der Sicht des Antiochos absurden Konsequenzen der akademischen ›Epochê‹ hingewiesen hat, setzt er (mit § 40) neu an und befaßt sich im Folgenden vor allem auch mit der Methode der Akademiker. — Der Ausdruck *ratio* wurde bereits § 7 und § 16 zur Charakterisierung der akademischen Skepsis

verwendet. Hier scheint er eher ironisch verstanden zu werden (siehe auch *quasi* in Bezug auf *fundamenta*).

[117]Auch dieser Ausdruck *ars*, der im stoischen Verständnis ja ein System von Erkenntnissen (vgl. § 22 und Anm. 51) bedeutet, ist hier ironisch verstanden. Dies gilt umsomehr, als der Akademiker im Urteil des Stoikers ja gerade die Annahmen eliminert, die die Anerkennung von etwas als *ars* bzw. τέχνη erst ermöglichen. — In der Sache ist auf Gliederungen hinzuweisen, wie sie sich bei Sextus Empiricus, *Adv. Math.* 7,166 ff. finden.

[118]Der Akademiker orientiert sich offenbar an den Setzungen und begrifflichen Unterscheidungen der Stoiker. — Dieser Punkt ist insofern wichtig, als die stillschweigende Identifikation dessen, was sich erfassen und begreifen läßt, mit Erscheinungen einer bestimmten Art ja an sich keineswegs neutral, geschweige denn undogmatischer Natur ist und zumindest die Frage der Tragbarkeit des Realismus vis-à-vis Phänomenalismus bzw. Idealismus aufwerfen müßte. — Die Vorstellung, daß primär Erscheinungen Gegenstände unserer Erkenntnis seien, ist eine schwierige Position; und es ist fraglich, ob die Stoiker dies tatsächlich so meinten.

[119]Der Kritikpunkt setzt offenbar bei der dritten Bestimmung der erkenntnishaften Erscheinungen an. Die These (1) können die Stoiker solange außer Betracht lassen, als sie von der Voraussetzung ausgehen, daß zumindest die kataleptische Erscheinung definitionsgemäß jede Form des Irrtums ausschließt. Diese Voraussetzung basiert freilich auf einer Annahme physikalischer Art, nämlich daß in der Realität keine zwei Dinge vorkommen können, die dieselben Eigenschaften haben. Die akademischen Kritiker ließen sich auf diesen Punkt nicht ein. Für ihren Zweck genügte die in These (2) geäußerte Annahme, daß sich Dinge in der Wahrnehmung selber womöglich nicht unterscheiden lassen.

[120]Falls hier an wahre, bzw. falsche Erscheinungen im Sinne der stoischen Theorie gedacht ist, handelt es sich um solche Erscheinungen, »über die eine wahre, bzw. falsche, Aussage getroffen werden kann« (Sextus Empiricus, *Adv. Math,* 7,244 [*S.V.F.* 2,65]). Beispiele für erstere sind ›Es ist Tag‹, ›Es ist hell‹, ein Beispiel für letztere ist ›Das Ruder im Wasser ist gebogen‹. Hier wie im Nachfolgenden leidet das Verständnis für moderne Begriffe daran, daß nicht deutlich wird, ob (i) von Erscheinungen gesprochen wird oder (ii) von Dingen, die erscheinen. Im Rückgriff auf die griechische Terminologie läßt sich leicht entscheiden, daß (i) gemeint sein müßte. Dafür spricht hier auch die Verwendung der Worte ›wahr‹ und ›falsch‹. Diese können nicht ohne weiteres als Prädikate von Dingen verstanden werden; und die Stoiker haben eine derartige Verwendung auch nicht nahegelegt. Cicero selbst verwendet *verum* und *falsum* weiter unten jedoch so, als ob die Lesart (ii) gemeint wäre. — Das Problem hat noch eine andere Seite: Je nachdem, ob (i) oder (ii) der Vorzug gegeben wird,

ändert sich auch das Objekt von *percipi* und damit das Verständnis von Erkenntnis.

[121]Vielleicht paraphrasiert Cicero hier mittels des Ausdruckes »kann nicht erfaßt werden« das negierte griechische Verbaladjektiv οὐ καταληπτικός und bezieht sich somit auf die Auffassung, wonach falsche Erscheinungen *ipso facto* nicht erkenntnishafter (καταληπτικός) Natur sind: Sie sind von solcher Art, daß sie keine Erkenntnis (κατάληψις) des zugrundeliegenden Gegenstandes bzw. Sachverhaltes gestatten. Doch ist die Frage, ob die Akademiker, die hier zu Worte kommen, dies so meinten. Ihre These könnte gewesen sein, daß Erkenntnis an das Vorliegen bzw. Bestehen eines Sachverhaltes gebunden sei. So ist der Satz ›Sokrates weiß, daß *p* ‹ nur wahr, wenn u.a. gilt, daß *p* der Fall ist. Wenn *p* nicht der Fall ist, dann ist auch nicht der Fall, daß Sokrates weiß, daß *p* .

[122]Von der Sache her ist hier zu fragen, ob Cicero den Gedanken, um den es hier geht, klar genug zum Ausdruck bringt. Was der skeptische Widersacher geltend macht, ist wohl, daß für jede wahre Erscheinung eine falsche Erscheinung existiert, die in Bezug auf solche Merkmale wie Deutlichkeit, Evidenz, etc. auf gleicher Stufe steht wie die wahre Erscheinung: (x) [(EWx→ (∃y) (EFy ∧ y ist von gleicher Art wie x)] (vgl. Sextus Empiricus, *Adv. Math.* 7,154.164). — Was Cicero im Lateinischen sagt, ist, daß dasselbe x einmal wahr, einmal falsch sei bzw. sein könne. Daß dies nicht der Punkt sein kann, zeigt § 42 fin. und § 83.

[123]Der hier relevante Gedankengang wird unten, § 83 neu exponiert (dazu siehe Anm. 228).

[124]Ist an φαντάσματα (›Figmente‹) gedacht? — Zum Begriff der ›falschen Erscheinung‹ vgl. oben, Anm. 120. Auch gilt es zu sehen, daß die Rede von den *falsa visa* zumindest aus akademischer Sicht auch weitere stoische Punkte angehen könnte. Denn die Stoiker sprachen des weiteren von ›Figmenten‹, ›Imaginationen‹ und dem ›Anschein von Erscheinungen‹. Die stoische Terminologie ist hier selbst nicht einheitlich. Doch wird ein Punkt deutlich: (i) Im Gegensatz zu ›Erscheinungen‹ (φαντασίαι), welche Eindrücke in der Seele bzw. Affektionen der Seele sind (*S.V.F.* 2, 55), handelt es sich bei ›Figmenten‹ (φαντάσματα) um Produkte des Denkens, die sich im Schlaf ereignen oder aber, wie eine andere Quelle nahelegt, um das, »zu dem wir auf Grund einer leeren Attraktion der Vorstellung hingezogen werden. Derartiges ereignet sich bei Leuten, die melancholisch sind und verrückt« (*S.V.F.* 2,54). (ii) Um einen ›Anschein‹ (ἔμφασις) von Erscheinungen handelt es sich laut Diokles Magnes da, wo kein Objekt zugrundeliegt, das das Bild verursacht hat (*S.V.F.* 2,61). Nun läßt sich der letztere Passus wohl auch anders deuten, nämlich als Bestimmung einer zweiten Unterart der sog. ›sinnlichen Erscheinungen‹. Doch ließe sich auch in diesem Falle sagen, daß das, was erscheint, als jene Erscheinung, die es ist, nicht von einem wirklichen Objekt herstammt. Zumindest der Kontext von

(i) würde eine Paraphrase von φάντασμα durch *visum* verbieten. Denn der
terminologischen Unterscheidung nach handelt es sich bei φαντάσματα
gerade nicht um Erscheinungen. Der Kontext von (ii) würde eine Paraphrase
von ἔμφασις durch *visum* zumindest für den Fall ausschließen, daß
ἔμφασις in der Stoa nicht eine Unterklasse von φαντασία ist, sondern
etwas, das nur den ›Anschein‹ von einer φαντασία hat bzw. macht.

[125]Die beiden Thesen werden § 44 aufgenommen und von Lucullus
bzw. von Antiochos (siehe § 111) als inkompatibel betrachtet. Aus § 111
geht hervor, daß diese beiden Thesen von Philon verfochten wurden und
Antiochos seinerseits glaubte, Philon diesbezüglich in die Enge getrieben
zu haben. — Weshalb hat nun die These, daß von den Erscheinungen die
einen wahr und die anderen falsch seien, von Seiten der Akademiker eigens
(und zumal, wie Lucullus sagt, ausführlich) verteidigt werden müssen? Die
Stoiker ihrerseits haben ja einen solchen Unterschied zugrundegelegt
(*S.V.F.* 2,65 [siehe oben, Anm. 120]); und aus § 83 geht hervor, daß alle
Philosophen bis auf Epikur diesem Satz zustimmten (siehe unten, Anm.
229). Eine Komplikation besonderer Art wäre nur dann gegeben, wenn die
Akademiker die stoische Unterscheidung als erschöpfende Unterscheidung
aller Erscheinungen überhaupt behauptet hätten. Die Stoiker nahmen laut
Sextus Empiricus, *Adv. Math.* 7,244 [*S.V.F.* 2,65] an, daß es auch solche
Erscheinungen gebe, die wahr und falsch seien und andere, die weder wahr
noch falsch seien. Beispiele für erstere sind Erlebnisse der Art, wie sie Orest
hatte: Seine Erscheinung ging zwar von etwas Wirklichem aus, nämlich
von Elektra, nur handelte es sich bei diesem ὑπάρχον nicht, wie er
meinte, um eine Furie. Beispiele der zweiten Art sind Gattungs- bzw. All-
gemein-Bilder, wie Mensch überhaupt. Doch weist nichts darauf hin, daß
die Akademiker überhaupt ein Interesse daran hatten, die stoische Unterscheidung als erschöpfende Einteilung sämtlicher Erscheinungen zu behandeln. Im Gegenteil, vorderhand kommt den Akademikern die stoische Anerkennung von Erscheinungen, die wahr und falsch sind, einerseits, und von
solchen, die weder wahr noch falsch sind, andererseits, durchaus entgegen
(siehe unten, Anm. 128). — Daß die Akademiker den Status der stoischen
Unterscheidung nicht antasteten, geht aus § 83 hervor. Hier bezieht sich
Cicero auf die Argumentation in § 40 bzw. § 44 und referiert die relevante
These als Aussage »es gibt falsche Erscheinungen« (*esse aliquod visum
falsum*). Auch die entsprechende Erwähnung des Gedankens in § 111 hat die
Form einer Existenz-Behauptung. Damit wird deutlich, daß der Akademiker
als Prämisse (genauer: als *eine* der Prämissen) nur die These brauchte, daß
es falsche Erscheinungen gebe, nicht aber die weitergehende These, daß jede
Erscheinung entweder wahr oder falsch sein müsse. — Allerdings ist nicht
einsichtig, wie der Akademiker seinerseits für diese These überhaupt substanziell argumentiert haben könnte. (Deshalb ist wohl die Behauptung in
De Nat. Deor. 1,70, Arkesilaos habe gegen Zenon geltend gemacht, daß

alles falsch sei, was den Sinnen erscheine [*falsa omnia diceret quae sensibus viderentur*], als unvorsichtige oder falsche Behauptung anzusehen.)

[126]Hier übersetzt der Ausdruck *verum* offenbar den griechischen Ausdruck ὑπάρχον (›Zugrundeliegendes‹), der Ausdruck *falsum* entsprechend μὴ ὑπάρχον (›nicht Zugrundeliegendes‹). Diese Verwendung der Worte ›wahr‹ und ›falsch‹ ist hier sehr ungeschickt.

[127]Hier handelt es sich generell um Gedanken, die erschlossen werden. Dieser Punkt wird von Cicero in seiner Antwort § 91 ff. aufgenommen.

[128]Der Ausdruck ›verbunden‹ (*adiuncta* , vgl. § 83 *adpositum*) nimmt terminologisch den griechischen Ausdruck παρακεῖσθαι auf (vgl. Sextus Empiricus, *Adv. Math.* 7,438; vgl. auch § 416 f. im Zusammenhang des Sorites). Der springende Punkt dieses akademischen Gedankens scheint in einer Generalisierung jenes stoischen Zugeständnisses zu liegen, daß es Erscheinungen gebe, die sowohl wahr als auch falsch seien — z.b. die Erscheinung Orests, der eine Furie sah, während in Wirklichkeit Elektra vor ihm stand (Sextus Empiricus, *Adv. Math.* 7,244) [siehe oben, Anm. 125]); ein weiteres Beispiel dieser Art von Irrtum lieferte Herakles, der mit seinem Bogen die Kinder des Eurystheus erschießt (Sextus, *Adv. Math.* 7,407). Da die Stoiker ihrerseits zugestanden, daß ein und dieselbe Erfahrungssituation von ›wahren‹ und ›falschen‹ Elementen durchsetzt sein könne, bemühten sich die Akademiker, plausibel zu machen, daß die Situation des Mit- und Nebeneinanders von Wahrem und Falschem nicht nur in solchen eng spezifizierten Kontexten gegeben sei, sondern für sämtliche Bereiche typisch sei, bzw. nicht ausgeschlossen werden könne.

[129]Definitionen wurden in der Antike als Sätze betrachtet, die wahr oder falsch sein können. Gleichwohl scheinen die Vorbehalte des Lucullus hier an der Sache vorbeizugehen. Denn weder behaupten die akademischen Kritiker, daß irgendeine der Definitionen, die sie verwenden, ›wahr‹ sei, noch verpflichten sie sich dann, wenn sie z.B. eine Definition der Stoiker übernehmen, zu der Behauptung, daß die in Rede stehende Definition auch das leiste, was die Stoiker ihr zutrauen. Der Skeptiker wird im Gegenteil gegen sämtliche Bestimmungen dogmatischer Art geltend machen, daß diese oder jene Bedingungen Probleme aufwerfen, die sich in der Sicht des dogmatischen Antipoden nicht einstellen sollten.

[130]Dieser Passus ist weniger Bericht dessen, was die Akademiker sagten, als vielmehr Interpretation. Denn die Akademiker haben die These der Aparallaxie nicht als Bestreitung des Satzes vom verbotenen Widerspruch verstanden, wie dies hier von Lucullus nahegelegt wird. (Lucullus' Redeweise, die sicher Antiochos' diesbezügliche Position reflektiert, erweckt den Eindruck, als handele es sich bei dem akademischen Skeptikern um Denker mit ontologischem oder quasi-ontologischem Anspruch, wie sie bei Platon, *Theaet.* 152d, *Rep.* 523c ff., *Cratyl.* 439d-440a; Aristoteles, *Metaph.* 1005b 23 ff. beschrieben werden.) — Der Ausdruck ›nicht eher…als‹, ›nicht

weniger…als‹ war in der pyrrhonischen Skepsis verbreitet (Sextus, *Pyrrh.*
Hyp. 1,14; 188-191). Daß die Akademiker ihn ebenfalls verwenden, geht
sonst nur aus Numenios, fr. 27,36 (ed. Des Places) und Hippolytos, *Ref.*
1,23,3 hervor. Im einen Fall geht es um eine Unsicherheit bezüglich der
Wahrheit oder Falschheit einer Erscheinung, im anderen Fall um ein Zögern
bezüglich der Festlegung hinsichtlich des wahren Seins der Dinge.

[131]Die Sachen, von denen hier die Rede ist, müßten nach normaler Auffassung bezüglich des Status von *definienda* im Rahmen von Realdefini-
tionen, allgemeine Dinge sein. Doch scheint der Gedankengang zu
erfordern, daß das, was bestimmt werde, ein Einzelding sei (§ 21). Doch
kann das Einzelding seinerseits nur als Mitglied einer Art (Species) bestimmt werden, die ihrerseits bestimmt wird (zur stoischen Auffassung
siehe Sextus Empiricus, *Adv. Math.* 11,8-10). — Vielleicht ist hier auch
an Zenons Definition der ›erkenntnishaften Erscheinung‹ (s.o., § 18) zu
denken. Da die Akademiker ebenso wie die Stoiker anzunehmen scheinen,
daß es Erscheinungen gibt, die sowohl von einem wirklichen Gegenstand
ausgehen, als auch mit diesem übereinstimmen, im Unterschied zu den
Stoikern aber bestreiten, daß eine Erscheinung, die diese beiden
Bedingungen erfüllt, auch die dritte in der Definition genannte Bedingung
erfüllt, also nicht falsch sein kann, könnte dies aus stoischer Sicht als Fall
der ›Übertragung‹ einer Definition auf eine ›andere Sache‹ ausgelegt werden.

[132]Der hier gemeinte Sachverhalt ist, insbesondere in dem, was die Verwendung des Ausdrucks *falsum* angeht, unklar. Der Sinn müßte sein, daß
jede Definition, wenn sie wahr ist, nur in Bezug auf den Gegenstand wahr
ist, dessen wahre Definition sie ist und ansonsten falsch (vgl. Aristoteles,
Metaph. V 29,1024b 26-28: die Definition des Kreises ist falsch hinsichtlich des Dreiecks). Aus § 50 geht hervor, daß Lucullus meint, eine
Definition sei dann falsch, wenn sie auf das Mitglied einer anderen Species
übertragen werde.

[133]Lucullus setzt hier voraus, daß eine wahre Definition *ipso facto* das
Wesen der Sache erhelle und so also ein Stück Erkenntnis darstelle (vgl.
auch § 45).

[134]Es ist nicht klar, wogegen sich die Akademiker genau wehren. Falls
sich die Gegenwehr hier nicht auf das Ganze bezieht (i.e. die Möglichkeit
der ›Übertragung‹), sondern auf die Konsequenz (i.e. daß das durch die Definition Erklärte erfaßt werden kann), so bietet sich die Annahme an, daß die
Akademiker gegen die Vorstellung Front machen, daß mit der Anerkennung
eines Satzes als wahrer Definition auch schon die Erkenntnis irgend einer
Sache zugestanden sei. Diese Bedenken liegen insofern nahe, als die Stoiker
Sätze dieser Art als Konditional verstanden (i.e. wenn etwas ein so-und-so
ist, ist es ein … [vgl. § 21 und Anm. 49]). Damit ist freilich weder impliziert, daß es ein so-und-so gibt, noch etwa, daß irgendein Ding als ein so-
und-so erkennbar ist.

[135]Es ist hier wichtig zu sehen, daß Lucullus wieder auf den Begriff der Evidenz (›Anschaulichkeit‹) rekurriert (*perspicuum, perspicuitas*). Für die Stoiker scheint ein evidenter Sachverhalt *eo ipso* ein wahrer und erkenntnishafter Sachverhalt zu sein (vgl. § 34). Und später wird Cicero erklären, daß die Verteidigung des Begriffes der Evidenz gescheitert sei (§ 105). — Deshalb ist klar, daß der Akademiker nicht, wie hier in § 44 unterstellt, einen ›anschaulichen‹ Sachverhalt als kataleptischen Sachverhalt anerkennt. — Philosophisch läßt sich einwenden, daß Lucullus ein klares Verständnis eines Satzes mit der Erkenntnis seiner Wahrheit konfundiert.

[136]Gemeint sind Sätze, die als Voraussetzungen fungieren.

[137]Indem die Akademiker argumentieren, vertreten sie Behauptungen. Doch ist der springende Punkt der, daß die Akademiker auf die Gleichmächtigkeit der Argumente *pro* und *contra* verweisen können und da, wo sie Thesen gegen die Stoiker vertreten, von Voraussetzungen ausgehen können, die die Stoiker selbst machen oder zugestehen (müssen). Gleichwohl ist mit der Frage nach dem Status der Argumente ein Punkt angezeigt, der die Akademiker nervös machen konnte. In unserem Kontext stellt sich allerdings die Frage, ob Lucullus bzw. Antiochos die Akademiker hier am Beispiel von Beweisen (siehe oben § 26 f.) bedrängen will oder am Beispiel von — wie Aristoteles sagen würde (*Topica* 100a 27-30) — dialektischen Argumenten. Diese Frage ist deshalb wichtig, weil Argumente letzterer Art traditionellem Verständnis nach weder auf notwendigen Prämissen aufbauen noch zu notwendigen Schlußsätzen führen, sondern Sätze verwenden, die den Status von ἔνδοξα, also gut reputierten Annahmen haben. Dieses Verständnis würde dem recht nahe kommen, was die Akademiker ihrerseits glaubhaft (πιθανόν) nannten. (i) Falls hier also mit der Verwendung des Ausdrucks *probare* (›billigen‹, ›gutheißen‹) die akademische Konnotation des *probabile* bzw. der schwachen Zustimmung (siehe unten §§ 109-110) verbunden wäre, hätte der Akademiker keine Probleme. Denn da, wo er Thesen ins Feld führt, bzw. seine eigene Lebensgestaltung auf Einsichten fundiert, gesteht er den Sätzen, die ihn leiten, bestenfalls Glaubhaftigkeit zu. Umso befremdlicher wäre Lucullus' Behauptung, daß sich der Akademiker in solchen Fällen auf Sätze, bzw. Sachverhalte bezieht, die unmöglich falsch sein können. (ii) Falls der Ausdruck *probare* nicht diese spezielle akademische Konnotation tragen soll, sondern im Sinne etwa von ›versichern‹ neutraler zu verstehen wäre, und falls ›Argument‹ hier die Bedeutung von ›Beweis‹ (ἀπόδειξις) haben soll, liegen die Dinge natürlich anders. Hier ist zudem zu berücksichtigen, daß Beweise stoischer Auffassung nach dadurch gekennzeichnet sind, daß ein nicht-offenbarer Sachverhalt aus etwas Offenbarem erschlossen wird. Daß Lucullus hier tatsächlich an Beweise gedacht haben mochte, scheint im Nachfolgenden durch die Rede vom Offenbarmachen nahegelegt zu werden. Nun ist zwar nicht glaubhaft, daß die Akademiker ihrerseits in die Verlegenheit gerieten, nicht-

offenbare Sachverhalte zu behaupten. Doch scheint das Dilemma, welches Lucullus hier aufzeigen möchte, diesen Punkt auch gar nicht zu verlangen. Was er zeigen will, ist vielmehr, daß der Akademiker seine These von der Akatalepsie entweder auf der Basis nur plausibel anmutender Prämissen verfechten kann, wobei er dann auch die Konklusion nur als plausibel ausgeben dürfte, oder dann aus Prämissen gewinnen müßte, die er als wahr erkannt hätte. Im letzteren Fall würde die Konklusion einen Widerspruch zu den Prämissen bedeuten (siehe dazu § 109). Mithin geht es hier um die Feststellung, daß die akademischen Argumente entweder zu schwach sind und nichts beweisen, oder aber sich selbst außer Kraft setzen.

[138]Die Bedeutung von »sprachliche Äußerung« (*oratio*) ist hier nicht klar. (i) Ist an λόγος im Sinne von ›Argument‹ gedacht (vgl. *Ac. Post.* 1,32: *oratio ratione conclusa*)? Dann würde die Metapher vom Offenlegen bzw. Offenbarmachen die Funktion des Beweises betreffen. (ii) Oder ist an Rede im Sinne von Sprache gedacht? In diesem Fall ginge es um die besondere Funktion von Sprache, d.h. um die Aufgabe, die Wirklichkeit zu eröffnen und widerzuspiegeln. Dabei wäre zu bedenken, daß die Epikureer und die Stoiker insofern einen engen Zusammenhang zwischen Sprache und Wirklichkeit annahmen, als sie jeweils meinten, Sprache sei natürlicherweise (φύσει) mit Wirklichkeit verhängt. (Bei den Stoikern scheint auch das Studium der Etymologie eine wichtige Rolle gespielt zu haben) — Ein Entscheid zwischen (i) und (ii) ist schwierig. Dabei scheint der Hinweis auf die besondere Evidenz der Sinne fast zu trivial, als daß man hier einen besonderen Hinweis auf (ii) sehen könnte; eher ließe sich dieser Hinweis so verstehen, das es — im Kontext des Beweises — auf eine sorgfältige Beobachtung der empirischen Sachverhalte ankomme, die ja einen Bestandteil des Argumentes bilden.

[139]Die Unterscheidung ›sein‹ / ›erscheinen‹ ist typischerweise Bestandteil der pyrrhonischen Selbstcharakterisierung: man berichtet nur, was sich einem zeigt (vgl. Sextus Empiricus, *Pyrrh. Hyp.* 1,4 u.ö.). Dabei hat das griechische Wort φαίνεται (›es erscheint‹) keinen urteilshaften, epistemischen, sondern vielmehr phänomenologischen Sinn. Dieser phänomenologische Sinn scheint auch hier gefordert. Denn die Pointe des Gedankens ist ja die, daß der akademische Skeptiker in eine Art von performativem Widerspruch gerät. Seinen Anspruch, kraft besonderer Wortwahl und begrifflicher Schärfe Sachverhalte zu erhellen und ans Licht zu bringen, die nicht offen zutage liegen, durchkreuzt er durch die These, daß es bei den zur Rede stehenden Sachverhalten nicht um etwas geht, was objektiv und unabhängig besteht, sondern nur um Sachverhalte des Erscheinens. Die Kritik könnte auf Arkesilaos gemünzt sein, der bei der Wahl der Worte überaus sorgfältig gewesen sein soll (Diog. Laert. 4,33-34) und seine Rede der jeweiligen Materie und dem Zeitpunkt anzupassen verstand (Diog. Laert. 4,37). Auf der anderen Seite hat Antiochos vielleicht Worte als ›Marken‹

(*notae*) der Dinge angesehen (vgl. *De Fin.* 5,74) und diese Marken bzw. Markierungen ihrerseits als etwas aufgefaßt, was der menschliche. Geist untrüglich zu erfassen vermag. Insofern scheint auch die Konzeption der Logik als Teil des Studiums der Wirklichkeit plausibel. Wenn der λόγος nämlich Teil der Wirklichkeit ist und die Logik Strukturen des λόγος untersucht, studiert sie eben auch die Wirklichkeit. Diese Verbindung scheint der akademische Philosoph abzulehnen. Dies geht aus Ciceros Erläuterungen zur Logik in § 91 hervor (*de se ipsa iudicat*), die vergleichsweise modern anmutet: Das Studium der Logik gibt über die Wirklichkeit keinen Aufschluß (s.u., Anm. 263).

[140] Aus § 111 geht hervor, daß Antiochos hier in erster Linie an Philon gedacht hat, der von ihm in diesem Punkt auch wiederholt kritisiert wurde (siehe oben, Anm. 125).

[141] Dieser Punkt ist wahrscheinlich nicht stichhaltig. Denn der erste Satz rekurriert auf eine Unterscheidung, die die Stoiker selbst machen (vgl. oben, Anm. 120); der zweite Satz hingegen statuiert einen Befund, zu dem die Akademiker auf dem Boden der dritten Bedingung in der stoischen Definition der erkenntnishaften Erscheinung gelangen. Dieser Befund mag zutreffend sein oder auch nicht. Ein Widerspruch, den Lucullus (in § 111 wird das Argument ausdrücklich Antiochos zugeschrieben) den Akademikern anlasten könnte, liegt nicht vor. Vielmehr fällt der Widerspruch auf die Dogmatiker zurück, die — nach akademischer Auffasung — kein Recht haben, die Geltung des ersten Satzes zu behaupten. — Daß die Behauptung, es gebe täuschende Erscheinungen, vom Skeptiker nicht verlangt, daß er Einsichten in wahre Erscheinungen gehabt habe, betont übrigens A. J. Ayer: *The Problem of Knowledge*, Harmondsworth 1956, S. 38: »From the fact that our rejection of some of them is grounded on our acceptance of others it does not follow that those that we accept are true«.

[142] Der Begriff der ›Anschaulichkeit‹ (ἐνάργεια) wurde § 17 eingeführt (siehe oben, Anm. 29-31). Die Tatsache, daß Lucullus § 49 auf einschlägige Argumente des Antiochos verweist (siehe schon § 29), könnte dafür sprechen, daß die hier relevanten Attacken gegen das ›Anschauliche‹ ein jüngeres Stadium in der Auseinandersetzung zwischen Stoikern und Akademikern widerspiegeln. Bereits § 34 hatte Lucullus seine Ablehnung jenen gegenüber signalisiert, die für eine Trennung von ›anschaulich‹ bzw. ›evident‹ (*perspicuum*) und ›erfaßt‹ (*perceptum*) plädierten, um so sagen zu können, es gebe Erscheinungen, die zwar·anschaulich seien, jedoch keinen kataleptischen Charakter hätten. (In § 51 wird geltend gemacht, daß ›leere‹ Erscheinungen [z.B. Erscheinungen Betrunkener] nicht anschaulich seinen.)

[143] Anders als die Akademiker, die die Quelle des Irrtums zumindest teilweise in der Natur der Dinge selbst sahen (§ 32), sucht die philosophische Richtung, die Lucullus vertritt, die Ursache der Verwirrung in der Unaufmerksamkeit des erkennenden Subjekts. — Von hieraus wird auch verständ-

lich, daß bereits der Schulgründer, Zenon von Kition, die Dialektik — auf die sich Lucullus mit dem Ausdruck *maiore quadam* [...] *arte* wohl bezieht — als *ars* betrachtete, um Sophismen zu begegnen (*S.V.F.* 1,50). Die besondere Sorgfalt, die Lucullus hier empfiehlt, entspricht der Sorgfalt, die die Akademiker aufbringen, um den Gegner zu attackieren, — eine Sorgfalt freilich, die § 43 (*subtilitas*) grundsätzlich in Frage gestellt wurde.

[144]Der Hinweis auf Epikur ist insofern angemessen, als Epikurs Unterscheidung zwischen dem, was in der Wahrnehmung selbst liegt, auf der einen Seite, und dem, was das erkennende Subjekt ›hinzumeint‹, auf der anderen Seite (siehe oben, Anm. 43 zu § 19), eine Demarkationslinie anbot. Dieser Punkt kommt, was die Anschaulichkeit angeht, besonders gut bei Sextus Empiricus, *Adv.Math.* 7,203-210 (= fr. 247 Us.) zum Ausdruck. Dabei ist es wichtig zu sehen, daß laut Epikur Anschaulichkeit eine Affektion (πάθος) im erkennenden Subjekt ist, welche durch den äußeren Gegenstand hervorgerufen wird; die speziellen Annahmen seiner Erkenntnislehre gestatten Epikur hier die Behauptung, daß der wahrnehmbare Gegenstand in seinem Wesen selber genau so ist, wie er wahrgenommen wird und so wahrgenommen wird, wie er an sich ist. Diese Auffassung läßt sich im Detail nur schwer nachvollziehen. Doch geht zumindest aus dem Bericht bei Sextus deutlich hervor, daß Erscheinung (φαντασία) und Anschaulichkeit (ἐνάργεια) sogar ein und dieselbe Sache sind. Dies kann für die Stoiker nicht gelten. Hier ist Evidenz das Charakteristikum einer bestimmten Art von Erscheinungen.

[145]Lucullus scheint damit sagen zu wollen, daß seine bisherigen Ausführungen bezüglich des »Gegenmittels« gegen die erste Form der »Beeinträchtigung« genügen. Insofern es ihm dabei wohl um eine Klärung des Evidenz-Begriffs geht, hat er sich dazu eben erst in § 45 geäußert; Lucullus meint offenbar, daß die Akademiker selbst nicht über einen zureichenden Begriff des ›Anschaulichen‹ verfügen, da sie — oder einige von ihnen — zwischen *perspicua* und *percepta* unterscheiden (s.o. § 34 und Anm. 96-97). — Im Folgenden (§ 47) scheint Lucullus vom zweiten oben erwähnten »Gegenmittel« zu sprechen, das nun nicht eine Fehlauffassung im Begrifflichen betrifft, sondern die aus seiner Sicht nicht stichhaltige Argumentation — in Gestalt des *Sorites* — der Akademiker für die These der Akatalepsie.

[146]Dies ist wohl die Meinung, die von Sextus Empiricus, *Adv. Math.* 7,402 für Karneades überliefert wird; aber Ciceros Ausdrucksweise bereitet, was das Wort ›grundlos‹ (*inaniter*) betrifft, Schwierigkeiten hinsichtlich der Dinge, die in der Wirklichkeit existieren. Oben in § 34 wurde von Lucullus kritisiert, daß die Akademiker von »anschaulichen« (*perspicua*) und »genau aufgeprägten« (*subtiliter impressa*) Erscheinungen sprächen, obwohl »unklar« (*incertum*) sei, »ob der Geist wahrheitsgemäß (*vere*) oder grundlos (*inaniter*) bewegt« werde. Cicero könnte also mit ›grundlos‹ hier in § 47 ge-

meint haben, daß solche Eigenschaften von Erscheinungen wie Deutlichkeit und Evidenz, die den Geist zur Zustimmung bewegen, ihren Grund nicht darin haben, daß sie von einem wirklichen Gegenstand ausgehen. Dies war vermutlich die Auffassung des Karneades (vgl. Sextus Empiricus, *Adv. Math.* 7,403); falls aber Cicero diese Auffassung hier zum Ausdruck bringen wollte, dann müßte *inaniter moveri* an dieser Stelle eine andere Bedeutung haben als in § 34 und als der entsprechende griechische Ausdruck κενοπαθεῖν normalerweise hat (vgl. Sextus Empiricus, *Pyrrh. Hyp.* 2,49; *Adv. Math.* 8,213, etc.).

[147]Die Götter (oder genauer: Gott) treten mit dem Menschen in Verbindung, nicht um ihm zu schaden — dies ist unmöglich — sondern um ihm zu helfen und Gutes zu wirken (vgl. *S.V.F.* 2,1117). Aus § 50 geht hervor, daß die Gottheit auch kein Motiv zu einer Täuschung hätte, daß die Verantwortung für einen Irrtum allein beim erfahrenden Subjekt liege.

[148]Der Punkt ist im Detail schwierig zu verstehen. Denn laut Chrysipp sendet die Gottheit derartige falsche Erscheinungen (ψευδεῖς φαντασίαι), um uns zu irgendeinem Tun zu veranlassen, ohne daß es dazu einer eigentlichen Zustimmung (συγκατάθεσις) bedürfte (*S.V.F.* 3,177). Nun sind die Nicht-Weisen aber so disponiert, daß sie aus Schwäche derartigen Erscheinungen zustimmen. Das heißt, der Nicht-Weise behandelt die Erscheinung damit als Erscheinung, die von dem Objekt her kommt, von dem sie zu kommen scheint. Insofern der Nicht-Weise also einen Akt der Zustimmung vollzieht, stimmt er einer nicht-kataleptischen Erscheinung zu. Wenn die Stoiker derartige Erscheinungen als glaubhaft oder überzeugend (πιθαναί) betrachten, so scheinen sie damit eine Konzession an die Realität zu machen. Denn ihrer eigenen Auffassung nach kann eine Handlung eben nur aufgrund eines Aktes der Zustimmung zustande kommen, und so müssen die hier in Rede stehenden Erscheinungen zumindest glaubhaft anmuten. Wie der Weise ohne eigentliche Zustimmung agieren kann, wird dabei nicht deutlich.

[149]Der Gegensatz zwischen internen und externen Ursachen wird auch von Sextus Empiricus, *Adv. Math.* 7,241 betont. Die Phänomene, die hier angesprochen werden, hatte bereits Aristoteles notiert (*De Insomn.* 460 b28 ff.)

[150]Dieser Punkt wird von Lucullus § 53 gegen die Akademiker gewendet. Deshalb ist es wichtig zu sehen, was die Behauptung, zwischen den Erscheinungen bestehe kein Unterschied, genauer besagt. — Zunächst ist unklar, was genau das Beispiel zeigen soll. Angenommen, Cato ist schreckensblaß: die naheliegende Deutung des von Cicero Gesagten wäre die, daß es für eine andere Person unter den geltenden Voraussetzungen nicht möglich sei, zwischen ›innerer‹ und ›äußerer‹ Verursachung der Blässe zu unterscheiden, bzw. daß eine solche Unterscheidung am Wahrnehmungsbefund selbst nichts änderte. Aber in diesem Fall hat man es mit einem erscheinen-

den Sachverhalt zu tun, für den man eine Erklärung sucht. Im anderen Fall,
der offenbar durch das Beispiel erläutert werden soll, geht es darum, daß verschiedene Sachverhalte des Erscheinens nicht als solche erfaßt werden, daß
also z.B. nicht erfaßt wird, ob die ›Erscheinung‹ des schreckensblassen Cato
auf Einbildung beruht oder auf einer wirklichen Begegnung. — Wie dem
auch sei, Ciceros Beispiel legt jedenfalls folgende Deutung der akademischen Position nahe: Daß zwischen Erscheinungen »tatsächlich kein
Unterschied besteht« (*nihil intersit omnino*, vgl. § 48 fin.: *quia nulla in visis distinctio appareat*), scheint hier nicht mehr und nicht weniger zu besagen, als daß der Wahrnehmungsbefund ›Cato zittert vor Schreck‹ (*O*) als
solcher keinen Aufschluß bezüglich der Frage gibt, ob der Schreck ›von in-
nen‹ (*P*) oder ›von außen‹ her verursacht wurde (Nicht-*P*). Sofern *O* mit *P*,
aber auch mit Nicht-*P* verbunden sein kann und wir keine Möglichkeit haben, zwischen ›*O* &*P*‹ und ›*O* & Nicht-*P* ‹ zu unterscheiden, besteht kein
Unterschied, der uns zu dem Schluß ermächtigt, weitergehende Behauptungen zu treffen. — Der Akademiker hätte, so gesehen, sicher einen guten
Punkt auf seiner Seite, sofern er hier in Begriffen von Wahrheit und Falschheit denkt. Ein solcher Unterschied tritt nicht zutage. Doch mag der stoische Nicht-Weise hier seinerseits in Begriffen von Glaubhaftigkeit denken;
in diesem Fall wäre der akademische Kritiker wohl nicht berechtigt, von
Mangel jedes Unterschieds zu sprechen.

[151]Es ist nicht klar, welche Argumente die Akademiker hier *in petto* haben. Am nächsten liegt wohl die Überlegung, daß der akademische Kritiker
auf die Absurdität der Kontraposition des Satzes hinweist: Wenn es wahr
wäre, daß alles Falsche nicht glaubhaft ist, so wäre es wahr, daß alles
Glaubhafte wahr ist. Dieser Sachverhalt wäre nicht nur nach stoischen Bedingungen absurd, er wäre nach allgemeinem Verständnis absurd.

[152]Hier ist die Kontradiktion der ›keine‹-Behauptung (i.e. einer E-Pro-
position) gemeint, also eine I-Proposition, d.h.: Es gibt Erscheinungen, die
falsch sind und die glaubhaft sind.

[153]Dieser *Sorites* läßt sich vielleicht dahingehend erläutern: Eine
›glaubhafte‹ Erscheinung ist eine Erscheinung, die ›wahr erscheint‹
(φαινομένη ἀληθής, vgl. Sextus Empiricus, *Adv. Math.* 7,169 f.); wem
daher eine falsche Erscheinung glaubhaft ist, der bekundet offensichtlich
Mühe, zwischen einer wahren und einer falschen Erscheinung zu unterscheiden; wenn das so ist, was spricht dann gegen die Annahme, die wahre Erscheinung lasse sich von der falschen nur mit Mühe unterscheiden? Muß,
wer diesen Schritt zugibt, nicht auch den letzten Schritt zugeben, nämlich
daß sie sich in nichts unterscheiden?

[154]Hier placiert der akademische Kritiker, den Lucullus zu Worte kommen läßt, eine Boshaftigkeit. Der stoische Weise verfällt niemals dem
Wahnsinn. Hingegen wird angenommen, daß dem Weisen infolge von Me-
lancholie oder Geistesschwäche seltsame Erscheinungen zufallen (Diog.

Laert. 7,118). — Der Punkt ist aber nicht sehr klar. Die Tatsache, daß der Weise in gewissen Fällen Epochê übt, zeigt nur, daß er in diesen Fällen nicht zwischen der Wahrheit und Falschheit von *P* zu unterscheiden vermag. Dies kann nicht die Annahme begründen, daß sämtliche Erscheinungen *P* und Nicht-*P* in Bezug auf die Frage der Wahrheit oder Falschheit ununterscheidbar sind.

[155]Hier werden die akademischen Argumente ironisch als leere Erscheinungen charakterisiert. — Daß Arkesilaos' Argumente als Schattenspielerkünste betrachtet wurden und Karneades' Argumente als Traumgebilde, geht aus Numenios hervor (Fr. 25,34 bzw. 27,37-38 Des Places). Das heißt, daß hier die Charakterisierungen auf Akademiker Anwendung finden, die Platon im Kontext des Höhlengleichnisses auf die Fähigkeiten der Sophisten münzte.

[156]Dieser Argument-Typus geht auf die megarische Schule zurück (Diog. Laert. 2,108). Weshalb diese Probleme aufgeworfen wurden, läßt sich nicht mit Sicherheit sagen. Vermutlich ging es darum, die Vagheit mancher Terme zu verdeutlichen. Dies würde eine Beziehung zu jenen Überlegungen nahelegen, die Platon hinsichtlich der Frage der Anwendbarkeit einer bestimmten Gruppe genereller Termini auf die Dinge in der Welt äußerte. So sagt Platon z.B., daß Termini wie ›groß‹ und ›klein‹ problematische Termini seien. Entsprechend unterscheidet er auch zwischen problematischen und nicht-problematischen Wahrnehmungen (*Rep.* VII). Hier liegt sicher für die Akademiker der Anstoß, Argumente dieser Art gegen jene Philosophen zu verwenden, welche, wie die Stoiker, voraussetzten, daß die Wirklichkeitsstücke begrifflich klar identifiziert und voneinander unterschieden werden können. Daß diese wirkungsgeschichtliche Entwicklung tatsächlich von der platonischen Philosophie ausgeht, zeigt sich u.a. auch an den entsprechenden Termini (›an sich‹, ›bezüglich‹) als Klassifikationsbegriffe, sowohl in der Akademie als auch im Pyrrhonismus. Wenn Lucullus hier sagt, daß die Akademiker sich bestimmter Argumente bedienen, die in der Philosophie kein Ansehen genießen, so unterstreicht er damit die Auffassung, daß die Akademiker täuschen (vgl. §§ 45-46). Nach stoischer Auffassung entspricht dem logischen Fehler (*vitium*) ein moralischer Fehler.

[157]Diese Argumente, die auch Stück-für-Stück-Argumente genannt wurden, gehören stoischem Verständnis nach zu den Sophismen. Diese hängen von der Äußerung ($\varphi\omega\nu\acute{\eta}$) und den Sachverhalten ab (Diog. Laert. 7,44). Dabei handelt es sich um ein Vorgehen (z.B. »Es ist nicht der Fall, daß Zwei eine geringe Anzahl ist aber nicht Drei ebenso; es ist nicht der Fall, daß letzteres der Fall ist aber Vier nicht ebenso, und so weiter bis Zehn. — Nun ist aber Zwei eine geringe Anzahl, also ist auch Zehn eine geringe Anzahl« [Diog. Laert. 7,82]), dem der Stoiker damit zu begegnen suchte, daß er riet: Halt machen und das Urteil zurückbehalten (Sextus Empiricus,

Pyrrh. Hyp. 2,253). Zumindest der stoische Weise wird ›innehalten und schweigen‹ (*Adv. Math.* 7,416). Dieses Schweige-Prinzip wird von Cicero § 93 korrekt dargestellt. Wichtig ist dabei namentlich die Empfehlung, rechtzeitig zu schweigen.

[158]Lucullus unterscheidet also zwischen solchen Punkten, die der Antipode selbst einräumt, und anderen, die der Kritiker ins Spiel bringt. Doch wird nicht recht deutlich, was die Unterscheidung hier in dieser Form zu leisten vermag. Zumindest die Überlegung, daß Gott alles vermag, ist ja wohl Teil der stoischen Lehre (vgl. Cicero, *De Div.* 2, 86). Allenfalls die Überlegung, daß Gott auch tut, was er tun kann, scheint eine Überlegung ›nach eigenem Ermessen‹ darzustellen. Denn die Stoiker nahmen zwar an, daß Gott alles tun kann. Aber damit gestehen sie nicht zu, daß Gott alles macht oder machen wird, was er tun kann; und es ist auch nicht einsichtig, daß sie diesen zweiten Punkt zugestehen müßten, indem sie den ersten Punkt vertreten. — Umso erstaunlicher ist darum die Tatsache, daß Lucullus beide Punkte hier unterschiedslos als nicht zugestandene Annahmen charakterisiert.

[159]Die Natur des Vorbehalts wird nicht recht deutlich. Daß die Konklusion selbst keine These darstellt, die der Stoiker akzeptiert, ist wohl klar (s.u. Anm. 177 zu § 56). Aber der Einwand scheint sich hier nicht gegen den Inhalt der Konklusion zu richten, sondern dagegen, daß der Akademiker in bestimmter Weise vorgeht. Der Schluß selbst könnte offenbar auf zwei verschiedene Weisen erreicht werden, nämlich (i) dadurch, daß der Dialogpartner jede einzelne Prämisse akzeptiert, oder (ii) dadurch, daß der Akademiker den Schluß aus der ersten Prämisse »auf eigene Faust« (*ipse tua sponte*, § 49) ableitet, indem er »annimmt« (*sumis*), daß, wenn zwei Dinge ähnlich sind, daraus »folge« (*sequatur*), daß sie auch schwer zu unterscheiden sind. Lucullus' Kritik beträfe somit die formale Struktur des Sorites und nicht den Inhalt bestimmter Annahmen.

[160]Auch hier kann der Stoiker Vorbehalte gegen die formale Struktur des Sorites anmelden, die der Akademiker wählt. Denn zumindest die auf Chrysipp zurückgehende Auffassung von ›folgt‹ verlangt gemäß Diog. Laert. 7,73, daß das kontradiktorische Gegenteil des Nachsatzes (i.e. Nicht-*Q*) mit dem Vordersatz *P* unverträglich ist. M.a.W.: die Stoiker könnten ein besonders striktes Verständnis der ›wenn-dann‹-Verknüpfung vorausgesetzt haben, welches den Akademikern hier nicht entgegenkam. Dies würde auch verständlich machen, daß Chrysipp seinerseits den Sorites wohl nicht als ›wenn-dann‹-Verknüpfung formulierte, sondern als negierte Konjunktion: »Nicht beides (*P* und Nicht-*Q*)« (vgl. Diog. Laert. 7,82; Cicero, *De Fato* 12-15 und *S.V.F.* 2,665). Dieses Verfahren mochte den Vorteil haben, daß die Leugnung von ›wenn *P*, dann *Q*‹ nicht, was uneinsichtig wäre, einen manifesten Widerspruch importieren müßte, während die Behauptung ›*P* und Nicht-*Q*‹ lediglich nicht glaubhaft wäre. Da jedoch im Sorites an irgendei-

ner Stelle eine unglaubhafte Behauptung vorkommt, kann der Stoiker bei — bzw. vor — der entsprechenden Konjunktion einhalten. Insbesondere aber ist klar, daß der Befragte hier im Prinzip vis-à-vis einer tatsächlich unglaubhaften Behauptung stoppen könnte, während die Verwendung der Regel der ›wenn-dann‹-Verknüpfung keinen solchen Einhalt ermöglicht.

[161]Im Lateinischen steht auch hier, wie eine Zeile zuvor, (i.e. »ähnlich sein könne«) ein *possit*. Dies läßt darauf schließen, daß die akademischen Kritiker auf dem Boden der Annahme der Stoiker argumentierten: Falls es Dinge gibt, die einander ähnlich sein können, so gibt es möglicherweise Dinge, die nicht unterscheidbar sind. Hier scheinen die Modalitäten sinngemäß *de re*, nicht *de dicto* verstanden zu werden. Dieser Punkt wäre wichtig. Denn der Akademiker kann damit unterstellen, was gelegentlich auch behauptet wird, nämlich daß die Dinge es an sich haben, sich unserer Erkenntnis zu entziehen (vgl. § 92).

[162]Diese Aussage ist zweifelhaft. Sie gehört nicht zu dem, was die Akademiker erschließen oder selbst meinen. Das geht aus Ciceros Antwort hervor, wo die eine Frage, ob sich X von Y nicht unterscheide, und die andere Frage, ob X, selbst wenn es von Y verschieden ist (*differt*), von diesem unterschieden werden könne, als zwei verschiedene Fragen bezeichnet werden (§ 85). Insofern wird nicht klar, mit welchem Recht Lucullus hier den Akademikern einen derartigen Schluß unterstellt. — Aus dem, was Lucullus hier geltend macht, läßt sich schließen, daß die Akademiker Sorites-Argumente verwendeten, um die Behauptung zu stützen, daß wir in der Realität der Erfahrung nicht davon ausgehen können, daß Dinge als Repräsentanten einer bestimmten Art erkennbar seien. Mithin ist es eine Sache, die Bedeutung eines Terminus zu kennen, eine andere Sache, den Terminus bzw. den entsprechenden Begriff korrekt anzuwenden.

[163]Es ist unklar, ob mit »Widersprüche« auf (i) das verwiesen werden soll, was im unmittelbar Nachfolgenden offenbar in Gestalt einer *reductio ad absurdum* gegen die Argumentation der Akademiker geltend gemacht wird, oder auf (ii) unsere Fähigkeit, Kontraste (so auch Gegensätze wie zwischen Gut und Nicht-Gut) zu registrieren. — Sollte letzteres gemeint sein, so könnte der Akademiker antworten, daß es eine Sache sei, einen Unterschied zu kennen, eine andere, die entsprechende Unterscheidung im gegebenen Fall auch anzuwenden.

[164]Weshalb sollte ein Advokat der Skepsis hier diesen Punkt geltend machen?

[165]Die Formulierung enthält eine Zweideutigkeit. Gemeint sind wohl (i) Erscheinungen von Dingen, die unterschiedlichen Arten zugehören (z.B. Wolfs-Erscheinung, Hund-Erscheinung), nicht jedoch (ii) Erscheinungen unterschiedlicher Art (z.B. kataleptische und nicht-kataleptische Erscheinungen). Doch scheint so etwas wie (ii) wenige Zeilen später ge-

meint zu sein, wenn von Erscheinungen »dieser gleichen Klasse« gesprochen wird (§ 51).

[166]Lucullus argumentiert hier folgendermaßen: Es gilt *P* (»Es gibt doch nichts, was aus seiner Art[...]«); und es gilt: Wenn *Q*, dann Nicht-*P* (»sollte sich aber beweisen lassen, [...] dann müßten [...]«). Da Nicht-*P* absurd ist, gilt Nicht-*Q*. — Dieses Argument würde nur verfangen, wenn die Akademiker von *Q* auf Nicht-*P* geschlossen hätten (und sogar, wie Lucullus moniert, die Identität von Dingen behaupteten). Doch ist weder klar, daß sie dies taten; noch ist einsichtig, wie sie dies hätten tun können. Was sie nahelegen wollten, ist, daß sich (wie auch immer) verschiedene Dinge in der Art ihres Erscheinens nicht unterscheiden lassen.

[167]Das Wort *species* kann, wie das griechische Pendant εἶδος, sichtbare Gestalt oder Art (im Sinne von Klasse) bedeuten. Hier ist offenbar vom Aussehen der Dinge die Rede, welche erscheinen. — Die These selbst wird auch z.B. von Descartes erwogen, jedoch verworfen (*Meditationen* 1,5-6; 6,115). Interessanterweise verzichtet Cicero bzw. Lucullus darauf, die These bezüglich des gleichen Aussehens ausdrücklich zu attackieren und z.B. geltend zu machen, daß die Dinge im Traum gelegentlich anders aussehen. Dieser Verzicht ist umso plausibler, als für Lucullus die These bezüglich der Evidenz im Vordergrund steht und entsprechend ausgebeutet werden muß: selbst wenn Dinge im Traum und im wachen Zustand dasselbe Aussehen hätten, wäre da doch die den relevanten Erscheinungen eigene Evidenz, die den Fall zu entscheiden vermag.

[168]Vom Sprachlichen her kann hier sowohl die Innenperspektive des Kranken als auch die Außenperspektive des Beobachters angesprochen sein. Es scheint hier wichtig, die Sichtweise der Innenperspektive zu betonen. Denn die Pointe des Gedankens ist ja, daß der Kranke sich der Tatsache bewußt ist, daß das, was er wahrnimmt, nicht der Fall ist.

[169]Ob die Stoiker durchwegs, wie hier im akademischen Argument unterstellt (und von Lucullus nicht bestritten), der Meinung waren, daß auch der Weise dem Wahn verfalle, ist zweifelhaft (siehe oben, Anm. 154 zu § 48). Doch ist der Punkt für Lucullus solange irrelevant, als nicht bestritten wird, daß der Weise Epochê übt, wenn ihm danach ist.

[170]Mit anderen Worten: Der Akademiker hätte das Argument in § 48 nicht in Anspruch nehmen dürfen. Aber wie ist Lucullus' Aussage hier zu interpretieren? Vielleicht meint er, daß der Begriff der Epochê nur sinnvoll ist, wenn es κατάληψις und damit Zustimmung gibt, d.h. wenn zwischen den Erscheinungen ein Unterschied besteht hinsichtlich Wahrheit und Falschheit.

[171]Dieser Vorwurf gehört laut Plutarch, *De Comm. Not.* 1077C zu den Standard-Einwänden der Stoiker gegenüber dem Aparallaxie-Argument der Akademiker. — Mit der ›Konfusion‹, von der Lucullus spricht, scheint er auch andeuten zu wollen, daß die Argumentation der Akademiker die Ten-

denz hat, auch deren Gegner ›durcheinander zu bringen‹, wie das anschließende »Wir« nahelegt.

[172]Vgl. oben, § 32 und Anm. 86.

[173]Die Ausdrucksweise gestattet vielleicht das stärkere Verständnis, daß jedes Ding ein Ding eigener Art ist (vgl. § 85 und Anm. 236).

[174]Aus § 85 geht hervor, daß genau dies weder Teil des Vorwurfs der Akademiker noch Bestandteil ihrer Position war. Denn Cicero genügt der Hinweis, daß zwei Dinge X und Y sich nicht voneinander unterscheiden lassen.

[175]Der Wechsel von ›sie‹ (i.e. die Akademiker) zu ›du‹ scheint, auf den ersten Blick, eine Antizipation dessen zu sein, was Cicero selbst an späterer Stelle zur Sprache bringen wird (§§ 117 ff., vgl. § 72 f.). Doch kann dies hier nicht der springende Punkt sein. (i) In §§ 117 ff. geht es primär um den Aufweis des Dissens der Naturphilosophen (und damit auch um den Gedanken, daß Antiochos für seine eigene Orientierung keinen Bezugspunkt hätte, der über alle Zweifel erhaben wäre). (ii) Der Hinweis »in der Folge« wäre gänzlich unmotiviert und der Gedankengang hinge in der Luft. Tatsächlich schließt § 55 aber unmittelbar an die Behauptung an, mit der § 54 endet, d.h. an die These, daß zwei Dinge nicht identisch sein können; und damit hat der Punkt hier (i.e. die Zuflucht bei den Naturphilosophen) eine klare Funktion im Rahmen der Entwicklung von Argument und Gegenargument (siehe Anm. 176).

[176]Der Hinweis auf Demokrits Atomismus und die Annahme der Existenz unzähliger Welten entspricht der akademischen Praxis des »nach beiden Seiten Argumentierens« (vgl. § 7). Der stoischen These, daß keine zwei Dinge einander absolut gleichen (P), kann hier also dadurch begegnet werden, daß man eine andere physikalische Theorie geltend macht, innerhalb derer die Negation dieser These behauptet wird (Nicht-P).

[177]Hier wird auf die stoische These Bezug genommen, daß es individuell qualifizierte Dinge ($i\delta i\omega\varsigma\ \pi oio i$) gebe, d.h. Dinge, die als Träger individueller Eigenschaften ($i\delta iai\ \pi oio\tau\eta\tau ai$) vorgestellt werden. Stoischer Auffassung nach handelt es sich bei dieser Einzigkeits-Bedingung um eine durchgehende Bestimmung der Wirklichkeit überhaupt: kein Ding hat dieselben Eigenschaften wie ein anderes. Dieser These versuchten die Stoiker den Status einer metaphysischen Notwendigkeit zu verleihen (vgl. Plutarch, *De Comm. Not.* 1077 C). — Die hier anklingende Kontroverse weist auf die vor allem bei Leibniz diskutierte Problematik voraus. In seinem vierten Schreiben in der Reihe von Streitschriften zwischen ihm und Clarke (1715/16) sagt Leibniz (§ 4): »Es gibt keine zwei ununterscheidbaren Einzeldinge. Ein mir befreundeter, geistvoller Edelmann, mit dem ich mich im Parke von Herrenhausen in Gegenwart I.H. der Kurfürstin unterhielt, meinte, er könne wohl zwei vollkommen ähnliche Blätter finden. Die Kurfürstin bestritt dies, und er gab sich nun lange vergebliche Mühe damit, sie

zu suchen. Zwei Tropfen Wasser oder Milch erweisen sich, durch das Mikroskop betrachtet, als unterscheidbar. Es ist dies ein Beweisprinzip gegen die Atome, die, ebenso wie das Leere, den Prinzipien der wahren Metaphysik widerstreiten« (G VII, 372; Übers. E. Cassirer [Hrsg.]: *G. W. Leibniz. Hauptschriften zur Grundlegung der Philosophie*, Bd. I, 145f.). Im fünften Schreiben Leibniz' heißt es: »Ich ziehe aus ihm [i.e. dem Prinzip des zureichenden Grundes] unter anderem die Folgerung, daß es in der Natur nicht zwei reelle absolut ununterscheidbare Wesen gibt: denn gäbe es welche, so würden Gott und Natur, wenn sie das eine anders als das andere behandeln, etwas ohne Grund tun. Demnach, so schließe ich, bringt Gott gar nicht zwei materielle Teile hervor, die einander vollkommen gleich und ähnlich sind [»deux portions de matière parfaitement égales et semblables«] [...] Die Annahme zweier ununterscheidbarer Inhalte — wie zweier völlig gleicher materieller Teile — scheint, abstrakt betrachtet, möglich, ist jedoch tatsächlich weder mit der Ordnung der Dinge, noch mit der göttlichen Weisheit, die nichts Grundloses zuläßt, verträglich. Die gewöhnliche Anschauung, die bei unvollständigen Begriffen steht, läßt solche Vorstellungen zu: es ist dies einer der Fehler der Atomisten« (G VIII, 393 f., Dt. a.a.O. I,172). Ferner ist die Aussage im *Discours de métaphysique* (1686) zu beachten, wo es § 9 heißt, »[...] daß es nicht wahr ist, daß zwei Substanzen sich völlig gleich und nur der Zahl nach (*solo numero*) verschieden sind, daß, was der Hl. Thomas in diesem Punkt von den Engeln oder reinen Verstandeswesen behauptet (*quod ibi omne individuum sit species infima*), für alle Substanzen zutrifft, vorausgesetzt, daß man eine spezifische Differenz so auffaßt, wie sie die Geometer hinsichtlich ihrer Figuren auffassen« [i.e. das typische Beispiel einer allein numerischen Differenz — *solo numero* — wäre der Fall von kongruenten Figuren, die sich nur hinsichtlich der Position unterscheiden, vgl. G VII, 265]. — In der Abhandlung *Specimen geometriae luciferae* werden auch die typischen Beispiele zweier gleicher Eier, zwei Abdrucke des gleichen Musters in gleichartigem Wachs genannt, die nur im Blick auf ihre Beziehungen zu anderen Dingen unterschieden werden können (GM VII,275).

[178]Es ist nicht klar, worin der Widerstand genau bestehen würde. Denkt Lucullus, der Akademiker könnte die Annahme bestreiten, daß wir auf Grund von Gewöhnung lernen, Dinge zu unterscheiden oder auseinander zu halten? Oder geht der Widerstand noch weiter und richtet sich auch gegen die Behauptung, daß uns die Dinge dann nicht mehr so ähnlich erscheinen? — Der Akademiker kann sich hier auf die Position zurückziehen, daß wir nie sicher sein können, daß eine Erscheinung tatsächlich wahr ist. Im Falle ähnlicher bzw. verwechselbarer Dinge bedeutet dieser Punkt für die Stoiker keine echte Bedrohung, weder für den Weisen, noch für den Nicht-Weisen.

[179]Hier ist wahrscheinlich auf die Kunst der Dialektik angespielt, deren spezielle Leistung in der Unterscheidung von Wahrem und Falschem gese-

hen wird. Doch gilt es zu sehen, daß § 20 und § 31 von Künsten die Rede war, deren Wirkung u.a. darin gesehen wurde, daß sie (d.h. ihr Besitz) die Sinne schärfen. Auf diesen Punkt kommt Cicero in seiner Antwort § 86 zu sprechen.

[180]Der Einwand (auf den sich Lucullus in § 57 mit »an diesem Punkt magst du Widerstand leisten« bezieht) verfängt also nicht nur gegen den Weisen nicht; er verfängt nicht einmal gegen uns, die Nicht-Weisen. — Die Herstellung des Textes bereitet Schwierigkeiten, die sich auf die Interpretation auswirken. Überliefert sind *vos* und *vobis*: Dies würde bedeuten, daß der Einwand gegen die Akademiker nichts ausrichte und daß die Akademiker sich damit zufrieden geben könnten, die Dinge einfach nicht sicher unterscheiden zu können. Gegen diese Annahme spricht, daß der *nihilo enim*-Satz nicht an das unmittelbar Vorausgegangene anschließen würde. Auch wäre zu bedenken, daß die Orientierung am überlieferten Text wohl auch ein anderes Verständnis der Natur des Einwandes bedingen müßte, um den es hier geht. In diesem Falle würde sich *idem* wohl auf Lucullus' Hinweis beziehen, daß es Leute gibt, die, wie die Züchter auf Delos, Eier klar zuordnen können; Lucullus hätte damit *de facto* geltend gemacht, daß die stoische These von der Unterscheidbarkeit nicht zu weit hergeholt sei und so auch die Annahme eine Stütze finde, daß keine zwei Dinge absolut gleich seien; die Bemerkung, daß dieser Punkt nichts gegen die Akademiker ausrichte, weil diese sich damit begnügen, Dinge nicht auseinander zu halten, wäre dann aber ironisch oder sarkastisch.

[181]Der Sinn des ursprünglich einmal Gesagten könnte gewesen sein: (i) ebensowenig wie der Weise würde ich meine Zustimmung geben [...], als ob da keinerlei Unterschied wäre; (ii) ich selbst würde um nichts mehr zustimmen, daß das eine das andere sei, als daß da keinerlei Unterschied sei.

[182]Das im Lateinischen Gesagte läßt, je nachdem, ob man das *ut* strikt konsekutiv oder adverbiell konsekutiv versteht, unterschiedliche Deutungen zu. Gemäß dem ersten Verständnis wäre der Punkt der, daß ich einen Maßstab habe, der mich dazu befähigt, nur solche Erscheinungen als wahr auszuzeichnen, die nicht falsch sein können. Gemäß dem anderen Verständnis wäre der Punkt der, daß der Maßstab in der Auszeichnung bestimmter Erscheinungen besteht.— Gegen das erste Verständnis scheint zu sprechen, daß der Maßstab selbst hier nicht expliziert würde.

[183]Dieser Punkt wurde bereits § 53 betont (siehe oben, Anm. 171).

[184]Der Punkt des Dissens ist unklar. Das hat einmal damit zu tun, daß an dieser Stelle den Akademikern eine Unterscheidung zwischen der Erscheinung (*visum*) und deren ›Eindruck‹ (*impressio*) in der Seele bzw. in der Seele zugeschrieben wird, die sonst nicht belegt ist. Es hat ferner damit zu tun, daß die Ausdrücke *formae* und *species* mehrdeutig sind und nicht deutlich wird, welche Art von Charakteristika damit angesprochen werden soll. Wenn bedacht wird, daß Erscheinungen ($\varphi\alpha\nu\tau\alpha\sigma\acute{\iota}\alpha\iota$) stoischer Auffassung

nach sich selbst zeigen und dasjenige, was sie verursacht hat (vgl. oben, Anm. 104), so liegt es nahe, *formae* und *species* der Erscheinungen als Charakteristika der Erscheinungen zu verstehen, sofern diese ihre Gegenstände zeigen. Denn der akademische Skeptiker bezweifelt nicht, daß jeder Eindruck (*impressio*) *als* Eindruck verschieden ist. Er bezweifelt nur, daß sich das, was sich in einer Erscheinung zeigt, von dem unterscheidet, was sich in einer anderen Erscheinung zeigt, und sieht sich somit außerstande, zwischen beiden Erscheinungen als Erscheinungen zu unterscheiden. Der Stoiker hingegen unterscheidet Erscheinungen offenbar mit Hinweis auf das, was sich in ihnen zeigt, und legt entsprechend Wert auf die Annahme, daß es an und in den Erscheinungen Faktoren gebe, die die Erscheinungen selbst unterscheiden.

[185]Lucullus spricht hier von ›Glaubwürdigkeit‹ (*fides*, griechisch πίστις), und nicht von ›Glaubhaftigkeit‹ im Sinne des subjektiv Überzeugenden (*probabile*, bzw. πιθανόν), an dem sich die Akademiker orientieren, bzw. dem sie ›folgen‹ (*sequi* , πείθεσθαι). Die Akademiker scheinen den Begriff *fides* / πίστις vermieden zu haben, wohl aus dem Grunde, weil er im normalen Verständnis mit Wahrheit verbunden wird.

[186]Vgl. oben, § 33. — Lucullus scheint sich hier auf Karneades' zweite Klasse von *probabilia* zu beziehen (i.e. die φαντασία ἀπερίσπαστος, s.o., Anm. 88 zu § 32 und Anm. 100 zu § 35). Daß diese Bestimmung einen bevorzugten Status hat, kann aus den Hinweisen in §§ 101, 104, 105, 108-109 entnommen werden.

[187]Wenn Epoché üben soviel heißt wie auf Wahrheitsansprüche zu verzichten, scheint Lucullus' Rekonstruktion der akademischen Position unangreifbar.

[188]Der Punkt wird § 67 diskutiert (s.u., Anm. 197). Hier wie dort stellt sich die Frage nach der Position des Karneades: (i) Meinte er, daß der Weise bisweilen meine? (ii) Meinte er bisweilen, daß der Weise meine? Beide Varianten scheinen geeignet, einen Kontrast zur Position des Arkesilaos deutlich werden zu lassen. Im Falle (i) läge der Kontrast darin, daß Karneades dem Weisen mit der Haltung des Meinens eine Zuständlichkeit zuschreibt, die dieser stoischer Meinung nach *ex definitione* nicht aufweisen kann. Im anderen Fall (ii) läge der Vorwurf mangelnder Konsistenz im Vergleich zu Arkesilaos darin begründet, daß Karneades die These (i) bisweilen vertrat, bisweilen nicht vertrat.

[189]Hier stellt sich die Frage, ob diese Erläuterung (i) eine Erläuterung ist, die Karneades selbst vornahm, oder ob (ii) es sich bei dieser Erläuterung um eine Deutung handelt, die Antiochos gibt und ob diese Deutung von Karneades auch akzeptiert worden wäre. Hierbei wäre wissenswert, ob Karneades und die Stoiker für diese Deutung gegebenenfalls auch dieselben Gründe geltend machten. Dieser Punkt ist wichtig. Denn er könnte eine un-

terschiedliche Bewertung des Meinens als Weise des Für-wahr-Haltens nahelegen.

[190]Über die Art der Disjunktion, die mittels eines *vel* /*vel* formuliert wird, mögen Zweifel aufkommen. Falls es sich hier nämlich um ein einschließendes ›oder‹ handelt, haben wir es mit einer Disjunktion zu tun, die auch dann wahr ist, wenn beide Glieder wahr sind. — Damit stellt sich die Frage, ob Cicero sagen wollte, daß der Weise keinen Sachverhalt für wahr hält, der falsch *und* unerkennbar ist. Dies ist kaum glaubhaft; denn wenn ›Meinung‹ als Zustimmung zu einer Sache aufgefaßt würde, die nicht nur unerkennbar, sondern außerdem noch falsch ist, wäre dieser Begriff gerade auch im Hinblick darauf unangemessen, daß der Nicht-Weise stoischer Auffassung nach nur über Meinungen verfügt. — In der revidierten Ausgabe (*Ac. Post.* 1,45) formuliert Cicero die Disjunktion mittels eines *aut* /*aut*. Dies erweckt eher den Eindruck einer starken, ausschließenden Disjunktion (doch läßt sich Ciceros Verwendung des *aut* /*aut* nicht immer auf diesen starken Sinn behaften): ›Eines von beiden, aber nicht beides‹. Die griechischen Quellen verzeichnen δόξαι meist (eine Ausnahme wäre etwa *S.V.F.* 3,549) nur in Begriffen von Zustimmung zu einer Sache, die ἀκατά-ληπτος ist (*S.V.F.* 3, 548); dies könnte darauf hindeuten, daß die stoischen Philosophen die starke Disjunktion vor Augen haben. Nun könnte Cicero mittels des *vel* auch eine stilistische Variation beabsichtigen; denn laut Plutarch, *De Stoic. Repugn.* 1056 E-F ist δόξα auf Sachen bezogen, die ›allgemein unerkennbar‹ (κοινῶς ἀκαταλήπτοις) sind (*S.V.F.* 2,993). Doch läßt sich dieser Ausdruck vielleicht auch so verstehen, daß Zustimmung zu ›allgemein Unerkennbarem‹ Zustimmung zu Falschem mit umfaßt: Zustimmung zu Falschem wäre dann Zustimmung zu Unerkennbarem in einer engen Bedeutung von ›unerkennbar‹. So gesehen wäre auch ein nicht-ausschließendes *vel* Ciceros nicht mehr anstößig.

[191]Diese Stelle mag dazu beigetragen haben, daß sich in der Antike die Meinung verfestigte, die Akademiker hätten auch während der skeptischen Phase der Schule zumindest intern einen Dogmatismus platonischer Prägung vertreten (siehe Einleitung, Abschnitt D und Anm. 25).

[192]Lucullus will Cicero hier auf einem Widerspruch behaften: die Elemente des Bildes, das Cicero von der Philosophie zeichnet, passen nicht zueinander. — Was die Bekehrung des Hortensius zur Philosophie angeht, so bezieht sich dieser Hinweis auf das dem *Lucullus* vorausgegangene Gespräch, das Cicero *Hortensius* nannte. Dieses Gespräch, dessen Lektüre für Augustin biographisch einen wichtigen Einschnitt bedeutete, ist uns nur noch in fragmentarischen Auszügen erhalten.

[193]Lucullus wendet hier die Bilder gegen die Skeptiker, mit denen Cicero § 8-9 die Situation der Dogmatiker charakterisierte. Das Bild der Ketten könnte sogar die Situation der Menschen im Höhlengleichnis Platons zum Ausdruck bringen.

[194]Es ist nicht klar, welcher Gegensatz hier (*recte - omnino*) eigentlich ins Auge gefaßt wird. Klärung verschafft vielleicht der Bezug auf das § 37 Gesagte. Dort nämlich wird ein begrifflicher Zusammenhang zwischen Lebewesen-Sein und Handeln angenommen (s.o., Anm. 107); und die Implikation ist die, daß man nicht widerspruchsfrei die Zustimmung negieren könne. Für den Kontext in § 62 würde dies folgende Überlegung nahelegen: Wer die Annahme in Abrede stellt, daß wir (bzw. Lebewesen überhaupt) Zustimmungen vollziehen, begeht einen Widerspruch im Begrifflichen und behauptet zudem etwas, was im Gegensatz zu den Fakten steht.

[195]Der Text bei Arat in den *Phainomena* lautet: »und die eine nennt man Kynosura (Hundeschwanz) mit Beinamen, die andere Helike (Kringel). An Helike ersehen die Achaier auf See, wohin sie ihre Schiffe lenken müssen, im Vertrauen auf die andere segeln die Phöniker übers Meer. Aber die eine ist klar und leicht auszumachen, da sie groß erscheint, vom Anfang der Nacht an, die Helike; die andere ist zwar gering, aber die Seeleute besser; denn sie dreht sich mit ihrer ganzen Gestalt im engeren Wirbel herum. Mit ihr steuern die Sidonier auch am geradesten« (Vv. 36-44). — Die Pointe des Hinweises auf Arat liegt offensichtlich in der Betonung der phönizischen Herkunft Zenons von Kition (*De Fin.* 4, 56 nennt ihn Cicero *Poenulus*) und damit verbunden in der Abgrenzung des Denkens der Griechen (Achaier). Die Tatsache, daß das Bild des kleinen Bären mit dem Polarstern immer eine klare Orientierung ermöglicht, während der große Bär je nach Standort und zeitlichen Verhältnissen variiert und so die Orientierung erschwert, soll hier im Vergleich zwischen dem ›Erkennenden‹ Stoiker und dem ›Meinenden‹ Akademiker soviel besagen, daß der Stoiker aufgrund seiner klaren, deutlichen und z.T. streng fixierten Unterscheidungen (namentlich im Bereich der Ethik) keine Mühe hat, sich zu orientieren, während der Akademiker, dem diese Unterscheidungen nichts sagen können, eher auf verlorenem Posten steht. Doch empfindet Cicero die Situation des Akademikers offenbar als Situation von Freiheit und als Chance größerer Orientierungsmöglichkeit.

[196]Diese Übersetzung von *ista* bringt den Gesichtspunkt heraus, daß es sich bei der Annahme des Gegebenseins von Erscheinungen um eine Annahme handelt, die innerhalb der stoischen Erkenntnistheorie beheimatet ist. Sie stellt mithin nicht *ipso facto* ein Lehrstück der Akademiker dar.

[197]Der generelle Gedanke ist zweifellos der, daß Karneades, anders als Arkesilaos, der nach dem *modus tollens* schloß (vgl. Sextus Empiricus, *Adv. Math.* 7,157), den Vordersatz bejahte. Der überlieferte lateinische Text enthält aber ein interpretatorisches Problem. Liest man nämlich *non numquam* [...] *dabat*, hätte Karneades *manchmal* die Auffassung vertreten, daß der Weise meine, was auf eine gewisse Inkonsistenz schließen ließe; eine derartige Inkonsistenz mag bereits § 59 bedeutet sein (s.o. Anm.188), und Inkonsistenzen dieser Art mögen dafür verantwortlich sein, daß selbst enge

Schüler nicht in Erfahrung zu bringen vermochten, was Karneades wirklich dachte (vgl. § 139). Die vorgeschlagene Verbesserung beseitigt das genannte Problem.

[198]Die Stoiker machten demnach geltend, daß hier die ›wenn-dann‹-Verknüpfung als solche falsch sei. Falsch ist eine solche Verknüpfung nach normalem Verständnis dann, wenn der Vordersatz wahr und der Nachsatz falsch ist. Dieser Fall ist hier gegeben. Denn der Nachsatz der ersten Prämisse wird von den Stoikern als falsch angesehen und zwar unter Hinweis auf die These, daß der Weise kraft seiner Unterscheidungsfähigkeit nicht in die Verlegenheit komme, zu meinen. Mithin können die Stoiker den Akademikern auf dem Boden von deren Argumentation wirkungsvoll begegnen. — Im Rahmen ihres eigenen Denkens scheinen die Stoiker, so zumindest Chrysipp, ein anderes Verständnis der Implikation zugrundegelegt zu haben. Danach ist ein Konditional nur dann wahr, wenn die Negation des Nachsatzes mit dem Vordersatz unverträglich ist (s.o. Anm. 160). Dieser Fall ist hier nicht gegeben. Denn ›es ist nicht der Fall, daß der Weise meint‹ (Nicht-Q), bedeutet keine Unverträglichkeit mit ›der Weise gibt seine Zustimmung‹ (P). Indem die Stoiker also die Wahrheit der ersten Prämisse (wenn P, dann Q) bestritten, konnten sie das Argument als Argument beiseite schieben; dies gilt sowohl für den Schluß des Arkesilaos (›wenn P, dann Q ; nun ist aber Nicht-Q ; also: Nicht-P ‹), als auch für den Schluß des Karneades (›wenn P, dann Q ; nun ist aber P ; also: Q ‹).

[199]Cicero verweist hier vermutlich auf §§ 79 ff.

[200]Cicero markiert hier sorgfältig den Status der Annahmen, die im Spiel sind (siehe die diesbezüglichen Empfindlichkeiten des Lucullus § 49-50); seine Argumentation selbst ist freilich elliptisch. Doch würde eine vollständige Darstellung der Zwischenschritte hier pedantisch anmuten. Die Alternative ›entweder wird der Weise Epochê üben oder der Weise wird meinen‹ ist für den Stoiker keine Disjunktion, der er zustimmen kann. Denn seiner Meinung nach kann eine Disjunktion nur wahr sein, wenn eines der Glieder falsch ist (*S.V.F.* 2,207). Hier aber sind für ihn beide Glieder falsch. Für den Akademiker hingegen handelt es sich deshalb um eine wahre Disjunktion, weil wenigstens eines der Disjunkte wahr ist.

[201]Von Dardanos und Mnesarchos, die zusammen 110 v. Chr. die Leitung der Stoa von Panaitios übernahmen, ist sonst wenig bekannt, allenfalls weiß man von Mnesarchos, daß er sich über die Gliederung der Seele in αἰσθητικόν und λογικόν geäußert habe.

[202]Zu Dionysios von Herakleia vgl. *S.V.F.* 1,422-434.

[203]In § 98 wird das System des Antiochos insgesamt als unhaltbar charakterisiert; § 132 ff. charakterisiert Cicero die Problematik seiner ethischen Position.

[204]Diese Behauptung ist nicht leicht zu verstehen. (i) Die in Rede stehenden alten Philosophen argumentieren zumeist auf dem Hintergrund dog-

matischer Annahmen. Cicero weiß dies sehr wohl, sofern er ja § 100 auf eine Begründung hinweist, die Anaxagoras geltend machte, die er sich selbst freilich nicht zu eigen machen könnte, oder in § 72 einen wichtigen Unterschied zu Demokrit benennt. (ii) Mit Stilpo, Diodor und Alexinus bezieht er § 75 Denker ein, die nicht auf Grund irgendwelcher Thesen zur Frage der Erkennbarkeit der Welt Erwähnung verdienen.

[205]Die Auffassungen Metrodors (DK 70) lassen sich aus der Distanz nicht mehr zuverlässig ausmachen. Vielleicht meinte er: (i) Wenn jemand weiß, daß P der Fall ist, muß er wissen, daß er weiß, daß P der Fall ist. (ii) Um dies wissen zu können, muß er wissen, was Wissen ist (bzw. in welchen Fällen wir von Wissen sprechen können und in welchen nicht). (iii) Um Unterscheidungen dieser Art treffen zu können, müssen wir in konkreten Fällen entscheiden können, wann ein Fall von Wissen vorliegt und wann nicht. — Die zuletzt genannte These muß vielleicht nicht einmal als Behauptung der Existenz oder Nicht-Existenz von Dingen gelesen werden. Gemäß DK 70 B2 (»alles ist das, was jeder einzelne sich denken kann«) wäre auch eine Deutung denkbar, wonach Metrodor einfach gemeint haben könnte, das sei für ein Individuum wirklich, was ihm wirklich erscheine.

[206]Siehe oben, § 14.

[207]Cicero will hier, mit dem Hinweis, daß es nicht allein auf Worte ankomme (*nominare*), sondern auf Taten (*imitari*), dem Tun der Akademiker Gewicht geben. Doch worin genau besteht das Nacheifern? Weder betreiben die Akademiker Naturphilosophie (etwa um zu sagen, daß die Wahrheit verborgen liegt), noch scheinen sie sonst substanzielle Fragen bezüglich der Natur der Dinge aufzuwerfen. Im Grunde beschränkt sich ihr Tun auf eine Art von (Meta-) Kritik. — Sein Urteil über die Megariker (»leichtgewichtig«) ist sicher bedenklich.

[208]Aus dieser Bemerkung allein würde nicht klar hervorgehen, ob der Kern des Vorwurfs dahingeht, (i) daß Chrysipps Thesen im Widerspruch zu dem stehen, was man normalerweise glaubt bzw. einen solchen Widerspruch in Kauf nehmen, oder (ii) ob Chrysipp seinerseits gegen die Voraussetzungen argumentierte, die unsere normalen Auffassungen leiten. — Aus dem Folgenden, mehr noch aber aus § 87, geht hervor, daß Cicero hier ein Verständnis von der Art (ii) vor Augen schwebt. — So oder so eignet sich der Hinweis auf Chrysipp. Denn damit wird die von Lucullus favorisierte Denkrichtung ihrerseits mit Tendenzen in Zusammenhang gebracht, die umstürzlerisch anmuten müssen.

[209]Vielleicht gibt Cicero hier seine eigene Meinung wieder. Lucullus hatte seinerseits diese Denker als Autoritäten genannt (§ 20 [siehe oben, Anm. 45]) und Cicero nimmt nun die Gelegenheit wahr, aufzuzeigen, daß sich die Kyrenaiker mit mehr Recht für die These ausbeuten lassen, nichts in der Welt sei wirklich erfaßbar.

[210]Offensichtlich bezieht sich Cicero — dies zeigt auch die Wortwahl — auf § 15. Allerdings hatte Lucullus dort in seiner rhetorisch gemeinten Frage nicht von der *Wahrheit* gesprochen.

[211]Damit verweist Cicero vermutlich auf die Erwähnung der Logik in § 91 als jener Disziplin, die zur Findung des Wahren und Falschen erfunden worden sei (siehe unten Anm. 256). — Die emphatische Ausdrucksweise »Was man gefunden hat« scheint in ironischer Absicht verwendet zu sein. Dies würde auch durch den Zusammenhang in § 91 insofern bestätigt, als dort die Dialektik im engeren Sinn von formaler Logik als Disziplin charakterisiert wird, die nichts mit der Erkenntnis der Wirklichkeit zu tun hat (s.u., Anm. 263).

[212]Mit dieser Charakterisierung Zenons korrigiert Cicero das Bild, das Lucullus (aus der Optik des Antiochos) von Arkesilaos' Kritik zeichnete (§ 16 [siehe oben, Anm. 16]): Aus der Sicht der Akademie — oder genauer aus der Sicht der für Cicero relevanten Version — hat Zenon etwas Neues in die Welt der Philosophie gebracht (i.e. daß Menschen nicht nur von Meinungen frei sein können, sondern sogar frei sein müssen, insbesondere der Weise) und Arkesilaos hätte dies auch, zumindest was den Punkt bezüglich des Weisen angeht, gesehen und entsprechend gewürdigt. Von hier aus ist auch ein Rückschluß auf die Interpretations-Unsicherheit in § 16 erlaubt. — Wahrscheinlich wäre es korrekter gewesen zu sagen, daß Zenon den Begriff des Philosophen wieder an den des Sophos knüpft und damit jene Wissensansprüche für realisierbar erachtet, die in verschiedenen Traditionen griechischen Denkens als über-menschlich und in jedem Fall unrealistisch galten (vgl. Aristoteles' Hinweis in *Metaph.* Α 2, 982 b30 ff. und Platon, *Phaidros* 278 d).

[213]Dieser These liegt die Auffassung zugrunde, daß ›weise sein‹ und ›(bloße) Meinungen haben‹ unverträgliche Eigenschaften seien. Bei den Stoikern ist diese Auffassung mit einer materialistischen Deutung mentaler Zustände verbunden. Weisheit ist, wie Tugend überhaupt, eine unverlierbare, extreme Disposition des Zentralorgans; Meinung hingegen, als Einstellung eines schwachen Für-wahr-Haltens, eine Verfassung, die Gradunterschiede zuläßt. Beide Arten von Zuständlichkeiten gehören stoischer Auffassung nach unterschiedlichen Kategorien zu; und die physiologische Verfassung des Weisen bietet keinen Raum für Verfassungen von der Art, wie sie den Nicht-Weisen charakterisieren.

[214]Diese Definition entspricht nicht exakt dem bereits § 18 Gesagten (siehe oben, Anm. 35).

[215]Die Stellung von *recte* (»richtig«) scheint auf den ersten Blick die Interpretation zuzulassen, daß Cicero seinerseits Arkesilaos' Überlegung zu Zenons Schritt bewerte. Doch scheidet diese Deutung aus. Denn sie hätte für den begründenden Passus ein »kann« verlangt. Da aber *potuisse* eine innere Abhängigkeit ausdrückt, bleibt nur die Möglichkeit, den Text als Be-

richt dessen zu verstehen, was Arkesilaos dachte, und *recte* somit als Qualifikation von *additum* (»erweitert«) zu deuten.

[216]Genau genommen wird der Definitionszusatz hier nicht einmal genannt. Was genannt wird, sind Erwägungen, die Zenon (aus der Sicht
Ciceros) in der Überlegung bestimmt haben mochten, daß eine weitere
Spezifizierung nötig sei. Aber ist sie wirklich nötig? Hier gingen und
gehen die Meinungen wohl auseinander. Denn die Stoiker konnten auf
Grund ihrer Annahme bezüglich der individuellen Ausprägung jedes
einzelnen Gegenstandes sehr wohl davon ausgehen, daß eine getreue
Erscheinung im Sinne des exakten Abdruckes nur die Erscheinung sein
könne, die sie tatsächlich ist. Die Akademiker hingegen, die diese
physikalischen Annahmen nicht teilten (und auch nicht teilen konnten),
würden in der Tat geltend machen, daß das Getreu-Sein der Erscheinung
nicht ausschließt, daß die nämliche Erscheinung auch eine getreue
Erscheinung eines anderen, zumindest in der Wahrnehmung verwechselbaren
Gegenstands sein mag. — Zumindest für die Akademiker handelt es sich bei
dem Zusatz um eine begrifflich unabhängige und damit tatsächlich
zusätzliche Bedingung.

[217]Hier zeigt sich eine interessante terminologische Komplikation: (i)
Daß ein *visum* vom Wahren bzw. vom Falschen komme, soll offenbar besagen, daß zwar jeder Erscheinung Gegenstände bzw. Sachverhalte zugrunde
liegen, daß aber der Gegenstand bzw. Sachverhalt, der in einer Erscheinung
repräsentiert wird, nicht notwendig mit jenem Gegenstand bzw. Sachverhalt
identisch sei, der der Erscheinung tatsächlich zugrundeliegt. (ii) Die Auszeichnung eines Gegenstandes bzw. Sachverhalts als wahren bzw. falschen
Gegenstand bzw. Sachverhalt ist, innerhalb der von Arkesilaos hier vertre-
tenen Sichtweise, relativ auf die Zuordnung, die das erkennende Subjekt
hinsichtlich seines jeweiligen *visums* vornimmt. Sagen, daß eine Erscheinung E_1 eine Erscheinung des Gegenstandes bzw. Sachverhaltes G_1
sei, heißt behaupten, daß G_1 das wahre zugrundeliegende Objekt sei.
Arkesilaos versuchte, die Berechtigung in Frage zu stellen, mit der wir als
Stoiker diese Behauptung treffen.

[218]Dieser Punkt ist nicht so klar. (i) Zumindest nach der Meinung
Chrysipps würde Erfassen als Zustimmung zu einer erkenntnishaften
Erscheinung bestimmt (*S.V.F.* 2,91 u.ö.); und entsprechend bestünde zwi-
schen der Frage nach der Erfaßbarkeit von Q auf der einen Seite und der
Frage nach der Zustimmungsfähigkeit von Q auf der anderen Seite ein begrifflicher Zusammenhang. (ii) Die Akademiker ihrerseits (zumindest im
Umkreis des Arkesilaos) halten dafür, daß der Weise deshalb Epochê üben
wird, weil es nichts gibt, dem man seine Zustimmung erteilen könnte.
(Dieser Punkt war es, der Arkesilaos § 77 vor Augen stand, als er Zenon
fragte, was die Konsequenz wäre, wenn beides der Fall ist, [a] daß der Weise
nichts erfaßt [i.e. weil es nichts zu erfassen gibt], [b] daß der Weise als

Weiser nicht Meinungen haben kann; und auf [a] und [b] wird auch § 79 Bezug genommen.) Ciceros Behauptung, daß die These, der Weise werde zu nichts seine Zustimmung geben, mit der eigentlichen Frage nichts zu tun habe, stellt gänzlich auf die Vorstellung des Karneades ab, daß man Meinungen (im Sinne eines schwachen Für-wahr-Haltens) hegen könne. Aber eben diese Vorstellung ist zumindest in stoischer Sicht keine Option (vgl. § 68). Insofern ist die im Folgenden mit »wäre es doch möglich« gegebene Begründung nicht stichhhaltig.

[219]Daß Karneades keine eindeutige Postition bezogen hat und seine Haltung selbst diskutiert wurde, ging bereits aus § 59 hervor (siehe auch Anm. 485 zu § 148).

[220]Damit nimmt Cicero auf das von ihm § 68 Gesagte Bezug (vgl. auch § 77): Wissen im Sinne fundierter Erkenntnis ist im Lichte der akademischen Kritik nichts, auf das der stoische Weise hoffen dürfte; und Meinen im Sinne unbegründeter Wissensansprüche ist etwas, was der Stoiker nach eigenem Verständnis dem Weisen nicht zuschreiben kann. In diesem Sinne genügt hier die Zurückweisung der Annahme der Möglichkeit von Erkenntnis, um die Notwendigkeit der Epochê nahezulegen.

[221]Der überlieferte Text erfordert eine Änderung. — Die Rede vom Vertrauen, das man eigenen Zeugen entgegenbringt, bezieht sich sinngemäß wohl auf solche Äußerungen wie »der tatsächliche Bestand des Wahrnehmungsgefühls bürgt auch für die Wahrheit der Wahrnehmungen« (Diog.Laert. 10,32 [siehe oben, Anm. 44 zu § 19]); und Cicero bemängelt sinngemäß, daß man mit und in dem Entscheid zugunsten einer subjektivistischen Haltung die Möglichkeit einer objektiven Überprüfung und Rechtfertigung aus der Hand gebe. Der Einwand klingt bedrohlicher als er ist. Denn Cicero selbst kann den ›Gang vor das Tor‹ nicht wirklich einklagen. Doch ist der entscheidende Punkt, daß Lucullus für den Fall, daß er einen Unterschied zwischen wahren und falschen *visa* einräumt, den ›Gang vor das Tor‹ antreten müßte.

[222]Der Gedanke läßt zwei Deutungen zu: (i) Timagoras leugnet das Phänomen selbst und bestreitet, daß ihm derartiges widerfahren sei; (ii) Timagoras leugnet nicht das Phänomen, wohl aber stellt er die Beschreibung des Phänomens in Abrede. Das Verständnis (ii) wird durch den Hinweis auf das Meinen nahegelegt.

[223]Dies entspricht epikureischer Auffassung, wonach Irrtum und Falschheit erst da ins Spiel kommen, wo das erkennende Subjekt den Wahrnehmungsbefund deutet bzw. etwas »hinzumeint« (Diog.Laert. 10,[51.] 62 [siehe oben, Anm. 43 zu § 19]).

[224]Ciceros Punkt (siehe bereits § 79) ist offenbar, daß Timagoras den Satz als falsch und als Fall von ›Hinzumeinen‹ charakterisieren würde und damit wohl die Fakten richtigzustellen versucht, aber das Phänomen selbst nicht aus der Welt schaffen kann.

[225]Cicero scheint sich damit auf das in § 19 Gesagte zu beziehen, wo
Lucullus diese Unterscheidung allerdings nicht explizit formuliert, sondern
nur gesagt hatte, daß er nicht die Position Epikurs verteidige. — Dafür, daß
diese Unterscheidung als stoische Lehre gelten darf, läßt sich das Zeugnis
S.V.F. 2,78 anführen: »Die Stoiker [meinten], daß zwar die Wahrnehmung
wahr, von den Erscheinungen [φαντασίαι] aber die einen wahr, die
anderen falsch seien«. Dieselbe Auffassung kommt, wenn auch in leicht
veränderter Terminologie, in einem Bericht bei Sextus zum Ausdruck: »Die
Philosophen der Stoa und des Peripatos schlugen einen mittleren Weg ein
[scil. in Abgrenzung zu Epikur] und sagten, daß einige der wahrgenommenen Dinge [αἰσθητά] zugrundeliegen, andere aber nicht zugrundeliegen,
wobei sich die Wahrnehmung über sie täuscht« (*S.V.F.* 2,76).

[226]Mit dieser Übersetzung von *domi* (»zuhause«) soll die Polemik
gegen die Orientierung an Epikur betont werden, von dessen Schule man ja
allgemein als dem ›Garten‹ sprach.

[227]Das ist im Sinne von ›Dunkelheit‹ einer jener Gesichtspunkte, der
auf Karneades' Behandlung des Mediums der Beurteilung (hier ἀήρ
ζοφερός) zurückgeht (Sextus Empiricus, *Adv. Math.* 7,183).

[228]Die Reihenfolge der Prämissen ist hier gegenüber der Exposition in §
40 verändert. — Unter den Aussagen, die hier als Prämissen der skeptischen
Folgerung figurieren, ist insbesondere die zweite [i.e. »eine falsche Erscheinung kann nicht erfaßt werden«] klärungsbedürftig. So wie Cicero sich
ausdrückt (siehe oben, Anm. 121), kann der Sinn des Gesagten nur sein,
daß eine Erscheinung *E* dann als Erscheinung eines zugrundeliegenden
Gegenstandes oder Sachverhaltes angesprochen werden darf, wenn sie
tatsächlich den in Rede stehenden Gegenstand bzw. Sachverhalt korrekt und
unverwechselbar darstellt; eine Erscheinung erfassen hieße demnach sagen,
daß die gegebene Erscheinung diesen Bedingungen genügt. Dies würde bedeuten, daß jemand gegebenenfalls erkennt, daß *E* keine Erscheinung des in
Rede stehenden Gegenstandes ist, daß aber diese Art von Erkenntnis eben
nicht als Erfassen von *E* gilt. — Indes läßt sich gegen diese Interpretation
einwenden, daß sie dem Satz ein Verständnis unterlegt, welches kaum ge-
währleisten dürfte, daß er, wie Cicero unterstellt, allgemein [i.e. auch von
den Vertretern anderer Philosophen-Schulen] akzeptiert wird. Ein Verständnis, das diesen Bedingungen genügen könnte, müßte weniger technisch
auf Einzelheiten der stoischen Erkenntnislehre abstellen. Denkbar wäre also
folgende Paraphrase: Von einem Sachverhalt, der nicht besteht, gibt es kein
Wissen.

[229]Diese Behauptung wäre nur für den Fall informativ, daß φαντασία
bei Epikur durchwegs dieselbe Bedeutung hätte wie *visum* bei Cicero, welches ja das Wort φαντασία im stoischen Verständnis übersetzt. Daß
φαντασίαι (i.e. ›geistige Bilder‹ der εἴδωλα) samt und sonders wahr
sind, geht aus Sextus Empiricus, *Adv.Math.* 7,210 hervor; dabei fällt

freilich auf, daß diese φαντασίαι nicht propositional strukturiert sind und im strikten Sinne auch gar nicht wahrheitsdifferent sein können. Die *visa*, von denen Cicero spricht, sind, wie die φαντασίαι der Stoiker überhaupt, wenigstens im Prinzip urteilshaft strukturiert. Dies hängt damit zusammen, daß die Stoiker, anders als die Epikureer, Wahrnehmungen (i.e. Akte des Wahrnehmens [αἰσθάνεσθαι]) als kataleptisch ansahen (*S.V.F.* 2,74-75).

[230]Dieser Punkt nimmt auf § 56 Bezug. — Von der Sache her ist fraglich, ob es richtig ist zu sagen, daß jemand, der zu unrecht meint, *X* zu sehen, während es sich bei dem Gegenstand tatsächlich um *Z* handelt, in Wirklichkeit *Z* sieht.

[231]Die Verwendung dieses Ausdrucks (scil. *incidebat*) ist insofern irreführend, als damit der Eindruck erweckt wird, daß die Erscheinungen etwas seien, was man sozusagen vorfindet. Dies entspricht sicher nicht der stoischen Auffassung. Diese wäre eher so zu charakterisieren, daß die Erscheinungen auf das Zentralorgan unwillkürlich treffen (vgl. Sextus Empiricus, Adv. Math. 7, 175 [ἐμπίπτει φαντασία]). Vielleicht hat Cicero die Verhältnisse in ironischer Absicht verkehrt.

[232]Es ist nicht klar, ob die Ausdrücke *verum* bzw. *falsum* hier (i) das wahre bzw. falsche *visum* bezeichnen oder (ii) den wahren bzw. falschen Gegenstand hinter den *visa* benennen soll oder (iii) eher abstrakt an Wahrheit bzw. Falschheit überhaupt zu denken ist.

[233]Dieser Punkt scheint zunächst kontraintuitiv. Denn mag man auch zugeben, daß sich *X* und *Z*, die Zwillingsbrüder sind, nicht unterscheiden lassen, so tendiert man sicher dazu, im Falle von Nicht-Zwillingen zuversichtlich zu sein. Doch geht der Einwand der Akademiker augenscheinlich dahin, daß wir uns nunmehr auf kein Merkmal oder dergleichen berufen können; und wenn dies so ist, können wir keinen Erkenntnisanspruch rechtfertigen. — Von der Sache her betrachtet, mag zweifelhaft sein, daß die Stoiker ihrerseits Ciceros Rede von einem Kennzeichen bzw. Merkmal, welches nicht *falsch* sein kann bzw. *wahr* sein muß, akzeptiert hätten. Denn diese Charakterisierung der Merkmale würde der Vorstellung widersprechen, daß etwas ein Merkmal nur von einer Sache, nicht aber auch von einer anderen Sache sein könne. Vielleicht wäre der Gedanke weniger anstößig, wenn die Annahme zugrundeliegen würde, daß eine Eigenschaft *F*, die als Merkmal z.B. von *Z* gilt, *Z* nicht als von *X* unterscheidbar ausweist und mithin nicht als ›wahres‹ bzw. ›wirkliches Merkmal‹ angesehen werden könne.

[234]Subjekt des daß-Satzes ist offenbar »Kennzeichen« (*nota*). Damit wird hier, wie schon wenige Zeilen zuvor, mit Bezug auf das Merkmal sinngemäß das in Betracht gezogen, was laut § 77 (»daß sie [scil. die Erscheinung] nicht in gleicher Weise auch vom Falschen stammen könne«) hinsichtlich der erkenntnishaften Erscheinung als Zusatz-Bedingung aufgeführt wurde. Diese Betrachtung mag als problematisch angesehen

werden; doch entspricht sie ganz der Sicht, die überhaupt die Rede von wahren und falschen Erscheinungen bestimmt (siehe oben, Anm. 120). — Im Detail stellt sich die Frage, ob (i) der Ausdruck *eiusdem modi* hier im Sinne von ›von der gleichen Art‹ verstanden werden sollte, oder (ii), wie offenbar in § 77, eher adverbiell im Sinne von ›in der gleichen Weise‹. Zwar scheint (ii) in Anlehnung an § 77 eleganter. Doch setzt (ii) genaugenommen ein Verständnis von der Art (i) voraus. Denn die Pointe des Gedankens scheint ja die zu sein, daß die Aufhebung des untrüglichen Merkmals die These mit sich führt, daß jede wahrgenommene Eigenschaft F, G, H, die wir einem Ding als Merkmal zuordnen, Merkmal eines anderen Dings sein kann, so daß also jedes wahre Merkmal von X zugleich als falsches Merkmal von X bzw. wahres Merkmal von Z auftreten würde und mithin also nichts Individuelles sein könnte.

[235]Aus dem Lateinischen selbst wird vielleicht nicht klar, welcher Art die Begründung ist, die Cicero hier geltend macht, und was genau sie leisten soll. (i) Cicero könnte soviel wie »da ja etwas zu sein scheint, was es nicht ist« gemeint haben und hätte damit nur wiederholt, was zuvor bereits gesagt worden ist. Dies gilt unabhängig von der Frage, wie »zu sein scheint« genau zu verstehen ist. (ii) Cicero könnte soviel wie »da ja irgendetwas als etwas erscheinen kann, was es nicht ist« gemeint haben. In diesem Falle hätte er nicht nur wiederholt, was bereits gesagt wurde: er hätte vielmehr die am konkreten Fall gewonnene Aufhebung der These vom Gegebensein von Merkmalen mit der entsprechenden generalisierten These verbunden; und wenn also davon auszugehen ist, daß wir in Bezug auf jeden Gegenstand irren können, so ist nicht einsichtig, wieso dies im Fall einer Cotta-Erscheinung nicht so sein sollte. Die letztere Variante (ii) scheint hier den Vorzug zu verdienen; denn auf diese Weise würde jene Prämisse deutlich, die im Fall (i) nicht hervortritt und eigentlich sinngemäß ergänzt werden müßte. Vom Sprachlichen her wäre dann eigentlich ein *potest* zu erwarten gewesen.

[236]Cicero bezieht sich hier auf das in §§ 50/55 Gesagte. Doch ist die Art seiner Bezugnahme zumindest für den heutigen Leser nicht ganz eindeutig: Handelt es sich bei dem Inhalt der Aussage (i) um eine These oder um (ii) zwei Thesen? Für (i) scheint zu sprechen, daß mittels der Ausdrücke »alles« (*omnia*) bzw. »nichts« ein und derselbe Gedanke emphatisch betont werden soll und daß im Folgenden unter Hinweis auf die stoischen Beispiele in der Tat auch nur ein und derselbe Sachverhalt angesprochen wird. — Doch würde diese Interpretation (i) verlangen, daß *sui generis* hier im Sinne eines *genetivus qualitatis* zu verstehen ist und nicht etwa im Sinne eines *genetivus possessivus*. Diese Bedingung kann vom Sprachlichen her als erfüllbar gelten, auch wenn eigentliche unzweifelhafte Belege dafür aus späterer Zeit kommen (Sen., *Contr.* 9,2,28; Tert., *Adv. Prax.* 7,8). Gegen (i) und für (ii) spricht allerdings die Tatsache, daß Ciceros Verweis (i.e. »du behauptest«) auf das in § 50 Gesagte einem Sachverhalt

gilt, der von Lucullus selbst so ausgedrückt wurde: »Es gibt doch nichts, was aus seiner Art in eine andere übertragen werden könnte«. Dabei läßt der Zusammenhang dort keinen Zweifel daran zu, daß an Art-Zugehörigkeit gedacht ist (i.e. Hunde, Wölfe usw.). Wenn Cicero also auf diesen Zusammenhang anspielt, muß er seinerseits an das Argument der Art-Zugehörigkeit denken und der Genetiv kann nicht als *genetivus qualitatis* verstanden werden. Daß er im Folgenden auf das Art-Zugehörigkeits-Argument nicht eigens eingeht, sondern direkt auf die stoische These zusteuert, kann allenfalls damit erklärt werden, daß er es für nicht wichtig ansah.

[237]Siehe § 56 und Anm. 177.

[238]Die Verwendung des Ausdrucks *refelli* ist auffällig. Denn wenn Cicero als Skeptiker hier an eine echte Widerlegung denkt, so stellt sich die Frage, wie er dies bewerkstelligen würde. Er könnte sich auf jenes Argument berufen haben, das laut Plutarch, *De Comm. Not.* 1083 B-C von den Akademikern formuliert wurde. Dabei ist es wichtig zu sehen, daß die Stoiker (laut Plutarch, a.a.O. 1083 B) selbst die Prämissen des Argumentes zugestehen. Das Argument hatte folgendes Aussehen: (*A*) Alle Einzeldinge (Substanzen) befinden sich in Fluß und Bewegung, wobei sie Teile von sich weggeben und andere Teile von außen her erhalten; (*B*) die Anzahl und Menge der Teile, die einen Zugang erfahren oder einen Abgang, bleibt nicht dieselbe, sondern wird verschieden, indem sich die Substanz auf Grund der Zugänge oder Abgänge verändert; (*C*) die vorherrschende Angewohnheit, diese Verwandlungen ›Zuwüchse‹ und ›Verluste‹ ($\alpha\dot{v}\xi\acute{\eta}\sigma\epsilon\iota\varsigma$ bzw. $\varphi\theta\acute{\iota}\sigma\epsilon\iota\varsigma$) zu nennen, ist nicht in Ordnung. Richtiger wäre es hier, da es um den Fall geht, daß ein Ding zu einem anderen wird und nicht etwa um den Fall, daß ein Verbleibendes wächst oder abnimmt, von Entstehen und Vergehen zu sprechen. — Aus dem Zusammenhang bei Plutarch geht hervor, daß das Argument, welches auf Epicharm zurückgeht, und z.B. im Zusammenhang des Schiffes des Theseus Verwendung fand (Plutarch, *Thes.* 20), gegen die Stoiker ins Felde geführt wurde und Chrysipp darauf antwortete (vgl. *S.V.F.* 2,397,6-8) und die Akademiker ihrerseits auf Chrysipp antworteten. Doch wird nicht deutlich, wie die Auseinandersetzung im Einzelnen verlief. Deshalb läßt sich auch nicht recht absehen, mit welchem Recht Cicero gegebenenfalls die stoische These als im Prinzip widerlegt ansehen konnte. Was das Argument u.a. zu etablieren scheint, ist die Veränderung der Identität eines Dinges durch die Zeit. Damit wäre auch der These, daß keine zwei Dinge miteinander identisch seien, die Basis entzogen. Aber es ist nicht klar, ob das Argument in den Augen der Stoiker dies tatsächlich erbringen muß.

[239]Der überlieferte Text läßt sich aus sprachlichen Gründen nicht halten. — Je nach Art der Textkonstitution haben wir es mit einer These (i) bezüglich der Dinge selbst zu tun oder mit einer These (ii) bezüglich Erscheinungen bzw. Dingen als *visa*. Offensichtlich verdient (i) den Vorzug. Denn

unmittelbar zuvor war ja von Dingen die Rede; und Cicero deutete an, daß sich die stoische These von der Verschiedenheit aller Dinge leicht widerlegen ließe. Ciceros Punkt wäre also der, daß für den gegebenen Zweck nicht der Nachweis wichtig wäre, daß zwei Dinge (z.B. die Zwillings-Brüder) tatsächlich in jeder Hinsicht und damit vollumfänglich identisch wären, sondern nur der Hinweis auf ihre faktische Nicht-Unterscheidbarkeit als Gegenstände der Wahrnehmung bzw. als durch Erscheinungen repräsentierte Objekte. — Im anderen Fall (ii) wäre von Erscheinungen die Rede und davon, daß es im gegebenen Zusammenhang nicht wichtig sei, ob zwei Erscheinungen tatsächlich identisch sind oder nur nicht unterschieden werden können.

[240]Damit klärt Cicero die Quelle des Mißverständnisses im Kontext von § 54 auf (siehe oben Anm. 174).

[241]Leibniz hatte diesen Sachverhalt vor Augen (s.o., Anm. 177).

[242]Vgl. § 57.

[243]Dieser Punkt bezieht sich auf das in § 20 Gesagte.

[244]Cicero charakterisiert hier die dogmatischen Auffassungen, die Lucullus vorgetragen hatte (§ 30 [siehe oben, Anm. 79]) als haltlose Meinungen und damit als Meinungen im Sinne der stoischen Kritik (i.e. als Meinungen im schlechten Sinn des Wortes).

[245]Diese Zusage wird § 116 eingelöst.

[246]Hier bezieht sich Cicero auf das in § 55 (vgl. § 30) Gesagte.

[247]Cicero bezieht sich hier wohl auf Lucullus' eigene Charakterisierung der ›Physik‹ in § 30.

[248]Was mit res universae gemeint ist, läßt sich vielleicht nicht bündig entscheiden. Vielleicht will Cicero sagen, daß er nun nicht ›im Einzelnen‹ (in singulis rebus , vgl. § 42) zeigen will, daß nichts erfaßt werden kann, sondern sich auf einige klassische Fälle beschränken will.

[249]Nach Diog. Laert. 7,183 hat Chrysipp sowohl gegen als auch für die gewohnheitsmäßige Erfahrung geschrieben (vgl. die entsprechenden Buchtitel in den §§ 192 und 198), offenbar im Hinblick auf das Vorgehen des Arkesilaos (s. Einleitung, Abschnitt H). Dabei ist unklar, in welcher Absicht er dies tat und mit welcher Erwartung. Sofern Lucullus (vielleicht aus der Sicht des Antiochos) an den Akademikern bemängelte, daß ihre Thesen gewissermaßen die Bedingungen aufheben, unter denen wir faktisch leben, scheint die Annahme, daß ein Stoiker seinerseits solche Thesen vertrete, wenig plausibel. Vielleicht wollte Chrysipp eine Unterscheidung zwischen solchen Auffassungen ziehen, die aus der Sicht seines Denkens haltbar sind, und anderen, die das nicht sind.

[250]Vgl. § 51 ff.

[251]Übersetzt Cicero hier mit visa das Griechische φαντάσματα? Traumerscheinungen werden als φαντάσματα bezeichnet (s.o., Anm. 124), und im Lateinischen kann visum für solche Erscheinungen stehen.

[252]Cicero scheint hier zum Ausdruck zu bringen, daß er im Gegensatz zu Lucullus in der Phase von Alkmaions gesteigertem Wahn einen ›Dissens‹ zwischen Verstand und Augen bestreitet, da in diesem Fall die Reflexion ausgeschaltet ist. Lucullus meinte wohl, daß Alkmaions Einsicht in diesen Dissens seinen Glauben in die Erscheinung beeinträchtige; Cicero dagegen meint, Alkmaions Äußerung könne nicht für bare Münze genommen werden.

[253]Falls Cicero mit diesem Einschub (*ad animi adsensum*) eine Einschränkung der Geltung der skeptischen These, zwischen wahren und falschen Erscheinungen bestehe kein Unterschied, andeuten will, dann wäre diese Einschränkung wohl darin zu sehen, daß es (in bestimmten Fällen?) nicht um intrinsische Unterschiede zwischen den Erscheinungen geht, sondern nur um die Frage, ob die Zustimmung durch Reflexion behindert wird oder nicht.

[254]Die Frage, was die Vernunft zu leisten vermag und welche Einsichten sie bereitstellt, hatte § 27 eine Rolle gespielt. Aber es ist vielleicht nicht klar, welchen Begriff von Vernunft Cicero hier vor Augen hat. Dabei ist dieser Punkt womöglich bedeutungsvoll. Denn weiter unten ist davon die Rede, daß der Logiker über die Wahrheit bestimmter nicht-elementarer Aussagen befindet; und sollte hier z.B. daran gedacht sein, daß man es einer Aussage ansehen könne, ob sie wahr oder falsch ist, ohne daß man die Wahrheit oder Falschheit der Teilaussagen kennen müßte, so wäre hier ein starker Begriff von Vernunft involviert, derart, daß, wenn P und Q zwei miteinander unverträgliche Teilaussagen sind, die Aussage ›Nicht (sowohl P als auch Q)‹ a priori als wahr eingesehen werden kann. Ähnlich würden die Dinge in der Sicht der Stoiker im Falle von disjunktiven Aussagen liegen, wo die Wahrheit gleichsam a priori eingesehen werden soll.

[255]Darunter verstanden die Stoiker nicht immer das Gleiche. Nach Diog. Laert. 7,41 ff. ist Dialektik jener Bereich der Logik, der sich mit Definitionen und Kriterien als Mittel der Findung von Wahrheit beschäftigt und, offenbar genereller, Wissenschaft dessen, was wahr ist, was falsch und was keines von beiden (vgl. 7,62 u.ö.). — Cicero hat hier, wie auch bezüglich der Weissagung (*De Div.* 2,9 ff.), bezüglich der Dialektik der Stoiker die Tendenz, diese auf den Status der Logik im engeren Sinn einzuengen. Diese Tendenz scheint er von Karneades übernommen zu haben. Daß Cicero im übrigen auch das aristotelische Verständnis von Dialektik kennt, geht aus *Top.* § 6 hervor.

[256]Diese Charakterisierung ergibt sich aus dem bereits erwähnten Verständnis der Dialektik als Wissenschaft von Wahrem, Falschem und dem, was keines von beiden ist (s.o., Anm. 255). Nur ist unklar, ob hier der normative Charakter dieser Disziplin als Disziplin zweiter Ordnung gemeint ist, welche Festlegungen bezüglich des Verständnisses z.B. von ›wahr‹,

›falsch‹ trifft und gegebenenfalls auch verteidigt, oder ob die Dialektik ihrerseits auch über faktische Fragen befindet.

[257]Der Logiker interessiert sich als Logiker nicht für die Frage, ob und unter welchen Bedingungen zwei Aussagen, *P* und *Q*, inhaltlich wahr sind; er befindet allenfalls, daß eine Konjunktion (*P* & *Q*) dann wahr ist, wenn beide Glieder wahr sind und eine Disjunktion (*P* ∨ *Q*), wenn wenigstens eines der Glieder wahr ist oder, wie hier im Falle der sog. starken Disjunktion, eines der Glieder falsch ist und, wie aus Sextus Empiricus, *Pyrrh. Hyp.* 2,191 hervorgeht, die Disjunktionsglieder überdies miteinander unverträglich sind. Hier geht es um die Festlegung und Beurteilung wahrheitsfunktionaler Verhältnisse. — In § 143 wird Cicero eigens darauf hinweisen, daß hinsichtlich der Beurteilung solcher Fragen wie der nach den Wahrheitsbedingungen der Implikation (›wenn *P*, dann *Q* ‹) unter den Logikern selbst keine Einigkeit bestehe (s.u., Anm. 473).

[258]Hier wie in *De Div.* 2,10-11 spricht Cicero von Gegenständen bzw. Fragen der Philosophie. Aus einer ähnlichen Wendung bei Augustinus, *Contra Acad.* 2,11 und 3,23, geht hervor, daß Karneades so gewisse Abgrenzungen von den Belangen der normalen Lebenserfahrung anzeigen wollte; ähnliche Abgrenzungen haben auch die pyrrhonischen Skeptiker vorgenommen (Sextus Empiricus, *Pyrrh. Hyp.* 1,13). Wahrscheinlich bestanden hinsichtlich der Frage der Grenzziehung beträchtliche Meinungsverschiedenheiten.

[259]Hier handelt es sich um den geläufigen lateinischen Übersetzungsterminus von συμπεπλεγμένον, der stoischen Ursprungs zu sein scheint. Konjunktive Aussagen sind nur eine Gruppe von nicht-einfachen Aussagen; und die Wahrheit dieser nicht-einfachen Aussagen wird von der Wahrheit der Teilaussagen abhängig gemacht.

[260]Der lateinische Ausdruck (§ 97 findet sich *disiunctum*, vgl. *De Fato* § 37) übersetzt den griechischen Ausdruck διεζευγμένον. — In der peripatetischen Logik findet sich διαιρετικόν bzw. πρότασις διαιρετική. Bei den Stoikern ist mit ›Disjunktion‹ durchwegs die starke Disjunktion gemeint (*S.V.F.* 2,207).

[261]Der Hinweis auf die Untersuchung von Ambiguitäten (vgl. § 92) ist dahingehend zu verstehen, daß die Dialektik immer schon zwischen ›wahre‹ und ›falschen Argumenten‹ unterscheidet (Sextus, *Pyrrh. Hyp.* 2,229) und Sophismata als Klasse von falschen Argumenten eingeschätzt wurden, zu deren Auflösung, zumindest stoischer Meinung nach — dies im Gegensatz zur Auffassung des megarischen Logikers Diodoros Kronos (*S.V.F.* 2,152) — das Studium von Ambiguitäten beiträgt. Dies gilt umso mehr, als nach Chrysipp jedem Wort eine Ambiguität eignet.

[262]Auch hier äußert sich Cicero in gedrängter Form; und es ist nicht klar, ob Cicero hier (i) generell von Verträglichkeit und Unverträglichkeit von Sätzen spricht (z.B. vollständige und unvollständige Unverträglichkeit,

vgl. Sextus Empiricus, *Pyrrh. Hyp.* 2,162), oder (ii) spezieller davon, wann ein Satz als Konklusion aus Prämissen folgt und wann nicht. — Nach stoischer Auffassung haben wir es dann mit einem wahren, deduktiven Argument zu tun, »wenn nicht nur die Implikation aus der Konjunktion der Prämissen mit dem Schlußsatz [...] richtig ist, sondern auch die Konjunktion der Prämissen, die den Vordersatz in der Implikation bildet, wahr ist« (Sextus, *Pyrrh. Hyp.*, 2,138; Übers. Hossenfelder); und es ist klar, daß die Bestimmungen von (ii) auf Elemente von (i) zurückgreifen (siehe auch § 143 und Anm. 473).

[263]Ciceros Vorbehalt betrifft offenbar die Vorstellung, daß Logik eine Disziplin sein könnte, welche über Tatsachen-Fragen entscheidet und in diesem Sinne einer Erfahrungswissenschaft leistet. Diese Vorstellung wäre in der Tat verfehlt; und Ciceros Behauptung, daß die Logik in gewissem Sinn nur über sich selbst urteile (d.h. keine Beziehung zur Welt habe), scheint durchaus angemessen. — Allerdings ignoriert Cicero hier (im Zusammenhang seines Hinweises auf Musik und andere freie Künste), daß die Stoiker die Grammatik sehr wohl als Teil der Dialektik begriffen.

[264]Der Verweis geht auf § 49.

[265]In der klassischen Philosophie dominierte, zumal seit Parmenides von Elea, die Überzeugung, daß Gegenstände möglicher Erkenntnis bestimmten Bedingungen genügen müssen: »Von vornherein wird es nicht einmal ein Objekt der Erkenntnis ($\gamma\nu\omega\sigma o\acute{\upsilon}\mu\varepsilon\nu o\nu$) geben können, wenn alles grenzenlos wäre« (Philolaos, D.K. 44 B 3). — »Denn nichts von den Dingen wäre irgendwem klar ($\delta\tilde{\eta}\lambda o\nu$), weder in ihrem Verhältnis zu sich noch zu einander, wenn die Zahl nicht wäre und ihr Wesen. Nun bringt aber diese innerhalb der Seele alle Dinge mit der Wahrnehmung in Einklang und macht sie dadurch erkennbar [...]« (Philolaos, D.K. 44 B 11). Platon, der in dieser Tradition steht, meinte, daß nur die Ideen diesen Bedingungen der Erkennbarkeit genügen, nicht jedoch die Gegenstände der Wahrnehmung, die z.B. dem Gesichtssinn als ›vermischt‹ erscheinen (*Resp.* V,524c). Die Akademiker leugnen nicht die Realität von objektiven Bestimmungen, bezweifeln aber die Leistungsfähigkeit des menschlichen Unterscheidungsvermögens. — Ciceros Behauptung mutet ihrerseits dogmatisch an. Doch kann sie dann als unproblematisch angesehen werden, wenn sie als Kommentar zur These des Lucullus in § 30 (»mit welcher [...] Kunstfertigkeit die Natur jedes Lebewesen gebildet hat«) verstanden wird.

[266]Wir lesen hier *perspicis* (»du blickst durch«) anstelle des von Herausgebern zumeist bevorzugten *percipis* (»du erfaßt«). Für die Aufnahme von *perspicis* spricht die im weiteren Zusammenhang deutliche Gegenüberstellung ›Klarheit‹/›Unklarheit‹. Diese Gegenüberstellung verweist vielleicht auf Karneades' Unterscheidung im Bereich der »wahr erscheinenden Erscheinungen« ($\varphi\alpha\iota\nu o\mu\acute{\varepsilon}\nu\eta$ $\dot{\alpha}\lambda\eta\theta\dot{\eta}\varsigma$ $\varphi\alpha\nu\tau\alpha\sigma\acute{\iota}\alpha$) bei Sextus Empiricus, *Adv. Math.* 7,171. Danach gibt es hier einerseits die trübe, obskure

(ἀμυδρά) Erscheinung, so wie sie sich z.B. bei Leuten findet, die verworren (συγκεχυμένως) wahrnehmen, andererseits diejenige Erscheinung, die den Anschein von Wahrheit in einem starken Ausmaß macht.

[267]Spätestens hier stellt sich die Frage nach dem genauen Aufbau der Attacke, die Cicero gegen Chrysipps Strategie führt. So ist wissenswert, ob mit »wenn schließlich deshalb [...] undurchsichtig ist« (i) eine mögliche Erklärung des angenommenen Sachverhaltes, daß jemand keine Antwort parat hat, erwogen wird oder (ii) eine Erklärung des angenommenen Sachverhaltes, daß jemand nicht durchblickt. Beide Varianten würden aber auf den gleichen Argumentstypus hinweisen; in beiden Fällen wird nämlich nach *modus tollens* die Berechtigung verneint, für sich die Behauptung ›Es gibt keine Antwort‹ in Anspruch zu nehmen. Doch im Hinblick auf das folgende »Wenn du das nur deswegen tust, um zu schweigen [...]« scheint es sinnvoll, den Zusammenhang gemäß (ii) zu verstehen.

[268]Die Verwendung des Ausdrucks *superiora* ist hier insofern auffällig, als der nämliche Ausdruck wenig später in § 96 offensichtlich in einem eher technischen Sinn gebraucht wird, und zwar wohl in der Bedeutung von ›Vordersatz‹ eines Konditionals (s.u., Anm. 276). Dies wirft die Frage auf, ob der Vergleich hier einen spezifischen Punkt betrifft, wie etwa, daß das Tun des Dialektikers stoischer Ausrichtung von der Überlegung bestimmt ist, daß Aussagen dem Bivalenzprinzip unterworfen und mithin entscheidbar sind. Vielleicht dachte der akademische Kritiker, daß mit dem Hinweis auf die Nicht-Entscheidbarkeit von Aussagen durch *modus tollens* auf die Unhaltbarkeit der Bivalenzannahme geschlossen werden könne. Damit wäre dem Ausdruck *superiora* ein technischer Sinn und dem Vergleich eine klare Zielrichtung gegeben. — Doch inwiefern würde dadurch das Gewebe der Penelope wieder aufgelöst? Offenbar soll durch diesen Vergleich die akademische Kritik an der stoischen Dialektik als gleichsam selbstauflösend hingestellt werden, da sie mittels Dialektik (*modus tollens*) die Dialektik auflösen will. Auf einen ähnlich gelagerten Einwand gegen die Skepsis, nämlich daß sie die Nicht-Existenz von Beweisen *beweisen* wolle, antwortet Sextus Empiricus ebenfalls mit einem Vergleich: So, wie jemand eine Leiter verwende, um in die Höhe zu gelangen und die Leiter dann umstoße, verwende auch der Skeptiker Beweise gegen die Existenz von Beweisen (*Adv. Math.* 8, 481). Wie aus § 98 des *Lucullus* hervorgeht, lautete die entsprechende Antwort der Akademiker etwa dahingehend: die Argumente der Akademiker gegen die stoische Dialektik sind nicht mehr und nicht weniger wert als die stoische Dialektik.

[269]Cicero verwendet hier das Verb *enuntiare*, dessen zugehöriges Partizip (*enuntiatum*) für das Griechische ἀξίωμα stehen kann (vgl. *De Fato* 19 und 28). Die Stoiker verwendeten den Ausdruck ἀξίωμα zur Bezeichnung der Bedeutungen von Aussage-Sätzen, in dieser Hinsicht vielleicht denjenigen ›Sinnen‹ vergleichbar, die G. Frege als ›Gedanken‹ bezeichnete. Die

ἀξιώματα (*S.V.F.* 2,193) sind bei den Stoikern die eigentlichen Träger von Wahrheit und Falschheit (*S.V.F.* 2,186 u.ö.).

[270]Hier übersetzt bzw. paraphrasiert Cicero den griechischen Ausdruck λεκτόν, der wiederum, von der Wortbildung her, sowohl »ausgesagt« als auch »aussagbar« bedeuten kann und von den Stoikern zur Bezeichnung der Bedeutungen von Verben (und Nomina? [*S.V.F.* 2,166]) und Aussage-Sätzen verwendet wird (S.V.F. 2,181). — Diese Bedeutungen (λεκτά) stehen in einer Beziehung zu den φαντασίαι; und zwar gilt, daß das λεκτόν »gemäß [κατά — »in Übereinstimmung mit«?] einer begrifflichen Erscheinung [λογική φαντασία] besteht« (*S.V.F.* 2,181). Diese Charakterisierung gestattet unterschiedliche Deutungen, die ihrerseits weiterreichende Konsequenzen haben.

[271]Stoischer Auffassung nach können ἀξιώματα nur wahr oder falsch sein (vgl. *S.V.F.* 2,186; 912).

[272]Mit dem Wort *inexplicabilia* übersetzt Cicero das Griechische ἄπορα ; ἄποροι λόγοι (*S.V.F.* 2, 274) wurden Argumente genannt, die ›unlösbare‹ logische Probleme aufwarfen. Mit derartigen Sätzen, wie dem ›Lügner‹, machte sich nach Diog. Laert. 2,108 Eubulides von Milet einen Namen.

[273]Soweit sich aus dem korrupten lateinischen Text überhaupt Anhaltspunkte für ein Verständnis dessen gewinnen lassen, was Cicero gesagt hat, wäre der Ausdruck *rebus sumptis* präzis im Kontext der Unterscheidung zwischen solchen Annahmen, die jemand macht (§ 49, § 68), und solchen, die jemandem zugestanden werden, zu verstehen. Cicero wiese also auf eine weitere Annahme hin, die die Stoiker machen. Neben dem Bivalenzprinzip ist dies die Annahme, daß Schlüsse einer bestimmten Art gültig und die Schlußsätze wahr seien.

[274]D. h.: die Konklusion ist dann zu verwerfen, wenn der Satz nicht aus den Prämissen folgt und das Argument als nicht schlüssig bzw. ungültig betrachtet werden müßte. — Im lateinischen Text ist entweder etwas ausgefallen, was analog zur Angabe »zur entgegengesetzten Art gehörig« den Grund spezifizieren würde, weshalb der Aussage als Konklusion beizupflichten ist; oder aber *sequendae* ist im Sinne von »zu folgen, weil folgend« zu verstehen. Daß die Dialektik als Disziplin betrachtet werden konnte, welche »Folgendes/Folgerungen [*sequentia*] hinzufügt [i. e. Sätzen, die als Prämissen eines Argumentes betrachtet werden]« zeigt *Tusc. Disp.* 5,72.

[275](i) »Beweisart« (*modus*) übersetzt den griechischen Ausdruck τρόπος, der in der stoischen Logik soviel wie Schlußart bedeutet und folgendermaßen definiert wird: »Die Schlußart [τρόπος] ist gleichsam die Figur [σχῆμα] des Schlusses, z. B. so: ›Wenn das Erste, dann das Zweite; nun ist aber das Erste, also ist auch das Zweite‹.« (Diog. Laert. 7,76). (ii) Die Stoiker unterschieden fünf elementare Schlüsse, auf deren Gültigkeit die

Gültigkeit aller anderen Schlüsse bzw. Syllogismen beruhen soll und nannten diese elementaren Schlüsse »unbeweisbar«/»nicht zu beweisen« (ἀναπόδεικτοι); vermutlich meinten sie damit, daß die Gültigkeit keines Beweises bedürfe. Der oben genannte erste Modus ist der sog. *modus ponens.*

[276]Der lateinische Ausdruck *conexum* übersetzt hier und anderswo den griechischen Terminus συνημμένον, der ebenfalls stoischen Ursprungs zu sein scheint. Aus § 143 geht hervor, daß bezüglich der Wahrheitsbedingungen der Implikation unterschiedliche Meinungen bestanden. Die von Chrysipp bevorzugte Auffassung ist wohl diejenige, die von Diog. Laert. 7,71ff. mitgeteilt wird: ein συνημμένον ist wahr, wenn das kontradiktorische Gegenteil des Nachsatzes mit dem Vordersatz in Konflikt steht. — Die Termini *superius* bzw. *inferius* sollen hier vermutlich ›Vordersatz‹ (*antecedens* bzw. ἡγούμενον) bzw. ›Nachsatz‹ (*succedens* bzw. λῆγον) übersetzen. Anderswo (vgl. *De Fato* § 14, *Top.* § 54) spricht Cicero vom Vordersatz als Erstem (*primum*) und vom Nachsatz verbal als dem, was folgt (*quod sequitur*). Zur doppelten Terminologie vgl. Sextus Empiricus, *Adv. Math.* 8,110. — Der Ausdruck *ratio conexi* ist nicht so leicht zu verstehen. So geht aus der Formulierung selbst nicht klar hervor, ob (i) Cicero hier an die Schlußregel des *modus ponens* denkt, der im Falle eines Arguments ›Wenn *P*, dann *Q* ; nun ist aber *P* : also ist auch *Q* ‹ die Konklusion *Q* als gültigen bzw. wahren Schluß gewährleistet, oder aber (ii) Cicero die Implikation ›Wenn *P*, dann *P* ‹ vor Augen hat, die auf Grund ihrer Form als wahr erkannt werden kann (vgl. § 98). Beide Punkte scheinen nicht besonders geeignet, als Exemplifikationen einer Ratio der Verknüpfung dienen zu können. Besser scheint hier (iii) der Gedanke zu passen, daß beim Schließen, in dem die konditionale Verknüpfung eine Rolle spielt, »auf das Wahre Wahres folgt« (Diog. Laert. 7,81), — dies ganz im Sinne der Vorstellung, daß »die Konditionalaussage zum Ausdruck bringt, daß, wenn ihr Antecedens der Fall ist, auch das Succedens der Fall ist« (Sextus Empiricus, *Pyrrh. Hyp.* 2,148).

[277]Die Stoiker hielten dafür, daß wahre ausschließende Disjunktionen dadurch gekennzeichnet seien, daß eines der Glieder wahr und das andere falsch ist. Dabei läßt sich aus Sextus Empiricus, *Pyrrh. Hyp.* 2,191 entnehmen, daß die Disjunktionsglieder auch miteinander unverträglich sein sollen. Dies ist näherhin wohl so zu verstehen, daß zwei Aussagen — im Sinne der ausschließenden Disjunktion — nicht zusammen wahr und auch nicht zusammen falsch sein können. — Epikur hatte (nach Cicero, *De Nat. Deor.* 1,70) Probleme, Verknüpfungen dieser Art als notwendig wahr anzusehen. Ciceros Bericht in *De Fato*, § 21, unterstellt, daß Epikur fürchtete, »er müsse, wenn er dies [i.e. das Bivalenz-Prinzip bzw. den Satz vom ausgeschlossenen Dritten] zugestehe, auch zugeben, daß alles, was geschieht, auf Grund des Fatums geschieht«. Danach hätte Epikur die Sachlage aber

wohl falsch beurteilt. Denn aus der Tatsache, daß ›*P*‹ und ›Nicht-*P*‹ nicht zusammen wahr sein können, folgt nicht, daß ›*P*‹ oder ›Nicht-*P*‹ je für sich genommen etwa notwendig ist.

[278]Cicero meint offenbar, daß, falls Epikur recht hätte, das Prinzip *tertium non datur* nicht gelten würde und folglich keine Disjunktion der beschriebenen Art (notwendig) wahr wäre.

[279]Vgl. oben, Anm. 268 zu § 95.

[280]Hier wird deutlich, daß Aussagen dieser Art bereits auf Grund ihrer Form als wahr erkannt wurden. Ähnliche Hinweise finden sich in *De Nat. Deor.* 1, 70, Sextus Empiricus, *Adv. Math.* 8, 281f., 466f.

[281]Cicero unterstellt, daß Karneades' Position der Sache nach als eine Vorauswiderlegung der Position des (späteren) Antiochos anzusehen sei. Später wird Cicero geltend machen, daß Antiochos in Kenntnis der Einwände des Karneades nicht so hätte argumentieren dürfen, wie er es tat (§ 102).

[282]Der Bericht von der Darstellung des Kleitomachos gibt nicht zu erkennen, (i) ob Karneades hier eine These bezüglich der Natur von Erscheinungen überhaupt vorbringt oder ob er (ii) auf der Basis stoischer Annahmen operiert und diese gewissermaßen ordnet. Die letztere Verständnismöglichkeit (ii) scheint aus generellen Erwägungen heraus den Vorzug zu verdienen. (Daß die Stoiker derartige Einteilungen vornahmen, geht aus Sextus Empiricus, *Adv. Math.* 7,242-246 hervor; und daß Karneades derartige Einteilungen zugrundelegte, berichtet Sextus, a.a.O. 7,166-175.) Die Pointe der Argumentation des Karneades scheint ja darin zu bestehen, daß auf der Basis der stoischen Einteilungen selbst — die Kritik an den erkenntnishaften Erscheinungen einmal als triftig vorausgesetzt — nur noch die glaubhafte Erscheinung als Pol möglicher Orientierung übrigbleibt. Diese Art der Orientierung hat er selbst wohl unter dem Druck der stoischen Opposition (siehe Sextus, a.a.O. 7,166ff.) als Kriterium in Betracht gezogen. — Der entscheidende Punkt ist, daß das Charakteristikum der Glaubhaftigkeit ($\pi\iota\theta\alpha\nu\acute{o}\tau\eta\varsigma$) in Karneades' Beurteilung (siehe Sextus, a.a.O. 7,169ff.) als Eigenschaft der Erscheinung *für* bzw. *in Beziehung auf* das Subjekt der Erfahrung aufgefaßt wird. Worauf diese Glaubhaftigkeit eigentlich beruht, wird in den Berichten nicht deutlich.

[283]Hier wird, wenn auch nicht ausdrücklich, zwischen einer Zustimmung im technischen Sinne der $\sigma\upsilon\gamma\kappa\alpha\tau\acute{\alpha}\theta\varepsilon\sigma\iota\varsigma$, wie sie im Akt des Erfassens bzw. Erkennens ($\kappa\alpha\tau\acute{\alpha}\lambda\eta\psi\iota\varsigma$) involviert ist, und einem Gutheißen bzw. Billigen unterschieden. Dieser Unterschied wird fortan durch die Verwendung der Ausdrücke *adsensio-adsensus* bzw. *adprobatio-probatio* signalisiert. Ersteres, i.e. die Zustimmung im hier relevanten stoischen Sinn, ist auf Akte von Wissensansprüchen bezogen, letzteres signalisiert die schwächere Haltung des Glaubens. Wie diese Haltung näherhin verstanden wurde, läßt sich nicht präzis sagen. Bei Sextus Empiricus, *Pyrrh. Hyp.* 1,230

findet sich die Behauptung, daß πείθεσθαι von den Pyrrhonikern zur Bezeichnung einer passiven Einstellung verwendet werde, während Karneades und Kleitomachos damit ausdrücklich eine Tendenz zum Für-wahr-Halten verbanden (siehe oben, Anm. 4 zu § 8).

[284]Man mag hinsichtlich des lateinischen Textes (*sequitur*) geteilter Meinung sein: Will Cicero sagen, (i) die von Lucullus gelegentlich (§ 31, § 53, § 58) als Bedrohung genannte Verwirrung des Lebens ergebe sich aus (und hänge zusammen mit) der Beobachtung und Anerkennung des Glaubhaften? In diesem Fall wäre seine Bemerkung wohl als Ironie zu verstehen. Oder will Cicero sagen, (ii) eine wirkliche Bedrohung läge nur dann vor, wenn es so etwas wie das Glaubhafte nicht gäbe?

[285]Die Formulierung des hier entscheidenden Gedankens ist im Lateinischen (*non inesse in iis* [»daß nichts in ihnen sei«]) wenig spezifisch. Denn Cicero will vermutlich nicht behaupten, daß man sich hinsichtlich eigener Zustände (wie etwa daß man eine Rot-Wahrnehmung hat) irren kann. Vielmehr geht es ihm um die prinzipielle Unsicherheit des Wirklichkeitsbezugs (siehe unten, Anm. 299 zu § 103).

[286]Möglicherweise sind Karneades' Meinungen in diesem Punkt (falls es hier überhaupt um *seine* Auffassung geht) wie bereits auch § 33 verkürzt wiedergegeben. Zumindest nach dem Bericht bei Sextus Empiricus, *Adv. Math.* 7,175ff. hat Karneades Stufungen bzw. Grade von Glaubhaftigkeit in Betracht gezogen und so hinsichtlich der Beurteilung und Einstufung glaubhafter Erscheinungen weitere Unterscheidungen formuliert: (i) glaubhafte Erscheinungen; (ii) Erscheinungen, die glaubhaft sind und darüberhinaus ungehindert [ἀπερίσπαστος]; (iii) Erscheinungen, die glaubhaft sind, ungehindert und darüberhinaus getestet [διεξωδευμένη]. Ciceros Formulierung (vgl. § 101) scheint den in Punkt (ii) genannten Sachverhalt anzugehen. Hier wie bei Sextus geht es um die Erfahrung, daß keine Erscheinung je wirklich isoliert ist, sondern als Kontext von Erscheinungen — Sextus hat das Bild der Verkettung (a.a.O. 7,176) — angesehen werden muß. Glaubhaft in dem hier relevanten Sinn (ii) von Glaubhaftigkeit ist eine Erscheinung X dann, wenn keine der im Kontext involvierten Erscheinungen Y, Z usw. »uns dadurch herumzieht, daß sie falsch zu sein scheint, sondern alle zusammenstimmend wahr zu sein scheinen« (Sextus, a.a.O. 7,177). Im Vergleich zu Sextus' Charakterisierung der Bedingung für (ii) fällt bei Ciceros Bericht auf, daß die umgebenden Erscheinungen (i.e. *si nihil se offeret*) nicht etwa zusammen mit den sozusagen thematischen Erscheinungen ein kohärentes Bild ergeben und sich so gewissermaßen gegenseitig stützen müssen; vielmehr geht es um die Bedingung, daß die X umgebenden Erscheinungen Y, Z usw. nicht der Glaubhaftigkeit von X entgegenstehen. Doch ist fraglich, ob diese Bedingung nicht jenen Sinn von Glaubhaftigkeit angehen müßte, der auf der Ebene (i) zur Debatte steht. Mit

anderen Worten: Ciceros Paraphrase der Bedingungen für (ii) scheint im positiven Fall zu wenig zu verlangen, im negativen Fall zu viel.

[287]Falls diese Vision einer kohärenten Lebensführung, die terminologisch (§§ 30-31) wohl auf entsprechende stoische Auffassungen anspielt, auch, was eigentlich erwartet werden muß, den Aspekt der Eudaimonie in sich schließt, so dürfte Ciceros Beschreibung dessen, was der Weise tut, nicht den Kern der Sache treffen. Zumindest nach Sextus' Bericht über Karneades' diesbezügliche Meinung gilt, daß »wir in Belangen, die zur Eudaimonie beitragen, die geprüfte Erscheinung verwenden« (*Adv. Math.* 7,184). Mithin ist hier die Ebene (iii) involviert (s.o., Anm. 286).

[288]Was Cicero hier als These bezüglich des stoischen Weisen statuiert, läßt sich kaum anders denn als Korrektur der vorausgesetzten Selbsteinschätzung des Weisen verstehen. Die Erwägungen, die eine solche Korrektur nahelegen würden, könnten die Form eines disjunktiven Syllogismus gehabt haben: ›Entweder stimmt der Weise zu oder der Weise billigt, oder aber das Leben wird aufgehoben. Das Leben wird nicht aufgehoben. Also: Der Weise stimmt zu oder billigt. Da es nichts gibt, dem zugestimmt werden kann, stimmt der Weise nicht zu. Mithin gilt: Der Weise billigt.‹ In symbolischer Darstellung: $(P \vee Q) \vee R$. $\neg R$. Also: $P \vee Q$. Nun wurde gezeigt, daß $\neg P$. Also gilt Q. Die Eliminierung von P wird auch unter Hinweis auf die Situation des Schiffsreisenden nahegelegt und damit zugleich die Geltung von Q.

[289]Cicero scheint hier auf Lucullus' Frage (§ 34) Bezug zu nehmen, »Wie nämlich ließe sich behaupten, etwas sei ›gemäß der Anschaulichkeit‹ [*perspicue*] weiß, wo doch der Fall eintreten kann, daß etwas Schwarzes weiß zu sein scheint?« Seine Stellungnahme mag als zu unspezifisch erscheinen, da er sich nicht zur Unterscheidung von *perspicuum* und *perceptum* äußert, die Lucullus a.a.O. kritisiert hatte. Doch läßt sich Cicero hier vielleicht so verstehen, daß der akademische Skeptiker auf Lucullus' Frage, so wie sie gestellt wurde, keine Antwort parat haben muß. — Den Hinweis auf Anaxagoras (vgl. D.K. 59 A 97) könnte man folgendermaßen verstehen: Da Anaxagoras zu wissen beansprucht, daß Schnee in Wirklichkeit schwarz ist, kann er es nicht glaubhaft finden, daß Schnee weiß ist, wenn mit ›glaubhaft finden‹ eine Tendenz zum Für-wahr-Halten gemeint ist (vgl. oben, Anm. 4 zu § 8). Insofern der Akademiker keine derartigen Wissensansprüche erhebt, wird er dazu »eher in der Lage sein« (*facilior erit* [vgl. § 8: *sequi facile*]); und er wird nicht in die Verlegenheit geraten, erklären zu müssen, wie man eine ›evidente‹ Erscheinung von einem Gegenstand haben könne, der in Wirklichkeit anders beschaffen ist, als er erscheint. — Doch enthält Ciceros Ausdrucksweise eine Unklarheit; denn wenn er sagt, es komme Anaxagoras »nicht einmal so vor, als sei der Schnee selbst weiß«, könnte er damit meinen, Anaxagoras habe sogar bestritten, daß Schnee weiß erscheine, nicht nur, daß er weiß *zu sein* scheine. Diese Deutung würde

durch den Ausdruck *ne videri quidem* nahegelegt; in diesem Fall wäre aber nicht einzusehen, weshalb Anaxagoras Probleme gehabt haben sollte, zuzugeben, daß ihm der Schnee weiß erscheine, da das ›Erscheinen‹ hier nicht mit einer Tendenz zum Für-wahr-halten verbunden wäre. Die Verwendung von *esse* scheint demgegenüber für die andere Deutung zu sprechen.

[290]Mit diesen Feststellungen bezieht sich Cicero vermutlich auf die Auffassungen des Antiochos, wie sie von Lucullus § 31 berichtet wurden.

[291]Der lateinische Text verlangt wohl ein Verständnis, demzufolge sowohl *vera ‹esse ›* als auch *habere* von *videantur* abhängig ist. Darin liegt eine Schwierigkeit, denn es sind nicht dieselben Gegenstände, die erscheinen: im ersten Fall geht es um Dinge bzw. Sätze, im zweiten Fall um Erscheinungen. Zudem geht der dogmatische Skeptiker ja davon aus, daß kein Ding bzw. *visum* je die zur Erfassung notwendigen Merkmale aufweist; und diese Annahme ist für ihn ebenso gewiß (vgl. oben, § 90), wie es für Anaxagoras die Einsicht war, daß Schnee seinem eigentlichen Wesen nach dunkel sei. Falls also *videri* (»so vorkommt«) hier einen einheitlichen Sinn haben sollte, dann wäre die Bedeutung des Gesagten vermutlich die, daß die Akademiker nicht nur, wie alle Menschen, so beschaffen sind, daß ihnen vieles wahr zu sein scheint, sondern außerdem so, daß diese Erscheinungen nicht über das für das Erfassen notwendige Kennzeichen verfügen.

[292]Der *ut* -Satz des überlieferten lateinischen Textes kann nur konsekutiv gedeutet werden, was keinen befriedigenden Sinn ergibt; mit der vorgeschlagenen Änderung des Textes bekäme der *ut*-Satz einen ›konzessiven‹ Sinn und führte so die ›epikureische‹ Prämisse des folgenden Arguments ein.

[293]Der Gedankengang enthält zwei Punkte, die auffallen. (i) Die epikureische These (Diog. Laert. 10,146-147) wird hier so beschrieben, als stehe der stoische Begriff des Erfassens (*perceptio, percipi*) zur Diskussion. Dies ist jedoch anfechtbar. (ii) Anfechtbar ist insbesondere aber auch die in der Argumentation des ungenannten Antipoden getroffene Voraussetzung, daß jeder Fall von *perceptio* bzw. *comprehensio* (i.e. κατάληψις) als Fall von Sinnes-Wahrnehmung zu verstehen sei. Namentlich die logischen Wahrheiten, die § 91 diskutiert und problematisiert werden, wurden ja als Sachverhalte eingeführt, die mittels vernunfthaftem Denken erfaßt werden; diese Unterscheidung steht in Einklang mit jener Auffassung, wonach es Erscheinungen nicht-wahrnehmungshafter Natur gibt (Diog. Laert. 7,51 [*S.V.F.* 2,61]). Allerdings scheinen die Stoiker auch gemeint zu haben, daß jede Art von gedanklicher Tätigkeit und entsprechend auch jede Art von höherstufiger Erkenntnis letztlich auf wahrnehmungshafter Erkenntnis aufbaue. Wenn das so ist, und wenn (was heutige Philosophen wohl überwiegend bestreiten) der Erwerb einer Erkenntnis für die Beurteilung einer Erkenntnis eine Rolle spielt, so hätte der hier ungenannte Antipode einen

Punkt: Denn er kann geltend machen, daß die Stoiker selber zugestehen müssen, daß die Basis der Wahrnehmungs-Erkenntnis keineswegs zuverlässig ist und so auch der von den Stoikern angenommene Prozeß der Begriffsbildung auf zweifelhaftem Fundament ruht.

[294]Dies bezieht sich auf die Einwände, die von Lucullus bzw. Antiochos §§ 37-38 geltend gemacht wurden, nämlich daß die Urteilsenthaltung zu einer Aufhebung des Lebens führen müßte.

[295]Dies geht auf das § 33 Gesagte.

[296]Diese Bemerkung nimmt die Attacke auf, die Lucullus §§ 34-35 formulierte. Der Kritik wird in zwei Schritten begegnet. Der Punkt bezüglich des Nicht-Hörens, etc. wird unter Hinweis auf die Erläuterung des akademischen Standpunktes bei Kleitomachos entkräftet (§ 103); der Punkt bezüglich des Anschaulichen wird § 105 aufgenommen.

[297]Vgl. § 98 ff.

[298]Nach Sextus Empiricus, *Adv. Math.* 7,260 haben die jüngeren Stoiker ihren Gegnern (den Akademikern?) vorgeworfen, daß sie zwar Farben, Töne, etc. existieren ließen, das Sehen und Hören aber aufhöben; einen ähnlichen Einwand hatte auch Lucullus in § 33 vorgebracht. Demnach scheint Cicero hier eben jene von Stoikern und Antiochos kritisierte Position zu vertreten, ohne jedoch die Kritik zu entkräften.

[299]Kleitomachos scheint hier speziell gegen eine Gruppe von Stoikern argumentiert zu haben, die bestimmte Wahrnehmungsbefunde als Paradigma-Fälle unumstößlicher Gewißheit auszeichneten und hier offenbar auch jene Bedingungen erfüllt sahen, die in der zenonischen Definition der erkenntnishaften Erscheinung genannt sind. Doch dürfte die Position dieser Gruppe von Stoikern — vielleicht handelt es sich dabei um die bei Sextus erwähnten jüngeren Stoiker (*Adv. Math.*, 7,253-260; s.o., Anm. 298) — tatsächlich anfechtbar sein. So ist es eine Sache, das Vorliegen solcher Wahrnehmungsgehalte wie blau, süß, spröde zu registrieren und in Bezug auf die eigene Wahrnehmung Gewißheit zu beanspruchen. Eine andere Sache ist es, zu behaupten, daß ein bewußtseinsunabhängiger Gegenstand über derartige Eigenschaften tatsächlich verfügt und Wahrnehmungseigenschaften ihrerseits Teil der Wirklichkeit sind. Gerade weil Wahrheit einen Bezug auf Wirklichkeit impliziert, wäre also der Hinweis auf das Vorkommen von Empfindungen ein denkbar schwacher Punkt.

[300]Die nachfolgenden Darlegungen des Kleitomachos verwendet Cicero, um nun auf jenen Punkt einzugehen, den Lucullus §§ 37-38 unter Berufung auf Antiochos geltend machte. Dabei ging es zunächst um die — wie die Stoiker meinen — unbestreitbare Tatsache, daß bereits Akte der Wahrnehmung (*comprehendi* [...] *et percipi sensibus*) Akte der Zustimmung der Vernunft (*adsensiones*) involvieren, sodann um die Auffassung, daß die Tatsache des Handelns und insbesondere auch Aktualisierungen von sittlicher Tugend ohne die Annahme eigentlicher Akte von Zustimmung nicht

denkbar seien. — Dabei fällt auf, daß Lucullus im Kontext seiner Darlegungen die Ausdrücke ›Zustimmung‹ (*adsensio*) und ›Billigung‹ (*adprobatio*) bzw. die entsprechenden Verben (§ 39: *adsensa est - adprobavit*) ohne ersichtlichen Unterschied verwendet. Gerade dies ist, zumal nach der ausdrücklichen Einführung bzw. Erwähnung der ›glaubhaften Erscheinung‹ (§ 33 [πιθανή φαντασία]) und der Glaubhaftigkeit (§ 35: *probabile* /πιθανόν), die hier als Elemente der Sichtweise des Karneades charakterisiert werden, sicher nicht unproblematisch. Dieser Punkt bedarf zumindest einer Präzisierung; und eine solche Präzisierung wird hier unter Hinweis auf entsprechende Überlegungen des Kleitomachos vorgenommen. Insofern ist es wichtig, zu sehen, daß Kleitomachos hier sowohl den Sprachgebrauch der Akademiker erläutert, als auch das stoische Verständnis der Position kommentiert und kritisiert. — Die Einzelheiten sind allerdings schwer zu verstehen und werden in der Forschung kontrovers behandelt. Die Übersetzung beruht darauf, daß *uno modo* [...] *altero* durch *alterum* [...] *alterum* aufgenommen wird und entsprechend *placere* und *tenere* sich auf die beiden Weisen der Epochê beziehen. Doch liegt der Schlüssel zum Verständnis des Ganzen wohl in der Verwendung der Ausdrücke ›Anerkennung‹ (*ut* [...] *adprobet*) und ›Verwerfung‹ (*improbet*). Diese Termini werden spätestens seit § 99 (siehe oben, Anm. 283) als technische Ausdrücke verwendet, und zwar zum Zwecke der Charakterisierung des πείθεσθαι. Wenn es in unserem Zusammenhang also heißt, daß von Urteilsenthaltung auch da die Rede sei, wo es darum geht, daß der Weise auf Fragen hin Zurückhaltung übe, so betrifft dies offenbar nicht Frage-Situationen jeglicher Art. Es betrifft nicht Fragen, die in der Absicht geäußert werden, vom Gegenüber zu erfahren, ob er den Gedanken, der in der Satz-Frage geäußert wird, als wahr *anerkennt* oder als falsch *zurückweist*; denn Antworten, die eine solche Anerkennung oder Zurückweisung zum Ausdruck bringen, unterscheiden sich nicht von eigentlichen Akten des Behauptens bzw. Verneinens. Gemeint sind vielmehr Situationen, in denen jemand gefragt wird, ob er den Gedanken, der in der Satz-Frage geäußert wird, *billigt* bzw. plausibel findet oder nicht, d.h. ohne einen Wahrheitsanspruch zu erheben. — Mithin scheinen die beiden hier zur Rede stehenden Arten der Urteilsenthaltung folgende Fälle anzugehen: (i) Jemand verzichtet darauf, den Gedanken, daß *P*, als wahr anzuerkennen oder als falsch zurückzuweisen; (ii) jemand verzichtet darauf, den Gedanken, daß *P*, als plausibel oder glaubhaft zu billigen bzw. als unplausibel oder unglaubhaft zu betrachten. Dabei gilt zwar, daß, wer gemäß (ii) verzichtet, auch gemäß (i) verzichtet; das Umgekehrte gilt freilich nicht, denn man kann sehr wohl davon absehen, den Gedanken, daß *P*, als wahr zu behaupten und ihn gleichwohl als glaubhaft ansehen. Mithin verpflichtet uns (i) nicht *ipso facto* zu (ii). Nun zeigt der Zusammenhang, daß Kleitomachos, im Bericht Ciceros, den akademischen Philosophen als jemanden ansieht, der den Verzicht gemäß (i) ernst nimmt, aber sich vorbehält, Billigungen im Sinne des πείθεσθαι vorzunehmen (*probare, adprobare* usw.) und somit nicht gemäß (ii) zu verzichten. — Damit macht Kleitomachos deutlich, daß der Akademiker, wenn er nicht gemäß (ii) Epochê übt, den relevanten Sinn der Urteilsenthaltung (i) nicht gefährdet. Zugleich wird deutlich, daß der Stoiker, an den sich diese Bemerkungen richten, den Standpunkt des Akademikers falsch beurteilt oder sogar bewußt verzeichnet.

[301]Der im Lateinischen hier verwendete Ausdruck *placeat* kann speziell oder allgemein sein, d.h. es kann sich hier um eine Auffassung des Kleitomachos handeln oder um eine Auffassung, die die akademischen Philosophen teilen. Da die akademische Kritik an der stoischen Einschätzung der Handlung bereits auf Arkesilaos zurückgeht (vgl. Plutarch, *Adv. Colot.* 1121F-1122D [siehe Einleitung Abschnitt D, Anm. 26-27]), liegt es nahe, das letztere Verständnis in den Vordergrund zu stellen. Doch ist es wichtig zu sehen, daß verschiedene akademische Philosophen diesen Punkt vielleicht unterschiedlich begründeten. Vom Inhaltlichen her betrachtet wird auf Grund der Formulierung im Lateinischen nicht klar, inwieweit es sich bei der in Rede stehenden Auffassung um so etwas wie eine doktrinäre Position handelt. Daß hier nicht an ein Dogma im engeren Sinn gedacht ist, geht aus einer Schilderung der Auseinandersetzung zwischen Stoikern und Akademikern bei Plutarch, *Adv. Colot.*, hervor. Hier zeigt sich, daß die Akademiker (i) als stoische Annahme die These von der Existenz dreier Arten von Bewegung (κινήματα) zugrundelegten (i.e. die des [a] Vorstellungsvermögens [φανταστικόν], die des [b] Impulsvermögens [ὁρμητικόν] und die des [c] Zustimmungsvermögens [συγκαταθετικόν]: 1122B); daß sie (ii) betonten, daß diejenigen, welche sich des Urteils bezüglich sämtlicher Dinge enthalten, weder die Bewegung [a] noch die Bewegung [b] aufheben (1122C) und (iii) geltend machten, daß Handlung (πρᾶξις) zweier Faktoren bedürfe, nämlich einer Leistung von [a] und einer Leistung von [b] und keine der beiden Leistungen mit der Ausübung der Epochê in Konflikt stehe (1122D). Im Traktat *De Stoic. Repugn.* heißt es im Blick auf die Auseinandersetzungen, die Chrysipp und Antipater mit den Akademikern durchzufechten hatten, daß die letzteren der Meinung waren, der Impuls zur Handlung vollziehe sich ohne ›Nachgeben und Zustimmen‹ (1057A). — Der Zusammenhang im *Lucullus* erscheint zunächst unmotiviert und wenig kohärent: Führt Cicero hier mit dem Hinweis auf das spezielle Problem der Handlungsfähigkeit nicht mehr ins Feld als notwendig wäre? Begibt er sich hier auf Nebengeleise? (Was Cicero seiner eigenen Zielsetzung entsprechend [§ 102] gegen Lucullus plausibel machen muß, ist, [i] daß sich dessen Festhalten an der Anschaulichkeit bzw. Evidenz gerade gemäß der stoischen Annahmen nicht rechtfertigen läßt und [ii] daß Lucullus füglich kein Recht hat, den akademischen Skeptiker in diesem Punkt zu bedrängen. Doch dies hat Cicero im Anschluß an §§ 99 und § 103 bereits geleistet; ausdrücklicher kommt dieser Punkt allerdings erst §

105 zur Sprache [siehe unten, Anm. 304]. Nur statuiert Cicero den dabei relevanten Sachverhalt an keiner Stelle mit der nötigen Klarheit.) Doch läßt
sich dieser Einwand wohl ausräumen: Die Frage der Evidenz ist für die Stoiker offenbar keine Frage, die auf Erscheinungen im theoretischen Kontext
beschränkt war. Zumindest aus dem Bericht über Karneades bei Sextus Empiricus, *Adv. Math.* 7,402 ff. geht hervor, daß stoischerseits von Evidenz
(ἐνάργεια) auch im Zusammenhang solcher Erscheinungen gesprochen
wurde, die Handlungen hervorrufen oder dazu anleiten (vgl. 7,247-252).
Mithin könnte der stoische Antipode geltend machen, daß Cicero (bzw.
Kleitomachos) hier nur einen Aspekt in Betracht gezogen habe und damit
die *perspicuitas* in anderer Hinsicht außer Acht lasse. Insofern ist Ciceros
›Seitenweg‹ nicht nur motiviert, sondern geradezu pünktlich.

[302]Für das von Davies vermutete *relinqui* anstelle des überlieferten *reliquit* spricht, daß damit der Kontext der indirekten Rede gewahrt bliebe.
Doch ist Cicero in diesen Belangen nicht immer strikt. — In der Sache
selbst scheint die eine oder die andere Variante keinen Unterschied zu
bedeuten. So oder so scheint es um nicht mehr zu gehen als um die
Folgerung, daß es keine im stoischen Sinne evidenten (sondern nur
glaubhafte?) Erscheinungen gibt. Allerdings ist nicht klar, von wem und
aus welchen Sätzen der in Rede stehende Satz als Folgerung gezogen wird.
Wenn ›läßt übrig‹ (*reliquit*) gelesen wird, kann die Folgerung (i) als
Folgerung verstanden werden, die Cicero konstatiert bzw. für Kleitomachos
berichtet, oder (ii) als Resultat, das sich ergibt, wenn man die beiden
Thesen des Kleitomachos zugrundelegt. In diesem Fall hätte Cicero aus
bestimmten Annahmen, die Kleitomachos vertrat, eine bestimmte
Folgerung gezogen. Falls ›bleibe übrig‹ (*relinqui*) gelesen wird, bietet sich
wiederum ein Verständnis an, welches davon ausgeht, daß Cicero hier eine
Argumentation berichtet, die Kleitomachos selber ins Felde führte. In
diesem Fall (iii) hätte Kleitomachos Annahmen der Akademiker zu einem
Argument verbunden, offenbar zu dem Zweck, gegen die Stoiker plausibel
zu machen, daß die evidente Erscheinung tatsächlich keine Rolle spielt und
daß die glaubhafte Erscheinung ihrerseits keineswegs, wie die Stoiker wohl
meinten, eine Chimäre ist. — Freilich bleiben unter den Varianten (i), (ii)
und (iii) einige Punkte unklar, so u.a. die Frage, mit welchem Recht hier
von *visa* die Rede sein kann, welche uns zum Handeln antreiben. Wahrscheinlich soll Ciceros Charakterisierung auf eine entsprechende Charakterisierung im Griechischen hinweisen, welche ihrerseits als Uminter-
pretation jener Erscheinung fungiert, die die Stoiker als ὁρμητικὴ
φαντασία bezeichneten (wörtl. vielleicht ›impulshafte Erscheinung‹). Der
springende Punkt ist der, daß die Stoiker (vgl. auch § 108) den Impuls selber als urteilhaft ansahen und die Akademiker dies wohl bestritten.

[303]Da die akademische Beschränkung auf ein bloßes *videri* hier in An-
betracht der Einschränkung (»jedenfalls wenn es glaubhaft sei«) fast schon

sinnwidrig wäre, liegt es nahe, nach einer Ergänzung zu suchen, welche den mutmaßlichen Kontrast zwischen ›erkennbar‹ bzw. ›erkenntnishaft‹ (κατα-ληπτός /καταληπτικός) auf der stoischen Seite und ›glaubhaft‹ (πιθανός) auf der akademischen Seite besser hervortreten ließe; dabei wäre, von der Sache her, auch an den Gegensatz *certum* und *verisimile* zu denken (vgl. § 32). — Was eine Erscheinung zu ›derselben‹ (vgl. *ea, quae vos* [...] *eadem nos* [...]) Erscheinung macht, die von Stoikern und Akademikern nur unterschiedlich charakterisiert wird, ist dies, daß sie bestimmte Qualifikationen hat — daher die erwähnte Einschränkung. Insofern würde es sich beim technischen Ausdruck *videri* (vgl. auch § 44: *non tam esse quam videri* ; § 146: *non aut esse* [...] *sed ut videri*) um ein qualifiziertes ›Erscheinen‹ handeln, dies im Gegensatz zur pyrrhonischen Antithese (s.u., Anm. 305).

[304]Lucullus hatte den Begriff der Anschaulichkeit (bzw. Durchsichtigkeit oder Evidenz) § 17 zur Sprache gebracht und § 46 sogar angedeutet, daß Antiochos den Status dieses Begriffs gegen Einwände (§§ 47 ff.) verteidigte. Seine positive Einschätzung kommt § 45 zum Ausdruck. Dabei geht die Kernthese dahin, daß eine Erscheinung in dem Maße anschaulich ist, wie sie das, was sie zeigt, so zeigt, wie es wirklich ist (§ 45). — Inwiefern ist also mit der Einführung der Glaubhaftigkeit (πιθανότης), die ja ebenfalls ein stoischer Begriff ist, die Verteidigung der Evidenz gescheitert? Der Punkt scheint klar, wenn bedacht wird, daß Cicero gemäß der in § 99 von Karneades getroffenen Einteilung der Erscheinungen in erkenntnishafte und nicht-erkenntnishafte Erscheinungen Anschaulichkeit als Charakteristikum der Erscheinungen ersterer Art, Glaubhaftigkeit hingegen als Charakteristikum von Erscheinungen letzterer Art betrachtet. — Bezüglich der Zuordnung des Charakteristikums ›anschaulich‹ findet sich der akademische Skeptiker hier insofern auf sicherem Boden, als der stoische Widersacher gemäß § 45 Anschaulichkeit bzw. Evidenz einer Erscheinung unter Hinweis auf das subjektunabhängige Sein der repräsentierten Objekte erklärt. Bezüglich des Charakteristikums ›glaubhaft‹ gilt, daß hier an eine Beziehung gedacht ist, die eine Erscheinung auf das erkennende Subjekt hat (siehe oben Anm. 282). Damit sind Anschaulichkeit und Glaubhaftigkeit für den akademischen Philosophen Eigenschaften, welche unterschiedliche Beziehungen angehen bzw. Regionen verschiedener Art betreffen. Da nun die eine Region ohnehin unerforschlich ist, kann Anschaulichkeit als Charakteristikum von Erscheinungen in Bezug auf ihre Gegenstände außer Betracht bleiben. Dies gilt umsomehr, als Glaubhaftigkeit ihrerseits so beschrieben wird, daß kein Bezug auf Anschaulichkeit besteht. Somit ist hier auch kein begrifflicher oder definitorischer Zusammenhang gegeben.

[305]Der Punkt, auf den es dem akademischen Skeptiker hier ankommt, ist nicht etwa, daß Zweifel besteht, daß *X* so-und-so erscheint, sondern daß unerkennbar ist, ob *X* subjektunabhängig so ist, wie es erscheint. Dieser

Gesichtspunkt spielt auch in der pyrrhonischen Skepsis eine Rolle und bestimmte diese Denker zu dem Entschluß, jede Aussage bezüglich des Seins
der Dinge (›...ist...‹) zu einer Aussage bezüglich des Erscheinens der Dinge
(›...erscheint...‹) umzuformulieren bzw. ihre eigenen Aussagen, sofern diese
›...ist...‹ enthalten, sinngemäß als ›...erscheint...‹-Aussagen zu interpretieren (siehe oben, Anm. 139 zu § 44). Doch scheint der eigentliche Unterschied zwischen den pyrrhonischen Skeptikern auf der einen und den akademischen Skeptikern auf der anderen Seite da deutlich, wo der Akademiker
im Sinne von Glaubhaftigkeit so weit geht, bestimmten Erscheinungen die
Eigenschaft der Wahrheitsähnlichkeit zuzuerkennen (§ 32). Daß der akademische Skeptiker hier aber eine Grenze beobachtet wissen will, geht aus
dem Hinweis auf die Grenzen einer naturwissenschaftlichen Erklärung hervor. Erklärungen dieser Art könnten im günstigsten Fall nur zeigen, daß
etwas unter diesen Umständen so und nicht anders erscheint.

[306]Cicero bezieht sich hier auf Lucullus' Einlassung § 22. Wie in anderen Fällen von Widerlegungen genügt dem akademischen Skeptiker der Hinweis, daß die These des Antipoden ihren eigenen Ansprüchen nicht genügen
kann.

[307]Cicero bezieht sich auf Lucullus' These in § 22. Dort wurde ein
Unterschied zwischen Kunst und Nicht-Kunst bzw. zwischen Experten und
Laien (*artifex* bzw. *inscius*) angenommen. Dieser Unterschied nimmt auf
allgemeine Intuitionen Bezug, die auch Cicero nicht bestreitet (vgl. § 146
und Anm. 482 und 483). Was Cicero bestreitet, ist, daß die stoische
Formulierung dieses Unterschiedes geeignet ist, die Unterscheidung selbst
zu rechtfertigen und die Tatsache des Bestehens eines solchen Unterschiedes
eigentlich zu erklären. Dabei scheint Ciceros Attacke so angelegt zu sein,
daß der Stoiker vor eine für ihn selbst unakzeptable Alternative gestellt
wird: Unakzeptabel ist die Alternative insofern, als Cicero den möglichen
Bereich der Künste in zwei Gruppen teilt, deren eine (*A*) offenbar selbst
nach stoischem Verständnis problematisch sein müßte (s.u.), deren andere
(*B*) nach stoischem Verständnis nicht als Bereich von Kunst gelten kann.
Sofern der Antipode *B* ablehnt, ist er auf *A* zurückverwiesen. Da *A* aber
einen problematischen Status hat, ist dem Antipoden mit dieser Option
nicht wirklich gedient.

Nun hängt der Erfolg der Argumentation, die Cicero hier ins Felde führt,
interessanterweise daran, daß einige Künste ihrem eigenen Verständnis nach
(*quae ipsae fatentur*) nicht den Titel ›Kunst‹ für sich in Anspruch nehmen.
Dabei soll der Hinweis »mehr auf deutendes Vermuten [*coniectura*] als auf
ein Wissen [*scientia*] abstellen« zeigen, daß zumindest einige der Künste offenbar nicht den Bedingungen genügen können, die mit der stoischen Definition der *ars* bzw. τέχνη als System kataleptischer Erscheinungen (s.o.,
Anm. 51 zu §22) gesetzt sind. Freilich steht und fällt der Erfolg dieser
Attacke mit der Einschätzung des Status der sog. deutenden Vermutung

(*coniectura*). Die meisten Stoiker teilten die negative Beurteilung, die in Ciceros Argumentation operativ ist, offenbar nicht. So geht aus Ciceros Schrift *Über die Weissagung* (*De Div.*) 1,34 hervor, daß jene Form von Mantik, die als ernsthafte Kunst gelten soll, an die Methode der *coniectura* gebunden ist (vgl. *De Div.* 1,12). Dieser Punkt wird an späterer Stelle dahingehend präzisiert, daß es die Bindung an das Verfahren der *coniectura* sei, die den Kunst-Charakter einer Gruppe von Mantiken gewährleiste (1,72). Aus *De Div.* 2,11 ff. geht hervor, daß Karneades die Einschätzung der Mantik (bzw. bestimmter Bereiche) als Kunst eigener Art bestritt. Insbesondere wird deutlich, daß ein Teil der Kritik hier auf den Status der Deutung abstellt (vgl. bereits 1,24). — Nun wäre es eine Sache, (i) den Kritikpunkt in der Argumentation gegen Lucullus auf eine entsprechende Einlassung z.B. des Karneades abzustützen und damit der Behauptung der Stoiker eine Gegenbehauptung entgegenzuhalten; eine andere Sache wäre es, (ii) die stoische Position dadurch zu schwächen, daß sie selbst als innerstoisch kontrovers aufgezeigt wird. Zwar scheint sich der Punkt »mehr deutendes Vermuten als Wissen« eher zu einer Sicht gemäß (i) zu fügen. Doch gilt es zu bedenken, daß dieser Punkt ja nicht als Teil einer externen Kritik formuliert wird, sondern als Teil einer Selbstbeschreibung zumindest einiger der in Rede stehenden Künste. Dies würde den Weg gemäß (ii) offen halten. Für ein Verständnis dieser Art läßt sich geltend machen, daß wenige Zeilen später Panaitios als philosophischer Dissident Erwähnung findet; und da aus dem Kontext dieser Erwähnung klar hervorgeht, daß er in Belangen der Mantik Zweifel hegte, liegt auch der Schluß nahe, daß die von Cicero formulierte Selbstbeschreibung gewisser Künste Teil einer Beurteilung war, die Panaitios zur Basis seiner skeptischen Einschätzung des Wahrheitsgehaltes dieser Künste machte.

Die Beschreibung der zweiten Gruppe von Künsten ist insofern auffällig, als Cicero hier eine Terminologie wählt, die oberflächlich betrachtet die Sichtweise des akademischen Skeptikers charakterisiert, der einer Erscheinung undogmatisch folgt und auf Wissensansprüche aller Art verzichtet. Diese Sichtweise kollidiert mit derjenigen des stoischen Philosophen und würde letzteren zu dem Befund nötigen, daß die in Rede stehenden Künste in Wirklichkeit Nicht-Künste und die entsprechenden Sachwalter eben keine *artifices* sondern *inscii* seien. Tatsächlich haben die Stoiker diese Unterscheidung da sinngemäß ins Felde geführt, wo sie zwei Arten von *divinatio* einander gegenüberstellten (*De Div.* 1,12; 34; 72) und nur der einen Kunst-Charakter zubilligten. Mithin könnte der Stoiker die Beschreibung, die Cicero gibt, nicht einmal zurückweisen. Denn sie stellt auf das ab, was er selbst als gegeben ansieht. Nur würde er gegen die Betrachtung dieser Tätigkeiten als *ars* bzw. τέχνη protestieren. — Gleichwohl scheint Ciceros Attacke im Sinne der eigentlichen Zielsetzung äußerst wirkungsvoll. Da die stoische Position nicht geeignet ist, das

Vorhandensein von Künsten begreiflich zu machen, muß nach *modus tollens* (›Wenn *P*, dann *Q*; Nicht-*Q*; also: Nicht-*P*‹) auf das Nicht-Vorhandensein von Künsten im Sinne des stoischen Verständnisses geschlossen werden. Daß Cicero damit nicht etwa substanziell gegen die Annahme der Existenz von Künsten argumentiert hat, geht aus § 146 hervor (siehe unten, Anm. 483).

[308]Damit ist die Dialektik gemeint: vgl. oben, § 91 ff.

[309]Der Sinn der Verwendung des Ausdrucks *lumina* wird wohl nicht restlos klar. Weder handelt es sich bei den beiden in Rede stehenden Punkten um eigentliche Hauptlehren, noch geht es, was sprachlich immerhin denkbar wäre, um so etwas wie rhetorische Glanzlichter. Vom Kontext her betrachtet handelt es sich offenbar um Gesichtspunkte, die primär gegen die Haltung der Akademiker ins Felde geführt werden; und da der Skepsis wiederholt der Vorwurf gemacht wird, sie beseitige das Licht (siehe § 105), liegt es nahe, die beiden anti-skeptischen Thesen als Lichter zu verstehen, die das Dunkel vertreiben sollen.

[310]Der erste Punkt muß als Bestreitung jenes Sachverhaltes aufgefaßt werden, den Cicero unter Hinweis auf eine entsprechende Argumentation des Kleitomachos § 104 (»daß er überhaupt zu nichts seine Zustimmung gebe«) zur Sprache brachte. Nur geht aus Ciceros Darstellung weder hervor, wie die Stoiker diesen Punkt bestritten, noch wird klar, inwiefern Cicero sich mit dem, was er sagt, überhaupt auf die These der Stoiker einläßt (s.u., Anm. 312).

[311]Die im Text vorgenommene Ergänzung ist sowohl aus sprachlichen Gründen angezeigt — der mit *cum* einsetzende Begründungssatz würde sonst nichts begründen — als auch aus sachlichen Erwägungen heraus gefordert: denn gemäß dem überlieferten Text wäre eben die Behauptung *perspicuum*, die Cicero bestreitet.

[312]Inwiefern ist es *perspicuum*, daß es möglich ist, keiner Sache zuzustimmen? Vermutlich meint Cicero mit dem Ausdruck nur, daß dies durch das folgende Argument ›klar‹ werde. Das Argument, das in ähnlicher, aber verkürzter Form auch in *De Div.* 1,6 vorkommt, läßt sich vielleicht so erläutern: Wenn Panaitios, der ein führender Stoiker war, aber kein Weiser, eine Sache bezweifeln konnte, die für alle Stoiker außer ihm eine *res certissima* war, dann kann erst recht der Weise auch an solchen Lehrsätzen zweifeln, die nicht in diesem Ansehen stehen. Die Pointe des Arguments scheint die zu sein, daß Zweifel eine beträchtliche Kompetenz voraussetzt, das Für und Wider einer Sache abzuwägen. So betrachtet sieht Cicero in der Frage, ob es möglich sei, keiner Sache zuzustimmen, nicht — wie Lucullus (§§ 37-39) — ein theoretisches Problem bezüglich der Natur von Lebewesen und ihren Handlungen, das sich nur dogmatisch entscheiden läßt.

[313]Der zweite Punkt betrifft die Bestreitung jener Meinung, daß der, »welcher sich in jeder Beziehung vom Zustimmen zurückhalte, trotzdem in

Bewegung versetzt werde« (s.o., § 104 und Anm. 301). Damit wird also jene Aussage bestritten, die Kleitomachos als weitere Prämisse seiner Argumentation zugrunde gelegt hatte. (In der Sache kam die stoische Meinung bereits § 37 klar zum Ausdruck.) Nun hat Cicero dieser Auffassung eigentlich bereits widersprochen und die Verwendung des Gedankens des Kleitomachos in § 104 involviert den Anspruch der Bestreitung der stoischen Position. Allerdings hat Cicero der Bestreitung des Gedankens, daß irgendein Handeln mit einem Akt der Zustimmung verbunden sei, bisher nicht formell widersprochen. Insbesondere die stoische These, daß selbst Wahrnehmungsleistungen kataleptischer Natur seien, steht noch unwidersprochen im Raum. Auch hier bietet Cicero keine eigentliche Argumentation. Dabei hat Cicero dem stoischen Einwand eine Form gegeben, die zumindest eine partielle Richtigstellung erfordert (i.e. »wenn die Erscheinungen aufgehoben würden«).

[314]Ciceros Formulierung (*sensus ipsos adsensus esse*) ist eine elegante Zuspitzung solcher Formulierungen, wie der bei Aetius, *Plac.* IV 8,12 (*S.V.F.* 2,72).

[315]Bezüglich der Verwendung des Ausdrucks »das heißt« (*id est*) stellt sich die Frage, ob hier die Sichtweise Ciceros bzw. die des Kleitomachos zum Ausdruck kommt oder die Sichtweise des Karneades erläutert wird. Vermutlich ist letzteres der Fall. Dafür spricht nicht nur das im § 148 Berichtete (i.e. einer nicht begriffenen Sache zustimmen heißt einen Akt bloßen Meinens ausüben), sondern auch die in der Argumentation in § 67 angenommene Bedingung. So oder so erlaubt die Überlegung Rückschlüsse auf die Einschätzung des Meinens als prinzipiell ungerechtfertigten Wissensanspruch: Wenn jeder Akt der Zustimmung (συγκατάθεσις, *adsensio*), daß *P*, einen Akt der Anerkennung der Wahrheit des Gedankens, daß *P*, darstellt, in der Realität aber keine (im stoischen Sinne) zustimmungsfähigen und zustimmungsberechtigten Sachverhalte vorkommen, kann es sich bei solchen Akten der Zustimmung nur um unfundierte Meinungen handeln, d.h. um Weisen des Wähnens. Dieses Verständnis wird indirekt dadurch gestützt, daß die Stoiker nie von ›wahren Meinungen‹ sprachen. Die negative Einschätzung der Meinung (δόξα) als Ausdruck eines Wähnens entspricht solchen Charakterisierungen, wie sie sich im ideenphilosophischen Zusammenhang bei Platon finden (vgl. *Resp.* V-VII), — in *Resp.* V sogar als Teil der Unterscheidung zwischen Philosophen und Nicht-Philosophen. Ciceros lateinischer Ausdruck *opinatio* gibt wahrscheinlich den griechischen Terminus δόκησις wieder. Dieser Terminus wird *S.V.F.* 2,131 (S. 40,23-24) interessanterweise als δόξα ἀκατάληπτος charakterisiert, i.e. als nicht erfassende (?) Meinung. Der Text ist allerdings nur bruchstückhaft erhalten.

[316]Hier nimmt Cicero auf jenen Kritikpunkt Bezug, den Lucullus bzw. Antiochos an der Unterscheidung der glaubhaften von der erkenntnishaften

Erscheinung geübt hatte (§§ 33-34 und § 59). Was Cicero als Kritik des Antiochos vorbringt, läßt sich so formulieren: Wann immer die Akademiker von *probatio* sprechen, muß es sich um *perceptio* handeln, weil sonst die Erscheinung nicht »ungehindert« wäre. Diese Kritik ist in dieser Form nicht haltbar, wie Cicero § 109 selbst sagt. §§ 99-100 hat er schon darauf hingewiesen, daß sich auch der stoische Weise »an viel Glaubhaftes« hält, »ohne es begriffen, ohne es erfaßt, ohne ihm zugestimmt zu haben: vielmehr kommt es ihm als wahrscheinlich vor [...]«. Dabei scheint seine Überlegung die gewesen zu sein, daß dem Weisen unter Umständen nichts anderes übrig bleibe als die *probatio*; denn es ist offensichtlich nicht möglich (vgl. § 100 *qui potest*), vom mutmaßlichen Verlauf einer Seereise eine *perceptio* zu haben. In einem solchen Fall würde der Weise wohl sagen, es sei unter bestimmten Voraussetzungen »vernünftig« ($\varepsilon\ddot{v}\lambda o\gamma o\nu$, vgl. *S.V.F.* 2,201; *S.V.F.* 1,624-625) anzunehmen, daß die Reise planmäßig verlaufen wird.

Bezüglich des Begriffs »ungehinderte Erscheinung« scheint tatsächlich eine Kontroverse zwischen Stoikern und Akademikern stattgefunden zu haben. So berichtet Sextus von den »jüngeren« Stoikern, daß sie das »Kriterium der Wahrheit« als »erkenntnishafte Erscheinung« bestimmten, »die kein Hindernis hat« (*Adv. Math.* 7,253-257). Diese Bestimmung scheint insofern redundant, als der Begriff einer erkenntnishaften Erscheinung, die ein Hindernis hat und somit nicht (unmittelbar) zur $\kappa\alpha\tau\dot{\alpha}\lambda\eta\psi\iota\varsigma$ führt, selbstwidersprüchlich anmutet. Vielleicht gingen diese Stoiker davon aus, daß der durchschnittliche Mensch, im Unterschied zum Weisen, zwar falsche Annahmen macht, die eine $\kappa\alpha\tau\dot{\alpha}\lambda\eta\psi\iota\varsigma$ behindern, aber gleichwohl über $\kappa\alpha\tau\dot{\alpha}\lambda\eta\psi\iota\varsigma$ verfügt. Insofern er über $\kappa\alpha\tau\dot{\alpha}\lambda\eta\psi\iota\varsigma$ verfügt, stimmt er dann unweigerlich zu, wenn er die Falschheit der Annahme erkannt hat, die ihn an der Zustimmung gehindert hat. So hatte Menelaos zwar eine erkenntnishafte Erscheinung, als er auf Pharos der wirklichen Helena begegnete, gab dieser Erscheinung aber nicht nach, weil er überlegte, daß er Helena auf dem Schiff zurückgelassen hatte und es sich bei der Frau, die er nun traf, um einen Geist handeln könnte (*Adv. Math.* 7,255-256).

Derselbe Fall, i.e. Menelaos' Begegnung mit Helena auf Pharos, lieferte den Akademikern ein Beispiel für eine Erscheinung, die nicht ›unverworren‹ ($\dot{\alpha}\pi\varepsilon\rho\dot{\iota}\sigma\pi\alpha\sigma\tau o\varsigma$) ist (*Adv. Math.* 7,180), also nicht als ›Kriterium der Wahrheit‹ in Frage kommt. Denn obschon Menelaos eine wahre Erscheinung hat, traut er ihr nicht ($o\dot{v}$ $\pi\iota\sigma\tau\varepsilon\dot{v}\varepsilon\iota$), »weil er von einer anderen Erscheinung herumgezerrt ($\pi\varepsilon\rho\iota\sigma\pi\tilde{\alpha}\sigma\theta\alpha\iota$) wird, dergemäß er weiß, daß er Helena auf dem Schiff zurückgelassen hat«. Die Akademiker analysieren den Fall insofern gleich wie die sog. jüngeren Stoiker, als für beide die Erscheinung, die von der wirklichen Helena ausgeht, nicht ungehindert ist. Der Unterschied der beiden Positionen liegt freilich im Begriff der ungehinderten Erscheinung selbst. Denn während die Stoiker offenbar der Ansicht sind, daß das Hindernis dadurch ausgeräumt werden kann, daß Menelaos erkennt, er habe fälschlicherweise angenommen, die Frau auf dem Schiff sei Helena, legen die Akademiker Wert auf die Feststellung, daß eine ›ungehinderte‹ Erscheinung immer nur relativ ungehindert sei: Der Begriff hat eine ›Weite‹ (πλάτος), derart, daß eine ungehinderte Erscheinung im Vergleich zu einer anderen mehr oder weniger ungehindert ist (*Adv. Math.* 7,181; vgl. 173). Diese Bemerkung läßt sich vielleicht so interpretieren: Ob der Skeptiker eine Erscheinung für ungehindert hält oder nicht, hängt nicht nur von der jeweiligen konkreten Situation und der Vorgeschichte des erkennenden Subjekts ab, das in dieser Situation auf bestimmte Weise urteilt, sondern auch von der Art der Fragen, die es sich stellt bzw. die der Skeptiker glaubt stellen zu müssen. Vermutlich würde der Skeptiker dem Stoiker insoweit zustimmen, daß Menelaos im gegebenen Fall zur Überzeugung gelangt, daß seine Meinung, die Helena, um die der trojanische Krieg geführt worden war, sei wirklich Helena gewesen und nicht etwa deren Abbild, falsch war. Er würde aber bestreiten, daß Menelaos nunmehr bezüglich Helena über eine κατάληψις verfügt, sondern vielmehr die Frage aufwerfen, wie es denn möglich war, daß Menelaos zehn Jahre glauben konnte, die Frau auf dem Schiff sei wirklich Helena. Die naheliegende Antwort wäre, daß er dies deshalb glaubte, weil er durch keine andere Erscheinung an dieser Annahme gehindert wurde, d.h. weil die Erscheinung, der er glaubte, ›ungehindert‹ war. — In diesem Sinne wäre es denkbar, daß Karneades aus dialektischen Gründen die ›ungehinderte Erscheinung‹ (ἀπερίσπαστος φαντασία) als Kriterium bezeichnete, indem er die ›Weite‹ des Begriffs der ungehinderten Erscheinung, d.h. die Abhängigkeit von der jeweiligen Situation, als Argument für die Akatalepsie benutzte.

[317]Hier nimmt Cicero auf das in § 29 Gesagte Bezug. Der Punkt, auf den es Antiochos ankommt, stellt auf ein begriffliches Verhältnis ab: Der Weise (σοφός, *sapiens*) verfügt als Weiser über Wissen. Mithin ist es unmöglich, daß der Weise als Weiser einen Lehrsatz (δόγμα, *decretum*) äußert, der nicht Wissen zum Ausdruck bringt. Dieser Punkt liegt bereits dem Vorwurf »mangelnder Folgerichtigkeit« in § 29 zugrunde (siehe oben, Anm. 77).

[318]Was meint Cicero mit dieser Bemerkung? Meint er, daß der Weise tatsächlich nicht ohne Lehrsätze leben kann, daß aber Antiochos' Konzeption von *decretum* als etwas Erfaßtem das Leben für den Weisen unmöglich macht, da nichts erfaßt werden kann?

[319]Hier bezieht sich Cicero auf das in § 32 Gesagte. Insbesondere legt er Wert auf die Feststellung, daß er nicht alle Fälle des Nicht-Wissens gleich behandelt, sondern nach Gegenstandsbereichen unterschieden und abgestuft wissen möchte.

[320]Cicero bezieht sich auf das in § 44 Gesagte (siehe oben, Anm. 140-141). Dort hatte Lucullus, wie aus den Schlußsätzen des Kapitels hervorgeht, einen formalen Widerspruch registriert, als ob sich der akademische Philosoph sinngemäß auf die These ›Es gibt falsche Erscheinungen und es gibt keine falschen Erscheinungen‹ (›*P* & Nicht-*P*‹) verpflichte. Daß dies nicht der Punkt der Akademiker war, ist klar (siehe oben, Anm. 141). Weniger klar ist vielleicht, wie Cicero hier — der Hinweis auf Antiochos' Kontroverse mit Philon ist wohl ironisch — den Vorwurf ausräumt. Dies hängt mit der Unklarheit des lateinischen Textes zum Ende des Kapitels zusammen, der ja Teil der Begründung ist. Ciceros Hinweis, daß der Vorwurf eines Widerspruches nur dann gegeben wäre, »wenn wir das Wahre gänzlich beseitigten«, könnte besagen, daß dieser Vorwurf dann zuträfe, wenn der Akademiker die Unterscheidung zwischen ›wahr‹ und ›falsch‹ überhaupt außer Kraft setzen würde. Aber genau das tut er nicht. Die zweite These dokumentiert nur, daß die Unterscheidung in der Praxis nicht zuverlässig vollzogen werden könne.

[321]Der ›denn‹-Satz läßt, wie auch das unmittelbar Anschließende, unterschiedliche Deutungen zu. (1) Handelt es sich bei dem, was Gegenstand unseres *cernere* ist, (i) um Sachverhalte, die in wahren bzw. falschen *visa* präsentiert werden? In diesem Fall wäre zu verstehen, daß sich auch uns als Akademikern Sachverhalte darbieten, von denen wir annehmen, daß sie entweder wahr oder falsch sind, ohne doch sagen zu könne, was jeweils der Fall ist. (ii) Oder meint Cicero, daß wir theoretisch, auf begrifflicher Ebene, zwischen Wahrem und Falschem unterscheiden? Die Verwendung des Ausdrucks *cernere* (gr. κρίνειν, διακρίνειν) würde im Zweifelsfall wohl eher die Variante (ii) begünstigen. Versteht man jedoch den anschließenden Satz (*sed probandi species est* [...]) so, daß Cicero damit Stellung nimmt zur problematischen Aussage *falsa cernimus*, so würde dies wohl für die Variante (i) sprechen. — (2) Der Ausdruck *species* kann seiner Bildung nach ebenso wie das griechische εἶδος, das es oft übersetzt, (i) zunächst ›Anblick‹, ›Gesicht‹, ›sichtbare Gestalt‹, dann aber auch (ii) eher begrifflich verstanden ›Klasse‹, ›Art‹ usw. bedeuten. Für das abstrakte Verständnis ließe sich an dieser Stelle nur dann argumentieren, wenn auch *signum* abstrakt im Sinne des technischen σημεῖον zu verstehen wäre. Doch scheint gerade dieses Verständnis hier ausgeschlossen. Denn *signum* bedeutet offenbar eher konkret jenes Merkmal (*nota*), das der erkenntnishaften Erscheinung gemäß der Zusatzbedingung eignet. Wenn dies so ist, liegt es nahe, auch *species* sehr konkret, also im Sinne (i) zu verstehen. Dies wird im übrigen auch durch die Wendung *species probabilis* in § 99 nahegelegt. Damit würde der Satz etwa folgenden Gedanken ausdrücken: Was immer es mit der Unterscheidung von Wahr und Falsch bzw. wahren und falschen *visa* auf sich haben mag, — Billigungsfähigkeit *hat* ein Gesicht, Erfaßbarkeit nicht!

[322]Diese Bemerkung signalisiert einen Einschnitt. Cicero erweckt den Eindruck, als ob er nun eine andere Darstellung bzw. Diskussionsrichtung einschlagen wollte. Ein solches Vorgehen findet sich auch in anderen Werken. So sagt Cicero in den *Gesprächen in Tusculum*: »Derart lauten die allzu straffen Beweisgänge der Stoiker. Man darf aber dasselbe auch etwas breiter und lockerer sagen, ohne die Ansicht derer zu verlassen, deren Vernunft und Denken am tapfersten und sozusagen am männlichsten ist« (*Tusc. Disp.* 3,22; Übers. O. Gigon); und an späterer Stelle vergleicht er das Verfahren der großzügigen Darstellung mit einer Schiffahrt unter Segeln, das der engen und detaillierten Behandlung mit dem Rudern (a.a.O. 4,9). Dabei sind es die Stoiker, die den engen und mühseligen Kurs einschlagen (vgl. a.a.O. 4,33). Übertragen auf unsere Situation heißt dies wohl, daß sich Cicero bisher die Marschroute seiner Behandlung und Charakterisierung der Position der Akademie von den Stoikern vorschreiben ließ und nun nach Freiräumen sucht, die es ihm gestatten, sein Plädoyer für die Skepsis unabhängig von den Argumenten der Stoiker zu gestalten. Doch wird aus dem unmittelbar Folgenden nicht ersichtlich, was er eigentlich vor Augen hat und was nicht. Erst längerfristig wird deutlich, daß die Art von Erörterung, die Cicero nunmehr vor Augen hat, in dem Sinne generell und untechnisch ist, daß sie auf die Meinungsverschiedenheiten unter den Philosophen überhaupt abstellt. Die Tatsache dieser Meinungsverschiedenheit ist in seinen Augen ein wichtiges Argument für die Skepsis.

[323]Ähnlich äußert sich Cicero über die weniger strikten Ansprüche der Peripatetiker in *Über die Ziele des menschlichen Handelns*: »Kann aber [...] jemand das billigen, was er nicht verstanden, begriffen und wirklich erkannt hat?« — »Das macht keinen großen Unterschied [...]; denn wenn ich der Meinung bin, es könne nichts begriffen werden, so nur darum, weil die Stoiker das Begreifen so definieren: ›Es könne nur als begriffen gelten, was in der Weise wahr ist, daß es unmöglich falsch sein könne‹. Darin also unterscheiden wir uns von den Stoikern, doch den Peripatetikern gegenüber besteht keine solche Schwierigkeit« (*De Fin.* 5,76; Übers. O. Gigon). Dabei wird für den modernen Leser nicht deutlich, weshalb Cicero die Peripatetiker als Vergleichspol sucht, zumal von allfälligen Besonderheiten ihrer Auffassungen zur Frage der Erkenntnistheorie nichts bekannt ist. Doch ist dies vielleicht der springende Punkt: Wenn der Peripatetiker geltend machen würde, daß ein Gedanke dann eine Erkenntnis darstelle, wenn er die Realität wahrheitsgemäß repräsentiert, so würde er eine Auffassung mitteilen, die als Position des gesunden Menschenverstandes anzusehen wäre. Daß Cicero dies auch so sieht, wird durch die Verwendung des Wortes *simplex* (›einfach‹, ›schlicht‹) nahegelegt. Hier braucht nämlich keine abwertende Konnotation im Spiel zu sein; der Kontext selbst spricht für die Annahme eines neutralen ›unkompliziert‹. (Vgl. auch oben, Anm. 2 zu § 7 zur Position Philons).

[324]Karneades hat nach § 67 (siehe oben, Anm. 197) zumindest die Konsequenz in Kauf genommen, daß der Weise gelegentlich meine; nach § 59 (siehe oben, Anm. 188) scheint er dies sogar positiv angenommen zu haben. Siehe auch § 148: Hier wird der Sachverhalt allerdings insofern verkompliziert, als Karneades gesagt zu haben scheint, daß der Weise zugleich ein Bewußtsein dessen hat, daß er meint. Falls dies die Auffassung des Karneades war, kann ›meinen‹ hier nicht gut soviel wie ›wähnen‹ bedeuten. So gesehen ist nicht klar, was es für Karneades bedeutet zu sagen, daß der Weise (gelegentlich) Meinungen habe.

[325]Die Betonung, die durch die Verwendung des Wortes *nunc* markiert wird, gilt offenbar jener Situation, die durch die Formulierung strikter Kriterien auf Seiten der Stoiker geschafft wird — d.h. in Abgrenzung zu jener Situation, die unter eher unkomplizierten Bedingungen bestehen würde.

[326]Mit diesem Satz scheint Cicero die Begründung dafür zu geben, daß er seine Rede »ins Gestrüpp der Stoiker« zwingen müsse: es waren die Stoiker, die die Frage in dieser Form aufgeworfen haben. Dabei ist unklar, ob Cicero nach Dingen fragt, die erkennbar sind oder danach, was ›erkennbar sein‹ bedeutet. In der antiken Philosophie wurden diese beiden Fragen oft nicht unterschieden.

[327]Der Ausdruck *minores* kann sich sinngemäß nur auf Zenon und die Stoiker beziehen. Da Cicero Zenons Thesen für wahr hält (siehe das Ende von § 113), liegt es nicht nahe, *minores* durch einen Ausdruck wie ›geringere (scil. Denker)‹ wiederzugeben. Vielmehr bietet sich das Verständnis ›jüngere (scil. Denker)‹ an. Damit wäre zugleich jener Abstand signalisiert, der die sog. Alte Akademie von der sog. Neuen Akademie trennt; und insbesondere wäre damit zugleich angezeigt, daß Antiochos, der sich zur Alten Akademie bekennt und die dogmatische Ausrichtung der älteren Philosophen für seine eigenen Auffassungen in Anspruch nehmen will, in entscheidender Hinsicht keine Stütze finden kann: Jene Verschärfung in der Bedingung, der erkennbare Gegenstände genügen müssen, ist mit Zenons Explikation des Begriffes der erkenntnishaften Erscheinung in die philosophische Diskussion gekommen. Insofern hat Antiochos kein Recht, sich zum relevanten Punkt auf die Alte Akademie zu berufen. — Die Vorstellung, daß *minores* auf Antiochos selbst verweist, halten wir für verfehlt. Denn die Verschärfung der Bedeutung der Erkenntnishaftigkeit ist nicht von ihm eingeführt worden. (Allenfalls ließe sich vermuten, daß die auffällig freie Paraphrase der Zusatzbedingung bzw. zusätzlichen Explikation in Zenons Definition auf Antiochos' Konto gehen könnte, der den Gedanken ja für seine Akademie nutzbar machte).

[328]Cicero ist, nach eigenem Verständnis, kein Weiser sondern ein »großer Meiner« (§ 66), d.h. gelegentlich stimmt er Erscheinungen zu, die nicht erkenntnishaft sind (a.a.O.). Doch bietet unser Kontext hier vielleicht Probleme eigener Art: (1) So betont Cicero einerseits (i), daß er unter

common sense-Bedingungen keine Probleme hätte, sich etwa mit den Peripatetikern auf einen unkontroversen Sinn von Erkenntnis zu einigen; dies paßt zu (ii), daß er unter den Bedingungen der stoischen Erkenntnis-Lehre, d.h. in der Sicht des Antiochos, quasi zum Irrtum verdammt sei: Damit scheint Cicero nicht *ipso facto* zu behaupten, daß er auch seinem eigenen, akademischen Selbstverständnis nach Gefangener des Irrtums sei. — (iii) Andererseits legt Cicero am Ende des § 113 Wert auf die Feststellung, daß er Zenons striktes Verständnis bezüglich der Bedingungen, die ein möglicher Gegenstand der Erkenntnis erfüllen müsse, für richtig und berechtigt halte. Und damit scheint Cicero zumindest der Tendenz nach den Sinn des in (i) und (ii) Gesagten zu unterminieren. Diese Situation legt die Vermutung nahe, daß Cicero zwei Standpunkte miteinander vermischt, nämlich den des Philon (wonach der Standpunkt der Skepsis eigentlich nur unter Bedingungen der stoischen Erkenntnislehre gilt und in Kraft treten muß) und den des Karneades (wonach der Standpunkt der Skepsis unter den Bedingungen jeder Erkenntnislehre dogmatischer Art gilt und die stoische Theorie ihrerseits das Paradigma einer solchen Lehre ist). — (2) Eine weitere Schwierigkeit scheint dadurch angezeigt, daß die Bedrohung, von der Cicero spricht, eigentlich nur für den Nicht-Weisen besteht und allenfalls für den Weisen karneadeischer Prägung, der »zuweilen« zustimmt (§ 67), nicht jedoch für den Weisen arkesilaos'scher Prägung; denn dieser hat niemals bloße Meinungen und stimmt mithin keiner Sache zu (§ 66). Falls Cicero sagen will, daß ihm selbst, als Nicht-Weisen, keine andere Wahl bleibe, als nicht-erkannten Dingen zuzustimmen, steht ihm dies gar nicht offen. Denn unmittelbar zuvor hat er festgestellt, daß er keine Sachverhalte namhaft machen könne, die der stoischen Bedingung genügen. Wenn dies so ist und Cicero damit eine zutreffende Selbstbeschreibung gibt, hat er kein Recht zu behaupten, daß er selber nicht-erkannten Sachverhalten zustimme. Denn nicht-erkannten (und nicht-erkennbaren) Dingen zustimmen heißt Wahrheits-Ansprüche erheben, die unbegründet sind, deren Unhaltbarkeit man sich freilich nicht bewußt ist. Sofern Cicero allerdings voraussetzt, daß er bisher (?) keinen Sachverhalten begegnet sei, die im relevanten stoischen Sinn ›erkenntnishaft‹ sind, befindet er sich bezüglich der Unhaltbarkeit diesbezüglicher Wissensansprüche keineswegs im Irrtum. Weshalb sollte er diese dann überhaupt vertreten, bzw. inwiefern ›meint‹ er dann überhaupt noch? — Eine Möglichkeit, diese Diskrepanz zu eliminieren, besteht darin, daß man unterstellt, Cicero meine (i), daß jemand zwar bisher keinen zustimmungsfähigen Sachverhalten begegnet sei, diese Einsicht aber keine Garantie dafür biete, daß man vis-à-vis einer besonders plausibel anmutenden Erscheinung nicht doch einmal alle skeptischen Vorbehalte über Bord werfe und der in Rede stehenden Erscheinung zustimme und somit einen Akt des Wähnens vollziehe. Dies mag wohl zum Profil des Nicht-Weisen passen. Doch läßt der Text selber hier keinen solch weitreichenden Schluß zu. Eine andere Möglichkeit, die in Rede stehende Schwierigkeit auszuschalten, bietet sich in Gestalt der Überlegung an (ii), daß Cicero hier wie dann auch § 114 auf eine Diskrepanz in der Haltung des Antiochos hinweisen will. Doch wäre diese Diskrepanz — nämlich daß Antiochos jemanden für etwas tadelt, was die Person den stoischen Voraussetzungen nach nicht vermeiden kann — nur dann sinnfällig, wenn die in Rede stehende Voraussetzung auch kenntlich gemacht würde: so etwa, daß Leben überhaupt und Handeln insbesondere Akte der Zustimmung involvieren und jemand, der nicht umkommen wolle, solche Art der Zustimmung vollziehe, — dies selbst dann, wenn die Person keine zustimmungsfähigen Erscheinungen habe und sich deshalb der Urteilsenthaltung befleißigen müßte. Nur findet sich im Text selbst kein Anhaltspunkt für diese Deutung. Insofern scheint die Interpretation auf jenes Verständnis abstellen zu müssen, das hier eine Diskrepanz im Denken Ciceros lokalisiert.

[329]Die Ausdrucksweise (*probo*) legt jenes Verständnis von Billigung nahe, das formell in § 104 eingeführt wurde, doch bereits § 99 eine Rolle spielt. Auf der Basis dieses Verständnisses hätte Cicero hier bewußt auf die Verwendung des Wortes ›Zustimmung‹ im technisch relevanten Sinne der Stoiker verzichtet. Dies würde aber die Frage aufwerfen, wieso er sich vis-à-vis der Restriktion, die durch die stoische Erkenntnislehre angezeigt ist, genötigt sieht, Nicht-Erkanntem bzw. Nicht-Erkennbarem zuzustimmen (*adsentiri*) (s.o., Anm. 328). Denn eine derartige Nötigung besteht solange nicht, als der Akademiker auf die Strategie der undogmatischen Billigung rekurrieren kann; sie besteht allenfalls insoweit, als der Nicht-Weise von der Tendenz bestimmt ist, unbegründete Wissensansprüche zu lancieren. Doch besteht diese Tendenz generell und hat an und für sich nichts mit dem Bestehen besonderer Restriktionen zu tun.

[330]Die gewählte Übersetzung basiert darauf, daß *adroges* das Prädikat des Hauptsatzes ist, im Potentialis, und dieses Prädikat nach einem Anakoluth mit *perficies* wieder aufgenommen wird.

[331]Der Ausdruck *finis* (›Ziel‹, ›Ende‹) übersetzt wohl das griechische Wort τέλος, das in den hellenistischen Philosophenschulen übereinstimmend dasjenige benennen soll, um dessen willen alles übrige getan wird. Diese Vorstellung ist insbesondere durch Aristoteles' Diskussion in der *Nikomachischen Ethik*, Buch I, geprägt. Laut Stobaeus, *Ecl.* II 76, 16 ff. haben die Stoiker das Wort τέλος in drei Bedeutungen verwendet: »Das erfüllende Gut (τελικὸν ἀγαθόν) werde im philologischen Gebrauch τέλος genannt, wie sie die Übereinstimmung τέλος nennen. Sie nennen aber auch das Ziel (σκοπός) τέλος, wie wenn sie das übereinstimmende Leben mit Bezug auf das vorliegende Prädikat nennen. Gemäß der dritten Bedeutung nennen sie τέλος das äußerste der begehrten Dinge (τὸ ἔσχατον τῶν ὀρεκτῶν), auf welches alles übrige bezogen werde« (*S.V.F.* 3,3). Von ›äußerstem‹ (ἔσχατον) kann, wie die Lexika zeigen,

auch im Hinblick auf negativ Charakterisiertes gesprochen werden (z.B. im Sinne von Niedrigstem, Gemeinstem, Schlimmstem). Versteht man unter den ὀρεκτά (d.h. Objekte des Strebevermögens [ὄρεξις]) sowohl ›erstrebte‹ (διωκτά) als auch ›gemiedene‹ (φευκτά) Dinge, würde dies erklären, weshalb Cicero auch von einem *finis malorum* spricht: das Wort *finis* bedeutet hier nicht ›Ziel‹, sondern ›Äußerstes‹ — eine Gleichsetzung, die ihn bei der Übersetzung von τέλος leitete (vgl. bes. *De Fin.* 3, 26: *extremum, ultimum*). Für den Begriff *finis malorum* bzw. τέλος κακῶν vgl. Sextus' Bericht über die Kyrenaiker, *Adv. Math.* 7,199 (=Fr. 167 Mannebach).

[332]Die Pointe scheint in der Vorstellung zu liegen, daß jemand wie Cicero, der bisher keinem Sachverhalt begegnete (§ 113), der ihm zustimmungsfähig erschienen wäre, nunmehr die Gefährdungen des Meinens dadurch vermeiden könnte, daß er gleich zahlreiche Aussagen sowie Regeln erfaßt und als wahr bzw. als gültig anerkennt. Diese Vorstellung erscheint grotesk und bedeutet für den reflektierten akademischen Philosophen eine Zumutung.

[333]Das Problem der Einschätzung des Antiochos läßt sich, zumindest aus der Sicht des skeptischen Akademikers, so beschreiben, daß sich Antiochos als Vertreter der Alten Akademie empfindet, aber beinahe als lupenreiner Stoiker betrachtet werden muß (§ 132). Da Antiochos aber sowohl die Belange der Philosophie nach Platon falsch einschätzt als auch in einigen Hinsichten von der stoischen Orthodoxie abweicht, ist seine Philosophie fast schon als Eigengewächs anzusehen, weil und obwohl sie von überall her zehrt.

[334]Hier schwingt ein Stück Selbstironie mit, nämlich das Spiel mit dem naheliegenden Gedanken, daß sich Cicero als großer Staatsmann eigentlich von der Philosophie der Peripatetiker vereinnahmen lassen könnte (vgl. Lucullus' Hinweis auf Ciceros Konsulat in § 62), zugleich aber auch ein Stück Selbstbewußtsein. Dieser Punkt erhellt auf dem Hintergrund der Selbstcharakterisierung in §§ 65-66.

[335]Dieser Gesichtspunkt dient Cicero als Leitfaden der Beurteilung der philosophischen Systeme im allgemeinen sowie des Systems des Antiochos im besonderen.

[336]Da Cicero unterstellt, daß es sinnlos sei, als Nicht-Weiser von dem zu sprechen, was der Weise weiß, ist es merkwürdig, daß nunmehr, ebenfalls aus der Sicht des Nicht-Weisen, vom Weisen die Rede sein soll. (Die Quasi-Begründung, der Hinweis auf das in § 66 Gesagte, rechtfertigt nichts.) Diese Merkwürdigkeit sticht umsomehr ins Auge, als Cicero § 118 unterstellt, der Weise (i.e. der stoische Weise) werde sich in dem, was er vertritt, an einem bestimmten Philosophen der Vergangenheit orientieren. Diese Annahme scheint, generell gesehen, völlig unbegründet. Sie kann aber schon deshalb nicht Teil irgendeiner Attacke auf Antiochos und dessen

Weisen ausmachen, weil Antiochos als jemand zitiert wurde, der sagte, allein seine Auffassungen seien wahr (§ 115).

[337]Nachdem Cicero im ersten Teil seiner Erwiderung versucht hatte, die skeptische Position gegen Arkesilaos' Angriffe zu verteidigen, geht er im zweiten Teil seinerseits zur Kritik an Antiochos' Lehre über. Ciceros Behandlung der »Physik« (§ 116-128) wurde § 87 angekündigt, einer Stelle, die vielleicht auch einen Anhaltspunkt für die Beurteilung des zweiten Teils insgesamt gibt. Es geht hier um die bereits von Lucullus (§ 30) vorgebrachte stoisch-antiochische Auffassung, daß die Natur Geist und Sinne des Menschen so geschaffen habe, daß deren Betätigung auch zu objektiver Erkenntnis führt. Cicero hebt hervor, daß die von seinem Gegner für die Diskussion erkenntnistheoretischer Fragen vorausgesetzte Rationalität des Kosmos höchst fragwürdig ist. Nach § 30 zu urteilen, ging es aber Antiochos vor allem um einen Punkt (*sed disputari poterat subtiliter* [...]), weniger um die »verborgenen und obskuren Dinge«, die ins Gebiet der Naturphilosophie fallen. Dieser Punkt ist deshalb wichtig, weil er Ciceros Methode der Behandlung der drei Teile der Philosophie bis zu einem gewissen Grade erklärbar macht. In § 115 wird gesagt, daß es nur *ein* wahres System geben kann, die Philosophen aber ihre konkurrierenden Systeme jeweils für das einzig wahre halten. Cicero verweist zur Rechtfertigung des skeptischen Zweifels (*mihi ne ut dubitem quidem relinquatur*? § 119) auf den Dissens der Philosophen zu einzelnen Fragen der Naturphilosophie und begründet den Zweifel gegebenenfalls mit dem Prinzip der Isosthenie (*ita sunt in plerisque contrariarum rationum paria momenta*, § 124). Er scheint es damit auf eben die Grundvoraussetzung der Stoiker und des Antiochos abgesehen zu haben, daß die Natur den menschlichen Erkenntnisapparat so eingerichtet hat, daß objektive Erkenntnis erreicht wird. Der Dissens der Philosophen stellt diese Voraussetzung in Frage — zumindest aus der Sicht Ciceros; denn Antiochos war offenbar der Meinung, daß zwischen den Akademikern, Peripatetikern und den Stoikern keine sachlichen Differenzen bestünden.

[338]Wie diese »Vorwegnahme« zu interpretieren ist, scheint nicht ganz klar. Vielleicht vertrat Antiochos die Auffassung — und Cicero nimmt dazu Stellung —, daß der Geometrie im Rahmen der Naturphilosophie eine wichtige Rolle zukommt (vgl. *Ac. Post.* 1,6; *De Fin.* 5,9; Seneca, *Ep.* 88, 24-28; Diog. Laert. 7,132). Wissenswert wäre insbesondere, ob Antiochos die *De Fin.* 5,9 den Peripatetikern zugeschriebene Auffassung geteilt hätte, wonach hinsichtlich der Prinzipien der Dinge (*rerum initiis*) und der Welt insgesamt nicht nur plausible Argumentation, sondern auch mathematische Notwendigkeit als angemessen betrachtet wird (*multa non modo probabili argumentatione, sed etiam necessaria mathematicorum ratione concluderent*).

[339]Die in Rede stehenden Dinge gelten klassischerweise als ›nicht-offen-bar‹. Sogar in der stoischen Schule gab es diesbezüglich skeptische Auffas-sungen, nämlich diejenigen Aristons von Chios (vgl. *S.V.F.* 1,351-353), dessen Position in dieser Hinsicht derjenigen Pyrrhons zu gleichen scheint (siehe Einleitung, Abschnitt G).

[340]Dieser Punkt bezieht sich in der Sache auf das in § 107 Gesagte. Hier grenzte Cicero eine Gruppe von Disziplinen (*artes*) aus, die ihrem eigenen Verständnis nach eher auf Vermutung(en) als auf Wissen basieren. — Im Kontext von § 116 erhält der Punkt eine Präzisierung bezüglich des Status der Argumente: Jenachdem, ob der Vordersatz oder Nachsatz bejaht bzw. verneint wird, ergibt sich eine andere Konklusion.

[341]Im Gegensatz zu den Konjekturalwissenschaftlern vertreten die Mathematiker Wissensansprüche; und die Mathematik gilt überdies von je-her als Inbegriff strikter Wissenschaftlichkeit (vgl. Aristoteles, *NE* 1094 b 19-25). Dies zeigt sich sowohl in der Adaptation der analytischen Methode als auch in der Verwendung der synthetischen Methode. — Wenn Cicero hier sagt, die Mathematiker mögen sich in Acht nehmen (*provideant*), so will er sagen, daß der Skeptiker kein Interesse daran hat, Thesen zu diskutie-ren, die ohnehin nur den Status von Meinungen haben. Was ihn aus der Re-serve locken kann (und muß), sind Wissensansprüche, welche den Geltungs-anspruch der skeptischen These ›Nichts ist erfaßbar‹ gefährden bzw. ein-schränken müßten.

[342]An anderer Stelle (*Ac. Post.* 1,26) wird deutlich, daß Cicero mit *in-itia* den griechischen Ausdruck στοιχεῖα übersetzt, der bei den Mathe-matikern zu einem *terminus technicus* wurde und in der lateinischen Tradi-tion zumeist mittels *elementa* wiedergegeben werden sollte. An der Stelle hier sind mit *initia mathematicorum* offensichtlich die Definitionen von Punkt, Linie und Fläche gemeint, während sich derselbe Ausdruck in § 118 auf Punkt, Linie und Fläche als kosmogonische bzw. kosmologische Prin-zipien beziehen muß (s.u., Anm. 358); nach Sextus haben diese »die Mathematiker« als materiale Prinzipien angenommen (*Pyrrh. Hyp.* 3,32, vgl. *Adv. Math.* 9,364). — Bei den im Nachfolgenden genannten De-finitionen handelt es sich um Definitionen solcher Gebilde, die im Ver-ständnis der mathematischen Tradition primär den Sinn von unreduzierbar hatten (d.h. nicht weiter analysiert werden können). Derartige Bestim-mungen konnten wenigstens aus zwei Gründen als fragwürdig gelten: erstens deshalb, weil die στοιχεῖα als nicht weiter analysierbare Sätze nicht wirklich letztbegründet seien; zweitens deshalb, weil man über die Bestimmungen selbst disputieren konnte. Der erste Fall scheint da ange-zeigt, wo Platon im »Staat« die Philosophie als eine Art Letztbegrün-dungs-Disziplin charakterisiert, die den hypothetischen Status der Aus-gangspunkte der Mathematiker mittels einer höhergeordneten Prinzipien-wissenschaft eigens sichert (vgl. *Resp.* 6,510b-511c). Der zweite Fall ist

entweder da gegeben, wo, wie bei Protagoras (DK 80 A 7), eine mathematische These (etwa, daß die Tangente den Kreis nur in einem Punkte
berühre) auf Grund von Wahrnehmungsbefunden bestritten wird. Derartige
Attacken werden auch bei Sextus Empiricus vorgetragen (*Adv. Math.* 3;
vgl. auch 9,280-293, 367-375, 376-436). Oder sie kommen in kritischen
Einlassungen zum Ausdruck, die auf den formalen Charakter der Bestimmungen abstellen, so z.B. da, wo Sextus eine Variante der Bestimmung der Geraden bei Euklid (»Eine gerade Linie ist eine Linie, die im
Gleichen [ἐξ ἴσου] mit ihren Teilen liegt« [Sextus, *Adv. Math.* 3,94]) an-
greift und an dem Ausdruck ἐξ ἴσου Anstoß nimmt, mit dem Hinweis, daß
dieser soviel bedeute wie ›gerade Linie‹ und mithin für die Definition der
geraden Linie ungeeignet sei. — Der erstere Punkt ist insofern uninter-
essant, als er auf einer Verkennung des Charakters der reinen Geometrie beruht. Allenfalls relevant wären Überlegungen dieser Art dann, wenn jemand
ebenso wie Demokrit (DK 68 B 155) die Meinung vertreten hätte, daß die
Begriffe der Mathematik das Ergebnis von Idealisierungen anschaulicher
Vorstellungen seien und daß daher die mit Hilfe solcher Idealisierungen for-
mulierten geometrischen Sätze als solche nicht auf die anschauliche Wirklichkeit anwendbar seien. — Der letztere Punkt ist insofern nicht eigentlich
bedrohlich, als die Mathematiker in der Tradition Euklids die Definitionen
selbst in ihren Beweisen nicht verwendeten. — Die Tatsache, daß die
Definitionen diskutiert wurden, zeigt, daß dieser Bereich Teil der
Kontroverse um die Grundlagen der Erkenntnis überhaupt waren. Diese
Tradition ist Cicero offenbar bekannt; und indem er dies zu verstehen gibt,
gibt er auch zu verstehen, daß die Position des Skeptikers auf stärkeren
Füßen steht als von dogmatischen Naturphilosophen angenommen.

[343]Cicero hätte den entscheidenden Punkt wohl klarer formulieren müssen: Die Konklusion bezüglich der Größe der Sonne ist ja genaugenommen
nicht Teil einer Beweisführung innerhalb der Mathematik. Vielmehr handelt
es sich um einen Fall von angewandter Mathematik und hier um eine
›Beweisführung‹, die auf Sätze der Physik bzw. Astronomie zurückgreifen
muß, welche ihrerseits — zumindest in den Augen der damaligen Skepsis
und heutigen Philosophie — nur den Status von Hypothesen beanspruchen
können.

[344]Cicero will damit wohl sagen, daß sich die Annahme der Meßbarkeit
der Sonne nicht verträgt mit der Annahme ihrer Göttlichkeit.

[345]Hier wird die Frage nach dem Status der »Argumente der Philosophen« im Vergleich mit mathematischen Beweisen aufgeworfen. Aussagen z.B. über die Eigenschaften eines Dreiecks unterscheiden sich hinsichtlich ihrer Stringenz von den sich z.T. widersprechenden Aussagen, die
die von Cicero im Folgenden aufgezählten Naturphilosophen über die Welt
und ihre Bestandteile aufgestellt haben. Der Unterschied zwischen mathematischen Beweisen und philosophischen Argumenten läßt sich u.a. vielleicht

damit charakterisieren, daß, wer z.B. mit einem naturphilosophischen Argument konfrontiert wird, anders als bei einem mathematischen Beweis umso weniger geneigt ist, dem Argument Glauben zu schenken, je geringer seine Bereitschaft ist, die philosophische Grundausrichtung desjenigen zu teilen, der ihn von einer These überzeugen will. Ciceros Gegenüberstellung von mathematischen Beweisen und philosophischen Argumenten ist für das im *Lucullus* dargestellte Verhältnis zwischen Akademikern und Stoikern vielleicht in zweierlei Hinsicht bedeutungsvoll. Zum einen betrifft sie Ciceros deutlich zum Ausdruck gebrachte Geringschätzung dogmatischer Lehrmeinungen als solcher, besonders auf dem Gebiet der Physik (vgl. § 116 : *estne quisquam tanto inflatus errore* [...]?). Wenn er sagt, daß der Weise einem philosophischen Argument noch weniger glaube als dem Beweis des Archimedes, so ist damit wohl gemeint, daß sich die Philosophie noch weniger als die Geometrie, wenn sie über die Größe der Sonne handelt, auf sicherem Boden befindet, wenn sie über Dinge spekuliert, bei denen sich nicht einmal herausfinden lasse, welche Auffassung die glaubhafteste sei (§ 124). Solche Dinge sind ›nicht offenbar‹ (*incerta*); doch nach Cicero gab es für die Akademiker einen Bereich von Fragen, die nicht in derselben Weise plausible Antworten verunmöglichen, nämlich auf dem Gebiet der Ethik (vgl. § 110). Obwohl Cicero anerkennt, daß auch naturphilosophische Spekulationen gewinnbringend sein können (vgl. § 127), scheint er doch der Überzeugung zu sein, daß die *incerta* nicht das eigentliche Gebiet der Philosophie sind, das seiner Ansicht nach vermutlich näher bei den Konjekturalwissenschaften liegt, die keinen Wissensanspruch erheben (vgl. § 107). — Zum andern erhellt die Gegenüberstellung von Geometrie und Philosophie vielleicht auch Ciceros Auffassung des Gegensatzes von Stoikern und Akademikern: Da die »Argumente der Philosophen« keine mathematischen Beweise sind, ist das Festhalten der Philosophen an ihren dogmatischen Thesen nur durch doktrinären Zwang zu erklären, dem die Akademiker nicht unterworfen sind (vgl. § 128 mit § 8).

[346]Obwohl Cicero im Folgenden deutlich macht, daß es der Nicht-Weise ist, der sich angesichts der divergierenden naturphilosophischen Lehrmeinungen vor das Problem der Wahl gestellt sieht, scheint er § 124 doch zu bezweifeln, daß der stoische Weise überhaupt eine klare und kohärente Position haben kann. Diese Auffassung steht in einem gewissen Kontrast zu der vorsichtigeren Äußerung in § 117 (*aut si est crediturus*): hier wird immerhin als denkbar hingestellt, daß sich die Verschiedenheit der Meinungen in der Sicht des Weisen anders darstellt als in der Sicht des Nicht-Weisen.

[347]Thales ist dadurch datiert, daß er eine Sonnenfinsternis 585 v. Chr. vorausgesagt hat. — Die Angabe bezüglich des Wassers kann durch das Zeugnis DK 11 A 12 und Hippolytos, *Haer.* 1,1 gestützt werden.

[348]Anaximander ist bald nach 547/46 gestorben. — Zur Konzeption seines ἄπειρον siehe die Zeugnisse DK 12 A 1. 16, B 1. 2.

[349]Dazu siehe die Zeugnisse DK 13 B 1.2.3. sowie A 7.

[350]Kurz nach 500 v. Chr. in Klazomenai in Jonien geboren, in Lampsakos 428/427 verstorben. — Anaxagoras' Auffassungen sind im Detail sehr komplex; dies betrifft auch die Rolle, die dem materiell vorgestellten Geist zugeschrieben wird (vgl. DK 59 B 11. 12. 14).

[351]Um 570 geboren zu Kolophon, wanderte um 545 nach Unteritalien aus, starb um 475 v. Chr. — Xenophanes ist der erste griechische Philosoph, der eine (im Sinn der späteren Begrifflichkeit) pantheistische Position vertrat (DK 21 B 23. 24. 25. 26).

[352]Parmenides schrieb um 500 v. Chr. ein Lehrgedicht, in dem — soweit es die erhaltenen Verse angeht — die Existenz eines bewegungslosen, begrenzten Seienden bewiesen wurde (DK 28 B 8). Inwieweit Parmenides auch eine eigene These zur Kosmogonie und Kosmologie (DK 28 B 8, 53 ff; B 10. 12) vertrat, ist strittig.

[353]Leukipp und Demokrit, die beiden Begründer des Atomismus, werden stets zusammen genannt; nur von letzterem (ca. 460/459 geb., 400 v. Chr. gest.) sind längere Zeugnisse überliefert (DK 68).

[354]Empedokles lebte 485-425 auf Sizilien (DK 31) und beeindruckte spätere Grammatiker durch die Gewalt seiner Dichtung (vgl. *Lucullus* § 14, vgl. § 74).

[355]Heraklit hat um 480 v. Chr. ein Buch veröffentlicht, dessen Aussagen schon im Altertum als dunkel galten. Welchen Status Feuer tatsächlich hatte, ist unklar (siehe DK 22 B 64. 65. 66).

[356]Melissos war 441 v. Chr. als Admiral der samischen Flotte gegen Perikles erfolgreich. Als Philosoph vertrat er die Auffassung, daß das (parmenideische) Seiende unbegrenzt sei (DK 30 B 3).

[357]Platon werden hier von Cicero jene Auffassungen zugeschrieben, die im Dialog *Timaios* entwickelt werden.

[358]Bei den hier angesprochenen Lehren handelt es sich um Positionen, die in einem Buch von Philolaos um ca. 425 vertreten wurden (DK 44 A 1, B 1. 2). — Zahlen, bzw. Punkt, Linie und Fläche wurden von den Pythagoreern als kosmogonische Prinzipien aufgefaßt: vgl. Sextus, *Adv. Math.* 10,277-283.

[359]Es ist nicht klar, mit welchem Recht Cicero findet, daß der stoische Weise aus dem Arsenal der vorliegenden Auffassungen (§ 118) auswählen (*eliget*) müßte. — Dieser Punkt ist insofern auffällig, als Cicero später (§§ 142-143) Antiochos vorhält, daß dieser keinem der dort genannten Denker folge.

[360]Cicero will sagen, daß gemäß stoischer Auffassung die Behauptungen zum Wesen des Kosmos ebenso sicher erfaßt sein müßten wie Behauptungen von der Art wie ›Es ist Licht‹, dies aber offenbar schon deshalb

nicht der Fall sei, weil sonst nicht einsichtig wäre, daß die in Rede stehenden Thesen bestritten werden. In dem Maße, in dem die eher spekulativen Thesen keine Überzeugungskraft haben, verlieren auch Thesen zu eher bodenständigen Dingen an Glaubhaftigkeit (§ 128). Damit wird der Kern des empiristischen Erkenntnisprojekts der Stoiker diskreditiert.

[361]Die Vorstellung, daß alles beseelt sei (Panpsychismus), bestimmte bereits die frühesten Naturvorstellungen (Thales, DK 11 A 1), desgleichen die Annahme, daß die Seele bzw. die (vernünftige) Luft alles beherrsche (Anaximenes, DK 13 B 2). Der Begriff des Geistes (νοῦς) scheint mit Anaxagoras Eingang in die Kosmogonie und Kosmologie gefunden zu haben. Dabei gilt es zu sehen, daß der Geist hier, ebenso wie vorher die Seele, durchaus als etwas Materielles bzw. als etwas Körperliches gedacht wurde (DK 59 A 55. 56. 58; B 11. 12); die für die spätere Metaphysik leitende Vorstellung, daß der Geist etwas Unkörperliches sei, begegnet erst bei Platon. Die Stoiker nahmen zwar die teleologischen Ansätze Platons und Aristoteles' auf, transponierten diese freilich in den Rahmen einer Betrachtungsweise, die an Heraklits Konzeption des Feuers als gestaltender und sich selbst gestaltender Kraft anknüpfte und im Übrigen große Ähnlichkeiten zu den pantheistischen Intuitionen des Xenophanes vor ihnen und denen Spinozas nach ihnen aufweist. — Ciceros knappe Angaben bezüglich der Natur der Welt entspricht ziemlich genau dem Bericht bei Diog. Laert. 7,142-143 (= *S.V.F.* 2,633).

[362]Für die Stoiker ergibt sich die Vorstellung, daß auch die Gestirne Gottheiten seien — eine Vorstellung, die dem Volksglauben entspricht — aus der Annahme, daß Gott, als *Logos* bzw. rationales, aktives Prinzip betrachtet, die Materie total durchdringen kann. Mit dieser These, die Cicero richtigerweise erwähnt, wollten die Stoiker (sinngemäß gegen Platon und Aristoteles) den Gedanken untermauern, daß es keinen providenzfreien Bereich in der Welt gebe und die Vernunft überall wirke.

[363]Dieser Gedanke (vgl. *S.V.F.* 2,585 ff.) gehört zusammen mit der Vorstellung einer Wiederkehr (vgl. *S.V.F.* 2,596 ff.) zu den Punkten des stoischen Denkens, die sich nur schwer verstehen lassen.

[364]In § 73 sagte Cicero, daß die Akademiker nicht bestreiten (*non negamus*), daß es etwas Wahres gebe. Der Punkt ist insofern wichtig, als Cicero ja gleich ein besonders sinnfälliges Beispiel für Isosthenie anführt: die Berufung darauf ist nur sinnvoll, wenn Cicero zugleich meint, daß zwei Aussagen ›P‹ und ›Nicht-P‹ nicht zusammen wahr sein können.

[365]Die Argumentationen, die hier Aristoteles zugeschrieben werden, gelten als Teil jener einst einflußreichen Überlegungen, die Aristoteles in dem heute verlorenen Buch »Über die Philosophie« entwickelt hatte (= Fr. 20 Ross, Fr. 22 Untersteiner).

[366]Ähnlich wie § 66 wird Oberflächlichkeit (*levitas*) hier sinngemäß mit jener Art von Bereitschaft in Verbindung gebracht, die als Anfälligkeit für

ungerechtfertigte Zustimmungen (und damit nach stoischer Meinung insbesondere auch als Ausdruck pathologischer Dispositionen, vgl. *S.V.F.* 3,421) zu verstehen ist. Cicero scheint geneigt, jenen Systemzwang, der den Stoiker nötigt, allen Thesen der Schule zuzustimmen, als einen Fall von Meinen bzw. Wähnen zu deuten.

[367]Hier tritt wieder jene Vorstellung hervor, die Cicero § 8 ins Spiel brachte und die dann § 61/62 vom Antipoden für seine Zwecke ausgenutzt wird.

[368]Die Stoiker hatten Mühe, ihre These von der universalen Wirksamkeit der Vernunft in der Weltgestaltung plausibel erscheinen zu lassen: Vis-à-vis solcher Phänomene, die keinen ersichtlichen Nutzen zu haben schienen, machten sie geltend, daß Menschen womöglich erst später erkennen werden, worin der Nutzen liege (vgl. *S.V.F.* 2,1172). Die Thematik der Theodizee wird namentlich im Rahmen des christlichen Denkens besondere Wichtigkeit erlangen, aber auch in der Konfrontation der Neuplatoniker mit dem Prinzipiendualismus der Gnostiker.

[369]Straton von Lampsakos übernahm den Vorsitz des Peripatos, der Schule des Aristoteles, um 286 v.Chr. von Theophrast und blieb bis zu seinem Tode um 269 v.Chr. im Amt. Offensichtlich korrigierte er den Bestand der Schulmeinungen beträchtlich. Zu den Veränderungen am Grundstock aristotelischer Überzeugungen gehört z.B. die Aufgabe der Teleologie. Dies bedeutet in letzter Konsequenz auch die Absage an naturalistische Theorien jener Art, die Wert und Sinn als objektive Teile in irgendeinem Bereich der Wirklichkeit ansiedelten.

[370]Diese Betonung ist deshalb wichtig, weil Straton sich in mancher Hinsicht so ausdrückt, daß eine gewisse Nähe zum Atomismus Demokrits unbestreitbar erscheint (vgl. z.B. Fr. 35 Wehrli).

[371]Anders als die Stoa, die alle Geschehnisse in der Welt als Ausdruck göttlicher Planung sah und damit den Menschen auf einen objektiven Sinn hin orientieren wollte, suchte Epikur (wie vor ihm wohl Demokrit) die Menschen mittels der Vorstellung einer sinnentleerten Welt zu befreien. Dies scheint so u.a. auch von Lukrez empfunden worden zu sein, der Epikurs Lehre als Befreiung charakterisiert. — Ob Straton seinerseits derartige Absichten verfolgte und Ciceros Feststellung der Wirkungen dieser Lehren auf ihn selbst gewissermaßen Teil der Position(en) Stratons waren, läßt sich wohl nicht entscheiden. Doch scheint die Annahme selber nicht abwegig. So wie Straton die Teleologie leugnete, so leugnete Ariston die Werthaftigkeit der äußeren Welt und Pyrrhon die Bedeutsamkeit der Dinge überhaupt. Hier scheint sich also quer durch die Reihen der philosophischen Gruppierungen im 3. Jahrhundert eine Position herauszukristallisieren, die als radikale Hinwendung des Menschen auf sich selbst gedeutet werden kann: Was immer die Natur der Wirklichkeit auch sein mag, — es ändert

nichts an der Tatsache, daß sich der Mensch nur an sich selber orientieren kann. [372]Was Cicero hier sagt, steht in einem gewissen Kontrast zu der von Cotta z.B. in *De Nat. Deor.* 3,28 gegen die stoische *Pneuma* -Lehre vertretene Position; Cotta, der die akademische Skepsis vertritt, bestreitet (*non probabam*) an dieser Stelle die stoische Erklärung der ›*Sympathie*‹ der Natur, wonach diese durch das göttliche Pneuma bewirkt werde, und führt sie seinerseits auf die »Kräfte der Natur« zurück.

[373]Diese Formulierung scheint als Gegenposition zu dem in § 61 Gesagten gemeint zu sein. — Der Wortlaut selber wäre nach Laktanz, *Inst.* 3,28 als Wiedergabe einer Aussage des Anaxagoras anzusehen.

[374]Dieser Gedanke wird auch *Ac. Post.* 1,44 vertreten und dort mit Demokrit, Anaxagoras, Empedokles und »fast allen frühen Denkern« verbunden.

[375]Zu diesem Argument vgl. Celsus, *Med.* (Prooem.) 40 ff. — Die Nennung medizinischer Schulen kommt nicht von ungefähr: viele der frühen Naturphilosophen waren Ärzte und manche der im *Corpus Hippocraticum* überlieferten Traktate zeugen von weitreichenden Auseinandersetzungen bezüglich der Stichhaltigkeit medizinischer Theorien. So kritisiert der Autor der Schrift *Über die alte Medizin* den Anspruch jener Ärzte und Philosophen, die da meinten, eine gründliche und vor allem erfolgreiche Kenntnis ärztlicher Praxis setze ein Wissen von der Natur und ihrer Evolution voraus (Kpt. XX, 1 ff.). Konkret kritisiert er freilich die Tendenz, medizinisches Tun an Hypothesen oder Postulate zu binden (Kpt. I, 20 ff.; XV, 1 ff., u.ö.) und plädiert seinerseits für eine empiristische Grundhaltung. Daß es so etwas wie eine theoriefreie Betrachtung in Wirklichkeit nicht gibt, ist eine Einsicht, die sich erst in unserem Jahrhundert durchgesetzt hat. — Von einer ›empirisch‹ orientierten Ärzteschule spricht Sextus, *Pyrrh. Hyp.* 1,236, wobei er der Frage nachgeht, ob diese Schule tatsächlich mit der Skepsis der Pyrrhonischen Schule identisch ist. Sextus verneint diese Frage, unter Hinweis darauf, daß die Empiriker doktrinär von der Unerkennbarkeit nicht-evidenter Dinge ausgehen.

[376]Vgl. DK 21 A 47.

[377]Hiketas aus Syrakus gehört zu den früheren Pythagoreern. Seine Lebenszeit läßt sich ebensowenig genau ermitteln wie die Lehrmeinungen, die z.T. inkohärent erscheinen. Daß Hiketas hier genannt wird, hat wohl keinen anderen Grund, als daß er mit der These von der Achsendrehung der Erde und der Annahme, daß die Gestirne stillstehen, eine abweichende Hypothese zur Erklärung jenes Phänomens vorlegte, welches ansonsten unter der Annahme der Bewegung der Gestirne und des Stillstands des Erdkörpers erklärt wurde: Somit gibt es also konkurrierende (und einander

ausschließende) Hypothesen und der Skeptiker sieht keinen Grund, der einen den Vorzug vor der anderen zu geben.

[378]Damit ist die Aussage in *Timaios* 40 b gemeint, die tatsächlich unklar ist.

[379]Damit wird offensichtlich die Thematik von § 82 aufgenommen, doch ist der Text hier unsicher.

[380]»Er« (*qui*) bezieht sich sich vermutlich nur auf Ariston (vgl. *S.V.F.* 1,351-352) und nicht auch auf Sokrates; denn daß Sokrates ähnlich wie Ariston die Naturphilosophie aus Erwägungen skeptischer Art zurückwies bzw. beiseite ließ, ist keineswegs sicher, da Sokrates auch in anderen Belangen auf Wissensansprüche verzichtet zu haben scheint; in diesem Sinn wäre nicht einsehbar, weshalb er der Naturphilosophie mit besonderer Skepsis begegnet sein sollte.

[381]Worauf sich dieser Hinweis bezieht, ist unklar. Vom Körper und den Schwierigkeiten, hier zu relevanten Einsichten zu gelangen, war § 122 die Rede.

[382]Der Aristoteliker Dikaiarch gilt im Urteil späterer Berichterstatter (Fr. 5-12 Wehrli) als Materialist, der der Seele keine Form von eigenständiger Existenz einräumt und mentale Ereignisse als physische Ereignisse zu erklären suchte. Was seine Einschätzung der Seele angeht, so scheint diese jener Auffassung nahezustehen, die in Platons Dialog *Phaidon* 85 e - 86 d erwähnt wird (vgl. bes. Fr. 11-12 Wehrli).

[383]Diese Thesen wurden von Platon im IV. Buch der *Politeia* vertreten. In *Tusc. Disp.* 1,18-22 scheint Cicero im platonischen θυμός bzw. θυμοειδές durch die Wahl des Terminus *ira* einen bestimmten Aspekt hervorzuheben, nämlich den des Aufwallens.

[384]Auch die Gegenposition, auf die hier ohne Namenshinweis verwiesen wird, hat Anhänger: in erster Linie wären die alten Stoiker selbst zu nennen, die einen Monismus vertraten (gegen Platon auf der einen und Aristoteles auf der anderen Seite). Platon selber scheint zeitweilig (im *Phaidon*) eine monistische Auffassung vertreten zu haben .

[385]Xenokrates, der unmittelbare Nachfolger Platons in der Akademie, scheint die Seele (ψυχή) genauer als Zahl definiert zu haben, die sich selbst bewegt (vgl. Fr. 165-212 Isnardi-Parente). — Wenn Cicero sagt, daß Xenokrates eine Bestimmung biete, (i.e. Zahl ohne Körper), welche sich kaum verstehen lasse, so scheint der Punkt des Anstoßes (*quod*) weniger mit dem Gesichtspunkt »ohne Körper« bedeutet zu werden, als vielmehr mit der Identifizierung der Seele als Zahl.

[386]Der Stoiker ist gehalten, eine der beiden einander ausschließenden Auffassungen mit Wissensanspruch zu vertreten.

[387]Hier bezieht sich Cicero auf jene Abstufung von Plausibilität, die gemäß Sextus Empiricus (*Adv. Math.* 7,175 ff.) von Karneades formuliert wurde (siehe oben Anm. 286 zu § 99).

[388]Hier bringt Cicero den für die Skeptiker so wichtigen Gesichtspunkt der Isosthenie, d.h. der Gleichmächtigkeit der Argumente, zur Geltung (vgl. *Ac. Post.* 1,45) — ein Gesichtspunkt, der den Pyrrhonisten zur Urteilsenthaltung bestimmt. — Doch scheint der akademische Skeptiker hier sagen zu wollen, daß nicht einmal im Bereich der Plausibilitäten ausschlaggebende Motive vorliegen. Dies schließt also auch den Entscheid zu einem undogmatischen *sequi* aus.

[389]Mit der Formulierung »mit etwas mehr Achtung« bezieht sich Cicero auf § 114. Nach § 132 (vgl. 133) scheint Antiochos gefordert zu haben, irgendeinem Philosophen zu folgen bzw. irgendeiner Lehrmeinung zuzustimmen, was Cicero § 132 als ungebildet und absurd bezeichnet. Antiochos' Forderung könnte auf der Überzeugung beruht haben, daß es unmöglich sei, keine einzige je vorgebrachte philosophische Meinung nicht entweder zu verwerfen oder zu akzeptieren. Eine akademische Antwort auf diesen Einwand gibt Plutarch (*Adv. Col.* 1124 A): Betrachte man nämlich die oft paradoxen und einander widersprechenden Thesen der Philosophen, liege das eigentlich Erstaunliche nicht darin, daß jemand keiner These zustimme, sondern darin, daß jemand überhaupt einer These zustimme; und wer eine These weder behaupte noch bestreite, befinde sich weniger im Konflikt mit dem Behauptenden als der Bestreitende, und mit dem Bestreitenden als der Behauptende (und wäre somit gegenüber beiden im Vorteil: vgl. Augustin, *Contra Acad.* 7,15; siehe auch Anm. 429 zu § 132).

[390]Dieser Punkt läßt sich wohl nur als Form der Ironie verstehen: Ein Entscheid *pro* oder *contra* läßt sich von der Sache her nicht rechtfertigen und müßte sich in derartigen Belangen also von außerphilosophischen Gesichtspunkten bestimmen bzw. leiten lassen.

[391]Die Polemik gegen die Annahmen atomistischer Art scheint so gestaltet, daß der Antipode die Annahmen des Atomismus aus genau dem Grund für falsch bzw. unakzeptabel ansieht, aus dem er seine eigenen für richtig erachtet. Diese Einstellung stört Cicero. Vielleicht würde er als Skeptiker unter den gegebenen, fiktiven Bedingungen solche Argumente akzeptieren, die auf immanente Widersprüche des atomistischen Weltmodells abstellen. Da der Antipode jedoch doktrinär argumentiert, (und Cicero damit in den Zugzwang setzt, Behauptungen zu bejahen bzw. zu verneinen), sind die Spielregeln verletzt: Die Akademiker schlagen sich ja nur im Rahmen einer Argumentation *pro* und *contra* auf die Seite des Atomismus Demokrits (vgl. Anm. 175 und 176 zu § 55).

[392]Der Sinn der Aussage ist klar, der sicher lückenhafte Text vermutungsweise ergänzt.

[393]Mit *adroganter* bezieht sich Cicero wohl auf § 114 (*tantum tibi adroges*); aber was rechtfertigt die Steigerung *inpudenter etiam*? Vielleicht

gibt der letzte Satz von § 126 (»Da mag man sich immerhin fragen [...]«) darüber Aufschluß (s.u., Anm. 396).

[394]Damit sagt Cicero, daß die Auffassungen der Stoa zu Mantik, Determinismus usw. nicht einmal den Charakter des niedrigsten Grades von Plausibilität (s.o., Anm. 286 zu § 99) für sich in Anspruch nehmen können und somit auch nichts an sich haben, was in seinen Augen ein undogmatisches Folgen motivieren könnte.

[395]Der Hinweis auf einen tatsächlichen oder vermeintlichen Dissensus unter den Stoikern hatte bereits an früherer Stelle (§ 107) die Funktion, den Entscheid zugunsten einer Urteilsenthaltung zu rechtfertigen. Ob Zenons Auffassung (*S.V.F.* 1,154) und die des Kleanthes (*S.V.F.* 1,499) inkompatibel sind und auf einen tieferen Dissensus hinweisen, ist allerdings fraglich. Zumindest aus der Sicht Ciceros betrifft diese *dissensio* möglicherweise die Vereinbarkeit naturphilosophischer Überzeugungen mit der Volksreligion bzw. dem nicht-philosophischen Glauben (siehe auch unten, Anm. 396).

[396]Damit scheint Cicero sagen zu wollen, daß der akademische Skeptiker gegenüber dem Naturphilosophen, für den die Sonne ein meßbarer Gegenstand ist (s.o., Anm. 344 zu § 116), mehr Achtung vor dem nicht-philosophischen Glauben zeigt; von hier aus wird auch die Steigerung *inpudenter etiam* am Anfang von § 126 verständlich (s.o., Anm. 393). Eine solche Einstellung zur Religion bzw. die Überzeugung, daß theologischer Dogmatismus den Glauben an Gott bzw. die Götter zerstört, ist sowohl für die pyrrhonische Skepsis charakteristisch (vgl. Sextus Empiricus, *Pyrrh. Hyp.* 3,2-12), als auch für die akademische, was sich u.a. darin äußert, daß der Vertreter der akademischen Position in *De Nat. Deor.*, Gaius Cotta, als *pontifex maximus* amtierte.

[397]Ciceros Einschätzung des Wertes der Naturphilosophie verrät den Geist des griechischen Theoria-Ideals. — Cicero selbst hat die »Physik« im Rahmen seines philosophischen Programms nicht dargestellt, doch nach § 147 als Desiderat anerkannt.

[398]Den Ausdruck *notio* verwendet Cicero, wie in seiner *Topik* erläutert, um das zu bezeichnen, »was die Griechen bald ἔννοια, bald πρόληψις nannten« (7,31); und er versteht unter *notio* eine »eingeborene, im Geist festgeschriebene Erkenntnisvorstellung [*cognitio*] eines jeden Gegenstandes, die einer Entwicklung bedarf« (a.a.O.; Übers. H.G. Zekl); vgl. *De Fin.* 3, 21. — Der Sache nach handelt es sich um so etwas wie einen begrifflichen Gehalt, der aber offensichtlich als mentales Gebilde aufgefaßt wird.

[399]Vgl. § 119. — Die Bedeutung von *non* [...] *magis adsentiuntur* scheint die zu sein, daß Zustimmung — jedenfalls diejenige des Weisen, um den es Cicero geht (vgl. § 66) — immer von derselben Art ist, nämlich sicher und fest (siehe auch die beiden folgenden Anm.).

[400]Der »Schluß« scheint die Definition der κατάληψις als »Zustimmung zu einer erkenntnishaften Erscheiunung« (Sextus Empiricus, *Adv. Math.* 7,151) vorauszusetzen und drei Prämissen zu enthalten, nämlich (1) Zustimmung (bzw. κατάληψις) ist von derselben Art, wenn es sich um die Größe der Sonne handelt, wie wenn es sich um irgendeinen anderen Gegenstand handelt; (2) Der Stoiker stimmt einer Erscheinung bzw. einer entsprechenden Proposition über die Größe der Sonne zu; (3) Die Größe der Sonne ist nicht erfaßbar (ἀκατάληπτον). Aus diesen drei Prämissen folgt: Die κατάληψις der Stoiker ist in keinem Fall ein untrügliches Erfassen.

[401]Der Erfolg der Attacke Ciceros beruht auf der Tatsache, daß die Stoiker selber Wissen (ἐπιστήμη) als extremen Zustand (διάθεσις) der Seele verstanden, der kein ›mehr‹ oder ›weniger‹ zuläßt. Da die Stoiker dies nicht in Frage stellen können (*nec* [...] *possunt*), dürfen sie auch nicht den von Cicero erwähnten Ausweg ins Auge fassen. Worum handelt es sich bei diesem Ausweg? Daß die Stoiker oder Antiochos verschiedene Grade der κατάληψις annahmen, legt allenfalls Sextus, *Adv. Math.* 7,421-422 nahe, der zu sagen scheint, daß die Stoiker verschiedene Grade der »nichterkenntnishaften Erscheinung« (φαντασία ἀκατάληπτος) annahmen. Sextus weist dies zurück mit Hinweis auf die stoische These der »Gleichheit aller Verfehlungen«, welche auch von Antiochos verworfen wurde (vgl. *Luc.* § 133). Was die Annahme eines Gradunterschiedes zwischen einzelnen καταλήψεις bzw. φαντασίαι ἀκατάληπτοι genau beinhaltet, ist nicht klar; klar scheint nur, daß, falls Antiochos einen solchen Ausweg vor Augen hatte, er den skeptischen Schluß (siehe oben, Anm. 400) nicht akzeptiert hätte. Denkbar ist, daß er die Prämisse (3) bestritten und darauf hingewiesen hätte, daß die Prämisse (1) nur für den Weisen Geltung habe, nicht aber für den Nicht-Weisen. Dabei könnte er wie folgt argumentiert haben: Auch der Nicht-Weise erfaßt vieles (vgl. § 144), obwohl es sich dabei nicht um καταλήψεις handelt, die denen des Weisen vergleichbar wären, da seine Zustimmung nicht wie die des Weisen in jedem Fall fest und sicher ist; stimmt er also etwa dem Beweis des Archimedes zu und ›erfaßt‹ somit, wie groß die Sonne ist, verfügt auch der Nicht-Weise über eine κατάληψις, die jedoch nicht wie eine κατάληψις des Weisen sozusagen unverrückbar ist.

[402]Siehe oben, Anm. 331 zu § 114.

[403]Der Sache nach geht es hier, wie in allen teleologischen Konzeptionen, um die Bestimmung desjenigen Wertes, hinsichtlich dessen anderes (Dinge, Institutionen und Handlungen) in dem Maß als ›gut‹ bzw. ›schlecht‹ oder als ›indifferent‹ charakterisiert werden kann, wie es geeignet ist, diesen Wert zu konstituieren bzw. zu seiner Verwirklichung beizutragen; je nachdem bedeutet der Ausdruck *summa* ›Inbegriff‹ oder ›Gesamtheit‹.

[404]Wie Ariston gilt auch Zenons Schüler und Landsmann Herillos als Abweichler, dessen Thesen (hier *S.V.F.* 1,413), wie Cicero an anderer Stelle sagt (*De Fin.* 2,43 = *S.V.F.* 1,414), in der aktuellen Diskussion keine Rolle mehr spielen. Für Herillos' Auszeichnung der ἐπιστήμη als τέλος ließe sich geltend machen, daß der stoische Weise ja auch dann ist, was er ist, wenn er nicht handelt.

[405]Bei dem Ausdruck *summum bonum* handelt es sich wahrscheinlich um die Übersetzung des griechischen τελικόν ἀγαθόν (*S.V.F.* 3,3 [siehe oben, Anm. 331]) bzw. τέλειον ἀγαθόν (Aristoteles, *NE* 1097 b 7-8), oder auch um eine Paraphrase von τό ἄριστον (›das Beste‹), vgl. *NE* 1097 b 22.

[406]Vgl. § 118. — Cicero folgt hier, offenbar distanziert, einer doxographischen Konstruktion, die die megarische Schule mit den Eleaten verbindet und Xenophanes als Ahnherr beider Schulen in Anspruch nimmt.

[407]Vgl. Fr. 26 A Döring. — Die Auffassungen des Sokrates-Schülers Eukleides lassen sich nicht mehr zuverlässig ausmachen: Ciceros Bericht scheint die Überlegung zuzulassen, daß Eukleides wie Sokrates (und Platon) das Gute als etwas ansah, das *sui generis* besteht. Aus Diog. Laert. 2,106 (= Fr. 24 Döring) geht hervor, daß das eine Gute mit vielen Namen benannt werde (Klugheit [φρόνησις], Gott, Geist [νοῦς]). Dies ließe sich so deuten, daß Eukleides meinte, das eine Gute manifestiere sich in Verschiedenem.

[408]Das lateinische *simile* entspricht dem griechischen ὁμοῖον und hat hier wohl die Bedeutung ›homogen‹ (vgl. Parmenides, DK 28 B 8, 22).

[409]Menedemos von Eretria (ca. 350-278 v. Chr.) stand ursprünglich der Akademie nahe, wurde dann aber Schüler Stilpons (Diog. Laert. 2,134) und galt als unabhängiger Denker. Die These, die ihm zugeschrieben wird, scheint von dem Gedanken bestimmt, daß Verstandesschärfe deshalb als höchster Wert ausgezeichnet sei, weil damit die Wahrheit erfaßt werde. Diese Erwägung, wenn sie denn tatsächlich eine Rolle spielte, würde allerdings den Wert selbst als instrumentell gut auszeichnen. Andererseits soll er Nützlichkeit und Gutheit unterschieden haben (Diog. Laert., a.a.O.); dieser Punkt würde gegen die Interpretation sprechen, daß der Wert der Verstandesschärfe seinerseits in dem Beitrag zur Erkenntnis der Wahrheit bestehe.

[410]Hier ist unklar, was Cicero genau sagen will. Denn Aristons Position (vgl. *S.V.F.* 1,351 ff.) scheint durch zweierlei gekennzeichnet: erstens dadurch, daß er anders als Zenon als τέλος die Indifferenz (ἀδιαφορία) begriff (*S.V.F.* 1, 360) und damit also Gleichgültigkeit gegenüber allem Äußeren propagierte; zweitens dadurch, daß er sämtliche Dinge, die nicht im strikten Sinne gut bzw. schlecht seien, als buchstäblich indifferent ansah und ihnen nicht etwa so etwas wie einen relativen Wert zuschrieb, wie dies sein Lehrer Zenon tat (*S.V.F.* 1, 361). Augenscheinlich hat Cicero da, wo er auf die ›Konsequenz‹ Aristons hinweist, den zweiten

Punkt vor Augen. Denn mißverständlich war an der orthodox stoischen Auffassung insbesondere die Trennung zwischen absoluter und relativer Werthaftigkeit. Insofern ist Ciceros Bericht (i.e. der Hinweis auf die problematischen *momenta* im Bereich zwischen Tugend und Schlechtigkeit) sehr passend. — Mit der Ausdrucksweise »tatsächlich [...] nur in Worten« spielt Cicero vielleicht auf Antiochos' Auffassung an, daß die Unterschiede zwischen der Alten Akademie, dem Peripatos und der Stoa rein terminologischer Art seien (vgl. z.B. *Ac. Post.* 1,37), während Ariston in diesem Gefüge eine Sonderstellung zukommt (vgl. *De Leg.* 1, 55).

[411]Zu Zenons Auffassung vgl. *Ac. Post.* 1,36-37; der Terminus *media*, der sich dort auf solche Dinge zu beziehen scheint, die weder naturgemäß noch naturwidrig sind und denen Zenon »keinerlei Gewicht« beimaß (*nihil omnino esse momenti*), bezieht sich hier auf alles, was nicht die Tugend selbst oder deren Gegenteil ist. — Der Terminus *momenta* übersetzt hier ἀξίαι und bezieht sich auf das, was »man vorziehen und einer bestimmten Wertschätzung würdigen« müsse (*Ac. Post.* a.a.O.; Übers. O. Gigon).

[412]Vgl. Fr. 69 A Decleva Caizzi. — Pyrrhons Auffassungen lassen sich kaum zuverlässig rekonstruieren. Sicher scheint nur, daß er, im Gegensatz zu der Gruppe von Denkern um Sextus Empiricus, durchaus dogmatische Meinungen vertrat (siehe oben, Einleitung, Abschnitt G und Anm. 40). Dies geht auch aus dem Bericht bei Diog. Laert. 9,101 hervor, wo es heißt, daß es kein von Natur aus Gutes oder Schlechtes gebe, weil das von Natur aus Gute unerkennbar sei. Von hier aus ließe sich vielleicht auch Ciceros Aussage verstehen: Der pyrrhonische Weise, der um die Unerkennbarkeit aller Dinge weiß, wird die relevante Einstellung auch z.B. den Dingen gegenüber haben, die von den Stoikern als naturgemäß (κατὰ φύσιν) angesehen wurden, oder jenen gegenüber, die die Epikureer als lustvoll betrachteten, d.h. er wird diese Unterschiede nicht als solche empfinden (*ea ne sentire quidem*). Da der pyrrhonische Skeptiker auf Grund genereller Erwägungen »ohne Meinungen« (ἀδόξαστος) und »ohne Neigungen« (ἀκλινής) sein wird (siehe Aristokles, bei Eusebios, *Praep. Ev.* 14,18,1-5), scheint es plausibel, daß die entsprechende Einstellung als Zustand der ›Apathie‹ charakterisiert wird oder auch als ›Unerschütterlichkeit‹ gilt (vgl. Diog. Laert. 9, 108).

[413]S.o., Anm. 331 zu § 114.

[414]Der Unterschied zwischen den Kyrenaikern auf der einen und den Epikureern auf der anderen Seite bestand (i) darin, daß erstere Lust (ἡδονή) als Bewegung ansahen, während letztere sie als Freisein von Schmerz auffaßten und als Zustand der Ruhe verstanden; (ii) darin, daß die Kyrenaiker Lust als Wahrnehmung eigener Zustände auffaßten, nicht aber als Wahrnehmung der Dinge, die sie verursachen, während die Epikureer auch die Gegenstände, die Lust hervorrufen, als lustvoll bzw. als gut beurteilten.

[415]Mit *honestas* (›Sittlichkeit‹) übersetzt Cicero wohl den griechischen Begriff ἀρετή (›Tugend‹), mit dem Adjektiv *honestum* das griechische τὸ καλόν (›das Schöne‹), ein Begriff, der mit dem des Guten (τὸ ἀγαθόν) eng verbunden ist (vgl. *S.V.F.* 3, 29-37). Das lateinische Wort hat im außerphilosophischen Sprachgebrauch eine Bedeutung (scil. ›Ehre‹, ›Ansehen‹, bzw. ›ehrenwert‹), die das griechische nicht hat.

[416]Dieser Philosoph wird nur bei Cicero erwähnt (vgl. noch § 139; *De Fin.* 2, 19; 34; 5, 21; 73; *De Off.* 3, 119 u.ö.), öfters zusammen mit Deinomachos, über den ebenfalls nichts weiter bekannt ist. — Auch wird nicht recht klar, inwiefern Kalliphon von *zwei* Zielen (*fines*) sprechen konnte. Vermutlich vertrat Kalliphon eine Auffassung, die dadurch gekennzeichnet war, daß Lust und Sittlichkeit in gewisser Weise kompatibel seien. Dies scheint aus *De Off.* 3,119 hervorzugehen, wo Cicero zu verstehen gibt, daß Lust der Sittlichkeit (*honestas*) in jedem Fall entgegengesetzt (*contraria*) sei und daß er den Versuch des Kalliphon bzw. Deinomachos, die Kontroverse zu entwirren, nicht für plausibel hält: »[...] die meinten, sie würden den Streit entscheiden, wenn sie die Lust mit der Sittlichkeit gleichsam wie Mensch und Vieh verbanden. Die Sittlichkeit nimmt diese Verbindung nicht an, sie verschmäht sie, sie stößt sie zurück. Das Ziel aber von Gut und Schlecht, das einfach sein muß, läßt sich nicht aus ganz verschiedenen Dingen mischen und ausgleichen.« Auch wenn vielleicht angenommen werden darf, daß die Elemente der Beschreibung (i.e. Mensch und Vieh zusammengejocht) nicht Teil der in Rede stehenden Doktrin, sondern Teil der Kommentierung derselben sind, scheint klar, daß Kalliphon und Deinomachos glaubten, Lust bzw. das Luststreben lasse sich einschränken und Tugend bzw. Sittlichkeit erfahre ihrerseits keine Beeinträchtigung.

[417]Hieronymos von Rhodos war ein Peripatetiker, der 290-230 lebte und sich von der Schule trennte (Diog. Laert. 5,68). Cicero erwähnt die hier genannte Auffassung verschiedentlich (siehe Fr. 8 a - 10 e Wehrli).

[418]Diodoros aus Tyros lebte gegen Ende des 2. Jahrh.

[419]Die Lehre von Dingen, die die Natur dem Menschen als erste bereitstellt (τὰ πρῶτα κατὰ φύσιν) und welche in diesem Sinne also ›natürlich‹ seien, dient dem Anliegen, bestimmte natürliche Bestrebungen von anderen zu unterscheiden, die nicht gleich zu bewerten seien. Wie bei Epikur und den Stoikern hat hier insbesondere der Hinweis auf die Situation des Kleinkindes (und Tieres, vgl. Platon, *Theaetetus* 186 b-c) die Funktion, jene Bedingungen als normal auszuzeichnen, die noch nicht durch den Einfluß von falscher Erziehung beeinträchtigt seien. Mit Erwägungen dieser Art kommen offensichtlich naturalistische Auffassungen ins Spiel, und in der Tat scheint die hellenistische Ethik von solchen Auffassungen bestimmt zu sein: »Die Natur wiederum bringt das Kind nicht in Bewegung, damit es Lust suche, sondern damit es sich selbst liebe, um unverletzt und heil bleiben zu können. Jedes Lebewesen nämlich liebt, sobald es geboren ist, sich

selber und alle seine Glieder, und schätzt vor allem die zwei Teile, die die wichtigsten sind, Seele und Körper, und dann die Teile des einen wie des anderen. Denn es gibt an der Seele bestimmte Vorzüge und ebenso am Körper. Diese spürt es zuerst nur unbestimmt, dann beginnt es sie zu unterscheiden, derart, daß es das, was von der Natur ursprünglich gegeben ist, erstrebt und das Gegenteil abweist. Ob zu diesen ursprünglich naturgemäßen Dingen die Lust gehört oder nicht, ist ein schwieriges Problem. Dagegen zu behaupten, daß es außer der Lust nichts gebe, weder die Körperglieder noch die Sinnesorgane noch die Tätigkeit des Geistes, noch die Unversehrtheit und Gesundheit des Körpers, dies scheint mir ein Zeichen der äußersten Ignoranz zu sein« (Cicero, *De Fin.* 2, 33-34; Übers. O. Gigon).

[420]Polemon wurde durch Xenokrates zur Philosophie gewonnen (Diog. Laert. 4,16) und war zwischen 315/14 und 276/75 Schulhaupt der Akademie. Seine Auffassungen bezüglich der hier gemeinten Orientierung an der Natur kommen besonders deutlich in *De Fin.* 2, 33-34 zum Ausdruck (s.o., Anm. 419). Nur scheint, zumindest nach dem Zeugnis des Clemens, *Strom.* II 22, 133.7 Stählin, Polemons Gedanke insofern komplizierter gewesen zu sein, als er im Blick auf das geglückte Leben (εὐδαιμονία) Tugend (ἀρετή) als autark und diese Autarkie als Unabhängigkeit von »allen oder doch den meisten und größten Gütern« ansah und die Unabhängigkeit auch auf körperliche Güter (σωματικά) bezog. Diese Auffassung ist nicht leicht zu verstehen (vgl. *Ac. Post.* 1,22). — Für die Beurteilung des Gedankens bei Cicero fallen diese Punkte insofern ins Gewicht, als in § 132 behauptet wird, man könne nicht gleichzeitig die Position Polemons und die Zenons vertreten; und es ist nicht klar, daß Cicero den Kernpunkt der Attacke gegen Antiochos gut genug vorbereitet.

[421]Der Hinweis auf Aristoteles ist insofern gerechtfertigt, als dieser tendenziell die Natur überhaupt als Orientierungspunkt in den Blick rückte und so auch einen Gegenpol zu jenen Auffassungen formulierte, die Platon in seinen ideenphilosophischen Dialogen nahelegt. — Die Theorie, wonach die Natur den Menschen (und andere Wesen) so ausgestattet habe, daß dieser sich mit sich selbst befreunde, geht ursprünglich vielleicht auf Aristoteles' Schüler Theophrast zurück.

[422]Es wird hier nicht — wie § 139 bezüglich der These Kalliphons — gesagt, daß Karneades diese These verteidigte, sondern nur, daß er sie in die Diskussion brachte (*introducebat*).

[423]*Probare* ist hier wohl nicht im technischen Sinn der skeptischen Zustimmung zu verstehen. — In der Kommentierung Ciceros scheint Karneades die These als Voraussetzung eines Argumentes eingeführt zu haben, das rein destruktiven Charakter hatte und die stoische Position zurückweisen sollte (vgl. *Tusc. Disp.* 5, 84: *contra Stoicos disserebat* [›argumentierte‹]). Vgl. auch unten, Anm. 457 zu § 139.

[424]Die Pointe der Argumentation hätte demnach darin bestanden, daß Karneades zwar die stoische These akzeptierte, daß die Natur für bestimmte Dinge (i.e. τὰ πρῶτα κατὰ φύσιν) unsere Zuneigung gewinne, nicht jedoch die stoische Annahme, daß nur die Tugend gut sei. De facto hätte er das Prädikat ›gut‹ also auf Dinge angewendet, die stoischer Auffassung nach (vgl. S.V.F. 1,190/191) eine mittlere Stellung einnehmen und mithin hinsichtlich ›gut‹ und ›schlecht‹ nicht ins Gewicht fallen. (Eine solche de facto-Umkehrung stoischer Dogmen findet sich z.B. auch in Arkesilaos' Charakterisierung der sittlich richtigen Handlung [κατόρθωμα] in Begriffen des stoischen Definiens ›angemessener Leistungen‹ [siehe Einleitung, Abschnitt D, Anm. 27]). — Bemerkenswert ist auch, daß Karneades vom Genuß (frui) dieser Dinge spricht und dabei auf den Begriff der honestas verzichtet. Seine Überlegung wird auf dem Hintergrund der Carneadea divisio (De Fin. 5, 16 ff.) nachvollziehbar: honestas läßt sich a) mit Lust, b) mit Freiheit von Schmerz und c) mit den prima naturae verbinden; die Kombination von a) und b) wurde von niemandem vertreten, c) von den Stoikern (a.a.O. 19-20). Die Meinung scheint die zu sein, daß die Kombination von a) und b) unhaltbar ist: es wäre absurd, das einzige Gut (bzw. das honestum) darin zu sehen, daß alles um der Lust bzw. um der Schmerzfreiheit willen getan wird, selbst wenn Lust oder Schmerzfreiheit niemals realisiert würden. Wenn aber a) und b) unhaltbar sind, gilt dies auch für c). Es scheint also, daß Karneades den Genuß von Lust, Schmerzfreiheit und prima naturae mit dem Begriff des honestum für unverträglich hielt (vgl. aber § 139 [siehe unten, Anm. 457], wonach Karneades die These Kalliphons, der für eine Verbindung von Sittlichkeit und Lust eintrat, vehement verteidigt habe).

[425]Der Ausdruck conciliatio übersetzt den griechischen Terminus οἰκείωσις bei Zenon und ist wohl als Gegenbegriff zu ›Entfremdung‹ zu verstehen (S.V.F. 1,197). Plutarch erklärt die Bedeutung dieses Terminus als ›Wahrnehmung und Gewahren des Eigenen (τοῦ οἰκείου, a.a.O.). Zu Ciceros Übersetzung von οἰκεῖον vgl. § 38.

[426]Dieser Gedanke ist auf den ersten Blick nicht leicht zu verstehen. (1) Nach antiken Zeugnissen hat Zenon als Ziel (τέλος) sowohl (i) das Leben in Übereinstimmung mit der (eigenen?) Natur (S.V.F. 1,179) als auch (ii) das Leben gemäß der Tugend (S.V.F. 1,179/180) ausgegeben und (i) und (ii) identifiziert (S.V.F. 1,179). Ciceros Ausdruck honeste vivere evoziert die Variante (ii), doch nennt er anderswo die Formel (i), so De Fin. 4,14 (=S.V.F. 1, 179). — (2) Der Hinweis quod ducatur a conciliatione naturae erläutert den Gedanken, daß sich ein Leben dieser Art (i) aus dem Leben in der ursprünglichen Situation ergebe und (ii) sich von dieser Situation her als τέλος ableiten lasse. Der eine Aspekt (i) scheint da ins Auge gefaßt zu werden, wo es im Blick auf die Identifikation beider τέλος-Formeln heißt, »es führt (ἄγει) uns zu dieser [i.e. zur Tugend] nämlich die Natur« (S.V.F.

1,179), oder dort, wo gesagt wird, daß das »höchste Gut von der Natur ausgehe [*profecta*]« (*De Fin.* 4, 45). Der andere Aspekt (ii) enthält ein Problem, das Cicero im nämlichen Zusammenhang (*De Fin.* 4, 45 f.) moniert: er kritisiert, daß die stoische Auffassung vom Tugendhaften als einzigem Guten und vom tugendgemäßen Leben als τέλος daran kranke, daß sich Zenon einen Schnitt zwischen dem Begriff des Naturgemäßen (als Ausgangspunkt des Guten) und dem Begriff des Guten bzw. Sittlichen einhandle. Dieser Schnitt scheint umsoweniger akzeptabel, als die Definition dessen, was gut ist bzw. die Rechtfertigung der τέλος-Formel (ii) ohne Rekurs auf den Begriff des Naturgemäßen inhaltsleer bleibt. Entsprechend registriert Cicero in *De Fin.* 4,46 eine gravierende Diskrepanz im Vorgehen der Stoiker.

[427]Cicero scheint hier anzudeuten, daß das Ausmaß des Dissens dann noch augenfälliger würde, wenn auch die entsprechenden Auffassungen bezüglich des Inbegriffs des Schlechten entwickelt würden. — Zur Verwendung des Ausdrucks *finis* siehe oben, Anm. 331 zu § 114.

[428]Ciceros Darlegung der für Antiochos prekären Situation krankt daran, daß die Inkompatibilität der Positionen Polemons einerseits und Zenons andererseits (siehe oben, Anm. 420) nicht deutlich wurde. — Besser kommt der Punkt *De Fin.* 4,44-46 zum Ausdruck. Doch gilt es zu sehen, daß der hier monierte Widerspruch daran hängt, daß Zenons zweite τέλος-Formel zur Diskussion steht (s.o., Anm. 426).

[429]Die Ergänzung des Textes von Lambinus (16. Jh.) ist ein Versuch, dieser sicher korrupten Stelle einen Sinn abzugewinnen, der bestätigt würde durch Augustins Referat *Contra Acad.* 7,15 (vgl. auch oben, Anm. 389 zu § 125).

[430]Bei dieser These handelt es sich um eine der typisch paradox anmutenden Auffassungen der Stoiker; zwar steht sie der Intuition des *common sense* entgegen, doch ergibt sie sich aus der Charakterisierung von Tugend(en) und Laster(n) als Gut (Güter) bzw. Übel und aus der Einschätzung der Tugend als extremer physiologischer Disposition.

[431]Hier bezieht sich Cicero auf das skeptische Prinzip, daß, wenn zwei Thesen ›P‹ und ›Nicht-P‹ gleichermaßen plausibel erscheinen, die Sache selbst in der Schwebe bleibt.

[432]Vgl. oben, § 27.

[433]Vgl. *S.V.F.* 1,187. — Siehe jedoch auch *S.V.F.* 1,183.

[434]Es ist klar, daß die stoische Position in diesem Punkt extrem rigoristisch anmutet. Doch wird nicht deutlich, wie Cicero seine Bedenken hier argumentativ zur Geltung bringen würde.

[435]Wie in *De Fin.* 5,77 (= Fr. 459 Fortenbaugh) und 5,85-86 (= Fr. 496 Fortenbaugh) scheint sich Cicero hier auf Theophrasts Schrift »Über das glückliche Leben« (Περὶ εὐδαιμονίας) zu beziehen, die nicht mehr erhalten ist. In dieser Schrift hatte Theophrast behauptet, daß ein glückliches Le-

ben (*vita beata* [Fr. 495 Fortenbaugh]) mit solchen Dingen wie Zufall (*fortuna*), Schmerz (*dolor*), körperlicher Pein (*cruciatus corporis*) unvereinbar sei.

[436]Für die Auffassung des Antiochos vgl. etwa *De Fin.* 5,71; *Ac. Post.* 1,22; *Tusc. Disp.* 5,22. — Antiochos scheint also etwas behauptet zu haben, was Theophrast bestritten (»denn jenes bekämpft er heftig, daß derselbe glücklich sei und von vielen Übeln niedergedrückt« [Cicero, *De Fin.* 5,77 = Fr. 495 Fortenbaugh]) und als Widerspruch empfunden hat. Doch dürfte Theophrast eher an eine psychologische Notwendigkeit gedacht haben, nicht jedoch an einen Widerspruch begrifflicher Art. Ein solcher Widerspruch wäre freilich Antiochos anzulasten, der das glückliche Leben an das Vorliegen gewisser äußerer Dinge knüpfte, und diese äußeren Dinge — anders als Zenon und die orthodoxen Stoiker — als ›gut‹ bzw. ›schlecht‹ einstufte (vgl. § 135). Denn wenn etwas in Beziehung auf das Glück als Gut bzw. Übel gelten soll, dann hängt das Glück von der Realisation solcher Güter bzw. Vermeidung solcher Übel ab.

[437]Die Pole, zwischen denen Cicero hin-und hergerissen wird, sind vermutlich einerseits durch die These Zenons bezeichnet, daß die Tugend zum Glück ausreicht, und andererseits durch die These des Antiochos, daß die Tugend zwar zum Glück, aber nicht zum vollkommenen Glück ausreicht. Die erste These wird mit der Annahme körperlicher und äußerer Übel unter der Voraussetzung für vereinbar erachtet, daß diese für denjenigen, der die Tugend besitzt, nicht ins Gewicht fallen; diese Auffassung vertritt Cicero im 5. Buch *Tusc. Disp.*. Die entgegengesetzte Auffassung vertritt er *De Fin.*, Buch 5; den Hinweis auf den Widerspruch zwischen beiden Positionen beantwortet Cicero mit der Freiheit des Akademikers, diejenige These zu vertreten, die ihn zu dem Zeitpunkt am meisten überzeugt (*Tusc. Disp.* 5,33). Hier im *Lucullus* jedoch wird die Frage offen gelassen.

[438]Daß sowohl die eine wie auch die andere These der Tugend eine Rolle einräumt und ihr nicht etwa, wie der stoische Gewährsmann in *Ac. Post.* 1,35 an Theophrast bemängelt, »die Muskeln zerschneidet«, ist unter der Annahme verständlich, daß es im einen Fall um die Behauptung geht, daß Tugend die hinreichende Bedingung für das Glück sei, im anderen Fall um die Behauptung, daß Tugend die notwendige Bedingung für das Glück sei. Ciceros Gedanke ist vielleicht der, daß Zenons Konzeption auf eine übermenschliche Natur zugeschnitten ist, also eine Modifikation in der von Antiochos vorgeschlagenen Weise verlangt. Antiochos' Position involviert jedoch einen Widerspruch, insofern er sowohl auf die Behauptung festgelegt werden kann, daß der Weise glücklich sei, wie daß er nicht glücklich sei. Beide Positionen sind genau genommen unhaltbar, wenn auch aus verschiedenen Gründen. Da aber hinsichtlich der Möglichkeit der Tugend die eine oder die andere Position die richtige sein muß, ist es besser, man läßt die Sache unentschieden, um überhaupt an der Tugend festhalten zu können. —

Des Weiteren ist auffällig, daß Cicero bereit zu sein scheint, Fragen bezüglich des Wesens der Eudaimonie von Fragen bezüglich des Gewichtes abhängig zu machen, welches Sittlichkeit in seinen Augen haben sollte. Wie weit darf er hier als Skeptiker überhaupt gehen? Und ist es überhaupt wahr, daß die mögliche Bedeutung von Sittlichkeit an der Art und Weise hängt, wie Eudaimonie beurteilt wird?

[439]Zwar scheint der hier gemeinte Sachverhalt klar, doch ist die Beschreibung bzw. die Art der Formulierung diskutabel. Dies betrifft die Verwendung des instrumentalen Ablativs »durch [...]/durch [...]«. Zumindest der orthodoxe Stoiker ist ja Vertreter eines strikten psychologischen Monismus und von daher gar nicht in der Lage, Begierde oder Freude als Quelle oder Ursache seelischer Bewegungen anzusehen (*S.V.F.* 3,386). Vielmehr betrachtet er die Affekte bzw. Emotionen als Korrelate von falschen Urteilen; und sofern der Weise keine falschen Urteile fällt, verursacht er auch keine exzessiven Zustände, die in Begriffen von Begierde und Freude beschrieben werden könnten. Insofern scheint Ciceros Charakterisierung des Sachverhaltes aus stoischer Sicht betrachtet anstößig. Daß Antiochos seinerseits der These des psychologischen Monismus zuneigte, ist nicht sicher und Ciceros Beschreibung des affektiven Zustandes legt dies zumindest auch nicht nahe. Denn der von Cicero gemeinte Sachverhalt läßt sich viel eher unter der Voraussetzung einer dualistischen Seelenauffassung verstehen. Dabei wäre mit Platon, den Peripatetikern und vielleicht auch Poseidonios geltend zu machen, daß die Affekte und Emotionen so etwas wie eigene Kräfte im Bereich eines vernunftlosen Seelenteils (vgl. *Ac. Post.* 1,39) seien, die gegen die Vernunft revoltieren. Auf der Basis dieser Vorstellung stellt sich allenfalls die Frage, ob der Weise je Opfer eines Konfliktes zwischen Vernunft und Emotion werden könne oder nicht. (Cicero macht weiter unten in § 135 geltend, daß zumindest die alte Akademie diese Möglichkeit nicht bestritten hätte; und damit will er sagen, daß Antiochos sich in diesem Punkt nicht auf die Akademie berufen könne.) So oder so gilt es zu bedenken, daß die hier relevante These, der Weise habe keine affektiven Zustände bestimmter Art, zwar gemeinsames Gedankengut der Kontrahenten gewesen sein mag. Da der Gedanke aber unterschiedlich erklärt worden sein mochte, bliebe nach der Plausibilität der jeweiligen Argumentation zu fragen, die von der einen wie der anderen Seite für diesen Gedanken in die Waagschale geworfen wurde. Dieser Punkt wird von Cicero nicht zur Debatte gestellt.

[440]Ciceros Argumentation ist elliptisch. Was fehlt, ist der Hinweis auf die Glaubensstruktur der Emotion, nämlich daß jemand meint, das Vorliegen von X sei ein Übel und deshalb Schmerz empfindet. Die orthodoxen Stoiker betrachteten Dinge oder Ereignisse vom Typus X weder als gut noch als schlecht. Insofern kommt der stoische Weise auch gar nicht in Verlegenheit, X als gut oder als schlecht anzuerkennen; und da der stoische

Weise niemals irrt, wird er immer im Zustand der ›Apathie‹ sein. — Dies gilt ganz unabhängig davon, ob man die Affekte und Emotionen mit Zenon auf falsche Urteile zurückführt oder sie mit Chrysipp mit solchen Urteilen identifiziert.

[441] Hier wie zu Beginn von § 136 wird weniger nach der faktischen Genese derartiger Vorstellungen in der sog. Alten Akademie gefragt als vielmehr Zweifel daran gesät, daß sich Antiochos für seine Auffassungen tatsächlich auf die Akademie berufen darf.

[442] Damit ist die Maßvorstellung gemeint, die bereits das frühe griechische Denken bestimmt, in der Medizin wirksam ist und im populärphilosophischen Denken (i.e. in der Sophrosyne-Ethik) eine wichtige Rolle spielt. Systematisch herausgestellt wird das ›Maß‹/›Mittleres‹-Denken (μέσον /μέτριον) in den moralphilosophischen Schriften des Aristoteles, die ja im besonderen Maße darauf abzielen, die alltäglichen Vorstellungen zu beschreiben und die allgemein akzeptierten Auffassungen in eine Theorie zu überführen. Im Rahmen dieser Vorstellungen wird die Rolle der Emotionen nicht nur positiver gesehen (vgl. Diog. Laert. 5,31), als dies im Horizont eines sokratisch inspirierten Rigorismus (vgl. Platon, *Phaidon* 83 b: die Seele des wahrhaften Philosophen hält sich von Lüsten und Schmerzen fern) möglich wäre, sondern in ihrer Bedeutung für das Leben erkannt und gewürdigt.

[443] Krantor (Daten sind nicht überliefert) hatte bei Xenokrates und Polemon studiert und galt als Lehrer des Arkesilaos. Wahrscheinlich hat Krantor — gegen die Kyniker und vielleicht auch bereits gegen die Stoiker — großen Wert darauf gelegt, einen Bereich der Affekte und Emotionen als naturgemäß und gewissermaßen naturgewollt anzusehen (vgl. allgemein *Ac. Post.* 1,39). — Seine Schrift *Über das Leid* scheint, auf dem Hintergrund des Dialoges *Phaidon* einerseits und des aristotelischen *Eudemos* andererseits, eine eigene Literatur-Gattung begründet zu haben, nämlich die sog. *Consolatio* -Literatur.

[444] Dieser Hinweis geht auf die Abhandlung *Tusculanische Disputationen,* in denen auch die stoische Theorie der Emotionen dargestellt und erörtert wird.

[445] Siehe oben, Anm. 441. Cicero bezweifelt, daß Antiochos' Position in diesem Punkt überhaupt etwas mit der sog. Alten Akademie zu tun hat.

[446] Cicero selber verfaßte im Jahr 46 v.Chr. einen Traktat mit dem Titel *Paradoxa Stoicorum,* in dem besonders bekannte Thesen der Stoiker dargestellt und diskutiert werden; und die Paradoxe spielen in seinem Schrifttum (so auch in den Briefen an die Freunde) eine wichtige Rolle. Vielleicht bildeten die *Paradoxa* für das Lager der politischen Nobilität im Frühjahr einen Fundus an Trost über die gegenwärtige Lage, dergestalt, daß Cicero sie tatsächlich als *longe verissima* ansehen konnte (*Paradoxa* § 4).

[447]Diese Aussage ist nicht korrekt und läßt sich allenfalls sinngemäß bejahen.

[448]Wieder wendet sich Cicero gegen die, wie er meint, ungerechtfertigte Annahme des Antiochos, daß die gesamte philosophische Tradition vor der sog. neuen Akademie von einer einheitlichen Doktrin bestimmt worden sei.

[449]Dies war anläßlich der berühmt berüchtigten Philosophen-Delegation im Jahre 155 (vgl. Plutarch, *Cato Major* 22). Karneades hat hier dadurch von sich reden gemacht, daß er an einem Tag Argumenten für die Gerechtigkeit Geltung verschaffte und am darauffolgenden Tag eben diese Argumente destruierte. — Der Bericht Ciceros im dritten Buch *De re publica* ist verlorengegangen und nur teilweise rekonstruierbar.

[450]Die Worte »weil ich nicht weise bin« (*quia sapiens non sum*) müssen wohl als Einschub eines Abschreibers angesehen werden, da sie den Witz der Unterhaltung stören: Karneades lenkt den Witz des Albinus, der auf den Akademiker Karneades zielte, auf den Stoiker ab.

[451]Der Hinweis auf den fundamental stoischen Charakter der Überzeugungen des Antiochos geht auf das in § 132 Gesagte. — Von hier aus — der Behauptung nämlich, es hätte nur ganz weniger (*perpauca*) Änderungen bedurft, und Antiochos wäre Stoiker gewesen — erklärt sich auch die Art der Ausdrucksweise in § 137: nur vereinzelt (*perpauca*) gerate Antiochos ins Stammeln, d.h. gelegentlich kommt etwas Unechtes bzw. Akademisches zum Ausdruck.

[452]Chrysipps Strategie der Eingrenzung und Reduktion (*circumcidit et amputat*) tatsächlicher oder denkbarer Positionen auf drei vertretbare Grundvarianten wird aus dem Zusammenhang hier nicht klar. Insofern tritt auch die eigentliche Zielsetzung der Argumentation nicht deutlich hervor. — Doch läßt sich aus einem anderen Text entnehmen, daß Chrysipps Strategie auf der Einteilung sämtlicher Lebewesen gemäß deren besonderer Leistungsfähigkeit beruht: (i) die einen ragen auf Grund körperlicher Leistungsfähigkeit hervor, (ii) andere auf Grund von Fähigkeiten im Bereich der Vernunft und (iii) einige auf Grund von Fähigkeiten in beiden Bereichen (Cicero, *De Fin.* 4,28 [= *S.V.F.* 3,20]). Diese Einteilung spezifiziert den jeweiligen Aspekt, unter dem die jeweilige Vollkommenheit eines Lebewesens von dieser oder jener Art steht. Nun ist der Bereich (i) offenbar ausschließlich von nicht-menschlichen Wesen belegt, (ii) von menschlichen Wesen, (iii) zweifellos von Göttern. — So, wie Chrysipp dieses Verhältnis interpretiert, besteht die Vollkommenheit bzw. das höchste Gut für den Menschen dann ausschließlich in Leistungen der Seele bzw. der Vernunft, — so, als ob er ein reines Vernunftwesen wäre (*ut nihil praeter animum videretur*). Entsprechend steht und fällt die Zurückweisung jener Auffassung, wonach das höchste Gut etwa in Lust (*voluptas*, ἡδονή) bestehe, mit der Zuordnung von Lust und Körperlichkeit; dabei ist es unter diesem Gesichtspunkt offenbar irrelevant, ob Lust kyrenaisch oder epikureisch bestimmt

wird. Denn unter der Annahme Chrysipps kann Lust als höchstes Gut für
Wesen der Klasse (ii) gar nicht in Betracht kommen. Insofern ist auch nicht
klar, weshalb (und mit welchem Recht) Cicero hier im *Lucullus* Chrysipps
Auffassung so darstellt, als sei der Hedonismus als These des höchsten Gutes eine Theorie, die hinsichtlich der Menschen verteidigt werden könne.

[453]Zu Ciceros Übersetzungswort *honestas* s.o., Anm. 415 zu § 131.

[454]So, wie Ciceros Reflexion angelegt ist, scheinen Momente einer
dogmatischen Sichtweise (Mensch vs. Tier, Mensch vs. Gott) ins Gewicht
zu fallen (s.o., Anm. 452).

[455]Vgl. § 131, mit Anm. 416.

[456]Vgl. § 131, mit Anm. 424.

[457]Wenn davon ausgegangen werden darf, daß Karneades selbst keine
Auffassungen vertrat, liegt die Vermutung nahe, daß er die These des Kalliphon (siehe oben, Anm. 423 zu § 131) deshalb verteidigte, weil sie, wie
aus *De Off.* 3,119 ff. hervorgeht, besonders implausibel anmutet und insbesondere auch für die Stoiker eine Provokation darstellt. Dies gilt umsomehr, als Chrysipp eine derartige Lösung radikal bekämpfte.

[458]Diese Vorstellung findet sich auch in *De Off.* 3,119 (siehe oben,
Anm. 416 zu § 131).

[459]Hier wird nicht recht deutlich, was genau Cicero vor Augen hat.
Denkt er an die These (1), daß das höchste Gut in der Verbindung von Lust
und Sittlichkeit liege und mithin das eine nicht ohne das andere verfolgt
werden solle? Oder geht es (2) um Lust und Sittlichkeit als je eigen-
ständige, verschiedene, einander ausschließende Ziele? Für einen Entscheid
zugunsten von (2) scheint — neben der Kampfmetapher — zu sprechen, daß
die Behauptung »bleibt [...] übrig« nach der rhetorischen Frage des gesunden Menschenverstandes voraussetzt, daß die These (1) ohnehin erledigt
ist und die Sache, egal wie man sie wendet und dreht, auf einen Entscheid
zugunsten von (2) hinausläuft. Doch ließe sich vielleicht auch geltend
machen, daß mit »bleibt [...] übrig« gerade nach der Intervention des
gesunden Menschenverstandes gesagt wird, welche Art von Konstellation in
Gestalt der These des Kalliphon eigentlich vorliegt. Für diese Deutung
scheint ferner zu sprechen, daß Cicero im Folgenden zu bedenken gibt, daß
Sittlichkeit da, wo außermoralische Bestimmungsgründe im Spiel sind, ihren distinkten Charakter verliert; und dies scheint auf die These
hinauszulaufen, daß die Annahme eines Gespannes von Lust *und* Tugend
auf einer Täuschung beruhe. — Gegen diese Annahme und für einen Entscheid zugunsten von (2) muß dann freilich die These sprechen, die Cicero
dem Advokaten des Hedonismus in den Mund legt: so wahr die These des
Hedonisten als These bezüglich der Eigenart menschlicher Motivationen
sein mag, so wenig kann sie hier in ihrer radikalen Form eigentlich Teil
einer Position von der Art (1) sein, die ja von der Vereinbarkeit von Lust
und Tugend ausgeht und Tugend zumindest nicht als Chimäre ansieht.

[460]Hier ist im überlieferten Text etwas ausgefallen. Erstens fehlt — abgesehen von der defekten Syntax — ein Hinweis auf das, worum es bei dieser Auseinandersetzung wirklich ging; zweitens wird nicht deutlich, worin die Pointe einer Feststellung liegen könnte, daß Chrysipp gegen bzw. bezüglich des Gegensatzes zwischen Lust und Tugend wenig einzuwenden hatte. Nach *De Fin.* 2,44 betrachtete er das Verhältnis von Lust und Tugend als die bezüglich des höchsten Gutes entscheidende Frage.

[461]Der Ausdruck »die eine (i.e. von beiden [*alteram*])« bezieht sich offensichtlich auf Lust (*voluptas*); die Alternative (i.e. Sittlichkeit) wird nicht formell angesprochen. Dies bedeutete eine Asymmetrie in der Gedankenführung; doch scheint die Alternative durch den mit »Vernimm dagegen jene [...]« beginnenden Satz angesprochen zu sein.

[462]Hier stellt sich die Frage, ob die erwähnten Konsequenzen hier Teil der Einlassungen Chrysipps sind oder ob es sich um Ciceros Meinung handelt. — Die Ausdrucksweise »Scheinbild der Tugend« hat einen Platonischen Klang und erinnert an die Unterscheidung zwischen dem, was Tugend selbst wirklich ist, auf der einen Seite, und dem, was Menschen meinen, daß sie sei, auf der anderen Seite.

[463]Diagnostisch-hinterfragende Analysen moralphilosophischer Phänomene bzw. Überzeugungen dieser Art mag es seit der Sophistik (z.B. Kallikles, Thrasymachos) gegeben haben. Die hier referierte Auffassung ist offenbar die der Epikureer (vgl. *De Fin.* 2,48-49 [*negat se* (sc. Epikur) *intelligere*]; vgl. 1,61; *Tusc. Disp.* 5,73).

[464]Die hier verwendete Ausdrucksweise ist insofern anzüglich, als sie innerhalb der stoischen Erkenntnistheorie als Teil des Definiens von Wissen fungiert (*S.V.F.* 2,93.95), hier jedoch zur Charakterisierung der Einstellung des Lucullus Verwendung findet, — offensichtlich in der Absicht, ihn als störrisch erscheinen zu lassen.

[465]Cicero drückt sich so aus, als ob dieselbe Erscheinung einmal wahr, einmal falsch sei; er meint aber wohl, daß er häufig Erscheinungen zustimme, von denen er nicht wisse, ob sie wahr oder falsch seien. Dies bedeutet keinen Widerspruch zu dem in § 119 Gesagten. Denn an der früheren Stelle hatte Cicero bestritten, daß Wahrheiten, sofern es sie gebe, erfaßt werden können. Hier bestreitet er die Konjunktion ›Es gibt Wahrheiten und sie können erfaßt werden‹.

[466]Siehe oben, §§ 91 ff. — Zur Übersetzung von *iudicia* mit »Unterscheidungen« s.o., Anm. 45 zu § 20.

[467]Cicero bringt hier unterschiedliche Auffassungen zur Frage nach dem ›Kriterium‹ (s.o., Anm. 45) zur Geltung. Selbst wenn, was wohl kaum der Fall ist, alle Philosophen diesen Ausdruck verwendet hätten, wäre zu berücksichtigen, daß sie es für verschiedene Zwecke taten, — die Epikureer etwa für die Erforschung nicht-evidenter Gegebenheiten, die Kyrenaiker für die Feststellung der Evidenz eigener Zustände, die Stoiker für die Bestim-

mung subjekt-unabhängiger Gegebenheiten in der Welt, insofern sie evident sind. — Im Detail fällt auf, daß Protagoras' *Homo Mensura*-Satz hier als Ausdruck einer subjektivistischen Position gedeutet wird; und Cicero verliert kein Wort darüber, daß diese Position *als* Position absurd ist. Zweitens fällt auf, daß die kyrenaische These bezüglich der Wahrnehmung eigener Zustände (vgl. § 20 und § 76) genau genommen nicht als Beitrag zur Diskussion eines Wahrheitskriteriums gelten kann, sofern dieses der Beurteilung objektiver, d.h. subjekt-unabhängiger Gegebenheiten dienen soll; allerdings scheint die Rede von den πάθη (›Affektionen‹) als Kriterien allgemeiner Bestandteil der Überlieferung zu sein (vgl. Sextus Empiricus, *Adv. Math.* 7, 191). — Epikurs Thesen sind korrekt definiert (vgl. Diog. Laert. 10,31), Platons Auffassungen lassen sich in der hier charakterisierten Form in *Resp.* V-VII und im *Timaios* belegen.

[468]Vgl. oben, § 21 und Anm. 50.

[469]Vgl. *Ac. Post.* 1,30 f.

[470]Ciceros Ausdruck *ratio loquendi* läßt auf einen sehr weit gefaßten Begriff von ›Logik‹ schließen und deutet am ehesten auf eine (nicht erhaltene) Schrift mit dem Titel Περὶ λέξεως (›Über Ausdrucksweise‹) hin.

[471]Aus der Tatsache, daß sich Antiochos dem Chrysipp angeschlossen habe, folge — dies scheint der tiefere Punkt der Attacke zu sein —, daß Antiochos sich genau genommen nicht als Akademiker verstehen dürfe. Doch ist dieser Punkt nicht ganz und gar einsichtig. Denn in Fragen der Logik — zumal im Bereich der Aussagenlogik — gab es, zumindest nach heutiger Einschätzung, keine eigentlichen Vorgänger. Insofern wäre z.B. die Bemerkung, daß sich Antiochos nicht an die Logik des Aristoteles angeschlossen habe, nicht besonders wichtig. Auch scheint die Art von Logik, die Cicero hier im Blick auf Xenokrates erwähnt, eher den untechnischen Bereich der logischen Propädeutik anzugehen (s.o. Anm. 470). — Am Rande sei hier erwähnt, daß die Grundbegriffe, die Cicero in seiner *Topik* einführt und verwendet, überwiegend der stoischen Tradition entstammen.

[472]Cicero will vielleicht sagen, daß, falls Antiochos' Philosophie ›akademisch‹ genannt zu werden verdiente, die Bezeichnung ›Akademiker‹ dann von niemandem mehr mit guten Gründen geführt werden könnte. So, wie sich Cicero die Verhältnisse darstellen, gibt es immer noch mehr Gemeinsamkeiten zwischen der Alten Akademie und der Neuen als zwischen diesen beiden Richtungen und der Stoa; da Antiochos beinahe ein »waschechter Stoiker« ist (vgl. § 132 und 137), können nicht beide, Cicero und Antiochos, die Bezeichnung ›Akademiker‹ führen.

[473]Hier weist Cicero auf die bereits in der vor-stoischen Zeit aufkommende Kontroverse bezüglich der Wahrheitsbedingungen der Implikation hin, die selbst die Logiker in der Stoa spaltete. Chrysipps Autorität gab den Ausschlag für jene Auffassung, daß eine Implikation (›Wenn *P*, dann *Q* ‹)

dann wahr sei, wenn die Konjunktion ›P und Nicht-Q‹ einen Widerspruch erzeugen würde (siehe oben, Anm. 276 zu § 96).

[474]Hinweise auf Meinungsverschiedenheiten unter den Stoikern wurden § 107 erwähnt, desgleichen § 126 (siehe oben, Anm. 395). Kleanthes hat wohl eine Reihe von Sondermeinungen vertreten und Chrysipp galt seinerseits als der Denker, der der Stoa so etwas wie ein dogmatisch kohärentes Gesicht gab. — Ob hier von echten, tiefgreifenden Divergenzen auszugehen ist, mag dahingestellt bleiben. Tatsache ist, daß der Skeptiker selbst nominale Differenzen als Hinweis auf einen echten Dissens ausschlachten würde.

[475]Wie Antipater (s.o., Anm. 25 zu § 17) stammt auch Archidemos, der gelegentlich mit Antipater zusammen genannt wird, aus Tarsos; doch weiß man weniger von ihm (vgl. *S.V.F.* 3,1-22).

[476]Cicero hat diesen Punkt, der § 22 angesprochen worden war, § 107 aufgenommen und in typisch skeptischer Weise attackiert (siehe oben, Anm. 307). Weiter unten findet sich eine weitere Richtigstellung (§ 146, siehe unten, Anm. 484).

[477]Die Pointe dieser Bemerkung besteht wohl darin, daß die freien Bürger Roms unter den Bedingungen der stoischen (utopischen?) Kosmopolis als Nicht-Bürger zu gelten hätten und die Nicht-Weisen stoischer Auffassung nach als Toren anzusehen wären. Diese Aussage bewegt sich im Rahmen der § 136 genannten Auffassungen. Sie hat hier für Cicero das gleiche (absurde) Gewicht wie der haltlose Vorwurf, daß der Skeptiker die Künste aufhebe.

[478]Die Unterscheidung zwischen der ›Menge‹ und den philosophisch gebildeten Anwesenden scheint für die Argumentation Ciceros von Bedeutung zu sein: siehe unten, Anm. 482 zu § 146.

[479]Wie aus dem Nachfolgenden hervorgeht, besteht zwischen ›Nur der Weise weiß‹ und ›Auch der Tor begreift vieles‹ für den orthodoxen Stoiker kein Widerspruch. Nur gilt es zu sehen, daß dem Begriff der *comprehensio* eine Zweideutigkeit anhaftet. *Comprehendere* kann (i) soviel wie ›erfassen‹ bedeuten, aber auch (ii) den Sinn von ›begreifen‹ haben. Dieser Punkt ist wichtig. Denn wenn Cicero geltend macht, Zenon habe in Abrede gestellt, der Nicht-Weise wisse etwas, so leugnet er nicht, daß der Stoiker etwas ›erfasse‹, und er leugnet insbesondere nicht, daß dasjenige, was er erfaßt, wahr sein mag. Denn die κατάληψις findet sich sowohl beim Weisen wie beim Toren (vgl. Sextus, *Adv. Math.* 7,153). Was er leugnet, und zwar nach stoischem Verständnis zu Recht leugnet, ist, daß der Nicht-Weise dasjenige, was er erfaßt, als Wahres erfaßt. Insofern hat Lucullus kein Recht, Cicero in diesem Punkt zu widersprechen. — Nun scheint Lucullus freilich nicht den schwächeren Sinn von ›erfassen‹ ins Spiel zu bringen, sondern den stärkeren von ›begreifen‹. Doch kann auch diese Einlassung den Punkt, den Cicero geltend macht, nicht beseitigen. Denn nach stoischer Auffassung kann nur der Weise wissen, daß das, was er erfaßt, wahr ist. Der Nicht-

Weise mag zwar, im Sinne eines begründeten Für-wahr-Haltens, die Meinung haben, daß das, was er erfaßt, wahr sei. Nur sind seine Gründe, die ihn zur Zustimmung (συγκατάθεσις) bewegen mögen, nicht unerschütterlich und mithin nicht von der Art, daß man von Wissen im vorausgesetzten Sinn einer unumstößlichen Disposition sprechen könnte.

[480]Die Deutung des Handvergleichs wirft eine Reihe von Problemen auf, sowohl im Allgemeinen als auch im Besonderen. (1) Vom Allgemeinen her stellt sich die Frage, ob Zenon die faktische Entstehung von Wissen untersucht und hier an eine Sequenz denkt, oder ob er die Elemente zu identifizieren sucht, die Wissen konstituieren. Die temporale Charakterisierung scheint für die erste Deutung zu sprechen. Dagegen ließe sich einwenden, daß die temporale Rede vielleicht nur die zeitliche Folge der einzelnen Gesten widerspiegelt; und es gilt zu bedenken, daß selbst Kant in den *Prolegomena* bei der Beschreibung des Unterschiedes zwischen Wahrnehmungs- und Erfahrungsurteilen temporale Rede (»vorher«/»nachher«) verwendet und doch klarstellt, daß keine eigentliche Sequenz gemeint sei. — (2) Im Besonderen stellt sich z.B. die Frage, wie im Rahmen dieser Analyse etwa ›Meinung‹ charakterisiert werden müßte. Für diese Frage müßte (i) der Abschnitt in der überarbeiteten Fassung (*Ac. Post.* 1,41-42) herangezogen werden. Hier wird Begreifen (*comprehensio*, bzw. κατάληψις) zwischen Wissen (*scientia*) und Nichtwissen (*inscientia*) angesiedelt; Irrtum, Unwissenheit, Vermutung und Meinen werden als etwas betrachtet, dem feste und sichere Zustimmung ermangele. Wenig später wird, allerdings aus der Sicht des Arkesilaos, der stoische Begriffe verwendet, Irrtum als eine Form von Billigung charakterisiert, die unüberlegt geschieht und vollzogen wird, bevor etwas erkannt worden wäre (*Ac. Post.* 1,45). Auch müßte (ii) der Kontext bei Sextus Empiricus, *Adv. Math.* 7,151 berücksichtigt werden, wo statt *inscientia* δόξα (›Meinung‹) steht.

[481]Die Art dieses Anschlusses ist nicht eindeutig. Will Cicero sagen, daß Catulus kein Wissen bezüglich des Erfaßten (i.e. daß es hell ist) zugeschrieben werden kann, weil nur der Weise über Wissen verfügt? Dies würde verlangen, daß als unterdrückte Prämisse ›Catulus ist kein Weiser‹ anzunehmen ist. Oder will Cicero sagen, daß Catulus kein Wissen zugeschrieben werden kann, weil nur der Weise über Wissen verfügt und weil die Stoiker in ihren Äußerungen über den Weisen keine Angaben machen, die es erlauben würden, Catulus aus dem Kreise der Nicht-Weisen auszuschließen?

[482]Cicero scheint mit *illa subtilius* auf seine Unterscheidung zwischen der ›Menge‹ und den Anwesenden (s.o., Anm. 478) zurückzuverweisen. Die Behauptung, Catulus wisse nicht, daß es hell sei, könnte diesen ebenso in Verruf bringen wie die stoischen Paradoxien Lucullus der ›Menge‹ gegenüber in Verruf brächten (§ 144). Cicero appelliert damit an das gewöhnliche Verständnis von Wissen, nicht an das philosophische, das er mit Hilfe von

Zenons Handvergleich darlegte und das »Gesichtspunkte« (*illa*) betreffe, »die nun nichts mehr mit der Menge zu tun haben« (§ 145).

[483]Cicero bezieht sich auf Lucullus' Behauptung § 22, daß die Tatsache des Vorhandenseins von Kunst (*ars*, τέχνη) ein Argument für die Annahme sei, daß Erkenntnis möglich und die These des Skeptizismus absurd sei. Nur hatte Lucullus freilich für die Kunst selbst Wissen (*scientia*, ἐπιστήμη) nicht als notwendige Bedingung angenommen; und Ciceros Unterstellung, daß Kunst ohne Wissen nicht möglich sei, soll hier wohl nur die Absurdität deutlich machen, daß unter den Bedingungen, die die Stoiker der Zuschreibung echten Wissens setzen, selbst genialen Künstlern wie Zeuxis usw. kein Wissen zugeschrieben werden dürfte.

[484]Siehe oben, §§ 92 ff.

[485]Karneades hätte also, zumindest nach diesem Verdikt, nicht nur eingeräumt, daß der Weise, sofern er einem Urteil zustimmt, auch Meinungen vertritt (§ 67); er hätte spezifiziert, daß der Weise sich dessen auch bewußt sei und sich insofern also auf sicherem Boden bewege. Unter dieser Bedingung wäre also die Forderung des Arkesilaos, unter allen Umständen Epochê zu üben, keine sinnvolle Forderung, und wir hätten hier einen auffälligen Dissens zwischen den beiden Hauptvertretern der akademischen Skepsis zu vermerken. Nun wurde im Vorangehenden wiederholt angedeutet, daß Karneades' eigene Meinungen nicht klar zutage liegen; und die Tatsache, daß Cicero hier dem Catulus eine Meinung zuschreibt, die auf Hören und Sagen zurückgeht, zeigt, daß Cicero selber keine eigentlichen Informationen vorliegen.

[486]Dazu vgl. Platon, *Resp.* VI, 506 c: »Wie? sprach ich [Sokrates], dünkt dich denn das recht, was einer nicht weiß, darüber doch zu reden, als wisse er es? — Keineswegs wohl, sagte er [Glaukon], als wisse er es; wohl aber soll er als Meinung vortragen wollen, was er darüber meint« (Übers. F. Schleiermacher). — Die Auffassung von ›Meinen‹, die Catulus hier Karneades zuschreibt, unterscheidet sich von derjenigen der Stoiker darin, daß für die Stoiker Meinen ein bloßes Wähnen ist und insofern nur dem Nicht-Weisen zukommt, als nur der Nicht-Weise einer nicht erkannten Sache zustimmt, d.h. einen Wissensanspruch erhebt, der unbegründet ist, ohne sich jedoch dessen bewußt zu sein (vgl. oben, Anm. 328 zu § 113). Da letzteres für den Weisen des Karneades nicht gelten soll, kann für ihn nicht derselbe Begriff von Meinung, i.e. Zustimmung zu einer nicht erkannten Sache, maßgebend gewesen sein.

[487]Die Übersetzung gibt einen verbesserten lateinischen Text wieder: mittels der vorgeschlagenen Korrektur soll der zweifellos vorhandene Zusammenhang mit § 104 verdeutlicht werden. Demgemäß wäre die Auffassung, der Catulus »mit Nachdruck« zustimmt, nicht die, daß nichts erfaßt werden kann — dies wäre ja nur die Begründung für die erste Auffassung, die er ›gutheißt‹ —, sondern die, daß der akademische Philosoph, ohne die

ἐποχή *omnium rerum* aufzugeben, nach Maßgabe des Glaubhaften (*sequens probabilitatem*, § 104) seine Zustimmung geben kann.

[488]Das lateinische Wort (*tollere*) ist hier offenbar mehrdeutig: den Anker lichten ist das, was unmittelbar gemeint ist, aber aufheben im Sinn des griechischen ἀναιρεῖν (vgl. § 26: *ratio tollitur*, ›die Vernunft wird aufgehoben‹, i.e. ›zerstört‹) ist der Hintersinn: Hortensius will widersprechen. Ciceros abschließende Bemerkung dazu läßt vielleicht darauf schließen, daß Hortensius' Antwort in seinen Augen der akademischen Haltung gemäßer ist als die Antwort des Catulus, obwohl die Auffassung, der dieser »mit Nachdruck« zugestimmt hat, eigentlich die akademische ist.

[489]Ciceros Bemerkung, Catulus sei zurückgeblieben, lässt sich mit seinen Angaben zur Szenerie des Gesprächs in § 9 unter der Bedingung in Übereinstimmung bringen, daß man annimmt, Catulus sei bei Hortensius in der Villa geblieben, während Lucullus und Cicero zu den Booten gingen.

INDEX NOMINUM PROPRIORUM

Meiner   Philosophische Bibliothek

Aristoteles
Nikomachische Ethik
PhB 5. 1985. LXIII, 450 S. Kart.

Politik
PhB 7. 1981. LXVI, 365 S. Kart.

Organon PhB 8-13. 5 Bonde zus.

Kategorien. Lehre vom Satz
PhB 8/9. 1974. 132 S. Kart.

Lehre vom Schluß oder Erste Analytik
PhB 10. 1992. X, 209 S. Kart.

Lehre vom Beweis oder Zweite Analytik
PhB 11. 1990. XLIII, 164 S. Kart.

Topik
PhB 12. 1992. XVII, 227 S. Kart.

Sophistische Widerlegungen
PhB 13. 1968. IX, 80 S. Kart.

Metaphysik Griech.-dtsch.
Erster Halbband (I-VI)
PhB 307. 1989. IV*,LXX, 429 S. Kart.

Zweiter Halbband (VII-XIV)
PhB 308. 1991. XXXI, 627 S. Kart.

Physik Griech.-dtsch.
Erster Halbband (I-IV)
PhB 380. 1987. LII, 272 S. Kart.

Zweiter Halbband (V-VII)
PhB 381. 1988. LII, 331 S. Kart.

Über die Seele Griech.-dtsch.
PhB 476. 1995. LVIII, 298 S. Ln.

Diogenes Laertius
Leben und Meinungen berühmter
Philosophen
PhB 53/54. 1990. XXI, 394 S. Kart.

Felix Meiner Verlag · D-22081 Hamburg

Philosophische Bibliothek   Meiner

Gorgias von Leontinoi
Reden Fragmente und Testimonien
Griech.-dtsch. PhB 404. 1989. LXII, 225 S.
Kart.

Platon *Griech.-dtsch.*
Euthyphron
PhB 269. 1968. XVII, 52 S. Kart.

Laches
PhB 270. 1970. XXXIX, 101 S. Kart.

Menon
PhB 278. 1993. XXI, 128 S. Kart.

Paramenides
PhB 279. 1972. XLIV, 195 S. Kart.

Das Gastmahl.
PhB 81. 1981. XL, 158 S.

Der Sophist
PhB 265. 1985. XLVIII, 215 S. Kart.

Phaidon
PhB 431. 1990. LVII, 217 S. Kart.

Der Staat *in deutscher Übersetzung*
PhB 80. 1989. LXII, 487 S. Kart.

Timaios
PhB 444. 1992. LXXXIII, 247 S. Kart.

Plotin. Plotins Schriften Griech.-dtsch
PhB 211-215/276. In 12 Ganzleinenbänden
Einzelbände auf Anfrage

Plotin - Studienausgaben *Griech.-dtsch.*

Heft 1: **Das Schöne - Das Gute - Entstehung
und Ordnung der Dinge.** 1968. 72 S. Kart.

Heft 3: **Seele - Geist - Eines**
PhB 428. 1990. XLIII, 145 S. Kart.

Heft 4: **Geist - Ideen - Freiheit**
PhB 429. 1990. XLVIII, 97 S. Kart.

Gesamtverzeichnis bitte anfordern!

Felix Meiner Verlag · D-22081 Hamburg